ジェノサイド再考

歴史のなかのルワンダ

鶴田 綾 |著| Aya Tsuruta

名古屋大学出版会

本書は，一般財団法人名古屋大学出版会
学術図書刊行助成により出版された

ジェノサイド再考

目　次

ii

地　図　vi

序　章　ルワンダの政治とエスニシティを再考する ……………………… 1

   1　1994年のジェノサイド　1
   2　エスニシティと政治をめぐる視角　7
   3　ルワンダ史の研究方法　24
   4　本書の構成　30

第 I 部　革命・独立前のルワンダ

第1章　植民地化以前のルワンダと植民地支配の影響

19世紀〜20世紀中盤 ……………………………………………… 36

   はじめに　36
   1　ニギニャ王国の成立と拡大　38
   2　ドイツによる植民地支配　47
   3　ベルギーによる委任統治　53
   おわりに　63

第2章　革命前夜の改革　1950年代中盤〜59年10月 ……………………… 65

   はじめに　65
   1　国際連合の信託統治　66
   2　政党政治の始まり　71
   3　立憲君主制の提案とムタラ王の死　78
   おわりに　87

第 II 部　革命・独立とエスニシティ

第3章　万聖節の騒乱とその影響　1959年11〜12月 ……………………… 90

   はじめに　90

　　　　1　万聖節の騒乱　91

　　　　2　ベルギーの対応　96

　　　　3　騒乱の影響　98

　　　おわりに　100

第4章　協調の模索　1960 年 1〜7 月 …………………………………… 102

　　　はじめに　102

　　　　1　コンゴ独立とベルギーの政策変化　103

　　　　2　政党間協調と様々な提案　108

　　　おわりに　115

第5章　革命の完成とエスニックな暴力　1960 年 7 月〜61 年 2 月 ····· 116

　　　はじめに　116

　　　　1　地方選挙とその影響　116

　　　　2　国連での議論，冷戦とルワンダ　124

　　　　3　ギタラマのクーデター　133

　　　　4　頻発する暴力と難民　139

　　　おわりに　142

第6章　そして独立へ　1961 年 3 月〜62 年 7 月 ……………………… 143

　　　はじめに　143

　　　　1　ベルギーの政権交代と国際的地位の回復　143

　　　　2　国政選挙と王政廃止　147

　　　　3　独立の達成　152

　　　　4　暴力の拡大とさらなる難民の発生　156

　　　おわりに　161

第 III 部　革命・独立後のルワンダ

第7章　フトゥ共和制期のルワンダ　1962〜90年 ……………………… 166

はじめに　166

1　カイバンダ時代のルワンダ——政党政治の終わりとフトゥ内対立　167

2　カイバンダ時代の難民問題と国際関係　173

3　ハビャリマナ時代のルワンダ——一党体制の継続と国際援助　186

4　ルワンダ国内の生活・地方の様子　191

おわりに　194

第8章　内戦からジェノサイドへ　1990〜94年 ……………………… 196

はじめに　196

1　内戦の開始と複数政党制の導入　199

2　和平協定の締結と急進派の台頭　210

3　ジェノサイドの特徴　220

4　ジェノサイドの展開と内戦の終結　227

おわりに　237

第 IV 部　ジェノサイド後のルワンダ

第9章　新しいルワンダの建設とエスニックな対立の克服をめざして　1994〜2017年 ……………………………… 240

はじめに　240

1　新しいルワンダとルワンダ人　242

2　経済成長とその問題　250

3　民主主義と独裁のはざまで　254

4　ルワンダと国際社会　262

5　正義の追求と和解の可能性　271

おわりに　279

第10章　過去をめぐる対立 ……………………………………… 281
　　　　──歴史認識の変遷と記憶の多様性──

はじめに　281

1　トゥチ中心の歴史認識　283

2　フトゥ中心の歴史認識　285

3　ジェノサイド後のルワンダにおける歴史問題　288

4　ジェノサイド後の「正史」と様々な記憶　299

おわりに　304

終　章　歴史から学ぶ ……………………………………………… 307

はじめに　307

1　ルワンダの政治とエスニシティを振り返る　308

2　ルワンダ史の教訓と今後の課題　312

おわりに　315

参考文献　319

あとがき　341

図表一覧　345

索　引　346

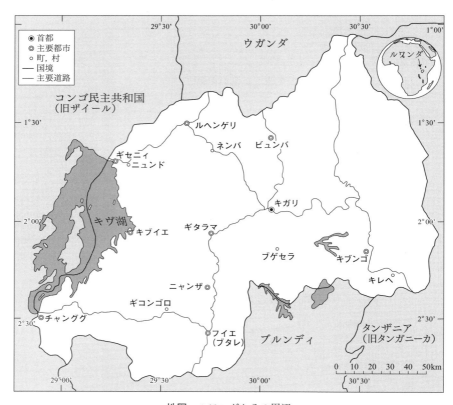

地図　ルワンダとその周辺

出典：Nations Online Project, Political Map of Rwanda, http://www.nationsonline.org/oneworld/map/rwanda_map2.htm

序　章

ルワンダの政治とエスニシティを再考する

　冷戦終焉後，1994 年に起きたルワンダでの大虐殺は，同じ 1990 年代の旧ユーゴスラヴィア内戦での「民族浄化」と並び，一般人が大量に殺害されたジェノサイドとして，世界に衝撃を与えた。以後，この事例は 20 世紀におけるナチス・ドイツのホロコーストのような事例とともに，典型的なジェノサイドの一つとして，政治学や民族紛争の教科書・概説に記されるようになっている。しかし，そこでなされる，多数派の民族集団「フトゥ」が少数派の「トゥチ」を大量殺戮の標的とした，とする標準的な説明は，どれほど正鵠を射ているだろうか。少なくともその説明には複雑な背景に対する視点がしばしば欠けている。本書は，このような表層的な理解を超えて，1994 年の大虐殺に至る経路を，国際的契機を含んだ歴史的な文脈に置き直すことでそれを包括的に明らかにし，ルワンダ・ジェノサイドの理解を更新しようとするものである。そしてそれを通してジェノサイドという現象の謎に迫りたい。

　本章では，まず，1994 年のジェノサイドについて概観し，1950 年代後半から 60 年代前半の歴史を振り返る重要性を指摘する。次に，関連する先行研究を整理した上で，本書の分析視角を提示する。最後に，研究方法についても簡単に説明を加え，本書の構成と各章の概要を説明する。

1　1994 年のジェノサイド

　まず，本書の出発点となる 1994 年のジェノサイドについて確認したい。

ジェノサイドは，1948年に国連総会で採択されたジェノサイド条約の第2条によれば，「国民的，民族的，人種的または宗教的な集団の全部または一部を集団それ自体として破壊する意図をもって行われる」行為と定義されている。具体的には，「集団の構成員を殺す」，「集団の構成員に重大な肉体的または精神的な危害を加える」，「集団の全部または一部の身体的破壊をもたらすことを意図した生活条件を故意に集団に課す」，「集団内の出生を妨げることを意図した措置を課す」，そして「集団の子どもを他の集団に強制的に移す」などの行為が該当する[1]。

　ルワンダでは，1994年4月から7月にかけての約100日間で，50万から100万人とも言われるルワンダ人が殺害された[2]。ルワンダ人は，人口の12〜14％を占める「トゥチ（Tutsi）」，約85％の「フトゥ（Hutu）」，1％弱の「トゥワ（Twa）」という3つの集団から構成されるが[3]，この殺戮は「トゥチ」という特定の集団が主な標的にされたことから，「ジェノサイド」と呼ばれている[4]。犠牲者の多くは，住んでいたコミュニティの中で殺害された。また，女性へのレイプも横行し，死を免れた者も望まぬ妊娠やHIV/AIDS感染などに苦しむこととなった。両親を殺害され孤児となった子供も少なくなかった。配偶者や扶養者を殺害された結果，ジェノサイド後に貧しい生活を余儀なくされた人々も多い。他方で，17万から21万人とも言われる人々が殺害に加担した[5]。また，ジェノサイドの終了と前後して，多くのフトゥが難民となり，隣国コンゴ

---

[1] ジェノサイド条約の正式名称は，「集団殺害罪の予防と処罰に関する条約」である。石田勇治「ジェノサイド研究の課題と射程——比較の視座から」石田勇治・武内進一編『ジェノサイドと現代世界』（勉誠出版，2011年），3-4頁。

[2] 犠牲者の数については諸説あるが，詳細は第8章を参照のこと。

[3] トゥワについては，トゥチとフトゥ両者から差別されてきたという点で，ルワンダのエスニシティを理解する際に重要な存在ではあるが，本書の検討範囲を超えるため，今後の課題としたい。トゥワに関する数少ない研究として Jerome Lewis and Judy Knight, *The Twa of Rwanda: An Assessment of the Situation of the Twa and Promotion of Twa Rights in Post-War Rwanda*, Chadlington: World Rainforest Movement, 1995.

[4] ただし，第8章で詳述するが，ジェノサイドの犠牲者の中にフトゥもいたことには留意する必要がある。

[5] 加害者の人数や属性についても，第8章を参照のこと。

（当時はザイール）に逃れた。ジェノサイド後には，家族がジェノサイド参加の罪で服役したために生活に苦しんだ家庭も少なからずあった。このように，ジェノサイドは，無数の犠牲者を生んだだけではなく，生き残ったすべての人々にも大きな影響を与えた出来事だった。

　では，ジェノサイドはなぜ起きたと言われてきたのだろうか。一般的に，ジェノサイドの起源については，両極端の語られ方をされがちである。一方では，ヨーロッパの植民地支配がトゥチとフトゥというエスニシティを「創造」し，それまで平和的に暮らしていたルワンダ人を分断したという説明がされる。他方では，対立の原因はトゥチとフトゥが数百年にわたって抱いていた本質的な「部族憎悪」だという語られ方もする。

　ジェノサイドの発生によって，この小さな「千の丘の国」は一躍ジャーナリストや研究者の注目の的となり，多くの研究が蓄積されてきた。これは，ジェノサイド以前の状況とは対照的である。ジェノサイド以前のルワンダに関する出版物は限られており，またそれらの多くはフランス語で書かれていたが[6]，ジェノサイド後には英語での出版が激増した[7]。そして，これらの膨大な文献によって，ジェノサイドの様々な側面が明らかになってきた[8]。

　これらの研究によれば，ジェノサイドの背景には，次のような歴史があるという。植民地支配以前に存在した柔軟で社会的重要性の低かったエスニシティ

6　1987 年以前に出版されたルワンダに関する文献については Marcel d'Hertefelt et Danielle de Lame, *Société, culture et histoire du Rwanda : Encyclopédie bibliographique 1863–1980/87*, Tervuren : Musée royal de l'Afrique centrale, 1987.

7　François Lagarde, *Rwanda, 1990–2011 Une bibliographie*, The University of Texas at Austin, 30 avril 2012 http://repositories.lib.utexas.edu/bitstream/handle/2152/15587/RWANDA_1990–2011 Bibliographie_FL.pdf?sequence=4. ジェノサイドに関する文献は膨大であるため，先行研究の整理には以下のレビューが参考になる。Peter Uvin, 'Reading the Rwandan Genocide', *International Studies Review*, 3-3 (2001), pp. 75–99 ; Timothy Longman, 'Placing Genocide in Context : Research Priorities for the Rwandan Genocide', *Journal of Genocide Research*, 6-1 (2004), pp. 29–45. なお，日本語では，武内進一『現代アフリカの紛争と国家――ポストコロニアル家産制国家とルワンダ・ジェノサイド』（明石書店，2009 年），278–295 頁に詳しい。

8　詳細は第 8 章を参照のこと。

4

の区分が，1920 年代以降，ベルギーの支配によって硬直化してしまい，それ
が 1959 年から 64 年にかけて，エスカレートしていった。具体的には，トゥチ
とフトゥの間で最初に暴力が起こったのは 1959 年で，1961 年にフトゥの政治
家らによってトゥチの王政が転覆されるという革命が起きる。1962 年にベル
ギーから独立を果たすも，1963 年から 64 年にかけて，フトゥによるトゥチ大
衆の殺戮が起こる。独立後のフトゥによる第 1 共和制は，トゥチに対して差別
的な政策をとっていたが，ジュヴェナル・ハビャリマナが大統領となり第 2 共
和制が始まった 1970 年代には，差別は緩和された。しかし，1980 年代後半に
経済が悪化し，民主化への国際的な圧力が増すと，緊張が高まってきた。ルワ
ンダ愛国戦線（Rwandan Patriotic Front : RPF）がウガンダからルワンダ北部へと
侵攻し内戦が始まった 1990 年以降，トゥチに対するエスニックな扇動が激化
していった。そして，1994 年 4 月にハビャリマナ大統領が乗った飛行機が何
者かに撃墜されたことを機に，ジェノサイドが始まったと言われてきた[9]。

　また，アフリカ研究においても，ルワンダを含む 1990 年代の紛争の原因や
性質が説明されてきた。1990 年代前半，アフリカ大陸では多くの紛争が起き
た。これらの紛争の圧倒的多数は，国内の権力をめぐる争いで，国際社会の関
与による調停などが見られた。その後，紛争の発生は 2000 年代に入って減少
している[10]。では，なぜ 1990 年代前半に紛争勃発が集中したのだろうか。そ
れは，歴史，民主主義，国家形成，冷戦などとの関係から説明される。つまり，
アフリカの大半の国々はかつて植民地支配を受けており，様々な民族を内包す
る人工的な植民地国家が存在していた。権威主義的な支配体制を引き継いだ独

---

[9]　Gérard Prunier, *The Rwanda Crisis : History of a Genocide* (2nd edn.), London : Hurst & Co.,
　　1997 ; Catharine Newbury, 'Background to Genocide : Rwanda', *Issue : A Journal of Opinion*,
　　23-2 (1995), pp. 12-17 ; Catharine Newbury and David Newbury, 'A Catholic Mass in Kigali :
　　Contested Views of the Genocide and Ethnicity in Rwanda', *Canadian Journal of African
　　Studies*, 33-2/3 (1999), pp. 292-328 ; Jean-Claude Willame, *Aux sources de l'hécatombe
　　rwandaise*, Paris : L'Harmattan, 1995 ; David Newbury, 'Understanding Genocide', *African
　　Studies Review*, 41-1 (1998), pp. 73-97.
[10]　Scott Straus, 'Wars Do End! Changing Patterns of Political Violence in Sub-Saharan Africa',
　　African Affairs, 111-443 (2012), pp. 179-201.

立後の政権にとって，このような国家の統治は容易ではなかった。したがって，多くの国で政治エリートを頂点とするパトロン・クライアント関係に立脚した独裁体制が成立し，それが先進国の援助によって支えられてきた。このような国家が冷戦の終結と民主化要求の高まりとともに国内で挑戦を受け，紛争が頻発したのである[11]。

　本書も，基本的には，ルワンダおよびアフリカの紛争に関する，このような長期的な歴史観を踏襲するものである。しかし，ルワンダにおける紛争およびジェノサイドの起源をめぐっては，未だに課題も残されている。まず，ジェノサイドの起源を理解する際に，1950年代後半から60年代前半のルワンダについて研究する重要性は依然として大きい。前述のように，1950年代後半から60年代前半は，ルワンダでトゥチからフトゥへと権力が移行し，暴力が発生し，周辺国へと多数の難民が流出した時代であった。ルワンダ国内では，1960年代中盤以降，トゥチとフトゥの関係は大きな問題にはならなかったものの，フトゥによる支配は数十年続いた。1990年代に入って難民が内戦を開始し，ルワンダが危機の時代に突入すると，歴史への言及が増え始め，エスニックなイデオロギーが形成される。また，歴史を参照することで，フトゥ大衆の危機感が煽られていった。

　しかし，ルワンダに関する歴史研究は「停滞」している印象がある[12]。筆者も含め，1994年以降ルワンダを研究するようになった学者の多くは，ジェノサイドを研究の出発点としている。そして，ジェノサイド前に蓄積されていた研究をあらためて利用し，ジェノサイドの歴史的起源を解明しようと試みてきた。しかし，あえて（自己）批判的にいえば，ジェノサイド後の研究の多くは，次節で詳述するエスニシティに関する先行研究を単に再利用するにとどまっており，新しい知見や解釈を提示できていない。また，ジェノサイド後の研究は，歴史を単なる「前史」として扱い，過去のダイナミズムに注目していないため，

11　武内進一「冷戦後アフリカの紛争と紛争後──その概観」遠藤貢編『アフリカ潜在力2 武力紛争を超える──せめぎ合う制度と戦略のなかで』（京都大学学術出版会，2016年），23-49頁。

12　ロングマンも同様の指摘を10年以上前にしている。Longman, 'Placing'.

単線的で平面的な歴史理解にとどまってしまっている。暴力が発生し，トゥチとフトゥの関係に大きな影響を与えた 1950 年代および 60 年代についても，次節で詳述するように，新しい実証的な研究はなかなか登場していない。したがって，ジェノサイド，広くはアフリカにおける紛争を理解するために，歴史的な背景や展開をより詳しく検討していく必要がある[13]。

　さらに，1950 年代および 60 年代のルワンダ史を理解することは，現在のルワンダを理解する手掛かりにもなる。内戦およびジェノサイド終了後，研究者の関心はジェノサイド後の「正義」や「和解」，「国家建設」，「記憶」などの領域へと移行しつつある。特に，本研究との関係でいえば，「記憶」や「歴史認識」に関する研究は，「記憶」の多様性や政府による「歴史認識」との齟齬，「和解」との関係などを指摘しており，興味深い[14]。しかし，個々人の生活に影響を与えた歴史的事実や政治的背景を知ることなしに，個々人の記憶のあり方や歴史認識との緊張関係を理解することも，また難しいのではないだろうか。つまり，1950 年代および 60 年代のルワンダ史をより詳細かつ実証的に明らかにすることで，現在のルワンダについても理解を深めることができるのである。

　E. H. カーによれば，歴史とは「現在と過去との間の尽きることを知らぬ対話」であり，「現在の眼を通してでなければ，私たちは過去を眺めることもできず，過去の理解に成功することも出来ない」[15]。本書は，ジェノサイドから二十年以上たって，ジェノサイドの起源に関する研究がひと段落し，ジェノサイド後のルワンダにおける「記憶」の問題が注目され始めている現在，あらためて，1950 年代および 60 年代のルワンダにおける政治とエスニシティの問題を再検討することで，ジェノサイドおよび現在のルワンダについて理解を深めることを目的とするものである。

13　船田クラーセンさやか「アフリカにおける『エスニック紛争』」北原淳・竹内隆夫・佐々木衛・髙田洋子編著『地域研究の課題と方法——アジア・アフリカ社会研究入門（実証編）』（文化書房博文社，2006 年）も同様の指摘をしている。

14　詳細は，第 9 章および第 10 章を参照のこと。

15　E. H. カー（清水幾太郎訳）『歴史とは何か』（岩波新書，1962 年），31，40 頁。

2 エスニシティと政治をめぐる視角

本節では，1950 年代後半から 60 年代にかけて，トゥチ・フトゥの対立がどのような要因によっていかに形成されたのかに関連する研究を整理する。こうした研究は実に幅広いが，ここでは，(1) アフリカ研究およびルワンダ研究におけるエスニシティ，(2) ルワンダ研究および国際政治史における 1950 年代・60 年代に絞って整理し，それらをふまえて本書の視角を提示していきたい。

1) アフリカのエスニシティとルワンダのエスニシティ

まず，議論の前提として，言葉の定義をしておきたい。ethnicity/ethnic と nation/national は，日本語への直訳が難しい。必ずしも同義ではないが，重なる部分もあるからである[16]。本書では，nation は「国民」または「民族」と必要に応じて使い分け，ethnicity/ethnic には「エスニシティ」「エスニックな」という訳語をあてる。さらに，ethnic conflict の訳語としての「民族紛争」は，ロジャー・ブルベイカーが指摘しているように，「民族化された，または民族的な枠組みを与えられた紛争（ethicised or ethnically framed conflict）」と書く方が正確だと考えられるが，本書では便宜上「民族紛争」と表記する[17]。なお，ルワンダにおいては，ルワンダ人は「国民」，トゥチやフトゥは「エスニックな集団」または「民族」として捉えることができるが，本書がこれから論じていくように，誰が「ルワンダ人」なのかをめぐっては時代によって解釈が異なるため，注意が必要となる。

そもそも，アフリカ大陸におけるエスニシティへの言及は，植民地時代にさかのぼる。植民地初期の文献では原初主義的な見方が支配的であった[18]。「原

16　「エスニシティ」，「民族」，「国民」の重なりについては，例えば塩川伸明『民族とネイション——ナショナリズムという難問』（岩波書店，2008 年）第 1 章を参照のこと。

17　Rogers Brubaker, 'Ethnicity without Groups', in Montserrat Guibernau and John Rex (eds.), *The Ethnicity Reader : Nationalism, Multiculturalism and Migration* (2nd edn.), Cambridge : Polity Press, 2010, p. 35.

初主義（primordialism）」とは，ある集団の共通の歴史，先祖，文化，言語など
の「所与性」を重視する立場である。クロフォード・ヤングによれば，植民地
行政官や人類学者たちは，「部族的なアフリカ（tribal Africa）」を長らく当然視
していたという[19]。

しかし，この原初主義的な見解は徐々に批判を受け始める。1970年代，ネ
イション・エスニシティ研究で構築主義的なアプローチが主流になるにつれ，
アフリカのエスニシティは植民地行政や宣教師によって「創造」されたという
議論が登場する[20]。テレンス・レンジャーは，エリック・ホブズボウムととも
に，「伝統の創出／創り出された伝統（the invention of tradition）」という概念を
生み出し，それまで柔軟であった慣習を体系化・法律化したという点で，植民
地行政官たちが伝統を「創り出した」と主張した。つまり，ヨーロッパ人たち
が「アフリカの古来の慣習を尊敬していると信じ」て採った行動が「伝統」を
創り出し，その結果「住民の固定化，エスニシティの再強化，社会の定義のさ
らなる厳格化」が生じたというのである[21]。

この議論は，「創出」という単語では，植民地権力がアフリカ人を管理する
力を誇張し，アフリカ人の主体性を覆い隠してしまうという批判を受けた。ま

---

[18]　アフリカのエスニシティに関する研究は，当然のことながら他地域の民族・ネイショ
ン・エスニシティ研究の動向と切り離すことはできないが，本書では紙幅の関係で研究
全体の動向を詳述することはできない。ネイションとエスニシティに関するこれまでの
論争については，例えば，Anthony D. Smith, *Nationalism : Theory, Ideology, History* (2nd
edn.), Cambridge : Polity Press, 2010 ; Umut Özkirimli, *Theories of Nationalism : A Critical
Introduction* (2nd edn.), Basingstoke, Hampshire : Palgrave Macmillan, 2010 ; 塩川『民族と
ネイション』などを参照のこと。

[19]　Crawford Young, 'Nationalism and Ethnic Conflict in Africa', in Montserat Guibernau and John
Hutchinson (eds.), *Understanding Nationalism*, London : Polity Press, 2001, p. 174.

[20]　Carola Lentz, '"Tribalism" and Ethnicity in Africa : A Review of Four Decades of Anglophone
Research', *Cahiers des sciences humaines*, 31-2 (1995), pp. 303-328.

[21]　Terence Ranger, 'The Invention of Tradition in Colonial Africa', in Eric Hobsbawm and Terence
Ranger (eds.), *The Invention of Tradition*, Cambridge : Cambridge University Press, 1983, pp.
211-262. 日本語では，テレンス・レンジャー（中村伸浩・亀井哲也訳）「植民地下のア
フリカにおける創り出された伝統」エリック・ホブズボウム／テレンス・レンジャー編
（前川啓治・梶原景昭他訳）『創られた伝統』（紀伊国屋書店，1992年），323-406頁。

た，ベネディクト・アンダーソンによる『想像の共同体（*Imagined Communities*)』の出版も影響し[22]，レンジャーはのちに「創出」を「想像」へと修正した[23]。また，ブルース・バーマンとジョン・ロンズデールは，エスニシティ形成のダイナミズムや偶発性・不確実性に注意を払うことの重要性を強調した。彼らは個人の内面のアイデンティティである「モラル・エスニシティ（moral ethnicity)」と外部から政治化された集団的アイデンティティである「政治的部族主義（political tribalism)」を区別し，モラル・エスニシティがいかに歴史的に形成され，「政治的部族主義」へと変化したかを明らかにした[24]。

それ以来，多くの研究者たちが，現実は単に「創出」されたのではなく，植民地時代以前に存在した複雑な社会関係を土台として，植民地時代以降に鮮明になった，という議論を展開していった。すなわち，エスニシティを歴史的に特有な，社会的に生み出されたアイデンティティのパターンとみなし，その柔軟性や流動性，構築性や歴史的文脈を重視する研究が主流になってきたのである[25]。

しかし，依然として課題も残されている。例えば，フレデリック・クーパーによれば，ネイションやエスニシティの「政治的虚構性（political fiction)」について明らかになってきたことは多い。しかし，個々の事例の特殊性，すなわ

---

[22]　Benedict Anderson, *Imagined Communities : Reflections on the Origin and Spread of Nationalism*, London : Verso, 1983. 日本語では，ベネディクト・アンダーソン（白石隆・白石さや訳）『増補　想像の共同体——ナショナリズムの起源と流行』（NTT 出版，1997 年）。

[23]　Terence Ranger, 'The Invention of Tradition Revisited : The Case of Colonial Africa', in Terence Ranger and Olufemi Vaughan (eds.), *Legitimacy and the State in Twentieth-Century Africa*, London : Macmillan Press, 1993, pp. 62-111 ; Terence Ranger, 'Concluding Comments', in Paris Yeros (ed.), *Ethnicity and Nationalism in Africa : Constructivist Reflections and Contemporary Politics*, London : Macmillan Press Ltd, 1999, pp. 133-144.

[24]　Bruce Berman and John Lonsdale, *Unhappy Valley : Conflict in Kenya and Africa*, London : James Currey, 1992.

[25]　日本語では，エゴーサ・E. オサガエ（杉木明子訳）「アフリカにおけるエスニシティと国家の再構築」川端正久・落合雄彦編『アフリカ国家を再考する』（晃洋書房，2011年），216-237 頁が，エスニシティと国家の相互関連性や従属変数としてのエスニシティを指摘している。

ち，ある特定の集団のエスニックな境界が特定の形で，かつ特定のタイミング
に具現化／結晶化されるプロセスやメカニズムについてはさらに研究が必要で
ある[26]。また，トマス・スピアらは，エスニシティは「時間とともに，永遠に
続き正統であるかのように見えるように，絶えず再解釈され再構築されて」お
り，「構築性，原初性，道具性が同時に存在している（simultaneously constructed,
primordial and instrumental）」と指摘し[27]，これらの特徴が相互に代替的なものと
してではなく，組み合わさったものとして理解されるべきだとして[28]，エスニ
シティの様々な側面に注意する必要性を指摘している。このように，アフリカ
におけるエスニシティ研究は，「伝統の創出」または「創造」を超えて，その
変化や継続性を多角的に明らかにする実証研究の段階にある。

　ルワンダのエスニシティに関する議論も，このような学術的傾向の中で理解
される必要がある。1994 年以前のルワンダ研究の主眼は，植民地化以前の
トゥチ・フトゥ関係と政治体制であった。すなわち，これらの研究では，トゥ
チとフトゥを異なる集団だとみなした上で，トゥチ・フトゥとはいかなる集団
であり，彼らの関係性はいかなるものなのかが議論されてきた。

　まず，トゥチとフトゥは起源が異なる別人種だとの考えが，植民地関係者お
よび初期の人類学者などにもたれていた。第 1 章で詳述するように，アフリカ
の文明はエチオピアから南下したハム系人類によってもたらされたとする「ハ
ム仮説」が，その根拠である。19 世紀末にルワンダにたどりついたヨーロッ
パ人たちは，トゥチをハム系，フトゥをバントゥー系黒人だと認識し，ルワン
ダはアフリカの角より南下したトゥチがフトゥを征服してできた国家だと理解
した[29]。

---

[26]　Frederick Cooper, *Colonialism in Question : Theory, Knowledge, History*, London : University
　　of California Press, 2005, p. 63.

[27]　Thomas Spear, 'Neo-Traditionalism and the Limits of Invention in British Colonial Africa',
　　Journal of African History, 44-1 (2003), p. 24.

[28]　John Lonsdale, 'Ethnic Patriotism and Markets in African History', JICA-RI Working Paper no.
　　20 (September 2010), p. 6, https://www.jica.go.jp/jica-ri/ja/publication/workingpaper/jrft3q0000
　　000v2u-att/JICA-RI_WP_No.20_2010.pdf

[29]　Jean-Pierre Chrétien, translated by Scott Straus, *The Great Lakes of Africa : Two Thousand*

この「ハム仮説」を共有していた初期のルワンダ研究者たちは，パトロン・クライアント関係の一種であるウブハケ（*ubuhake*）の分析を通じて，トゥチとフトゥは異なる人種であり社会階層であると評価した。例えば，トゥチの支配階層出身でいまだに最も有名なルワンダ人歴史家として知られているアレクシス・カガメは，王宮の慣習やウブハケに関する著作を多数発表した[30]。また，ベルギー人の人類学者であるジャック・マケも，ヨーロッパ人の到着以前，ルワンダにはすでにトゥチとフトゥの間に階層が存在し，それは安定的かつ互恵的だったと肯定的に評価した[31]。つまり，彼らはトゥチ・フトゥの違いを所与のものとして捉え，その関係を肯定的に捉えていたのである。そしてこのような評価は長らく支配的であった。例えば，ダニエル・ド＝ラームは，マケの著作は「牧歌的なクライアント制度によって構成された一枚岩な（同質的な）」ルワンダというイメージをもたらしたと断罪した[32]。また，フランス人の歴史家であるジャン＝ピエール・クレティエンも，マケの著作は1954年のフランス語版の出版から「20年間ほどにわたり，ルワンダ研究のバイブルであった」としてその影響力の大きさを指摘している[33]。

　しかし，このような初期の著作は，2つの方向から徐々に批判にさらされていく。まず，トゥチとフトゥの関係性を否定的に捉える研究者が登場した。例えば，アメリカ人類学者のヘレン・コーデルは，ウブハケは互恵的ではなく，フトゥは抑圧されてきたと主張した[34]。これらの研究者は，しばしばヨーロッ

     Years of History, New York : Zone Books, 2006, pp. 50-51.

[30] Alexis Kagame, *Un abrégé de l'ethno-histoire du Rwanda*, Butare : Éditions Universitaires du Rwanda, 1972, p. 29.

[31] Jacques Maquet, *The Premise of Inequality in Ruanda : A Study of Political Relations in a Central African Kingdom*, London : Oxford University Press, 1961.

[32] Danielle de Lame, translated by Helen Arnold, *A Hill among a Thousand : Transformations and Ruptures in Rural Rwanda*, Madison : University of Wisconsin Press, 2005, p. 7.

[33] Chrétien, *Great Lakes*, p. 26.

[34] Helen Codere, 'Power in Rwanda', *Anthropologica*, 4-1 (1962), pp. 45-85 ; Helen Codere, *The Biography of an African Society : Rwanda 1900- 1960, based on forty-eight Rwandan autobiographies*, Tervuren : Musée royal de l'Afrique centrale, 1973. カガメとマケのインタビュー参加者がほぼトゥチのみであったのに対して，コーデルはフトゥやトゥワにもイ

パの近代史，特にフランスの封建制および革命になぞらえてルワンダを描写しており，抑圧されたフトゥが革命を起こしたとして，ルワンダの革命を正当化している[35]。

　さらに，「トゥチ」や「フトゥ」という集団を所与のものとして捉えるのではなく，その変化に注目する研究者も登場する。例えば，ベルギー人歴史家のヤン・ヴァンシナは，「ハム仮説」を否定し，植民地化以前のルワンダで農業や牧畜などの異なる活動に従事していた人々が，いかに互いを区別するようになったのか，そして「トゥチ」および「フトゥ」の意味がいかに変化してきたのかを明らかにした。彼によれば，もともと「トゥワ」は「森林民」，「トゥチ」は「狩猟民の政治的エリート」，「フトゥ」は「トゥチの使用人」という意味であったという。次章で論じるように，ルワンダでの中央集権的な権力の確立とともに，次第に「フトゥ」は「非戦闘員」，「トゥチ」は「戦闘員」を意味するようになり，大半の「非戦闘員」が農民で，「戦闘員」が狩猟民であったことから，19世紀後半には，「トゥチ」がすべての狩猟民を，「フトゥ」がすべての農民をさすようになったという[36]。また，フランス人のクローディーヌ・ヴィダルは，「トゥチ」や「フトゥ」という区分は社会階級的（social class）なものであり，ヨーロッパ人が「創造」したものだと議論した[37]。これらの研究者は，変化の時期および要因については意見を異にするものの，「トゥチ」と「フトゥ」という集団が歴史的に構築されてきたものだと議論した最初の世代であった。

　　ンタビューを行ったため，このような評価になったのだろう。

[35]　時代的制約もあったことは承知の上で，筆者は，「封建から文明へ」という進歩史観やヨーロッパの歴史を非ヨーロッパ地域にも当てはめようとするこのような発想は適切ではないと考える。なお，進歩史観や近代的価値に対する批判的考察については，例えばキャロル・グラック『歴史で考える』（岩波書店，2007年）を参照。

[36]　Jan Vansina, *Antecedents to Modern Rwanda : The Nyiginya Kingdom*, Oxford : James Currey, 2004, pp. 36-38 and 134-139. これは，もともと1962年に出版され，2000年に再出版された *L'Évolution du royaume Rwanda des origines à 1900*, Bruxells : Academie royale des sciences d'outre-mer の英語版である。

[37]　Claudine Vidal, 'Le Rwanda des anthropologies ou le fétichisme de la vache', *Cahiers d'Études Africaines*, 9-35 (1969), pp. 385-401.

序　章　ルワンダの政治とエスニシティを再考する　　13

　1970 年代に入り，上述の通り，「伝統の創出」概念と構築主義者の議論がエスニシティ研究で影響力をもち始めたことに影響を受け，ルワンダ研究でも「人種」や「階級」ではなく「エスニシティ」という概念を用いた研究が進んだ。ヴァンシナとヴィダルに続く研究によれば，「トゥチ」と「フトゥ」という区分は植民地化以前から存在したが，それは社会的にさほど重要ではなく，農民は各クランに帰属意識をもっていた[38]。それがドイツおよびベルギーの植民地支配下で，ルワンダ王国の権力が拡大・強化された結果，抑圧された農民が，王国のエリート（トゥチ）に反発して，フトゥ意識をもつようになったという[39]。すなわち，エスニシティは，植民地化以前に存在していた階層的区分に基づいて，ヨーロッパ人とトゥチ権力者が共同で構築したものだという解釈に落ち着いたのである。

　以上のように，ジェノサイド以前の研究の主眼は，植民地支配以前のルワンダにおけるエスニシティの性質と植民地時代におけるその変化を理解することにあったが，1994 年のジェノサイドによって，これらの学術的知見は逆転して再利用されることになった。第 10 章で説明するように，1994 年のジェノサイド後にルワンダに入ったジャーナリストや研究者たちの多くが，現ルワンダ政府の主張するエスニシティの「所与性」や「原初性」をなかば無条件に受け入れたからである[40]。例えば，フィリップ・ゴーレイヴィッチは，ヨーロッパ人が来る前に存在した「顕著なルワンダ性（striking Rwandanness）」を指摘している[41]。また，ルワンダ人研究者のフランク・ルサガラも，植民地支配の前は，ルワンダ人は軍によって団結していたと主張している[42]。つまり，カガメやマ

---

[38]　David Newbury, 'The Clans of Rwanda : An Historical Hypothesis', *Africa : Journal of the International African Institute*, 50-4 (1980), pp. 389-403.

[39]　Catharine Newbury, *The Cohesion of Oppression : Clientship and Ethnicity in Rwanda, 1860–1960*, New York : Columbia University Press, 1988.

[40]　Uvin, 'Reading', p. 77.

[41]　Philip Gourevitch, *We Wish to Inform You That Tomorrow We Will Be Killed with Our Families : Stories from Rwanda*, London : Picador, 1999, p. 55. 日本語では，フィリップ・ゴーレイヴィッチ（柳下毅一郎訳）『ジェノサイドの丘──ルワンダ虐殺の隠された真実〈新装版〉』（WAVE 出版，2011 年），66 頁。

[42]　Frank K. Rusagara, *Resilience of a Nation : A History of the Military in Rwanda*, Kigali :

ケなどの初期の研究者が抱いていた「植民地化以前の平和的で単一のルワンダ人」というイメージは，民族対立がヨーロッパ人によって「創り出された」とする極端な構築主義の立場へとつながったのである。この「カガメの遺産」[43]や「マケによる植民地支配以前の調和の美化」[44]に対して，ベテランのルワンダ研究者たちは，より史実に即したバランスのとれた歴史解釈を採るよう警鐘を鳴らしている。

　ここまで，アフリカ研究でエスニシティがどのように議論されてきたのか，またルワンダ研究でトゥチとフトゥがどのような集団だと捉えられてきたのかを概観した。アフリカにおけるエスニシティ研究は，「伝統の創出」または「創造」を超えて，その変化や継続性を多角的に明らかにする実証研究が蓄積される段階にある。また，ルワンダ研究においても，植民地化以前の政治や植民地支配がトゥチとフトゥという集団の形成に影響を与えてきたという一定のコンセンサスが形成されてきた。さらに，ルワンダの中央権力の意図や計算，地方ごとの違い（地方主義），外部勢力の多様な性質，言葉と権力の領域（関係性），軍事力の重要性，内部競争などが，ルワンダ政治史を理解する上で重要な要因として指摘されてきた[45]。たしかにこのような視角からルワンダの政治およびエスニシティを再検討する必要はあろう。しかし，なぜジェノサイドという究極の暴力が発生してしまったのかは，やはり 1950 年代および 60 年代の歴史を見なければ理解できない。

　　Fountation Publishers Rwanda, 2009.

[43]　Vansina, *Antecedents*, p. 4.

[44]　Johan Pottier, *Re-Imagining Rwanda : Conflict, Survival and Disinformation in the Late Twentieth Century*, Cambridge : Cambridge University Press, 2002, p. 111.

[45]　David Newbury, 'The Historian as Human Rights Activist', in Scott Straus and Lars Waldorf (eds.), *Remaking Rwanda : State Building and Human Rights after Mass Violence*, Madison : University of Wisconsin Press, 2011, pp. xxvii and xxix ; David Newbury, 'Editor's Introduction : Situating the Rwandan Court at the Time of Musinga's Accession to Power', in Alison Liebhafsky Des Forges (edited by David Newbury), *Defeat Is the Only Bad News : Rwanda under Musinga, 1896-1931*, Madison : University of Wisconsin Press, 2011, pp. xxiii-xxxvi.

2）1950年代・60年代の脱植民地化とルワンダの革命

　では，本書のテーマである1950年代および60年代という時代，そして当時のルワンダに関しては，どのような研究があるのだろうか。そもそも，1950年代から60年代は，多くのアフリカ諸国にとってきわめて重要な時代であった。独立（政治的脱植民地化）が達成されたからである。この場合の脱植民地化は，「植民地を支配してきた帝国の事情によって唐突に生み出された一時的な現象などではなく，それまでの制度と言説に新たな可能性が拓かれる持続的プロセス」であり，「脱植民地化のプロセスでは，世界各地で支配する側と支配される側の二つのベクトルの動きが複雑に絡まり，多様な要素の結合と政治的ネットワークを動員しながら，今に続く世界秩序が形成されていった。それは，かつて帝国の問題であった貧困や搾取などが，国内，及び国際問題化するプロセス」であると定義される[46]。狭義の意味としては，「植民地や保護国として帝国宗主国の支配下に置かれ，独立性・自律性を奪われていた地域が主権（sovereignty）をもった国として独立し，国際社会を形成する能動的な主体となっていく動き」と理解することができる[47]。

　国際政治史分野におけるこれまでの研究によると，脱植民地化の進展の理由は，主に3点から説明される。宗主国すなわち支配する側の戦略や計算，植民地すなわち被支配者の民族運動やナショナリズム，そして，国際的な圧力である[48]。

　独立は，重要な岐路であった。独立後の国家が建設され，エスニシティが再構築されるタイミングだったからである。事実，複数の研究が，脱植民地化が植民地宗主国（特にイギリス）とアフリカ人の「協力（collaboration）」の関係を交渉によって再編し，独立後の環境を形成するプロセスだったことを示唆して

46　井野瀬久美惠・北川勝彦編著『アフリカと帝国──コロニアリズム研究の新思考にむけて』（晃洋書房，2011年），4および10頁。

47　木畑洋一『イギリス帝国と帝国主義──比較と関係の視座』（有志舎，2008年），213頁。

48　木畑『イギリス帝国と帝国主義』，214頁；池田亮「西欧への二つの挑戦──脱植民地化と冷戦の複合作用」益田実・池田亮・青野利彦・齋藤嘉臣編著『冷戦史を問いなおす──「冷戦」と「非冷戦」の境界』（ミネルヴァ書房，2015年），第II部総説。

いる[49]。当時，植民地の帝国からの離脱には，連邦制や超国家的な連帯など領域的な主権国民国家になる以外の可能性も存在した。しかし，第二次世界大戦後，冷戦の進展とともに，これらの政治的可能性が狭まり，国民国家として独立するに至ってしまったという[50]。つまり，過去から現在に至る道は一つではなく，紆余曲折があり，かつ様々な要因によって影響を受けたのである。

　さらに，脱植民地化の過程における冷戦の影響についても，近年研究が活発になっている。アフリカ諸国の独立のピークは冷戦の最高潮と合致していたため，東西陣営ともに，脱植民地化の過程で重要な役割を果たしていた。冷戦のライバルたちは新興独立国に対して，自由資本主義と社会主義という異なった種類の「開発」モデルを提供した。また両者とも介入を試み，抑圧的な政権の設立に関与した。国連においては，東側陣営とアジア・アフリカ諸国は西側陣営を批判し，独立運動を支持した。それに対して，西側陣営はソ連の影響力の浸透を避けるために親欧的なリーダーたちを確立したがった。つまり，脱植民地化の過程は，冷戦から直接的または間接的な影響を受け，それによって国内の国家形成が左右されたのである[51]。

　また国際的な圧力として，脱植民地化の過程における国際連合の役割も議論されてきた。すなわち，国連がどの程度脱植民地化の原動力だったのか，という問題である。これまでの研究では，国連が独立過程に影響を与えてきたと認識している。国連の反植民地主義が，例えばイギリスの「秩序ある脱植民地

---

[49]　Martin Thomas, Bob Moore and L. J. Butler, *Crises of Empire : Decolonization and Europe's Imperial States, 1918-1975*, London : Bloomsbury, 2008, pp. 9-10.

[50]　Frederick Cooper, *Africa in the World : Capitalism, Empire, Nation-State*, Cambridge : Harvard University Press, 2014 ; Jeffrey James Byrne, 'Africa's Cold War', in Robert McMahon (ed.), *Cold War in the Third World*, New York : Oxford University Press, 2013, pp. 101-123.

[51]　Arne Odd Westad, *The Global Cold War : Third World Interventions and the Making of Our Times*, Cambridge : Cambridge University Press, 2005. 日本語では，佐々木雄太監訳『グローバル冷戦史──第三世界への介入と現代世界の形成』（名古屋大学出版会，2010年）; Mark Philip Bradley, 'Decolonization, the Global South, and the Cold War, 1919-1962', in Melvyn P. Leffler and Odd Arne Westad (eds.), *The Cambridge History of Cold War*, vol. 1, Cambridge : Cambridge University Press, 2012, pp. 107-122 ; Robert McMahon, *The Cold War in the Third World*, New York : Oxford University Press, 2013, Introduction.

化」政策の障害となっただけではなく，多くのアフリカ人指導者たちも，国連の重要性を認識し，自分たちの目的を達成するために国連を利用したためである[52]。

アフリカ研究においても，脱植民地化や国家形成に関する研究が増えている。1990年代以降，多くのアフリカ諸国で民主化が進んだことで，「市民」や「国民」などの概念が再検討を迫られるようになったからである[53]。さらに，「アフリカの年」から50周年の節目となる2010年には，多くの国々で記念式典が開催された[54]。これらの文脈は，植民地時代末期や脱植民地化の時代に立ち返り，独立後のアフリカ諸国がどのように形成され，国民やエスニック集団がその過程の中でいかに再構築されたかを理解する重要性を示唆している[55]。

このような世界的な研究動向を踏まえると，1950年代・60年代のルワンダの革命および独立に関するこれまでの研究には，課題が残されていると言わざるをえない。

既存研究の主眼は，長らく，トゥチの王政を廃止しフトゥの支配を樹立した革命の原因を明らかにすることにあった。初期の研究者の間では，革命の原因は，トゥチ支配に対するフトゥの恨みとして説明されることが多かった。例えば，マケはトゥチとフトゥの関係を楽観的に捉えていたが，革命発生後に解釈を修正し，ルワンダに存在したヒエラルキー下でトゥチに抑圧されていたフトゥが「解放」を求めた結果，革命が生じたとの理解を示した[56]。コーデルも

---

52 Thomas, Moore and Butler, *Crises of Empire*；半澤朝彦「国連とイギリス帝国の消滅——1960〜63年」『国際政治』126号（2001年），pp. 81-101.

53 Sara Dorman, Daniel Hammett, and Paul Nugent (eds.), *Making Nations, Creating Strangers : States and Citizenship in Africa*, Leiden : Brill, 2007.

54 Carola Lentz, 'Celebrating Independence Jubilees and the Millennium : National Days in Africa' および 'The 2010 Independence Jubilees : the Politics and Aesthetics of National Commemoration in Africa', *Nations and Nationalism* 19-2 (2013), pp. 208-216 and 217-237.

55 Frederick Cooper, 'Possibility and Constraint : African Independence in Historical Perspective', *Journal of African History*, 49-2 (2008), pp. 167-196；Athena S. Leoussi, Jack E. Spence, Paul Nugent, and Elliott Green, 'Dreams and Nightmares of Nationhood : The Obi Lgwara Special Memorial Event to Mark 50 Years of Decolonization in Africa, 1960- 2010', *Nations and Nationalism*, 19-3 (2013), pp. 434-455.

少数派トゥチと多数派フトゥの間の権力関係が問題だったとして、「革命は外部勢力によって計画されたり、もたらされたりしたものではない」と断定している[57]。これらの研究者からすれば、革命は、ルワンダ国内のヒエラルキーに対する不満がもたらす当然の帰結であった。

　その後の研究者は、植民地時代にエスニックな対立が構築され、フトゥがトゥチに対する不満を抱いていたとの前提を共有しつつ、革命を可能にした具体的な要因や外部の影響を、次のように説明した。ベルギーとトゥチの間の協力関係は、1950 年代後半から崩れ始めた。トゥチ指導者が 1957 年頃からベルギーからの独立を求めるようになり、59 年から政治活動を展開していったのに対し、ベルギー人は独立を与えたくなかったためである。また、それまでトゥチを支援していたカトリック教会もフトゥに共感を示すようになった。その結果、神学校で教育を受けたフトゥのエリートが登場した。彼らは行政ポストに職を得たがったが、差別によって叶わなかったため、トゥチの支配体制に対する不満を蓄積したとされる。しかし、トゥチの支配者たちは、フトゥの不満を真剣に扱わなかった。むしろ彼らは、政治体制を保ったままでのベルギーからの権力移譲を望んでいたのである。1959 年夏以降、政治的局面は不安定になり、59 年 11 月にトゥチとフトゥの間に一連の暴力が発生した。ベルギーは、この暴動をトゥチに対するフトゥの反発の表れだと捉え、フトゥに権力を与えれば国内の混乱が収まると考えた。また、ベルギー人行政官らは、独立を求めるトゥチを疎ましく思うだけではなく、少数派トゥチに抑圧されている大衆フトゥに対して共感を抱きつつあった。さらに、彼らがフトゥを支持することには、国際的な利益も存在したとされる。ルワンダは国際連合の信託統治領であり、信託統治理事会は 1940 年代後半からルワンダ国内の「政治的進歩（political progress）」を求め続けていたため、国内の多数派を占めるフトゥを支援することは、国連からの要求に応じるものでもあったからである。このよう

56　Jacques Maquet, 'La participation de la classe paysanne au mouvement d'indépendance du Rwanda', *Cahiers d'études Africaines*, 4-16 (1964), pp. 552-568.

57　Codere, 'Power in Ruanda'.

に，トゥチへの反発とフトゥへの共感に加え，国際的な利益も存在したため，ベルギーがフトゥ支持にまわった結果，革命が成功したという[58]。

つまり，これまでの研究では，革命の原因について，ルワンダ国内でトゥチとフトゥの間の対立がすでにあり，ベルギー人と教会のフトゥ支持により，革命が可能になったと議論されてきた。ルワンダに関する古典的大作を著したルネ・ルマルシャンによれば，「覇権的」もしくは封建的な政治体制がトゥチの王やチーフたちが民主的な方法でトゥチとフトゥの問題を解決するのを「事実上不可能（virtually impossible）」にしたため，2つの集団の間に起こった紛争は，合理的かつ不可避な帰結であり，フトゥは「革命以外の選択肢をもたなかった（no option but revolution）」のだという[59]。そして，ベルギーの支持転換によって，「支援された革命（la révolution assistée）」が可能となったのである[60]。

これまでの研究の最大の課題は，この時期のトゥチ・フトゥのエスニックな対立を「独立変数」として扱っていることにある。既述の通り，ルワンダのエスニシティは植民化以前のトゥチ・フトゥ関係および植民地支配下での変化が研究の中心であったため，植民地末期の革命および独立期に特化した研究はあまりない。したがって，誤解を恐れず単純化すれば，革命はそれ以前に形成されたトゥチとフトゥの対立の帰結であると考えられる傾向にあった。例えば，ルマルシャンの著作は革命前後のルワンダでの調査を基に1970年に出版され

---

[58] Jean-Pierre Chrétien and Joseph Gahama, 'Les options d'une indépendance sous tutelle au Rwanda et au Burundi : nationalismes ou révolutions internes', in Jean-Loup Amselle et M. Michel (eds.), *L'Ere des Decolonisation-Actes du Colloque d'Aix-en-Province*, Paris : Edition Karthala, 1995, pp. 222–239 ; René Lemarchand, *Rwanda and Burundi*, London : Pall Mall Press, 1970 ; Filip Reyntjens, *Pouvoir et droit au Rwanda : Droit public et évolution politique, 1916–1973*, Tervuren : Musée royal de l'Afrique centrale, 1985 ; L. Bararunyeretse, 'La question du Ruanda-Urundi a l'ONU (1946–1962)', thesis, Bruxelles : Université Libre du Bruxelles, 1976 ; David Rawson, 'The Role of the United Nations in the Political Development of Ruanda-Urundi, 1947–1962', PhD thesis, American University, 1966. ただし，国連の影響については，評価が分かれている。Chrétien et Gahama, 'Les options'；武内『現代アフリカ』，177–189頁。

[59] Lemarchand, *Rwanda and Burundi*, pp. 472–473.

[60] Jean-Paul Harroy, *Rwanda : De la féodalité a la démocratie 1955–1962*, Bruxelles : Hayez, 1984, p. 292.

た重要な業績であるが，書かれた時代の拘束を受けており，エスニシティの（再）構築という視点に欠けている。フィリップ・レインツェンスも，ルワンダの法制度と政治の関係を長期的に詳述しているが，革命を民族対立の従属変数として扱いがちである[61]。ドナ・ムレゴの著作も，タイトルに「革命」と入っているものの，むしろ革命以前の記述が多く，革命のプロセスそのものは詳述されていない[62]。また，教会とルワンダ政治の関係を歴史的に検討する著作も発表されてきているが，革命全体を俯瞰できているわけではない[63]。

　このような視点は，前述したエスニシティに関する近年の研究動向に鑑みれば妥当ではない。そもそも，革命以前からトゥチ・フトゥの対立が形成されていたならば，なぜこの時期に暴力が発生し政治体制が変化したのか（なぜもっと早い段階でそうならなかったのか）を十分説明できない。また，複数の研究者が革命中に起きた暴力の特徴の変化を指摘してきたが，エスニシティを独立変数とみなした場合，なぜ暴力の性質が変化したのかも十分に明らかにできない。さらに，トゥチとフトゥという集団が果たしてそこまで強固なものであったのかについても疑問が残る。むしろ，エスニシティを独立変数としてではなく，様々な要因によって影響を受けながら革命の間にも変化した従属変数として理解する必要がある。

　さらには，ルワンダを取り巻く国際関係はこれまで十分に検討されてきたとはいえない。先行研究は，ベルギーの政策とベルギー・国連関係に注目はしてきた。それらの研究によれば，ベルギー人は脱植民地化を当面の選択肢として考えていなかったため，1950 年代後半から権力移譲を求め始めたトゥチの伝統的な指導者たちに不満を抱き，フトゥのエリートへ支持を移行した。これが，革命がしばしば「支援された革命」と呼ばれるゆえんである[64]。国連は，この

---

[61]　Reyntjens, *Pouvoir et droit*.

[62]　Donat Murego, *La révolution rwandaise 1959-1962, Essai d'interprétation*, Louvain : Publications de l'Institut des Sciences Politiques et Sociales, 1975.

[63]　Ian Linden, *Church and Revolution in Rwanda*, Manchester : Manchester University Press, 1977 ; Timothy Longman, *Christianity and Genocide in Rwanda*, Cambridge : Cambridge University Press, 2010, pp. 58-81 ; J. J. Carney, *Rwanda before the Genocide : Catholic Politics and Ethnic Discourse in the Late Colonial Era*, Oxford : Oxford University Press, 2014.

「行政的にコントロールされた（administratively-controlled）」革命を承認したわけではなく，ベルギーを批判する決議をいくつか可決した[65]。しかし，国連はベルギー人がフトゥを支援するのを止めることはかなわず，ベルギーはルワンダに親ベルギー的なフトゥ政権を誕生させることができた[66]。また，冷戦についてあまり議論されてはいないが，いくつかの研究が，中華人民共和国（PRC）や他の共産主義国，反西欧諸国がトゥチの王や伝統的リーダーたちを支援していたことに言及している[67]。しかし，国連の影響力，ベルギーの政策の意図，冷戦の影響，そしてそれらの関係などに分析の光をいっそう当てなければ，ルワンダ国内の変化について理解することはできない。

　ルワンダではこの時期，革命という国内における体制転換と，独立という対外的な立場の転換が，ほぼ同時に達成されている。ヨーロッパ人とアフリカ人の関係性がエスニシティを植民地時代に変化させたのであれば，脱植民地化の時期においても，新たな権力関係が登場したことで，エスニシティが何らかの変化を遂げたと仮定することは可能ではないだろうか[68]。つまり，民族対立を所与のものとして自明視するのではなく，歴史的な過程の中で形成されてきたものとして捉え，この時期にトゥチとフトゥの関係がどのように変化し，なぜ対立が形成されてしまったのかを実証的に明らかにする必要があるといえよう。

3）本書の分析視角

　このような先行研究の課題を踏まえ，本書では，1950 年代後半から 60 年代前半のルワンダで，トゥチとフトゥの対立がどのような要因によっていかに形成されたのか，より具体的には，トゥチ・フトゥ間でなぜこの時期に暴力が生じたのか，なぜ権力がトゥチからフトゥへ移行できたのか，そしてどのような

64　Chrétien, *Great Lakes*, p. 304 ; Harroy, *Rwanda*, p. 292.

65　Prunier, *Rwanda Crisis*, p. 52.

66　Chrétien and Gahama, 'Les options', p. 223.

67　例えば，Prunier, *Rwanda Crisis*, p. 47.

68　Young, 'Nationalism, Ethnicity and Class', p. 446 ; Frederick Cooper, 'Conflict and Connection : Rethinking Colonial African History', in *The Decolonization Reader*, pp. 36–38.

要因がエスニシティの変化に影響を与えたのか，それらはその後のルワンダに
どのような影響を与えたのかを明らかにする。

　具体的には，以下の視角を設定して，議論を進めたい。まず，複数の歴史家
が提言しているように，歴史のダイナミズムに注目する。例えば，スティーブ
ン・エリスによれば，過去というものは単に「現在の萌芽期（the embryo of the
present）」ではなく，「達成されなかった野望や落胆した希望，一時は重要に見
えたけれどもこんにちの私たちに結果としてつながらなかったアイディアなど
をもった，その当時の機運（モメンタム）をもつもの」である[69]。また，クー
パーも，様々な選択肢・可能性・オルタナティブが過去に存在していたことを
指摘し，歴史家が「プロセス，選択肢，偶発性・不確実性」に注目する必要性
を指摘している[70]。したがって，かつてのルワンダに存在した岐路，つまり暴
力回避や「和解」への提案，暴力的でない未来の可能性などの紆余曲折に注目
することによって，民族対立の形成過程をより詳細に明らかにするとともに，
望ましい未来についても構想することが可能となるのではないだろうか。

　また，トゥチやフトゥ，ベルギー人など，集団間の関係を検討することは言
うまでもないが，これらの集団内の関係にも目を向ける必要がある。大規模な
エスニックな暴力はエスニック集団内の対立が原因で誘発されることがあるか
らである[71]。また，集団内の対立に着目する重要性は，植民地化以前のルワン
ダを研究する際にも指摘されている[72]。つまり，トゥチとフトゥの間の関係だ
けではなく，トゥチ内やフトゥ内の関係を明らかにして初めて，トゥチとフ
トゥの関係がいかに対立に向かっていったかを理解することが可能となるので
ある。本書では，集団内の多様性を意識するために，集合的な表記を極力とら
ないよう心掛けた[73]。すなわち，「トゥチ」，「フトゥ」という二分的な言及を

---

[69]　Stephen Ellis, 'Writing Histories of Contemporary Africa', *Journal of African History*, 43-1 (2002), p. 3.

[70]　Frederick Cooper, 'Africa's Past and Africa's Historians', *Canadian Journal of African Studies*, 34-2 (2000), p. 312.

[71]　James Fearon and David Laitin, 'Review : Violence and Social Construction of Ethnic Identity', *International Organization*, 54-4 (2000), pp. 845-877.

[72]　Des Forges, *Defeat*.

序　章　ルワンダの政治とエスニシティを再考する　　23

するのではなく，「トゥチの王」，「トゥチの革新的な指導者」，「フトゥの政治家」，「フトゥの大衆」というように，極力修飾語と共に使用する。また，この集団内関係や内部の多様性への注目は，トゥチやフトゥだけではなく，「ベルギー政府」や「国連」など，先行研究でなかば自明視されてきた集団についても同様にあてはまる。

　さらに，国内・国際・ローカルという3つの政治レベルの交錯に留意して，議論を進めたい[74]。まず，ルワンダ国内では，政党関係に注目する。先行研究でもルワンダの政党について議論がなされてきたが，十分なものだとはいえない。したがって，ルワンダ国内の政党政治および革命の推移に注意を払い，これらの国内要因がエスニシティをどのように政治化させたのかを分析する。そこでは，トゥチ内部の主導権争いが，政党間の合従連衡を経て，トゥチ・フトゥの政治対立へと収斂し，その後フトゥ内の権力争いへと変化する過程を明らかにする。次に，脱植民地化の波や国際連合，冷戦など当時の国際政治状況がルワンダ国内にいかなる影響を与えたのかを検討する。ルワンダの国内政治が国際関係と明確な形で関連していたにもかかわらず，先行研究ではその点について十分議論されてこなかったからである。また，米ソが直接関与しなかったため，ルワンダと冷戦を関連づける研究はなかったが，ルワンダの事例からは，冷戦と脱植民地化が直接的もしくは間接的にアフリカの小国の政治とエスニシティにどのような影響を与えたのかを明らかにできる。本書では，ベルギー政府内の政策上の対立や国連でのルワンダに関する議論，そして東西の冷戦対立などの国際的な要因がすべて，ルワンダのエスニシティの政治化とトゥ

73　これは，エスニシティについて議論する際，二分的な対立がステレオタイプを再生産してしまう危険性があることも関係している。人類学者や他分野の研究者たちが，どのようにルワンダのエスニシティ形成に関わってきたのかについては Claudine Vidal, 'Situations ethniques au Rwanda', in Jean-Loup Amselle et Elikia M'Bokolo (eds.), *Au cœur de l'ethnie : Ethnies, tribalisme et état en Afrique*, Paris : Éditions L'Découverte, 1985, pp. 167–184 ; Jean-Pierre Chrétien, 'Hutu et Tutsi au Rwanda et au Burundi', in *Au cœur de l'ethnie*, pp. 129–165.

74　D. Newbury, 'Editor's Intoduction' ; 'The Historian'. また，脱植民地化に関する研究では，国内または国際関係いずれかに焦点が置かれることが多いが，それでは全体像を把握できない。

チ・フトゥの関係悪化につながったと論じる。さらに，ルワンダ国内の各地域のローカルな状況にも注意を払い，人口密度や地形，歴史，中央権力との政治的な関係などの地域ごとの違いが，暴力の発生やエスニックな対立の形成，人の移動に影響を与えたことを明らかにする[75]。

3　ルワンダ史の研究方法

　本節では，以下の2つの理由から，本書の研究手法を詳述する。まず，本書は，国際政治史とアフリカ研究両方にまたがる研究であるため，史料や研究手法の説明によって，何らかの研究上の貢献があると考えられる。また，後述のように，近年，ルワンダでの研究をめぐる方法論的な問題が多く指摘されているが，日本語での情報は依然として多くないため，その意味でも参考になるのではないかと考えられる。

　本書は，公文書館や図書館に所蔵されている史資料の分析を主たる研究方法とし，ルワンダでの聴き取り調査で補完する。具体的には，英国国立公文書館，米国国立公文書館，国際連合公文書館，ベルギー王立アフリカ公文書館，ベルギー王立中央アフリカ博物館公文書館，カトリック宣教師の公文書館を利用した。また，大幅には使用していないが，日本の外務省外交史料館も適宜参照した[76]。近年，複数大陸・複数公文書館での史料収集を行うアフリカ国際関係史

---

[75]　なお，この時代に限らず，移民や難民などの人の移動は，ルワンダおよび大湖地方の歴史を理解する上で欠かせない要因である。詳しくは，David Newbury, 'Returning Refugees : Four Historical Patterns of "Coming Home" to Rwanda', *Comparative Studies in Society and History*, 47-2 (2005), pp. 252-285 ; David Newbury and Catharine Newbury, 'Bringing the Peasants Back in : Agrarian Themes in the Construction and Corrosion of Statist Historiography in Rwanda', *American Historical Review*, 105-3 (2000), pp. 832-877.

[76]　各公文書館については参考文献を参照のこと。ただし，英国国立公文書館の中でも Foreign and Commonwealth Office (FCO) の史料はまだ閲覧できていない。また，ルワンダの周辺国や，国際連合信託統治訪問団や平和維持活動（PKO）などに参加した関係国の史料も残っている可能性はある。合わせて，今後の課題としたい。なお，史料の日付は，日／月／年で統一し，フランス語のものはフランス語表記，英語で書かれたものは英語

序　章　ルワンダの政治とエスニシティを再考する　　**25**

研究が増えてきており[77]，本書もそのような研究動向を踏まえたものである。

特に，先行研究で主に利用されてきたベルギーや国連以外の史料も活用するのは，以下のような理由による。まず，ルワンダ国内の公文書館が利用できなかったからである。筆者が 2011 年に 3 か月ほどルワンダ東部州で調査を行った際，ンゴマ郡およびキレヘ郡の郡役所（District Office）を訪れ，文書が保管してある部屋に案内してもらった。キレヘ郡では，保管されている最も古い資料は 1995 年のものであった。案内してくれたスタッフによれば，1994 年以前の文書は内戦とジェノサイドの間に破壊されてしまったという。また，ンゴマ郡のキブンゴという都市は，植民地時代から行政の中心だったことから，より多くの史料が残されていた。そのため，埃っぽい文書保管室の中で，1960 年代の文書を綴じたファイルを複数発見することはできた。しかし，それらはほぼすべて実務的な領収書や会計記録であり，1〜2 点を除いて本書では活用できなかった。また，1970 年代以降のファイルの大半は，農業や水，予算に関する記録であり，本書の対象範囲ではなかった。また，国立公文書館については，1979 年にキガリに設立されたが，内戦とジェノサイドによってダメージを受けた。その後修復されつつあり[78]，ルワンダ人研究者の論文に史料が引用されていることからも[79]，活用可能だと思われた。しかし，「外国人研究者はアクセスできない」と利用を拒否され，筆者はこれまでのところアクセスできていない[80]。このため，本書では，ルワンダ以外の公文書館を最大限活用する

　　表記とした。

[77]　例えば，Gabrielle Hecht, *Being Nuclear : Africans and the Global Uranium Trade*, Cambridge : MIT Press, 2012.

[78]　Elias Kizari, 'Situation actuelle et état de conservation des archives au Rwanda après le génocide de 1994', in Pierre-Alain Tallier and Sabine Bompuku Eyenga-Cornelis (eds.), *Africa Europe Archives Requirements? Collaborations? Plans? DR Congo, Rwanda, Burundi and Belgium*, Bruxelles : Musée royal de l'Afrique centrale, 2013, pp. 105–110.

[79]　Laurent Nkusi, 'L'exacerbation ethnique dans les discours du President Gregoire Kayibanda (1962–1973)', in National Commission for the Fight against Genocide (ed.), *15 Years after the Genocide Perpetrated against Tutsi (1994–2009) : Challenges and Prospects*, Kigali : National Commission for the Fight against Genocide, 2010, pp. 53–82.

[80]　筆者の問い合わせの稚拙さや，後述のようなルワンダでの研究環境の緊張化によると考

必要があった。

　ルワンダ以外の公文書館の中では，ベルギー王立アフリカ公文書館が植民地支配終了までの貴重な史料源である。特に，ルワンダとベルギー本国を往復した電報や報告書，手紙，ルワンダの新聞のコピーなどは，1950 年代後半から 60 年代前半にルワンダで何が起きていたのかを知る上で貴重である[81]。また，ブリュッセル郊外のテルビューレンにある王立中央アフリカ博物館にある公文書館には，植民地総督の私的な文書が保管されており，1955 年から 62 年までルアンダ・ウルンディ総督だったジャン＝ポール・ハロワの残した文書が閲覧できる[82]。

　しかし，ベルギーの史料のみに頼ることは妥当ではない。なぜなら，植民地文書というものは，ヨーロッパ人によって植民地の情勢を本国に報告するために書かれているため，「彼らの目に映るアフリカ」というバイアスがかかってしまうからである[83]。また，ベルギーの史料公開は基本的に「50 年ルール」によって制限されており，開示手続きが複雑なだけではなく，複写にも制限がかけられているため，資料収集に時間的な制約も存在する。したがって，植民地行政による文書がアフリカ史を描くための最大かつ有効な史料源であることは評価しつつも，その利用には質的かつ量的に課題があるため，他の公文書

えられる。引き続きアクセスを試みたい。なお，ルワンダ国内の教会公文書を使っている研究として，Carney, *Rwanda before the Genocide* がある。

[81] 公文書館に関する情報は Hugues Legros and Curtis A. Keim, 'Guide to African Archives in Belgium', *History in Africa*, 23 (1996), pp. 401-409 や Christine Deslaurier, 'La documentation africaine à Bruxelles : Les fonds du ministère belge des affaires étrangères (Burundi, Congo, Rwanda)', *Afrique & histoire*, 1 (2003), pp. 223-234 を参照。また，玉村健志氏には，ベルギーの公文書館やその史料開示状況についてご教示いただいた。

[82] 資料の説明は Patricia Van Schuylenbergh, *La mémoire des Belges en Afrique centrale : Inventaire des archives historiques privées du Musée royal de l'Afrique centrale de 1858 à nos jours*, Tervuren : Musée royal de l'Afrique centrale, 1997 に詳しい。

[83] Toyin Falola, 'Mission and Colonial Documents', in John Edward Philips (ed.), *Writing African History*, Rochester : University of Rochester Press, 2005. ただし，これは，植民地史料に限ったことではなく，公文書の性質そのものかもしれない。史料は「結局，政府内の目的のために生み出されている」からである。Marc Trachtenberg, *The Craft of International History : A Guide to Method*, Princeton : Princeton University Press, 2006, p. 147.

館・史料館も活用する必要がある。

　この点において，以下の公文書館は貴重であった。メリーランドのカレッジパークにある米国国立公文書館は，1950 年代後半から 60 年代前半のルワンダの情勢に関して数千点の文書を所蔵している。当時，アメリカの在コンゴ大使館や在ウルンディ領事館の関係者たちは，ルワンダ人やベルギー人の政治家との会合記録やルワンダ語の新聞のコピーおよびその英訳などを国務省に送っていた。彼らは，冷戦という状況下で，コンゴ危機や国連での議論に関係のあるルワンダにも一定の注意を払っていたからである[84]。また，ロンドンの英国国立公文書館についても同様で，自国の領土であるタンガニーカ（国連信託統治領）とウガンダ（植民地）がルワンダの隣国であり，ルワンダ情勢から影響を受けかねないことから，ルワンダに関する情報を収集していた。したがって，コンゴやタンガニーカ，ウガンダのイギリス大使館なども政治家や難民との会合記録やニュースなどを本国に送信していた。ベルギーとは異なり，米国と英国はルワンダ政治に直接的に関わったわけではないため，これらの史料はこれまでルワンダ研究において活用されてこなかった。しかし，ベルギーの史料を補完するためにきわめて有効だといえよう。加えて，ニューヨークの国連公文書館には，1950 年代・60 年代のルワンダに関する決議や報告書，請願，電報などが保管されている。国連の文書は，当時ルワンダをめぐってどのような議論がなされたのかを理解するために，そして関係者の動きを把握するために有益である。最後に，ローマにあるカトリック宣教師（White Fathers : Sociéte des missionnaires d'afrique）の公文書館には，現地の新聞のコピーや当時ルワンダで布教活動を行っていた神父たちの日記，本部に送られた手紙等が残されていた。これらの文書は，ルワンダ国内，特に地方レベルで何が起きていたのかを理解するのに欠かせない[85]。このように，複数の公文書館を活用することによって，

84　アメリカの史料が何を明らかにできるのかについては，Aya Tsuruta, 'Expanding the Archival Horizon : American Archives for Researching Postcolonial Rwandan History', *History in Africa*, 44 (2017), pp. 265-283 を参照。

85　利用の手引きは Carol W. Dickerman, 'On Using the White Fathers' Archives', *History in Africa*, 8 (1981), pp. 319- 322 および David Lee Schoenbrun, 'Using the White Fathers

28

　ベルギーの史料がもつ問題を質的にも量的にも克服できると考えられる。

　また，公文書館所蔵の文書に加え，公刊資料も活用する。具体的には，すで
に出版されている資料集や回顧録，関係者の自伝などである。このように，本
書は，既存の研究では使用されてこなかったものも含め，ルワンダに関する資
史料を可能な限り広範に渉猟し，当時のルワンダの状況を実証的に明らかにす
ることを試みた。

　さらに，本書では，これらの史資料に加え，調査中に聴き取った老人のライ
フ・ヒストリーを一部利用している。これまで，ルワンダにおける調査および
方法論については，様々な研究者の経験が共有されてきた[86]。また，近年，ル
ワンダ政府は，調査許可の取得プロセスを複雑にしたり，外国人研究者のプロ
ジェクトを管理しようとしている[87]。さらに，第9章で詳述するように，ジェ
ノサイド後のルワンダ政府がエスニシティの区分を廃止したため，エスニシ
ティについて公共の場で話し合うことは禁じられている。

　このような状況で調査中に最も重要なことは，自分からエスニシティについ
て質問をして被インタビュー者をトラブルに巻き込むのを避けることだった。
したがって，筆者は，直接的な形でエスニシティや内戦，ジェノサイドについ
て質問を投げかけることをせずに，彼らが生まれてから独立までの時代につい
て主に尋ねた。印象としては，1990年代の内戦およびジェノサイドについて
よりも，遠い過去について話す方が，心理的圧迫が弱いようであった[88]。例え

　　　Archive : An Update', *History in Africa*, 20 (1993), pp. 421-422 を参照。

[86]　特に，ジェノサイド加害者にインタビューを行った研究は，倫理的な問題から方法論を
　　　詳述する傾向にある。

[87]　Larissa Begley, 'The RPF Control Everything! Fear and Rumour under Rwanda's Genocide
　　　Ideology Legislation', in Susan Thomson, An Ansoms, and Jude Murison (eds.), *Emotional and
　　　Ethical Challenges for Field Research in Africa : The Story Behind the Findings*, London :
　　　Palgrave Macmillan, 2013, pp. 70-83 ; Susan Thomson, '"That is not what we authorised you to
　　　do..." : Access and Government Interference in Highly Politicised Research Environments', in
　　　Chandra Lekha Sriram et al. (eds.), *Surviving Field Research : Working in Violent and Difficult
　　　Situations*, Oxford : Routledge, 2009, pp. 108-123 ; Susan Thomson, 'Getting Close to
　　　Rwandans since the Genocide : Studying Everyday Life in Highly Politicised Research
　　　Settings', *African Studies Review*, 53-3 (2010), pp. 19-34.

ば，公教育が導入される以前は若者は老人の知恵に耳を傾けたものだと述べ，筆者を歓迎してくれた男性がいた[89]。また，別の男性は，「私たちは最近の戦争［1990年代の内戦およびジェノサイドのこと］については何も知らないが，それ以前のことはすべて知っている」と述べた。これは，1990年代に関することは語りたくないが，過去のことであれば許容範囲ということだと推測される[90]。また，幸運なことに，多くの被インタビュー者が，聴き取りの過程で自分のエスニシティを教えてくれた。特に植民地時代について話をしている際に「トゥチ」「フトゥ」という単語が普通に出てきた。このような場合にのみ，エスニシティについてさらなる質問をしたが，そうではない場合，それについて聞くことはしなかった。

　このような環境で聴き取った情報には量的にも質的にも限界があるため，本書での利用は限定的なものにとどまる[91]。しかし，インタビューから得られる情報だけではなく，フィールドワークという経験そのものを通じて，本テーマの政治性について体感できたという点は貴重であった。筆者は，調査中に多くのルワンダ人から，「ルワンダ史を理解するのは難しい」と指摘され続けた。それは，ルワンダ語を理解しない外国人がルワンダの歴史について理解するのは難しいという意味であるのみならず，ルワンダで歴史を語ることの政治的問題をも含意するものだったと考えられる。また，ルワンダでの調査を通して，

88　インタビューをした中で，フランソワという老人のみが，なぜムズング（*muzungu*/外国人）の女性がルワンダの歴史に興味があるのか，何か政府や組織との関係がないのか疑っていた。しかし，インタビューの目的を繰り返し説明すると，納得してくれた（ように見えた）。フランソワへのインタビュー（2011年11月10日）。なお，個人情報保護の観点から被インタビュー者にはフランス語の別名を割り振っている。

89　ジルベールへのインタビュー（2011年11月15日）。

90　アイザックへのインタビュー（2011年11月22日）。

91　永原が指摘するように，歴史を明らかにするためには，文書史料だけではなく「記憶」や様々な「記録」も重要である。永原陽子編『生まれる歴史，創られる歴史──アジア・アフリカ史研究の最前線から』（刀水書房，2011年）。しかし，(1)筆者の能力不足およびルワンダでのフィールドワークの限界，(2)近年のルワンダ研究では，むしろ文書史料発掘の試みがなされていないのではないかという疑問の2点から，本書では，文書史料を，その限界や問題点を認識した上で重視したい。

30

自身の政治・歴史観が再構築されていった。ルワンダのジェノサイドについて
知った当初は，トゥチが被害者でフトゥが悪いという一般的かつ単純な印象を
抱いていたのは否定できない[92]。しかし，その後研究を進めるなかで，極端な
二項対立のイメージは修正されていき，前述のように，可能な限り二項対立的
な表記をとらないよう，また研究者自身の政治的立ち位置を意識するように
なった。ルワンダでのフィールドワークから得られた知見が本書に直接引用さ
れることは多くないが，あらためて感じた研究の政治性にも留意しながら史料
の分析を進めることとしたい。

4　本書の構成

　本書は，時系列的にルワンダの歴史を振り返りながら，ルワンダにおける政
治とエスニシティについて，特に革命・独立期を中心に検討していく。まず，
第I部の第1章では，革命および独立の歴史的背景として，1950年代前半ま
でのルワンダを対象に，植民地化以前のルワンダにおける国家とエスニシティ
の関係および植民地化の影響を検討する。具体的には，ヨーロッパ人による植
民地化以前のルワンダはいかなる社会であったのか，エスニシティの違いは存
在したのか，存在したとすればいかなるものだったのか，それらが植民地支配
によってどのように変化したのか，植民地当局はどのような政策を採り，ルワ
ンダの人々はそれにどのように対処したのか，について明らかにする。ここで
は，トゥチ・フトゥ関係は，太古の昔から普遍的に存在していた原初的なもの
でも，ヨーロッパ人によって単に「創造」されたものでもないことが明らかに

92　研究者の間でも，植民地時代から現在に至るまで，トゥチ寄りの認識とフトゥ寄りの認
　　識が対立してきた。また，現在のルワンダでも，RPF寄りの研究者とRPFに批判的な
　　研究者の間で，研究の視点や手法，政権との距離感をめぐって意見の対立が見られる。
　　Magnus Taylor, 'Debating Rwanda under the RPF : Gap between "believers" and "unbelievers"
　　remains wide', *African Arguments*, 8 October 2013, http://africanarguments. org/2013/10/08/
　　debating-rwanda-under-the-rpf-gap-between-believers-and-unbelievers-remains-wide-by-magnus-
　　taylor/

される。エスニシティは，むしろ植民地支配以前からの国家形成過程の中で漸進的に形成され，それが植民地支配の下で明確化・固定化された。と同時に，トゥチとフトゥの関係は，この時点では政治的な対立でも集団的な対立でもなかったという点を確認する。

第2章は1950年代後半から59年秋までの革命前夜のルワンダを見ながら，当時のルワンダでは何が争点となっていたのか，またベルギーはどのような政策を採ろうとしていたのかを明らかにする。ここでは，当時のルワンダでは，対立はトゥチ・フトゥ間にではなく，むしろトゥチのリーダー内にあったということを，トゥチの伝統的指導者と革新的エリートの対立や，フトゥのエリートによる政治運動の高まり，そしてベルギー行政府とトゥチの伝統的指導者たちの間に亀裂が生まれていく様子などから確認する。

本書の中心は，第II部第3章から第6章である。ここでは，1950年代後半から60年代前半の革命と独立の過程を対象に，トゥチとフトゥの対立がどのような要因によっていかに形成されたのか，そしてそれがその後のルワンダにいかなる影響を与えたのかを，上記の視角（紆余曲折や可能性，集団内の対立，国内・国際・ローカルの関連）に注目しながら検討する。

第3章は1959年11月から同年12月に絞り，1959年11月上旬に起きた暴力，いわゆる「万聖節の騒乱」について，その背景やベルギーの対応，影響を明らかにする。すなわち，この騒乱はいかなる性質のものでなぜ生じたのか，ベルギー行政府はどのような対応をとったのか，そしてどのような影響があったのか，検討していく。ここでは，暴力発生が地域によって異なっていたことだけではなく，この騒乱の結果，地方ではトゥチからフトゥへの権力交代が始まり，人口移動も生じたことなどを明らかにする。

第4章では，1960年代前半を対象に，不安定ながら存在したトゥチ・フトゥ間の政治的協調を明らかにし，暴力や民族対立以外の可能性が存在したことを指摘する。ここでは，そのような可能性として，立憲君主制設立とルワンダの連邦化が挙がったものの，各政党が民主化および脱植民地化についてそれぞれ異なった利益や優先事項を有していたことが，第5章以降での政治変化および民族対立の形成につながったことを明らかにする。また，あわせて，コン

ゴ動乱や国連での議論が，ベルギーの対ルワンダ政策やルワンダの政情に与えた影響についても検討する。

第5章では，1960年後半から61年1月末にかけて，第4章で検討した協調や可能性が潰えていく過程をたどる。1960年の夏から約半年の間にルワンダの状況は大幅に変わっていった。地方選挙が実施され，またコンゴ動乱によってルワンダを取り巻く国際環境やベルギーの政策も影響を受け，そして，1961年1月末にはフトゥ政治家によるクーデターが起き，トゥッチの王政が実質的に廃止され，ここに「革命」が完成するのである。ここでは，時系列的にその流れを追いながら，なぜこの時期に政党間対立が悪化し，クーデター発生にまで至ってしまったのかを明らかにする。

第6章は，クーデター後から1962年7月にルワンダが独立を果たすまでの過程を明らかにしながら，革命が独立の形にどのような影響を与えたのか，ルワンダの独立がどのような問題をはらむものだったのかを検討する。また，第II部の議論をまとめながら，トゥッチとフトゥの対立が形成された1950年代末から60年代にかけての国内・国際・ローカルな政治の関係を整理する。

第III部では，独立後からジェノサイドに至るまでのルワンダを概観しながら，なぜジェノサイドが起きたのかを明らかにする。具体的に，第7章では，独立後のルワンダにおける政治とエスニシティの関係を検討し，独立後のルワンダ政治がどのように変化したのか（もしくはしなかったのか），トゥッチとフトゥの関係はどのようなものだったのか，ジェノサイドの前兆はあったのかなどについて明らかにする。

第8章では，1990年代前半の複数の危機がどのようにジェノサイドへと結びついてしまったのか，政党政治やエスニシティはその過程でどのような役割を果たしたのかを明らかにする。ここでは，二次文献に依拠し，内戦の開始から民主化の導入（1990〜92年），和平協定の締結と急進派の台頭（1992〜93年），ジェノサイドの発生と内戦の終結（1994年）という出来事を時系列的にたどりながら，なぜこの時期にこのような形でジェノサイドが起きたのかを検討してみたい。

第IV部では，ジェノサイド後のルワンダを紹介しながら，現在のルワンダ

における政治とエスニシティ，歴史について検討する。具体的に第9章では，ジェノサイド後のルワンダに対する評価を念頭におき，肯定面・否定面の両方を，前章までで扱った歴史と関連づけながら，1994年以降のルワンダの政治とエスニシティを取り巻く諸問題について紹介する。

第10章では，これまで時系列的にたどってきた歴史の展開と密接に結びつく形でエスニシティの形成（もしくは変化）に影響を与える，「歴史認識」と「記憶」に注目して，その変遷や問題を検討する。具体的には，ルワンダで歴代の権力者がどのように歴史を解釈し，歴史認識を示してきたのか，また一般市民はどのように過去を記憶してきたのか，さらにそれらがどのような問題をはらむのかを見ていきたい。

最後に終章で，本書の知見を整理し，意義と今後の課題を提示する。

第Ⅰ部

革命・独立前のルワンダ

第 1 章

植民地化以前のルワンダと植民地支配の影響
19 世紀〜20 世紀中盤

はじめに

　本章では，1950 年代前半までのルワンダを対象に，植民地化以前のルワンダにおける国家とエスニシティの関係および植民地化の影響を検討する。具体的には，ヨーロッパ人による植民地化以前のルワンダはいかなる社会であったのか，エスニシティの違いは存在したのか，存在したとすればいかなるものだったのか，それらが植民地支配によってどのように変化したのか，植民地当局はどのような政策を採り，ルワンダの人々はそれにどのように対処したのか，について明らかにする。

　序章で述べたように，植民地化以前のルワンダおよび植民地化の影響に関しては論争が続いてきた。一方には，トゥチとフトゥの間の対立は植民地化以前から数百年にわたって存在していたという解釈がある。例えば，ジェノサイド発生直後，あるイギリス紙は，「フトゥはルワンダの人口の 85 ％ を占めるが，15 世紀以降にこの『千の丘の国』に到着した家畜飼育（cattle-rearing）をするトゥチの事実上の奴隷（virtual slaves）だった」と説明し，数世紀にわたって，トゥチがフトゥを虐げてきたと述べている[1]。本書が主な分析対象とする1950 年代後半から 60 年代前半においても，フトゥの知識人らによって同様の主

---

[1]　Anver Versi, 'Obituary : Juvenal Habyarimana', *The Independent*, 8 April 1994. http://www.independent.co.uk/news/people/obituary-juvenal-habyarimana-1368520.html

張がなされていた。他方，真逆の解釈も並存している。1960年代前後まで，トゥチの王やチーフらは，植民地支配者の民族分断に対する責任を問う次のような歴史認識を抱いていた。すなわち，トゥチ・フトゥ・トゥワはひとしくルワンダ人であり，植民地化以前のルワンダにはエスニックな対立は存在せず，王の支配によって平和であった。しかし，植民地支配によってルワンダ人はトゥチ・フトゥ・トゥワという集団に分断されてしまった。第9章および第10章で論じるように，ジェノサイド後のルワンダ政府も，同様の見解を示している。

　先行研究においても，このような解釈の違いが見られる。序章で指摘したように，1950年代から60年代の研究者たちは，フトゥはトゥチに抑圧され続けてきたと主張した。対して，1960年代以降の研究者たちは，程度の差はあれ，エスニシティを変動的なものと捉え，植民地化の影響やそれによる変化を重視している。このように，トゥチ・フトゥという集団の起源や植民地化以前のルワンダ，植民地化の影響について，相反する見解が存在してきたのである。

　本章では，トゥチ・フトゥ関係は不変的な二項対立ではなく，歴史的に構築されてきたという前提のもと，ルワンダに当時存在したニギニャ王国の国家形成の過程で徐々に形づくられ，それがドイツおよびベルギーの支配によって，より明確かつ抑圧的になったという解釈に立つ。すなわち，ニギニャ王国が領土を拡大し，ルワンダ全土で支配を強化していくなかで，エスニシティが構築されていった。また，その後ドイツの植民地支配およびベルギーの委任統治は，ニギニャ王国の権力を強化し，エスニックな差異をより硬直的で差別的なものへと変質させた。その結果20世紀中盤までには，国家権力は強固になり，エスニシティは固定された重要な要素となってしまったといえよう。

　ただし，序章で分析視角として提示したように，トゥチとフトゥの多様性には留意する必要がある。つまり，トゥチとフトゥの関係や国家権力の影響力は全国的に均質なものではなく，地方ごとの差異があった。また，特にトゥチのリーダーの間では，権力争いも存在した。したがって，「トゥチ」や「フトゥ」と呼ばれる人々も，その内実は多様だったということに注意しながら，20世紀中盤までのルワンダについて，振り返っていきたい。

1　ニギニャ王国の成立と拡大

　ルワンダに関する現代の言説・報道では，エスニシティが主要な所属意識カテゴリーとみなされることが多いが，植民地化以前においてはクランの方が社会単位として重要であった[2]。ルワンダには，約20前後のクランがあったとされる。その中でも，アバシンガ (Abasinga)，アバシンディ (Abasindi)，アバジガーバ (Abazigaba)，アバゲセラ (Abagesera)，アバニギニャ (Abanyiginya) という5つのクランが全人口の半数を占めていた[3]。

　各クランにはトゥチ・フトゥ・トゥワがすべて含まれているが，その割合はクランごとに異なっていた。例えば，アバジガーバは構成員の93.64％がフトゥでトゥチはわずか6.12％となっているのに対し，アバシンガではフトゥは86.23％，トゥチが13.62％，アバニギニャではトゥチが40％となっている[4]。

　五大クランの一つであるアバニギニャは，のちのルワンダ王国の土台となるニギニャ王国を中央ルワンダ（ンドゥガ）に建国した（図1）[5]。その建国時期をめぐっては，諸説ある。例えば，トゥチの支配階層出身で歴史家のアレクシス・カガメは，初代の王（ムワミ：mwami）であるルガンズ・ヴィンバ王の支配を1312年から45年までだと書いたのに対し，ベルギー人歴史家のヤン・

2　なお，武内によれば，近年の考古学的な知見では，大湖地方西部には，様々な言語集団が居住していたが，紀元二千年紀に入る頃に，農業中心の集団と牧畜中心の集団が現れたと見られているという。武内進一『現代アフリカの紛争と国家──ポストコロニアル家産制国家とルワンダ・ジェノサイド』（明石書店，2009年），89-91頁。

3　Jean-Pierre Chrétien, *The Great Lakes of Africa : Two Thousand Years of History*, translated by Scott Straus, New York : Zone Books, 2006, pp. 88-90. なお，ルワンダ語で「アバ (aba)」は人の複数形（集団）を意味する接頭語である。対応する単数形（一人を指す場合）は「ウム (umu)」である。

4　Marcel d'Hertefelt, *Les clans du Rwanda ancien, Éléments d'ethnosociologie et d'ethnohistoire*, Tervuren : Musée royal de l'Afrique centrale, 1971, p. 53 ; Chrétien, *Great Lakes*, pp. 90-91.

5　David Newbury, 'Precolonial Burundi and Rwanda : Local Loyalties, Regional Royalties', *The International Journal of African Historical Studies*, 34-2 (2001), p. 264, Figure 4.

第 1 章　植民地化以前のルワンダと植民地支配の影響　39

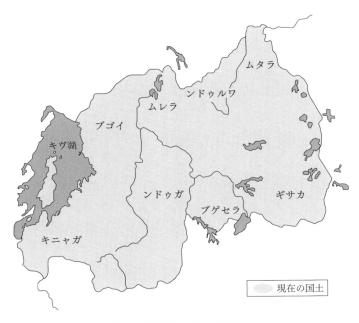

図 1　植民地化以前の諸王国

ヴァンシナは 1458 年から 82 年頃だと見ており[6]，百年以上の差がある。これは，王国の建国が古い方がより正統性が増すためだと考えられる。

　ニギニャ王国の領土は現在のルワンダよりも小さく，1700 年頃になっても独立時のルワンダの領土のわずか 14％を占めるにすぎなかった[7]。図 1 の通り，ニギニャ王国の周辺には複数の王国が存在しており，これらの王国は領土拡大のために，時には同盟を結び，時には戦闘を繰り広げた。例えば，東部のギサカ王国はニギニャ王国と「結婚による同盟」を結んだ時代もあれば，対立した時代もあった[8]。ニギニャ王国が周辺王国によって占領され，王族が現在

6　David Newbury, 'Trick Cyclists? Recontextualizing Rwandan Dynastic Chronology', *History in Africa*, 21 (1994), p. 217.

7　Jan Vansina, 'Historical Tales (Ibiteekerezo) and the History of Rwanda', *History in Africa*, 27 (2000), p. 413.

のタンザニア東部に逃れるということもあった[9]。また，ニギニャ王国内においても，権力は確固たるものではなかった。ルワンダ中央部から遠ざかるにつれ，王宮の影響力は低下し，各地域の自立性が残っていたのである[10]。

その後，ニギニャ王国では，徐々に国内で権力が確立され，領土も拡大していった。政治体制については，王がヒエラルキーの頂点に君臨し，「絶対的な権力」で支配していた[11]。彼はルワンダそのものであり，神（イマナ：Imana）から派遣された神聖な存在だとみなされていた。また，王になると，人ではなくなるため，クランやエスニシティの違いを超越すると考えられていた[12]。19世紀末にヨーロッパ人として初めてルワンダに到来したグスタフ・アドルフ・フォン＝ゲッツェンが，キゲリ・ルワブギリ王と面会し握手を交わした際，周囲のルワンダ人は非常に怖がったという。なぜなら，異邦人が王の神聖な体に触れただけではなく，王の体を揺すったからであった。王はルワンダそのものを体現していると考えられていたため，握手を交わし体を揺らしたことで地震が起きるのではないかと恐れられたのだという[13]。また，王の権力はカリンガ（Kalinga）と呼ばれる巨大な太鼓（ドラム）によって体現されていた[14]。

王の次に重要な存在として，皇太后／王母とアビイル（abiiru）と呼ばれる集団がいた。皇太后は，皇太子（王の後継者）を支えるために王の複数の夫人の中から選ばれるが，必ずしも後継者の実母である必要はなかった。また，ア

8　D. Newbury, 'Trick Cyclists?', p. 194. ギサカ王国については A. d'Arianoff, *Histoire des Bagesera, souverains du Gisaka*, Bruxelles : Institut royal colonial belge, 1952.

9　Frank K. Rusagara, *Resilience of a Nation : A History of the Military in Rwanda*, Kigali : Fountain Publishers Rwanda, 2009, pp. 14-17.

10　D. Newbury, 'Precolonial Burundi and Rwanda'. アフリカにおける領土と権力関係については Jeffrey Herbst, *States and Power in Africa : Comparative Lessons in Authority and Control*, Princeton : Princeton University Press, 2000 を参照。

11　Helen Codere, 'Power in Ruanda', *Anthropologica*, 4-1 (1962), p. 58.

12　Rusagara, *Resilience*, p. 32.

13　Gérard Prunier, *The Rwanda Crisis : History of a Genocide* (2nd edn.), London : Hurst & Co., 1997, p. 9, footnote 9.

14　カリンガは殺した敵の性器で装飾されていたため，1950年代に廃止の提案がなされることとなった。Prunier, *Rwanda Crisis*, pp. 10 and 47.

ビルは伝統や儀式を守り次期国王を決定する権限を有していた[15]。

　行政的には，牛／牧草担当のチーフ（*abatware b'inka*），土地担当のチーフ（*abatware b'ubutaka*），人／軍担当のチーフ（*abatware b'ingabo*）という 3 種類のチーフが全国に置かれた。そして，チーフの下には，ルワンダの行政単位である丘を管轄するサブ・チーフが無数に存在していた[16]。ここで注目すべきは，すべてのサブ・チーフやチーフがトゥチであったわけではないことである。地域によっては，土地に関するチーフはフトゥが担当していたという[17]。

　王国のこのようなヒエラルキーは，複数の社会制度を土台として成り立っていた。最も重要だった制度の一つは，ウブハケ（*ubuhake*）と呼ばれるパトロン・クライアント制度である。これは，社会的地位の劣るクライアントがパトロンとの間に契約を結び，パトロンの家を建設したり木材を伐採してパトロンに仕える代わりに，パトロンから保護と支援を受けるというものである。ウブハケに加え，土地保有の制度も複数存在した。ウブコンデ（*ubukonde*）は，個人が自身で開墾したか，または先祖から受けついだ土地のことを指し，イギキンギ（*igikingi*）は王や王宮から与えられた土地を指した。そして，19 世紀末のルワンダでは，王権の拡大に伴い，相続による土地所有のウブコンデが王国からの土地付与のイギキンギへと置き換わっていった[18]。つまり，土地所有がより重要となり，王の支配が強力なものとなっていったのである。このように，ルワンダは，植民地支配以前のアフリカ大陸には比較的珍しい中央集権的国家であった。しかし，このことは必ずしもルワンダが反乱や対立とは無縁であったことを意味するわけではない。例えば，19 世紀末から 20 世紀前半にかけて，

---

[15]　Jacques Maquet, *The Premise of Inequality in Ruanda : A Study of Political Relations in a Central African Kingdom*, Oxford : Oxford University Press, 1961, pp. 126-127.

[16]　チーフは *batware*／*batwale* というスペルで表記されることもある。単数形は *umutware*／*mutwale* である。Catharine Newbury, 'Ethnicity in Rwanda : The Case of Kinyaga', *Africa : Journal of the International African Institute*, 48-1 (1978), pp. 17-19 ; Prunier, *Rwanda Crisis*, p. 11.

[17]　Chrétien, *Great Lakes*, pp. 158-162 ; Prunier, *Rwanda Crisis*, p. 12.

[18]　Catharine Newbury, 'Colonialism, Ethnicity and Rural Political Protest : Rwanda and Zanzibar in Comparative Perspective', *Comparative Politics*, 15-3 (1983), p. 263.

42 第 I 部　革命・独立前のルワンダ

ユヒ・ムシンガ王に対して，チーフらが反乱を起こした事例もあった[19]。

　このようなニギニャ王国の中央集権化と領土拡大に伴って，トゥチとフトゥが区別されていった。19 世紀後半のキゲリ・ルワブギリ王の時代に，強固な軍隊が設立され，ニギニャ王国は周辺国を侵略していった。侵略・征服後，アバニギニャのチーフおよびサブ・チーフらが中央ルワンダから各地域に派遣され，支配を敷いた[20]。その結果，序章で説明したように，当初「フトゥ」は「非戦闘員」，「トゥチ」は「戦闘員」を意味していたが，19 世紀後半には，「トゥチ」が王宮から派遣された者，「フトゥ」が地元の者を指すようになった。

　ウブハケとエスニシティの間にも関連があった。ウブハケはトゥチ間でもトゥチ・フトゥ間でも存在していたが，トゥチとフトゥとではクライアントとしての仕事が異なっていた。例えば，トゥチのクライアントはチーフの子供の世話やバナナビールの製造などの家事に従事したのに対し，フトゥのクライアントの仕事は，耕作，重荷運び，担架での人運びなどの重労働を含んでいた。また，フトゥのパトロンも存在していたものの，総じて，ウブハケはトゥチへの恩恵がより大きかったと評価されている[21]。したがって，王国の中央集権化と領土拡大に伴うウブハケの浸透によって，一部のトゥチがいっそう権力を得るようになっていったのである。

　ただし，地方ごとにトゥチ・フトゥの比率は異なっており，全国のあらゆる地域でトゥチが権力を握っていたわけではない。1950 年代末の統計になってしまうが，表 1 が示すように，人口におけるトゥチの割合が最も低かったのは北西部ギセニィ（5.62 %）で，次に北部ルヘンゲリ（8.37 %）が続いている。つまり，北西部と北部が最も少なく，以下東部，南部と西部の順になっている[22]。

19　Helen Codere, *The Biography of an African Society, Rwanda 1900–1960*, Tervuren : Musée royal de l'Afrique centrale, 1973, pp. 156–158 ; Alison Liebhafsky Des Forges (edited by David Newbury), *Defeat Is the Only Bad News : Rwanda under Musinga, 1896–1931*, Madison : University of Wisconsin Press, 2011.

20　C. Newbury, 'Ethnicity in Rwanda', p. 19.

21　Codere, *Biography*, pp. 18–19.

22　Belgian Congo and Ruanda-Urundi Information and Public Relations Office, *Ruanda-Urundi : Geography and History*, Brussels : Belgian Congo and Ruanda-Urundi Information, 1960, pp.

第1章　植民地化以前のルワンダと植民地支配の影響　　43

このため，トゥチの少ない地方では，フトゥ
がチーフやサブ・チーフになっていた。

また，ニギニャ王国の拡大の時期や過程，
王国中央と現地住民との関係は，地方ごとに
異なっていた。ここで，簡単に地方ごとの特
徴にふれておきたい。まず，地理的特徴およ
び人口密度である。ルワンダ東部は雨量の乏
しい乾燥した草原であり，飢饉が頻発して居
住者が少なく，土地が豊富に余っていたこと
から人口密度は低かった。対して，北部や西

表1 各地の人口に占めるトゥチの
比率（%，1950年代末）

州（地方）	トゥチの比率
ギセニィ（北西部）	5.62
ルヘンゲリ（北部）	8.37
ビュンバ（北東部）	12.67
キガリ（中央部）	12.79
キブンゴ（東部）	15.77
ニャンザ（中南部）	19.34
シャンググ（南西部）	22.08
アストリダ（南部）	22.97
キブイェ（西部）	30.71

部は森林・火山地帯で降水量が多かったため，人口密度も高かった[23]。1957
年のベルギーの統計をまとめた表2によれば，ルワンダの総人口は2,452,737
人で，平均人口密度は1平方マイルあたり241.13人だった。その中で，ルヘ
ンゲリ（北部）やアストリダ（南部），キブイェ（西部），ニャンザ（中南部）の
人口密度が高いのに対し，キブンゴ（東部）がかなり低いことがわかる[24]。ま
た，1950年代にサブ・チーフ領ごとの人口密度を調べた調査によれば，最も
人口密度が高かったのは北部ルヘンゲリのサブ・チーフ領で546人（1 km²あた
り），その後に北部，中央部，南部のサブ・チーフ領が続いていた[25]。

気候や人口密度の違いは土地制度やエスニシティにも影響を与えた。例えば，
南西部では，王国の拡大を経て既存の土地保有制度がより搾取的な形に変化し
たことによって，トゥチとフトゥの差異化をもたらした。南西部のキニャガで
フィールドワークを行ったアメリカ人のキャサリン・ニューベリーによれば，

36-37.

[23] Philippe Leurquin, *Le niveau de vie des populations rurales du Ruanda-Urundi*, Louvain :
Institut de Recherches Économiques et Sociales, 1960, p. 38 ; D. Newbury, 'Precolonial
Burundi and Rwanda', pp. 259-262.

[24] Belgian Congo and Ruanda-Urundi Information and Public Relations Office, *Ruanda-Urundi*,
p. 36.

[25] Pierre Gourou, *La densité de la population au Ruanda-Urundi : Esquisse d'une étude
géographique*, Bruxelles : Institut Royal Colonial Belge, 1952, p. 17.

44　第Ⅰ部　革命・独立前のルワンダ

表2　各地の人口密度（1950年代）

州（地方）	人口密度（人数／ 1平方マイルあたり）
ルヘンゲリ（北部）	457.55
アストリダ（南部）	410.96
キブイェ（西部）	340.70
ニャンザ（中南部）	340.33
全国平均	241.13
ギセニィ（北西部）	239.55
キガリ（中央部）	223.47
ビュンバ（北東部）	205.44
シャンググ（南西部）	188.76
キブンゴ（東部）	81.71

19世紀後半のキゲリ・ルワブギリ王の時代にウブハケの慣習が導入されると，それまで比較的高い自治度を享受していた現地リーダーたちは，王が指名したチーフの権力下に置かれることになった。そして，ウブコンデがイギキンギに置き換えられ，大半の丘が王国中央から派遣されたチーフによって支配されるようになり，「ルワンダ王宮とつながりがある牧畜志向（cattle-oriented）の集団」が「トゥチ」と称されるようになったという[26]。すなわち，王国の拡大と制度の変化によって，特定の集団が「トゥチ」とみなされるようになり，エスニシティが形成されていったのである。

　対して，北部と北西部では，「強固な地域の連帯」が存在したため，王国の拡大に対してより激しい反応が見られた[27]。北部や北西部では，非中央集権的なフトゥの政治体が存在していたため，ニギニャ王国の拡大と影響力行使は十分ではなかった[28]。また，この地域にはもともとウブハケの制度が存在しなかったため，王国によるウブハケ導入が円滑に進まなかった[29]。したがって，ニギニャ王国の拡大は現地の抵抗をもたらし，キゲリ・ルワブギリ王の時代に派遣されたチーフらは徴税に苦労した[30]。ルワンダ語のバヒンザ（*Bahinza*）という言葉は，もともと「独立した人々（independent men）」を意味し，この地域のフトゥの小政治体を指していたが，ニギニャ王国の権力下に組み込まれてか

---

[26]　C. Newbury, 'Ethnicity in Rwanda'.

[27]　D. Newbury, 'Precolonial Burundi and Rwanda', p. 262.

[28]　Prunier, *Rwanda Crisis*, p. 19 ; David Newbury, 'Editor's Introduction : Situating the Rwandan Court at the Time of Musinga's Accession to Power', in *Defeat*, pp. xxiii-xxxvi.

[29]　Prunier, *Rwanda Crisis*, p. 29.

[30]　Danielle de Lame, translated by Helen Arnold, *A Hill among a Thousand : Transformations and Ruptures in Rural Rwanda*, Madison : University of Wisconsin Press, 2005, p. 45.

ら，意味が「反抗者（rebel）」または「裏切り者（traitor）」を意味するように変化したという[31]。また，王国に対する抵抗運動は，19世紀から1920年代まで継続し，王宮は北部の反対運動を鎮圧するためにヨーロッパ人に近代兵器提供などの支援を求めるほどであった[32]。1940年代に入ってさえ，北部のルワザ教会に駐在していたあるカトリック神父は「北部では，フトゥは排他的にトゥチの権力に抵抗している」と証言している[33]。

それに対して東部では，クランの差異がエスニシティよりも重要であった。そもそも，土地所有は東部ではあまり重要ではなかった。前述のように，飢饉がたびたび生じたため，東部の人口密度が低かったからである。また，前述のように，東部にはギサカという別のトゥチの王国があり，19世紀中盤までニギニャ王国のライバルであった。両国は頻繁に戦ったため，ギサカの人々はギサカへの強い帰属意識をもち，中央ルワンダとは異なる伝統を長らく発展させてきたという[34]。ギサカは19世紀後半（おそらく1867年前後）にニギニャ王国に征服され，ニギニャ王国のチーフらが王宮からギサカへ派遣されたが，ギサカの抵抗運動はその後も継続した[35]。このように，土地所有の重要性，王国と現地民の関係，エスニシティの意味合いなどは，地域によって異なっていたのである。

なお，このようなローカルな違いは，現在のルワンダでも感じることができる。ルワンダでの調査中にインタビューをした老人のうち，西部および南部出身者は，土地問題に頻繁に言及していたのである。例えば，アンリは西部のキブイェ出身で現在はルワンダ東部に住んでいるが，土地問題を次のように説明

---

[31] Codere, *Biography*, p. 18.

[32] D. Newbury, 'Precolonial Burundi and Rwanda'; René Lemarchand, *Rwanda and Burundi*, London : Pall Mall Press, 1970, pp. 58-61.

[33] 'Quelques souvenirs vécus au Rwanda', 12 décembre 1996, *Témoignages de confrères sur l'histoire du Rwanda 1950-1960*, Archives of the Society of Missionaries of Africa, Rome, Italy [以下 A.G.M.Afr.].

[34] D. Newbury, 'Precolonial Burundi and Rwanda', p. 264.

[35] Jan Vansina, *Antecedents to Modern Rwanda : The Nyiginya Kingdom*, Oxford : James Currey, 2004, p. 182.

した。

> 土地をめぐる争いがしばしばあり，問題解決のためによく王宮まで出かけ
> たものだった。（中略）他人が私の土地を奪おうとしたので，王宮に赴い
> た。王に近づくのはとても難しかったが，私は運がよかったようだ。王は
> 人を派遣し，問題を解決した[36]。

　その一方，東部で生まれ育ったインタビュー参加者は，土地について言及する
ことがほぼなく，むしろ自分たちが保有する牛について，さらには野生動物の
危険性について多くを語っていた[37]。このように，人口密度や気候，土地の重
要性や中央権力との関係，エスニシティは，地方によって差があったのである。
　まとめると，植民地支配以前のルワンダでは，ニギニャ王国が領土拡大のた
め，周辺の王国と戦闘を繰り広げていた。王国の中心と周辺の間には，緊張関
係があり，王国は周辺地域を完全に支配することはできていなかった。当時，
ルワンダの各地域は，社会政治的な制度や中央権力との距離が多様であった。
そして，ニギニャ王国による征服や支配，中央からのチーフの派遣などによっ
て，派遣されたチーフらと各地域住民との間に境界が引かれたのである。中央
の宮廷が周辺で権力を確立していったこの過程において，強制労働（ウブレ
トゥワ：ubureetwa）が導入され[38]，イギキンギが既存の土地保有制度ウブコン
デに置き換わり，パトロン・クライアント関係であるウブハケが各地で導入さ
れ，両者の関係はより不平等になっていった。このような政治体制の中で，エ
スニシティが形成されていった。したがって，トゥチ・フトゥというエスニシ
ティは原初的・本質的なものでも，ヨーロッパ人によってのみ創造されたもの
でもなかった。むしろニギニャ王国による中央集権化および領土拡大の中で，

36　アンリへのインタビュー（2011年11月17日）。彼は元難民で，1997年にルワンダに帰
　　国して以来，ルワンダ東部に住んでいる。
37　エマニュエルへのインタビュー（2011年11月8日）；ルイへのインタビュー（2011年
　　11月28日）。
38　ウブレトゥワがどのようにフトゥの集団意識を形成したかについては，Catharine New-
　　bury, 'Ubureetwa and Thangata : Catalysts to Peasant Political Consciousness in Rwanda and
　　Malawi', *Canadian Journal of African Studies*, 14-1 (1980), pp. 97-111 を参照のこと。

第1章 植民地化以前のルワンダと植民地支配の影響　47

中央から派遣されたトゥチのチーフと自らを区別する形で，各地でフトゥ意識が形成されていったのである[39]。

2　ドイツによる植民地支配

　アフリカ大陸の本格的な植民地化は 19 世紀後半に進んだ。植民地化を理解する際に，井野瀬久美惠は，「支配する側と支配される側の相互作用に依存した，より多様で複雑な活用や主張」に注意する必要があると指摘する。すなわち，ヨーロッパ人と現地人それぞれの中にも多様な立場や主張があり，植民地化の過程ではそれらが交錯していた。現地人がすべて「抵抗」していたわけでもなく，「抵抗」と「協力」が交錯または並存している状況だったのである[40]。では，ルワンダを植民地支配したドイツ人はルワンダをどのように捉え，どのような政策を実行したのだろうか。また，ルワンダ人はそれにどのように対応したのだろうか。

　ルワンダを訪れたドイツ人は，「ハム仮説」に基づいてルワンダを把握した。序章でもふれたように，「ハム仮説」とは，19 世紀のヨーロッパ大陸で信じられていた「科学的」な人種主義であった。ロンドンにあるイギリス王立地理協会は，1850 年代中盤から 60 年代後半にかけて，ナイル川の水源の調査を行った[41]。調査探検に参加していたジョン・ハニング・スピークは，アフリカの大湖地方の文明は，エチオピアから南下した「ハム人種」によってもたらされたものだと主張した[42]。この「ハム仮説」は以下の聖書の引用を根拠にしている。

　　箱舟から出たノアの息子は，セム，ハム，ヤフェトであった。ハムはカナ

---

[39] Catharine Newbury, *The Cohesion of Oppression : Clientship and Ethnicity in Rwanda, 1860–1960*, New York : Columbia University Press, 1988.

[40] 井野瀬久美惠「序章　コロニアリズム研究の新思考にむけて」井野瀬久美惠・北川勝彦編著『アフリカと帝国』（晃洋書房，2011 年），7 頁。

[41] Chrétien, *Great Lakes*, pp. 202–203.

[42] Prunier, *Rwanda Crisis*, p. 7.

48　第I部　革命・独立前のルワンダ

ンの父である。この三人がノアの息子で，全世界の人びとは彼らから出て
広がったのである。さて，ノアは農夫となり，ぶどう畑を作った。あると
き，ノアはぶどう酒を飲んで酔い，天幕の中で裸になっていた。カナンの
父ハムは，自分の父の裸を見て，外にいた二人の兄弟に告げた。セムとヤ
フェトは着物を取って自分たちの肩に掛け，後ろ向きに歩いて行き，父の
裸を覆った。二人は顔を背けたままで，父の裸を見なかった。ノアは酔い
がさめると，末の息子がしたことを知り，こう言った。「カナンは呪われ
よ。奴隷の奴隷となり，兄たちに仕えよ。」また言った。「セムの神，主を
たたえよ。カナンはセムの奴隷となれ。神がヤフェトの土地を広げセムの
天幕に住まわせカナンはその奴隷となれ。」[43]

「呪われた」ハムとその子孫であったが，その後のヨーロッパでは，徐々に，
エチオピア周辺に住んでいたハム系人種は，アフリカ土着のバントゥー系人種
よりも優れているという解釈に変化した。そして，19世紀のヨーロッパ人は，
アフリカの文明は，土着のバントゥー系人種が生み出したのではなく，エチオ
ピアから南下したより高度なハム系人種によってもたらされたとする「ハム仮
説」を信じるにいたった[44]。

　この「ハム仮説」を根拠に，19世紀末以降ルワンダを支配したヨーロッパ
人たちは，トゥチを白人に近いハム系，フトゥをバントゥー系黒人だと認識し，
トゥチとフトゥが人種的に異なる集団に所属し，ルワンダに居住を開始した時
期も異なっていると解釈した。序章で説明したように，具体的には，森に住む
狩猟採集民であるトゥワは紀元前2000年前後からルワンダに居住している原
住民だとみなされていた。紀元1000年頃にルワンダに到来したバントゥー語
を話す農民がフトゥの先祖であり，15世紀までに，複数の王国を建国した。

43　新共同訳『聖書』「創世記」9：18-27。
44　Edith Sanders, 'The Hamitic Hypothesis : Its Origin and Functions', *Journal of African History*, 10-4 (1969), pp. 521-532 ; Nigel Eltringham, '"Invaders who have stolen the country" : The Hamitic Hypothesis, Race and the Rwandan Genocide', *Social Identities*, 12-4 (2006), pp. 425-446.

その後16世紀になって，アフリカの角地域に居住していたハム系住民（トゥチ）が南下を開始し，フトゥの王国を征服し，ニギニャ王国を設立したと理解したのである。後にドイツ領東アフリカ総督に就任したフォン＝ゲッツェンも，ヨーロッパ人として初めてルワンダに到来した際，次のように述べたという。

> ルワンダの歴史は伝説的であいまいである。（中略）我々は，アビシニアやガーラ諸国からやってきたハム系の偉大な移住者について聞いている。彼らは，長い角を持つ牛の群れとともに南方に分散し，諸湖の間の土地［大湖地方］を征服した。しかし，これらの変化が起きたのが200年前か500年前か，あるいは1000年前かを知るのは困難である。（中略）支配層に加えて，大多数の現地民がいる。彼らは農民のワフツ［フトゥのこと］であり，いつかわからないときからここに住んでいるバントゥー系黒人の一部族である[45]。

ここでは，ルワンダの歴史が変化しない半永久的なものとして捉えられている。また，ドイツ人は，ハム系であるトゥチはフトゥよりも優れており，ルワンダはトゥチが築いた中央集権的な王国であるため，トゥチ支配は正統性を有していると認識したのである。

　1897年3月，ニギニャ王国はドイツ領になることを受け入れ，1899年に隣国ウルンディ（現在のブルンディ）と共に，正式にドイツ領ルアンダ・ウルンディとなり，ドイツ領東アフリカに組み込まれた。1900年にはドイツ領ルアンダとベルギー領コンゴの間で境界が画定された。1907年，総督府がキガリに開設され，リヒャルト・カントが初代総督に任命された。また1910年には，イギリス領ウガンダ，ドイツ領東アフリカ，ベルギー領コンゴの間の境界を決定する会議がブリュッセルで開催され，結果として，ドイツ人とニギニャ王国は一部の領土をコンゴに割譲しなければならなくなった[46]。

　ドイツ人の政策決定に影響を与えたのは，上述の「ハム仮説」，つまりトゥ

45　Chrétien, *Great Lakes*, p. 71.
46　Ibid., pp. 214–220.

50　第I部　革命・独立前のルワンダ

チがフトゥよりも優れており，ルワンダはトゥチによる中央集権国家であるという認識だった。通常，間接統治は，行政上および財政上の負担を軽減するために採用されることが多い[47]。ドイツ人が間接統治政策を採用した理由も同様である。まず，ドイツ人はニギニャ王国が効率よく中央集権化されているため，間接統治に適していると考えた。また，もし王を廃止もしくは退位させ，直接統治を試みた場合，大規模な抵抗や抗議に直面するだろうと予測したのである。さらには，ルアンダ・ウルンディ獲得によって領土が拡大したドイツ領東アフリカには行政官が十分ではなかった。これらの理由により，ドイツ人は間接統治の方が有効だと判断したのである[48]。

　では，ニギニャ王国はなぜドイツに抵抗しなかったのだろうか。それは，当時，王国内外には複数の問題が存在していたため，ドイツ人と協力することで，これらの問題へ対処できると考えたからである。国内では，1895 年にキゲリ・ルワブギリ王が死去すると，王位をめぐって内紛が生じた。ルワブギリの夫人の一人であり，皇太后であったカンジョゲラは，皇太后という立場上，義理の息子であり皇太子であったルタリンドゥワを支持しなければならなかった。しかし，彼女は，兄カバレと共にクーデターを実行し，自身の息子であるユヒ・ムシンガを新たな王として即位させたのである[49]。このように，ムシンガの即位はルワンダの伝統からすれば正統性を欠いたものであり，王は即位後も反ムシンガ派の存在に悩まされることになる。

　さらに，キゲリ・ルワブギリ王によって征服された地域が，王の死後ルワンダ王宮の支配を拒否し，抵抗運動を展開していた。これによって，王宮は，国内の権力闘争と王国周辺部での権力（再）確立という 2 つの問題に同時に対処しなければならなくなったのである[50]。キガリにいたカント総督は，ムシンガの権力を強化することを決定し，ムシンガを廃位させようとする行為を阻止し

---

[47]　Thomas Spear, 'Neo-Traditionalism and the Limits of Invention in British Colonial Africa', *Journal of African History*, 44-1 (2003), p. 8.

[48]　Lemarchand, *Rwanda and Burundi*, pp. 48-49.

[49]　Des Forges, *Defeat* ; Rusagara, *Resilience*, pp. 59-69.

[50]　D. Newbury, 'Editor's Introduction'.

た[51]。ムシンガは，ドイツ人の支援の下，彼の支配に挑戦する複数の反乱を鎮圧した。例えば，1901 年，キゲリ・ルワブギリ王によって滅ぼされたギサカ王国の末裔だと主張するルクラがギサカ再興・独立の運動を展開したため，ムシンガはドイツによる介入を求め，1901 年 5〜6 月に「秩序を回復する」ために軍事遠征が実施された[52]。また，20 世紀初頭の北部ルヘンゲリでは，中央から派遣されたトゥチは現地のトゥチとは異なるとみなされており，両者の間には対立があった[53]。しかし，ヨーロッパ人の力を背景に，中央から来たトゥチが支配力を増していくことになる。

　さらに，ルワンダは，対外的な危機にも直面していた。1896 年 7 月，当時のコンゴ自由国からベルギー公安軍がルワンダに侵入したため，西部のシャンギでニギニャ王国軍とベルギー公安軍が戦ったものの，ニギニャ軍が敗れている。このことが，ムシンガ王をしてヨーロッパの火器の威力を認識せしめ，ベルギーに征服されるよりもドイツと協力した方がましだと思わせた。また，コンゴにおけるベルギーの悪評がルワンダにも伝わっており，ベルギーよりもドイツと手を組む方が，ニギニャ王国の権力を保持できると考えたという要素もあろう[54]。

　このように，ルワンダ王国のリーダーたちとドイツ人は，利害の一致から協力関係を築こうとしていた。しかし，宣教師の到来によって，ルワンダ人とヨーロッパ人の関係はさらに複雑なものとなっていく。アフリカの他地域を見ても，政府，宣教師・伝道師そして現地民の間の関係は，協力や対立など様々であった[55]。ルワンダにおいても，カトリックの宣教師団であるホワイト・

51　Chrétien, *Great Lakes*, p. 253.

52　Roger Botte, 'Rwanda and Burundi, 1889-1930 : Chronology of a Slow Assassination, Part 1', *The International Journal of African Historical Studies*, 18-1 (1985), p. 80 ; Chrétien, *Great Lakes*, p. 249 ; David Newbury, 'The White Fathers and the Rwandan Royal Court : Zaza, 1900-1902', in Christine Deslaurier et Dominique Juhé-Beaulaton (dir.), *Afrique, terre d'histoire : Au cœur de la recherché avec Jean-Pierre Chrétien*, Paris : Karthala, 2007, p. 241.

53　Lee Ann Fujii, *Killing Neighbors : Webs of Violence in Rwanda*, New York : Cornell University Press, 2009, pp. 59-60.

54　Rusagara, *Resilience*, pp. 59-69 ; J. J. Carney, *Rwanda before the Genocide : Catholic Politics and Ethnic Discourse in the Late Colonial Era*, Oxford : Oxford University Press, 2014, p. 24.

ファーザーズ（White Fathers）が東部からルワンダに到達後，20世紀初めに南部のサヴェに宣教支部を開設し，その後，南東部のザザ，北西部のニュンドとルワザ，南西部のミビリジにもそれぞれ教会を設立した[56]。これらは，王国のリーダーたちが王宮のあるルワンダ中央部のニャンザ近くに教会を建てさせたくなかったため，王国の周辺部に建設させたと言われている[57]。その一方，王宮は宣教師を利用しようともしていた。例えば，ドイツの宣教師たちが西部にプロテスタントの教会を建てるのをムシンガ王から許可されたのは，この地方がニギニャ王国に併合されたばかりの場所で，王国に対して反抗的だったため，王宮は教会建設を許可することで，王権の中央集権化を進めようとしたからだと考えられる[58]。また，ニギニャ王国と現地住民，そして宣教師の関係は，地域によって異なっていた。例えば，北西部のルワザでは，宣教師らは，現地農民との衝突を解決するために中央権力を利用した。対して，ギサカ王国があった南東部のザザでは，現地住民が宣教師にニギニャのチーフからの政治的な保護を求めたため，宣教師は現地住民に共感し，チーフに反対する住民の側に立った[59]。カーニィによれば，ホワイト・ファーザーズ内でも，貧しいフトゥやトゥチなどの弱者の側に立つか，エリートとの協力関係を構築して大量改宗

---

[55] 小泉真理「二十世紀初頭タンガニーカのトリロジー――大英帝国，伝道会，そして植民地の人びと」『アフリカと帝国』，225–251頁。

[56] ホワイト・ファーザーズの名前の由来は，宣教師たちが白い長衣を来ていたことによる。また，ルワンダでの布教開始以前，彼らは隣国のブガンダ王国でも布教活動を行っていた。ブガンダ王は，カトリック（フランス人）と英国国教会（イギリス人）の対立を認識し，植民地勢力に対抗するとともにローカルな反対派を抑えるために，宣教師を利用した。これらの経験が，ルワンダでの布教にも影響を与えた。Carney, *Rwanda before the Genocide*, pp. 18, 20–25.

[57] Chrétien, *Great Lakes*, p. 248. キングによれば，当時，宣教師が子供を攫い，ヨーロッパにつながるトンネルに彼らを入れてしまうと信じられていたため，王国のエリートは宣教師と一定の距離を置き，神学校に行く者を裏切者だとみなした。神学校の数は，1905年までには10校しかなかったのが1913年には40校に増加したものの，入学者はエリートではなく，貧しい子弟が多かったという。Elisabeth King, *From Classrooms to Conflict in Rwanda*, New York : Cambridge University Press, 2014, p. 48.

[58] Timothy Longman, *Christianity and Genocide in Rwanda*, Cambridge : Cambridge University Press, 2010, p. 203.

[59] Chrétien, *Great Lakes*, p. 249 ; Des Forges, *Defeat* ; D. Newbury, 'The White Fathers'.

と布教の活発化を進めるか，で議論が分かれていた。20世紀初頭は前者のアプローチが強かったため，各地で現地住民を保護するような試みが見受けられた。しかし，次節で説明するように，1906年以降，教会はニギニャ王国の権力者およびベルギー行政との関係を強化することになる[60]。

1914年，ヨーロッパ大陸で第一次世界大戦が勃発すると，アフリカでも戦闘が行われた。ルワンダ周辺では，ドイツ軍がキヴ湖に駐留していたベルギー軍を攻撃し，ドイツとベルギーの戦闘が開始された[61]。その後，イギリス軍がニャサランド（現在のマラウイ）から侵攻し，ベルギー・イギリス両軍はドイツ軍を撃破したため，ドイツのルワンダ支配は1916年に終わりを迎えた。ドイツ人がルワンダを植民地支配した期間は長くはなかったが，その支配は，ハム仮説をルワンダに持ち込み，ニギニャ王国による領土拡大および権力伸張に寄与したという点で影響のあるものであった。

3　ベルギーによる委任統治

本節では，ベルギーの「植民地支配」の前半部分，すなわち国際連盟の委任統治時代のベルギー支配について検討する[62]。厳密にいえば，ルワンダは国際機関の統治下に置かれたため，ベルギーの支配は「植民地支配」ではない。しかし，「植民地」という用語を使用するのは以下のような理由による。第1に，支配の性質が植民地に準ずるものであり，またコンゴとの制度的つながりもあったため，ベルギーの植民地行政に組み込まれていたといえる。第2に，ベルギー支配の時期がアフリカにおける植民地支配と期を一にしていた。第3に，

---

[60]　Carney, *Rwanda before the Genocide*, pp. 26-29.

[61]　戦闘は住民にも旱魃や死亡率の上昇など生活面での影響を与えたという。Carney, *Rwanda before the Genocide*, p. 29.

[62]　なお，委任・信託統治と関係の深い概念である「トラスティーシップ」と人道主義の親和性については，五十嵐元道『支配する人道主義——植民地統治から平和構築まで』（岩波書店，2016年）を参照のこと。

54　第I部　革命・独立前のルワンダ

先行研究でも「植民地」という用語が使用されている。これらの理由から，ベルギーのルワンダ支配について「植民地」という言葉を用いる[63]。

　上述の通り，ベルギーはトゥチとフトゥという対立するエスニック集団を作り出したと批判されることが多い。しかし，結論を先取りすると，ベルギーによるルワンダ支配は，しばしば言われるようにエスニック集団を無から創造したというよりも，ニギニャ王国の権力を強化し，既存のエスニックな差異をより差別的で固定的な区別へと変容させたという点で，植民地化以前に存在したトゥチとフトゥの違いを悪化させる働きをした。ただし，ここで注意をしておくべきは，トゥチ・フトゥの関係は未だ敵対的なものではなかったという点である。むしろ，次章以降で検討するように，植民地時代末期まではトゥチ内の権力争いの方が目立っていた。これらの点に留意しながら，ベルギーによる委任統治がルワンダにどのような影響を与えたのか検討していきたい。

　委任統治は，第一次世界大戦のドイツ敗北および戦後の国際連盟設立によって始まった。そこでは，ABCの三層に委任統治領を分け，単線的な発展モデルに基づき，「未開」状態の植民地から段階的に自治を達成していくという「文明の階段」が想定されていた。具体的には，旧オスマン帝国などのA式委任統治領は，近い将来に主権を認める予定の地域とされ，旧ドイツ領アフリカ植民地はB式統治領で，「自治」達成を最終目標に掲げ，「文明化のはしご」を上ることが想定された。また，南西アフリカや南太平洋の旧ドイツ領はC式統治領に分類された[64]。なお，委任統治国は，連盟評議会に対して年次報告書を提出することが，連盟憲章によって義務づけられた[65]。

　アフリカの旧ドイツ領については，イギリスとベルギーが受け継ぐことにな

---

[63]　五十嵐も，タンガニーカを例に，委任統治と植民地統治に違いがないことを指摘している。五十嵐『支配する人道主義』，133-135頁。なお，委任統治と植民地支配の関係，特にイギリスについては，旦祐介「コモンウェルスと委任統治——二十世紀はじめのグローバル化」山本正・細川道久編著『コモンウェルスとは何か——ポスト帝国時代のソフトパワー』（ミネルヴァ書房，2014年），169-190頁を参照のこと。

[64]　半澤朝彦「国連とコモンウェルス——『リベラル』な脱植民地化」『コモンウェルスとは何か』，223-224頁；五十嵐『支配する人道主義』，128-130頁。

[65]　旦「コモンウェルス」，178頁。

り，ルアンダ・ウルンディは B 式委任統治領として 1924 年にベルギーの委任統治下に置かれることとなった。しかし，旧ドイツ領をめぐるベルギー・イギリス間の交渉は順調に進んだわけではなかった。そもそも，ベルギーは，当初ルアンダ・ウルンディの獲得を望んでいたわけではなかった。歴史家のウィリアム・ロジャー・ルイスによれば，ベルギーは大西洋とコンゴ川へアクセスできる土地を欲していたため，ルアンダ・ウルンディなど占領したドイツ領をポルトガルからコンゴ川南岸を獲得するための「コマ（a pawn）」として利用しようとしていた[66]。対して，イギリス人は，歴史的なつながりを考慮すると，ルワンダ東部はルワンダよりもタンガニーカに属すべきだと主張していた。ケープ・カイロ鉄道計画のために旧ドイツ領タンガニーカとルワンダ東部を獲得する必要があったからである[67]。1919 年 5 月 12 日，ベルギー大使のピエール・オーツとイギリス植民地大臣のアルフレッド・ミルナー卿はパリで交渉を開始した。まずベルギー側は以下のような領土交換を提案した。

- ルアンダを含むベルギー占領下の旧ドイツ領はイギリス領とする。
- 代わりに，ベルギーはポルトガル領コンゴの一部を獲得する。
- ポルトガルはベルギーに領土を一部譲渡することの埋め合わせとして，イギリスからドイツ領の一部を受け取る。

しかし，このベルギー案は受け入れられず，旧ドイツ領東アフリカは最終的にイギリスとベルギーの間で分割され，ベルギーはルアンダ・ウルンディを，イギリスはタンガニーカとルワンダ東部（ギサカ地域）をそれぞれ獲得した[68]。

イギリスへのギサカ割譲は，ルワンダ国内でのニギニャ王国の正統性に疑問をつきつけることとなった。ルワンダ国内はベルギーの支配下に置かれてなお，

---

[66] W. M. Roger Louis, *Ruanda-Urundi 1884-1919*, Oxford : Clarendon Press, 1963, p. xvii ; Lemarchand, *Rwanda and Burundi*, p. 63.

[67] David Newbury, 'The "Rwakayihura" Famine of 1928-1929 : A Nexus of Colonial Rule in Rwanda', in Départment d'histoire de l'Université du Burundi (dir.), *Histoire social de l'Afrique de l'est (XIXème-XXème siècle)*, Paris : Karthala, 1991, p. 277.

[68] Louis, *Ruanda-Urundi*, pp. 232-254.

56 第Ⅰ部 革命・独立前のルワンダ

完全にはまとまっていなかったからである。1922年3月，イギリス人がギサ
カに入った際，彼らはルワンダ王の支配を拒否し，代わりにルワンダから独立
した自治行政を設立し，ギサカ王国にゆかりのあるクランからチーフを任命し
た。イギリス人は，現地住民がニギニャ王国のチーフからの保護や失地回復を
求めているのを見て，ニギニャ王国はギサカ地域では支配の正統性を有してい
ないと考えたのだった。この時点で，ギサカがルワンダ王国に併合されてから
数十年が経過していたが，ギサカの人々の間では，依然としてルワンダとの違
いやルワンダ王およびチーフによる支配への反発が意識されていたようであ
る[69]。その後，ギサカ地方は，ルワンダ王らによってルワンダへの返還を求め
る運動が展開された結果，1923年12月にルワンダに「返還」された[70]。しか
し，「ルワンダとは異なる」という意識はその後も継続した。少し時代は後に
なるが，ベルギーの史料によれば，ギサカ出身のトゥチが1959年に以下のよ
うな証言をしている。

　　数世紀にわたり，ルワンダとギサカは領土をめぐって同盟関係であったり，
　　敵対関係であったりした。ギサカは，歴史的な言語に加え，ルワンダやウ
　　ルンディ，他のどの国とも異なるという自覚をもった国であった。ギサカ
　　人がこの地域を離れるときには，「ルワンダに行ってくる」……と言う
　　［すなわち，ギサカはルワンダ国内であるとは認識されていない］。今や，チー
　　フはルワンダ人，サブ・チーフの大多数もルワンダ人である。ギサカで，
　　こんにち豊かなのはルワンダ人，貧しいのはギサカ人。このギサカの問題
　　を解決するためには，ギサカはまったく異なる国だと認識する必要がある。

---

[69] D. Newbury, 'Editor's Introduction', p. xxx ; D. Newbury, 'The "Rwakayihura" famine'. 1957
年においてさえ，あるベルギーの地方行政官は，同地域にイギリスの影響力が残ってい
ることを報告している。'Territoire du Ruanda-Urundi : Manifestations indigènes en région
Gisaka (Lettre No. 1394/CONF. 2/02/P. du 6-6-1957 de monsieur l'administrateur du
territoire de Kibungu)', 11 juin 1957, Affaires indigènes, Ruand-Urundi, 1920-1961 ［以下 AI/
RU］4379, Archives Africaines, Archives du Ministère des Affaires Étrangères, Bruxelles,
Belgique ［以下 AMAE］.

[70] Chrétien, *Great Lakes*, p. 263.

ギサカはキブンゴの行政によって，ギサカ人の補助のもと管理され，将来的なルアンダ・ウルンディ・ギサカの連合・連邦のために準備するべきである。もし，ルワンダがベルギーからの解放を求めることができるならば，ギサカも同様のことをルワンダから求めることが可能なはずである[71]。

　話を1920年代に戻すと，ギサカのイギリスへの譲渡と返還は，ギサカのみならず，ニギニャ王国の支配から逃れたいルワンダの他の地域にも影響を与えた。例えば，南西部のキニャガでは，現地エリートたちが，ニギニャのチーフを排除するよい機会ではないかと考えていた[72]。さらに，当時，国境を越えた人の移動，特に労働移動が多く見られた[73]。このように，「ルワンダ」という国のまとまりや周辺での影響力はそこまで強くなかったと考えられる。ルワンダ全土で王の権威が確立するのは，1930年代に入ってからである[74]。

　ベルギー人はこのような状態のルワンダを効率よく支配するために，ドイツ同様，間接統治政策を採用し，王政を維持した。1925年，初代ルアンダ・ウルンディ総督ピエール・リックマンスは，間接統治の論拠を以下のように説明している。

　　正統性は，暴力よりも強力である。我々と大衆の間で唯一円滑に機能している組織・機関は正統的なチーフである。正統であるがゆえに，彼らのみが必要な革新を人々が受け入れるよう誘導できるのである。（中略）王は，我々が選んだ者に法的，慣習的に叙任できる唯一の存在であるがゆえに，致命的な手詰まりに直面する危険性を犯すことなく，反抗的な正統性と無

71　'Audition de M. l'Abbé J. Kalibwami', 30 avril 1959, Archives relatives à l'émancipation du Ruanda-Urundi, 1959-62［以下 I/RU］1520, AMAE.

72　C. Newbury, *Cohesion of Oppression*, pp. 129-131.

73　当時，ベルギー政府は，ルアンダ・ウルンディからコンゴへの移民を増やそうとしていた。詳細は，John Higginson, *A Working Class in the Making : Belgian Colonial Labor Policy, Private Enterprise, and the African Mineworker, 1907-1951*, Madison : Univeristy of Wisconsin Press, 1989, p. 94.

74　Filip Reyntjens, 'Chiefs and Burgomasters in Rwanda : The Unfinished Quest for a Bureaucracy', *Journal of Legal Pluralism and Unofficial Law*, 19/ 25-26 (1987), pp. 75-76.

58　第 I 部　革命・独立前のルワンダ

　能な従順の間で不可能な選択をすることもなく，我々の前進を可能にする。
　したがって，土着の王を保持するのは我々が伝統や地域色を純粋に愛する
　ためではない。必要であれば彼らの権力を縮小させるが，他の誰も王の存
　在や外見上の名誉に挑戦させてはならない[75]。

　このように，ルワンダ王国の体制維持を基として，ベルギーはルアンダ・ウ
ルンディをベルギー領コンゴの植民地行政に組み込んだ。図 2 のように，植民
地支配は中央集権化され，ブリュッセルのコンゴおよびルアンダ・ウルンディ
省を頂点に，レオポルドヴィル（現在のコンゴ民主共和国の首都であるキンシャ
サ）のベルギー領コンゴおよびルアンダ・ウルンディ総督（Gouverneur général
du Congo Belge et Ruanda-Urundi），ウシュンブラ（現在のブルンディの首都であるブ
ジュンブラ）のルアンダ・ウルンディ総督（Gouverneur général du Ruanda-Urundi）
が連なるヒエラルキーになっていた[76]。ルワンダ国内における王 – チーフ – サ
ブ・チーフというヒエラルキーは維持されたものの，並行して，総督代理
（Résident）がキガリに，州行政官（Administrateur de territoire）が各州（ルヘンゲ
リ，ビュンバ，ギセニィ，キガリ，キブンゴ，シャンググ，ニャンザ，ギタラマ，
キブイェ，アストリダ）にそれぞれ置かれた[77]。

　ベルギー人はルワンダを「近代化」するための改革を複数導入した。まず，
1920 年代後半から 30 年代前半にかけて，領土がチーフ領（chefferies）とサブ・
チーフ領（sous-chefferies）に再編された。それに伴い，それまで 3 つに分かれ
ていたチーフ職（人／軍チーフ，牛／牧草チーフ，土地チーフ）が，行政権の分
散は非効率かつ非近代的だという理由で 1 つに統合されたため，人数が大幅に

---

[75]　Lemarchand, *Rwanda and Burundi*, p. 66, originally from Pierre Ryckmans, 'Le problème
　　politique au Ruanda-Urundi', *Congo*, 1–3 (1925), p. 410 ff.

[76]　当初の名称は植民地省であった。なお，図 2 は，Filip Reyntjens, *Pouvoir et droit au
　　Rwanda : Droit public et évolution politique, 1916–1973*, Tervuren : Musée royal de l'Afrique
　　centrale, 1985, p. 167, 'Relations autorités indigènes-autorités territoriales' をもとに筆者が作
　　成した。また，コンゴ行政については，Guy Vanthemsche, *Belgium and the Congo 1885–
　　1980*, Cambridge : Cambridge University Press, 2012, pp. 27–28 も参照のこと。

[77]　なお独立後，ビュンバの綴りは Biumba から Byumba へ，シャンググは Shangugu から
　　Cyangugu（チャンググ）へ変更された。また，アストリダはブタレと名称が変わった。

削減された。そして，チーフやサブ・チーフの任命・交代にベルギー人の許可が必要になった。その結果，チーフとサブ・チーフの人数は，1932年末のチーフ65名およびサブ・チーフ1,043名から，1959年には，チーフ45名およびサブ・チーフ559名へと減少した[78]。また，ハム仮説の認識に加えて，3チーフのうち人／軍チーフが残されることが多かったため，それまで存在したフトゥのチーフやサブ・チーフは激減した。その結果，1959年には，チーフ45名中43名，サブ・チーフ559名中549名がトゥチになった[79]。

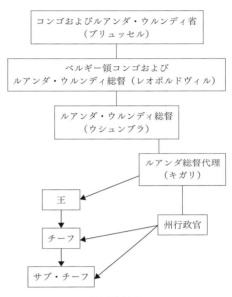

図2　ベルギー植民地行政のヒエラルキー

さらに，ベルギー人はそのほかの慣習を制限しようとした。例えば，彼らは強制労働（ウブレトゥワ）が伝統的な形式から近代化されるべきだと考えていたため，成人男性は1年に一定日数の強制労働をするだけに制限されるという宣言を出した。しかし，皮肉なことに，これにより，チーフやサブ・チーフが権力を悪用する機会を与えてしまった。また，徴税を課されたチーフらは，自身の利益のために人々を搾取していった。したがって，ベルギーの諸改革は結果として，ルワンダ社会をより抑圧的なものへと再編してしまったのである[80]。

78　Reyntjens, 'Chiefs', pp. 78 and 89. なお，同時期，ベルギー領コンゴでもチーフ領の数が1917年の6,095から1938年には1,212へと5分の1に削減され，その結果，チーフの権威が強化された地域もあったという。Erik Kennes and Miles Larmer, *The Katangese Gendarmes and War in Central Africa*, Bloomington : Indiana University Press, 2016, pp. 29-30.

79　Prunier, *Rwanda Crisis*, p. 27 ; Chrétien, *Great Lakes*, p. 271 ; Lemarchand, *Rwanda and Burundi*, p. 125.

60 第Ⅰ部 革命・独立前のルワンダ

　このようなベルギーによる「近代化」の障害となったのがユヒ・ムシンガ王であった。前述のように，彼は，即位後の国内の混乱をドイツ人の協力を得て鎮圧していた。また，ベルギー領コンゴからの侵入に対抗するためにドイツと協力したという側面もあった。さらに，第一次世界大戦中にドイツ軍側でベルギーと戦っていたため，ドイツ寄りの人間であった。したがって，ベルギー人との関係は良好なものではなかった。また，キリスト教への改宗も拒否していた。そのため，1931年，ベルギー総督府は，ムシンガ王をルワンダから追放し，息子のルダヒグワをムタラ王として即位させた。ベルギー人が彼を選んだのは，若くて西洋文化を受け入れようとする王を望んだからである。この若き王は，ベルギー人によく従い，両者の関係は落ち着いた[81]。

　また，ベルギー人はカトリック教会と協力し，教育を行うようになる。植民地化以前，教育は主に伝統的な「学校（*amatorero*）」で行われ，そこでトゥチの若い男性（*intore*）が，戦争技術や踊りなどを習得していた[82]。しかし，ベルギー行政がホワイト・ファーザーズと協力するようになったため，ルワンダ国内では，ベルギーがすべて運営する公立学校，宣教師が実際には運営するもののベルギー行政のカリキュラムなどに従う助成学校（écoles libres subsidiées），ベルギー行政の補助や指導がない宣教師のみによる私立学校（école libres des missions nationales）の3種類の学校が運営されることになった。そして，1930年代に入ると，ムタラ・ルダヒグワ王自身が洗礼を受けたのをきっかけに，他のルワンダ人もいっせいにキリスト教に改宗していった[83]。

　ルワンダでのインタビュー中，複数のインタビュー参加者が当時の状況を回顧してくれた。例えば，ジルベールは，若いときにあった主要な問題は，チー

---

[80]　C. Newbury, *Cohesion* ; Prunier, *Rwanda Crisis*, pp. 26–30.

[81]　Prunier, *Rwanda Crisis*, pp. 30–31.

[82]　King, *From Classrooms*, pp. 47–48.

[83]　Ibid., pp. 49–50, 64–67. なお，1920年代後半以降の初等教育では，トゥチとフトゥで教える内容が異なっていたという。トゥチの生徒に対してはフランス語で，フトゥの生徒に対してはルワンダ語で授業が行われた。フランス語は行政言語であり，かつ高等教育の言語だったことから，フランス語を学べないフトゥの生徒は高等教育を受けて行政職に就く機会を失っていたという。

フが人々を棒（*ikiboko*）で打つことだったと説明した[84]。彼によれば，フトゥの子供はトゥチの子供に食事を出したり，荷を背負ったりしなければならなかった。そして，従わない場合は 8 回打たれたと言う[85]。

　また，ウブハケについてもしばしば言及があった。インタビュー中に自らがトゥチだと明かした人たちはウブハケについてまったく言及しないか，したとしても肯定的に語った。例えば，アンリはウブハケについて以下のような説明をしている。

　　［ウブハケについては］悪いと言っている人も，人々がやってくる学校のようなものだからいいと言っている人もいる。賢くない者や技術がない者は，リーダーから知識を得ることができたが，拒否した者は家に留まった。時折，打たれた者もいた。ウブハケは自発的なものであり，強制された活用ではない。それは我々の文化にあるものなのだ。（中略）貧しい人々は何かを得るために富んでいる者に仕えるのである[86]。

ジェスィがインタビューしたトゥチの生存者やルワンダで出版された文献も，ウブハケについて肯定的な評価を下している[87]。

　これに対して，インタビュー中で自らをフトゥだと述べた参加者はまったく異なる説明をしていた。例えば，アイザックはウブハケを「トゥチが自分たちに仕えさせるためにフトゥを選ぶ方法」だと説明した。彼によれば，フトゥはトゥチのために調理や塀の建設，耕作などを長時間行わなければならず，その結果自分の土地は耕せないため，貧しいままだったという。「ウブハケによって，豊かな者が貧しい者を支配した」とまとめている[88]。ルイもウブハケを「奴隷制」だとみなし，「フトゥはトゥチのために耕したが，賃金を得ることは

84　ルサガラは，*ikiboko* を，ベルギー公安軍が使っていたカバの皮で作られた鞭だと説明している。Rusagara, *Resilience*, p. 114.

85　ジルベールへのインタビュー（2011 年 11 月 15 日）。

86　アンリへの 2 回目のインタビュー（2011 年 12 月 11 日）。

87　Erin Jessee, *Negotiating Genocide in Rwanda : The Politics of History*, London : Palgrave McMillan, 2017, pp. 90 and 122 ; Rusagara, *Resilience*, pp. 131-132.

88　アイザックへの 2 回目のインタビュー（2011 年 12 月 5 日）。

62　第 I 部　革命・独立前のルワンダ

なかった」と批判した[89]。

　興味深いのは，数十年前に調査を行ったコーデルとの比較である。彼女の研究では，トゥチの方が頻繁にウブハケに言及していた。あるトゥチの女性は「ウブハケなしには，尊敬も理解も共存もない（Without *ubuhake*, there is no more respect, no more understanding, no peaceful living together)」とさえ述べている[90]。また当時，ウブハケについて肯定的に語ったフトゥもいた。例えば，自ら進んでトゥチにウブハケを求めたフトゥの男性や，トゥチの主人が優しかったことを記憶している女性がいた。したがって，筆者によるインタビューへのフトゥの参加者の発言は，「トゥチがフトゥを抑圧していた」という言説により近い。これは，次章以降で検討するように，革命および独立後のフトゥ・イデオロギーがフトゥの土着性と犠牲者性を強調したからではないかと考えられる。また，第 9 章・第 10 章で指摘するように，ルワンダ愛国戦線（RPF）が支配する現在のルワンダでは，フトゥが優遇されていないため，現状に対する苦しみが記憶を強化している可能性もある。

　時代を戻すと，ベルギーの支配下で，王宮の権力が増大したことが人々の所属意識に影響を与えた。C. ニューベリーによれば，このヨーロッパ人と王宮による「二重の植民地化」によって，それまで集団意識を抱いていなかった人々がチーフによる抑圧を通してフトゥとしての連帯意識を抱くようになったとされる[91]。そして，1930 年代前半のアイデンティティ・カードの導入によって，トゥチとフトゥの違いはより硬直的かつ差別的になっていった[92]。

　さて，エスニシティがこの時期に固定されたのは事実だが，地方ごとに，エ

89　ルイへのインタビュー（2011 年 11 月 28 日）。ジェスィによれば，ジェノサイド後のルワンダでもフトゥのインタビュー参加者からは，トゥチの支配下でのフトゥの苦しみ（奴隷扱い）を語る声が少なくなかったという。Jessee, *Negotiating*, pp. 155-160.

90　Codere, *Biography*, p. 140.

91　C. Newbury, *Cohesion of Oppression*.

92　ただし，どのようにトゥチとフトゥを区別し，カードに記載したかについては不明な点も残されている。牛の所有数や身体的な特徴，教会の記録などに基づいてエスニシティを決定したという記述が先行研究には見られる。例えば，Jessee, *Negotiating*, p. 123；Carney, *Rwanda*, p. 35.

スニシティの割合は依然として差異があった。1959年の統計によると，エスニシティの全国平均は，トゥチが16％をやや超える程度でフトゥは83％弱であった。しかし，トゥチの割合は地域によって異なっている。例えば，前出の表1にあるように，北西部や北部ではトゥチの割合が低かったのに対して，南部や西部では比較的高かった[93]。また，ジャン＝ピエール・クレティエンが強調しているように，この時点では，フトゥと全トゥチの90％を占める一般のトゥチの間には大きな差は存在しなかった[94]。それでもなお，次章以降で地域毎の暴力について検討する際にこれらの地域差は念頭においておくべきである。

おわりに

　本章では，19世紀から20世紀中盤までのルワンダを取り上げ，植民地化以前のルワンダにおける国家とエスニシティの関係および植民地化の影響を検討してきた。植民地化以前の社会が植民地化によっていかに変化したのかという点について，様々な知見が蓄積されてきたが，アフリカでは，「植民地国家が部族の鋳型（a tribal template）を新たな領土に押しつけ，アイデンティティの体系化（identity codification）をすすめ，単純化を求め，明らかに似たような存在を再集団化し，協力する媒介者・仲介者に報酬を与える」ということが行われてきた[95]。

　ルワンダにおいても，トゥチとフトゥの関係は，不変的な二項対立ではなく，歴史的に構築されてきたものであった。ルワンダに当時存在したニギニャ王国が領土を拡大し，ルワンダ全土で支配を強化していく中で，「トゥチ」および

---

[93]　Belgian Congo and Ruanda-Urundi Information and Public Relations Office, *Ruanda-Urundi*, p. 37.

[94]　Chrétien, *Great Lakes*, p. 285.

[95]　Crawford Young, 'Nation, Ethnicity, and Citizenship : Dilemmas of Democracy and Civil Order in Africa', in Sara Dorman, Daniel Hammett, and Paul Nugent (eds.), *Making Nations, Creating Strangers : States and Citizenship in Africa*, Leiden : Brill, 2007, p. 250.

「フトゥ」というエスニシティが，意味内容を変えながら構築されていった。その後ドイツの植民地支配およびベルギーの委任統治の時代を通じて，ヨーロッパ人はニギニャ王国の権力を強化しようとし，また，ユヒ・ムシンガ王や他のトゥチ支配層は，ヨーロッパ人の力を利用して，自分たちの支配を拡大・強化しようとした。さらに，ヨーロッパ人は，ルワンダ人の権力関係に影響を与えただけではなく，「ハム仮説」をルワンダに持ち込んだ。この中で，エスニックな差異が硬直的で差別的なものへと変質した。

　したがって，C. ニューベリーがまとめたように，ルワンダにおけるヒエラルキーはヨーロッパ人による「創造」ではなく，既存の権力構造のさらなる「階層化」と「官僚化」の産物だった[96]。つまり，ヨーロッパ人とルワンダ人の相互作用によって，それまで存在していたトゥチとフトゥの違いが明確になったといえよう。その結果，20世紀中盤までには，国家権力は強固になり，エスニシティは固定化された重要な要素となっていく。ただし，トゥチとフトゥの関係や国家権力の影響力は全国的に均質なものではなく，地方ごとの差異があった。また，特にトゥチのリーダーの間では，権力争いも存在した。したがって，「トゥチ」や「フトゥ」と呼ばれる人々も，その内実は多様だったということが，次章以降の議論を理解する上でも重要となる。

96　C. Newbury, 'Colonialism, Ethnicity and Rural Political Protest', p. 258.

第 2 章

革命前夜の改革

1950 年代中盤〜59 年 10 月

はじめに

　前章では，植民地化以前から存在していたトゥチとフトゥの差異が，植民地支配の下で変容していく過程を検討した。本章では，1950 年代中盤から 59 年秋までを対象に，革命前夜のルワンダを見ていく。具体的には，第二次世界大戦後のルワンダはどのような状況に置かれていたのか，どのような改革が求められ，実施されたのか，どのような争点が存在していたのか，トゥチとフトゥの関係はどのようなものだったのか，について明らかにする。

　第二次世界大戦後のルワンダは，国際連合の信託統治制度下に置かれた。当時のルワンダでは，対立はトゥチとフトゥの間ではなく，むしろトゥチのリーダー内にあった。王やアビイルなどの伝統的な権力者たちは，トゥチとフトゥの間の不平等を真剣に受け止めなかった。代わりに，ある意味当然のことではあるが，彼らはヨーロッパ人とルワンダ人の間の格差に焦点を絞り，ベルギー人から早期の権力移譲を求め始める。反対に，トゥチの革新的なリーダーたちは，社会政治体制の改革を求めた。つまり，トゥチのリーダーたちの間で，社会体制や変革についての意見が食い違っていたのである。フトゥに関していえば，当時，神学校で教育を受けた少数のフトゥのエリートたちが登場し始めていた。彼らもまた，トゥチの革新的リーダーたちと同様に，トゥチとフトゥの間の不平等に注意を喚起し始めた。しかし，フトゥのエリートたちは，この時点では王政を積極的に攻撃したわけでも，トゥチという集団全体と対立してい

たわけでもなかった。ベルギー当局は，国連からの圧力によって政治改革を行うも，この時点では，独立は想定していなかった。このような中，ルワンダでは，トゥチ・フトゥ関係はいまだ政治性を帯びておらず，暴力的でもなかった。状況が変化し始めるのは，それまでルワンダ人の間で一定の求心力を有していたムタラ・ルダヒグワ王が1959年7月に亡くなってからである。彼の死によって，政党が設立され，政治活動が活発になっていくとともに，ベルギー行政とアビィルの関係が悪化していった。ルワンダの政局は1959年秋までに徐々に不安定になっていき，暴力発生の舞台が整っていくのである。

1　国際連合の信託統治

　話は少し前後するが，本節では，国連信託統治領としてのルアンダ・ウルンディについて説明していく。第二次世界大戦後の国際秩序の一部である国連信託統治制度は，一定の制約を宗主国（信託統治行政国）に課し，信託統治領の政治的・経済的・社会的状況を改善するよう奨励していた。マイケル・キャラハンによれば，国連憲章第11章は，「これらの領土の人々の幸福を最大限に促進するための義務を『神聖なる信託（a sacred trust）』として受け入れた」と述べている[1]。憲章第76条ではさらに，信託統治の基本目的を次のように定めている。

　　信託統治地域の住民の政治的，経済的，社会的及び教育的進歩を促進すること。各地域及びその人民の特殊事情並びに関係人民が自由に表明する願望に適合するように，且つ，各信託統治協定の条項が規定するところにしたがって，自治または独立に向っての住民の漸進的発達を促進すること[2]。

---

[1]　Michael D. Callahan, *A Sacred Trust : The League of Nations and Africa, 1929–1946*, Brighton : Sussex Academic Press, 2004, p. 193 ; 国連憲章73条。

[2]　国連憲章76条 b。

第2章 革命前夜の改革 67

　そして，信託統治施政権国や安全保障理事会構成国，総会によって3年間任命される諸国などから構成される信託統治理事会は[3)]，信託統治領が「自治または独立に向かって漸進的発展を遂げる」ことを促進する責任を負っていた。具体的には，理事会は施政権国から提出された報告書を精査し，統治下の人民からの請願を受けつけ，訪問団を各地域に派遣する。また，理事会は議論をまとめ，脱植民地化を扱う総会第4委員会に報告する。第4委員会は信託統治理事会の報告を検討し，総会決議の草案を作成することを任務としていた[4)]。

　ここで，重要になるのは「自治または独立」という表現をどのように評価するかである。そもそも木畑洋一によれば，「信託統治」という言葉は植民地支配を正当化するレトリックであり，第一次世界大戦後に「民族自決」の機運が高まる中で，「自ら統治する能力と条件をまだ十分に備えていない地域の人々が自立できるようになるまで，支配国が統治を委ねられている」とみなす制度であった[5)]。国連創設の際にも，イギリスは，国連憲章の中に「（民族）自決」ではなく，「自治」という言葉を使用するよう交渉した。その結果，「自決」や「独立」という言葉は国連憲章にはほぼ登場せず，登場するとしても，信託統治に関する第12章の「自治または独立」という表現のみとなった[6)]。マーク・マゾワーが指摘するように，たしかに信託統治は，委任統治よりも監督権限が若干広範になり，請願の審査過程がより真摯になり，訪問団派遣という制度もできたという意味で「前進」として評価できる。しかし，その制度は，帝国支配の継続と大国間協調の維持を前提としていたという点で，問題をはらむものであった[7)]。

3　国連憲章86条。
4　国連憲章87条。
5　木畑洋一『イギリス帝国と帝国主義——比較と関係の視座』（有志舎，2008年），203頁。また「民族自決」をめぐる関係国の様々な利害対立については，五十嵐元道『支配する人道主義——植民地統治から平和構築まで』（岩波書店，2016年）も参照のこと。
6　半澤朝彦「国連とコモンウェルス——『リベラル』な脱植民地化」山本正・細川道久編著『コモンウェルスとは何か——ポスト帝国時代のソフトパワー』（ミネルヴァ書房，2014年），227頁。
7　マーク・マゾワー（池田年穂訳）『国連と帝国——世界秩序をめぐる攻防の20世紀』（慶應義塾大学出版会，2015年），163-164頁。

68　第 I 部　革命・独立前のルワンダ

　国連信託統治理事会は，当初，ルワンダの政治に影響を及ぼすことはほぼな
かった。そもそも，半澤によれば，脱植民地化の問題に対して，当初国連の影
響力は限定的であり，国連の影響力が増すのは 1950 年代に入ってからであっ
た。設立当初は，アメリカと西欧諸国が加盟国の中心であったため，インドな
どの反植民地主義的な加盟国はいたものの，依然として国連は「西側の道具」
だったからである。1950 年代に入り，加盟国のバランスが変化し，また冷戦
対立が激化していく中で，アメリカは国連を重視せざるをえなくなったとい
う[8]。また，ルワンダは信託統治理事会の懸案事項でもなかった[9]。ところが，
1948 年に訪問団がルアンダ・ウルンディにやってきた際，訪問団は「ルワン
ダの政治社会的な制度の不平等さ」にショックを受けたという。そのため，ベ
ルギー当局に対して，「状況が許す限り，できるだけ迅速に政治構造全体を民
主化する」ことを要望した[10]。彼らはまた，「アフリカのバルカン化」への恐
れから，ルアンダ・ウルンディの政治連合を維持し，一つの共同体として独立
するよう説得しようとした[11]。しかし，ウルンディ総督代理だったロベール・
シュミットは，ベルギーが近い将来に民主化を検討しないのは，政治的な発展
が社会の混乱をもたらすからだと述べ，この立場を正当化している。また，彼
は，人民が「責任の意味と含意を理解できるようになるまで」民主的な改革の
可能性も留保するとした[12]。

　ルワンダの政治的民主化を求める決議が 1940 年代後半から 50 年代前半にか
けてたびたび採択されると，ベルギーはしぶしぶ改革を導入した[13]。1952 年 7

---

[8]　半澤朝彦「国連とイギリス帝国の消滅——1960〜63 年」『国際政治』126 号（2001 年），
　　81-101 頁。

[9]　John D. Hargreaves, *Decolonization in Africa*, London : Longman, 1988, p. 175.

[10]　Catharine Newbury, *The Cohesion of Oppression : Clientship and Ethnicity in Rwanda, 1860-
　　1960*, New York : Columbia University Press, 1988, p. 184.

[11]　「アフリカのバルカン化」を懸念する声は，アフリカ大陸の様々な地域に対して見られ，
　　新植民地主義への懸念と呼応していたという。Ali A. Mazrui and Michael Tidy, *Nationalism
　　and New States in Africa : From About 1935 to the Present*, London : Heinemann, 1984, p. 81.

[12]　René Lemarchand, *Rwanda and Burundi*, London : Pall Mall Press, 1970, p. 80.

[13]　ただし，ベルギー政府内には，国連に対する懸念があり，なかには国連が植民地支配に
　　対して脅威となるのであれば，脱退も検討すべきだという主張まで存在したという。三

第 2 章　革命前夜の改革　　69

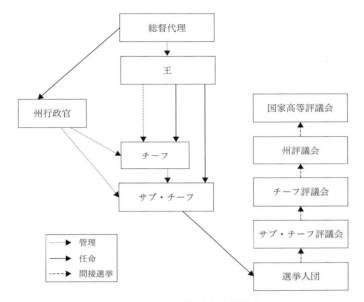

図 3　1952 年に設置された評議会

月 14 日，部分的な民主化として，各行政レベルで評議会を設置する政令が公布された。それによって，図 3 のように，サブ・チーフ評議会（Conseil de sous-chefferie），チーフ評議会（Conseil de chefferie），州評議会（Conseil de territoire），そして国家高等評議会（Conseil supérieur du pays）が設立されたのである[14]。手順としては，まず，各サブ・チーフ領で選挙人団（Collège électoral）が選ばれ，この選挙人団の投票によってサブ・チーフ評議会メンバーが選挙される。次に，サブ・チーフ評議会のメンバーの中からチーフ評議会が選ばれる。そして，

　　　須拓也『コンゴ動乱と国際連合の危機――米国と国連の協働介入史，1960～1963 年』（ミネルヴァ書房，2017 年），53-54 頁；Guy Vanthemsche, *Belgiam and the Congo 1885-1980*, Cambridge : Cambridge University Press, 2012, pp. 138-140.
14　図 3 は Filip Reyntjens, *Pouvoir et droit au Rwanda : Droit public et évolution politique, 1916-1973*, Tervuren : Musée royal de l'Afrique centrale, 1985, p. 187 および Lemarchand, *Rwanda and Burundi*, pp. 81-82 をもとに筆者が作成した。

70 第Ⅰ部 革命・独立前のルワンダ

チーフ評議会のメンバーから州評議会が構成される。最後に，州評議会のメンバーから選ばれた 32 名に王を加え，国家高等評議会が構成された[15]。これはルワンダ人を政治プロセスに組み込むことで，「民主化」を進めているという体面を示すものであった。

しかし，ベルギーにとって独立は問題外であった。1956 年，ベルギー人研究者の A. A. J. ファン＝ビルセン教授がコンゴ独立 30 年計画を発表した際，ベルギー世論は彼を無責任で「ベルギーの危険な敵」と批判した[16]。ベルギー領コンゴの総督であり後に国連代表となったピエール・リックマンスも，アメリカの『フォーリン・アフェアーズ』紙に寄稿した論考の中で，アフリカにおけるベルギーのプレゼンスの正統性を主張した[17]。ルアンダ・ウルンディ総督だったジャン＝ポール・ハロワも，信託統治廃止の噂に対して，「ベルギーに認められた権利のいかなる部分的放棄も準備している事実はない」と述べた[18]。むしろ，当時想定されていたのは，ベルギー・コンゴ共同体を形成し，ルワンダもその一部とするというものであった。事実，1950 年代前半から中盤にかけて，ベルギー国王を象徴として，コンゴとベルギーを「共同体（community）」もしくは「協同国家（association）」としてまとめようとする提案がベルギーの政治家や国王自身によって言及されている[19]。したがって，ベルギー人はコン

---

[15]　Reyntjens, *Pouvoir et droit*, pp. 185–187.

[16]　Jean-Paul Harroy, *Rwanda : De la féodalité a la démocratie 1955–1962*, Bruxelles : Hayez, 1984, p. 258. 当時のオーギュスト・ブィセレト植民地大臣も，「何も知らずアフリカについて何も理解していないことを示すような日付を設定するなんて，なんて無責任な戦略だ」と述べたという。Christopher Othen, *Katanga 1960–63 : Mercenaries, Spies and the African Nation That Waged War on the World*, Stroud : The History Press, 2015, p. 25.

[17]　Pierre Ryckmans, 'Belgian "Colonialism"', *Foreign Affairs*, 34–1 (1955/56), pp. 89–101.

[18]　在レオポルドヴィル日本国領事館から重光外務大臣宛，1956 年 2 月 6 日，『ベルギー内政並びに国情関係雑集』マイクロフィルム A'-0275，外務省外交史料館。

[19]　玉村健志『国際関係史としてのコンゴ「独立」史——脱植民地化，冷戦，国連』，一橋大学大学院法学研究科，博士号学位論文，2011 年，20–21 頁；Vanthemsche, *Belgium*, pp. 84–89. なお，フランスの例になるが，池田によれば，association とは，「同化よりも柔軟な統治という側面を持ち，現地人に一定の政治的・経済的自立性を認め」つつも，「自治や将来的な独立は承認するつもり」のない「協同国家」を意味するという。池田亮「チュニジア・モロッコの脱植民地化と西側同盟」益田実・池田亮・青野利彦・齋藤

ゴおよびルアンダ・ウルンディの独立は考えておらず，自治領としてベルギーとの共同体を形成するという構想をもっていたのである。

そのため，次節で見るように，1950年代中盤から，独立を求めるトゥチの伝統的指導者たちとベルギー人たちとの間に緊張が生まれていく。また，トゥチの指導者内で，独立と国内改革のいずれを優先させるかで対立が生じていくのである。

2　政党政治の始まり

本節では，ルワンダにおける政党政治の開始を概観し，どのように政治活動が開始されたのか，それらが当初目標としていたことは何であったのか，などを明らかにする。

前節で言及した1952年の改革は，問題の残るものであった。新たに設置された組織は単なる諮問機関であり，政策決定に影響を与えられなかったため，ベルギー人からの権力移譲を求め始めたトゥチのリーダーたちを満足させるものではなかったからである[20]。そのため，ベルギー当局とトゥチのリーダーたちの間には緊張が漂い始めた。あるチーフの任命・罷免をめぐる一件からもその緊張関係を伺うことができる。1957年，ムタラ・ルダヒグワ王は，南部のアストリダ州のとあるチーフ領のチーフとしてムヒキラという人物を任命し，この任命は1958年にハロワ総督によって承認された。しかし，1959年6月23日，ベルギー行政府は，彼が「人種的憎悪に寄与し，トラブルの素となった」と判断し，チーフ任命を取り消した[21]。もっとも，この時点では，次章以降で

嘉臣編著『冷戦史を問いなおす――「冷戦」と「非冷戦」の境界』（ミネルヴァ書房，2015年），196頁。

[20] Lemarchand, *Rwanda and Burundi*, pp. 81-83.

[21] 彼は，「反ベルギー的な」リーダーたちとつながりがあるとも認識されていた。De Muhikira Eugène à le ministre du Congo Belge et Rwanda-Urundi', 15 octobre 1959 ; 'Recours MUHIKIRA Eugène ex-chef au Ruanda', 5 novembre 1959 ; de Harroy à le ministre du Congo Belge et Ruanda-Urundi', 11 décember 1959, すべて AI/RU 4373, AMAE.

72 第I部 革命・独立前のルワンダ

見られるような明確な対立には発展しておらず，ベルギー人は王が権力移譲を求めていたとしても，そこまで「反ベルギー」的ではないと判断していた。

　より重要だったのは，国家高等評議会内でのトゥチ指導者間の対立であった。特に，ムタラ・ルダヒグワ王とプロスパー・ブワナクウェリなどの革新的なトゥチ知識人との間の対立は顕著であった[22]。1955 年のベルギーの史料によれば，ムタラ王とブワナクウェリの関係は，ベルギー領コンゴとルアンダ・ウルンディ間の経済・財政統合をめぐって悪化したという。王はコンゴからのルワンダの自立性を維持したかったのに対し，ブワナクウェリは，ベルギー行政の下で国が安定したため，ルアンダとベルギーが「ドミニオンの形（formule du dominion）」を作ることが大事だと考えており，ベルギー領コンゴとも強固な統合を望んでいた[23]。王は国家高等評議会内で影響力を高めるためにブワナクウェリを排除したがっていた。しかし，ブワナクウェリはチーフや知識人（évolués），教会関係者から大きな名声と支持を享受していた[24]。実際，この時点で，ベルギー行政は，ブワナクウェリのことを「素晴らしい協力者」だと評価していた[25]。

　さらに，1952 年の評議会設立は，少数ながら存在したフトゥのエリートをも落胆させた。評議会におけるフトゥの議席は最小限に留まり，議席の大半はトゥチによって占められたからである。1959 年までに，サブ・チーフ 1,100 名

22　ブワナクウェリは所属クランも王のアバニギニャとは対立するクランだったという。J. J. Carney, *Rwanda before the Genocide : Catholic Politics and Ethnic Discourse in the Late Colonial Era*, Oxford : Oxford University Press, 2014, p. 48. また，コーデルのインタビュー参加者も王がブワナクウェリを敵とみなしていたことを指摘している。Helen Codere, *The Biography of an African Society : Rwanda 1900- 1960, based on forty-eight Rwandan autobiographies*, Tervuren : Musée royal de l'Afrique centrale, 1973, p. 131.

23　彼は，ベルギー・ルワンダ友好協会（L'association des amitiés Belge-Rwandaise）の設立者の一人でもあった。Carney, *Rwanda before the Genocide*, pp. 48-49.

24　なお，この当時，教会関係者たちは，脱植民地化の進展が共産主義や無神論・世俗化につながりかねないという懸念を抱いていた。したがって，1950 年代の教会は「民主化」をキーワードとして，神学校で教育を受けた知識人らとの関係を密接にしようとしていた。Ibid., pp. 44-69.

25　'Note sur la situation politique au Ruanda', mai 1955, AI/RU 4372, AMAE.

のうち，トゥチは 95.5％ の 1,050 名でフトゥは 4.5％，たった 50 議席であった。そして，チーフ評議会の 82 議席のうち，81 議席はトゥチでフトゥはたった 1 名であった。州評議会ではトゥチ 125 名に対しフトゥ 30 名，国家高等評議会ではトゥチ 31 名に対し，フトゥはたった 2 名だった[26]。

1952 年の改革に落胆した者は，こののち 1950 年代中盤から政治活動を開始するようになる。例えば，ベルギー領コンゴで高等教育を受けた最初のフトゥであるアナスタズ・マクザが大学で行政学を学び 1955 年にルワンダに戻った際，当初彼は行政府または研究機関で職を得ようとしたが，それらのポストはすべてトゥチが占めていた。結果として，彼はタイピストとして雇われただけであった。ルマルシャンによれば，マクザのようなエリートの不満が，のちに彼らをして政治活動に参加させたのだという[27]。

しかし，伝統的な指導者のムタラ・ルダヒグワ王やアビイルは，もっぱらベルギー人との関係を気にしていた。1957 年 2 月，トゥチが大多数を占める国家高等評議会は「視点（Mise au Point）」を発表した[28]。彼らは，ルワンダが自治にむけて準備するために，中等教育および高等教育を拡大・発展させ，行政に従事するエリートを養成するとともに，白人と黒人の間の差別を解消するために，ベルギー信託統治行政からの権力移譲を求めた[29]。しかし，この声明はベルギーからの決別や敵対的態度を表明しているわけではなかった。むしろ，彼らはベルギー行政との協力関係を念頭においていたため，ベルギー人たちも彼らの要求は穏健だったと判断した。それどころか，ベルギー人たちは声明のフランス語がヨーロッパ人によって書かれた可能性さえ示唆したのである[30]。

---

26 Lemarchand, *Rwanda and Burundi*, p. 82.

27 Ibid., p. 139. マクザは 1927 年アストリダ生まれで，コンゴのロヴァニウム大学で学んだ後，行政・立法・経済・政治学の学位を取得した。1955〜58 年にキブイェとシャンググの地方行政官に任命され，1958〜60 年にはルワンダ総督の行政を担当した。

28 1956 年，トゥチは国家高等評議会の 97％ を占めていた。Reyntjens, *Pouvoir et droit*, pp. 186 and 194.

29 Lemarchand, *Rwanda and Burundi*, p. 150 ; Synergies Africaines en Belgique, *Rétrospective : Le problème Ruandaise (1957-1962)*, Bruxelles : Synergies Afrique en Belgique, 2006, Conseil Supérieur du Pays (CSP) (1956-1958), pp. 61-67［以下 *Rétrospective*］.

30 'Note pour monsieur le ministère', 14 août 1957, AI/RU 4377, AMAE.

74   第Ⅰ部　革命・独立前のルワンダ

　これに対して，トゥチの革新的なリーダーたちは，伝統的リーダーたちを批判し，トゥチとフトゥの間の不平等が問題視されるべきだと主張した。彼らは，神学校で教育を受けたチーフやサブ・チーフらで，社会の平等や民主主義に対してより革新的な考えをもっていた。例えばブワナクウェリはルワンダの「深刻な貧困」への注意を喚起するために記事を執筆した[31]。また，ベルギー領アフリカで初のアフリカ人主教になったトゥチのアロイス・ビジルムワミも，ルワンダに不平等が存在することを認めていた[32]。さらに，ラザール・ンダザロは，チーフの権力乱用を防ぐために司法権と行政権の分離やチーフ選挙などを行うべきとし，政治改革の重要性を強調した[33]。

　これらの主張は，ベルギー人入植者にも支持された。例えば，アルベール・マウスは，トゥチのみが国家高等評議会に議席をもつのは問題であるため，フトゥも参加を認められるべきだと主張した[34]。これらの人々は，ルワンダに存在する問題は，トゥチのチーフらによる権力乱用とフトゥに対する差別から生じる不平等だとみなしていた。したがって，彼らにとって喫緊の課題は，改革を通じてフトゥの地位を向上させることであった。しかし，「自治（self-government）」はトゥチによるフトゥの搾取を悪化させてしまうとして，近い将来の自治ましてや独立などは望んでいなかった。このように，トゥチの革新的リーダーとベルギー人入植者は，独立よりも国内の不平等解消を優先していた。

　トゥチの革新的エリートの多くは神学校で教育を受けたが，それ以外にカトリック教会はフトゥのエリートを生み出したという点においても重要な存在であった。第二次世界大戦後，ルワンダに赴任した司祭ら（特にベルギーのフランデレン地方出身者）は，フトゥ大衆に共感を抱いたと言われている[35]。また，

---

[31]　'Un abbé rwandais parle', Fidèle Nkundabagenzi (ed.), *Rwanda Politique*, Bruxelles : CRISP, 1961 ［以下 *Rwanda Politique*］, pp. 16-18.

[32]　'État de la question sur le problème des Batutsi, Bahutu et Batwa', Ibid., pp. 37-42.

[33]　Ndazaro Lazare, 'Note à l'intention de monsieur Forgeur', 6 janvier 1959, AI/RU 4370, AMAE. 彼は，1920 年にキブンゴで生まれ，アストリダの神学校で学び，ウシュンブラとキガリのベルギー行政府に勤務していた。

[34]　'Lettre de M. A. Maus au Vice-gouverneur Général', *Rwanda politique*, pp. 13-15.

[35]　ベルギーには，フランス語話者が住むワロン地域と，オランダ語話者が住むフランデレ

ムタラ王とカトリック教会は，1950 年代後半になると，徐々に関係が冷え込みつつあった[36]。当時，神学校から卒業したフトゥの学生たちは行政職に就くことができなかったため，教会は彼らに就労の場を提供し，その中からフトゥのリーダーが育っていった[37]。例えば，アロイス・ムニャンガジュは神学校で数年学んだのち，ベルギーでも 1 年間学んだ。その後，彼はフランス語とルワンダ語で書かれた雑誌『ソマ』の編集者として，ルワンダ社会に存在する差別やトゥチ・チーフによる権力乱用を批判していった[38]。また，1924 年にギタラマに生まれ，後にルワンダ共和国の大統領となったグレゴワール・カイバンダも，神学校を卒業し，雑誌『キニャマテカ』の編集者になった。1920 年アストリダ生まれのジョセフ・ハビャリマナ・ギテラも，神学校で教育を受けたのちに，宣教師のもとで働いている。

　神学校で教育を受けたフトゥのエリートは，改革を求めるという点で，トゥチの革新的知識人やベルギー人入植者らと共通項があった。1957 年 3 月 24 日，伝統的なトゥチ指導者らによって 1 か月前に発表された「視点」に対抗する形で，9 人のフトゥのエリートが「ルワンダの土着的人種問題の社会的側面に関するノート（Note sur l'aspect social du problème racial indigène au Ruanda）」を発表し，トゥチによるフトゥに対する差別を批判した。「バフトゥ宣言」として知られ

ン地域がある。1830 年の独立以降，ワロン地域がベルギー政治の中心となってきたが，第二次世界大戦後，特に 1950 年以降，フランデレン地域では人口増加と経済成長が起こったため，ベルギー国内ではフランデレンの地位が向上し，これ以後言語問題が浮かび上がっていく。ベルギー政治については，例えば，松尾秀哉『ベルギー分裂危機――その政治的起源』（明石書店，2010 年）を参照。

36　Carney, *Rwanda before the Genocide*, pp. 70–71.

37　Chrétien, *Great Lakes*, pp. 301–302 ; Timothy Longman, *Christianity and Genocide in Rwanda*, Cambridge : Cambridge University Press, 2010, pp. 69–71.

38　'Note pour monsieur le ministre : Lettre du 14 octobre 1959 des présidents des partis politiques hutu du Ruanda et des Bahutu évolues de l'Urundi', de Minot à Bruxelles, 29 octobre 1959, Archives de cabinets ministériels, 1955–60［以下 CAB］3763 ; 'Les parties politiques du Ruanda : APROSOMA', mai 1960, Papiers de Ganshof van des Mersch, ministre charge des affaires générales en Afrique (mai–juin 1960)［以下 MINAG］2820, 共に AMAE. この背景には，カトリック教会が中産階級エリートを形成する上での出版の重要性を認識したこともあるという。Carney, *Rwanda before the Genocide*, p. 42.

76 第 I 部　革命・独立前のルワンダ

るこの文書は，権力の独占から生じる政治的差別および教育の独占という社会
的差別を解決するために，強制労働の廃止，表現の自由の奨励，慣習法の法典
化，フトゥの政治参加を提案していた。つまり，彼らは，フトゥを対等な市民
として扱うよう要求していたのである。また，バフトゥ宣言では，国内改革に
議論の焦点を当てていたため，対外関係については具体的な内容には欠けるも
のの，「ベルギー領アフリカと本国との経済連合」を提案していた[39]。

　9 名のエリートの中でも，カイバンダとギテラは重要人物だった。ベルギー
人たちはカイバンダをきわめて優秀だと評価していたため，「フトゥ運動の未
来のチーフ」と期待していた。対して，ギテラは，勇敢だが非現実的であり，
「真の建設的なフトゥ・リーダーになるには不安定すぎる」とみなされてい
た[40]。ギテラは日和見主義者だと思われていたが，当のギテラ自身は，カイ
バンダは穏健すぎると考えていた[41]。両者は，時を前後して政党を設立した
が，それらの政党は，この時点では，全国的な影響力を有していたわけではな
かった。カイバンダは，「フトゥ社会運動（Mouvement social muhutu：MSM）」を
1957 年 6 月に設立した。党の目標は，フトゥの社会経済的進歩，教育推進，
政治参加であった。同年 11 月には，ギテラが「大衆社会上昇協会（Association
pour la promotion sociale de la masse：APROSOMA）」を設立した。この党は南部の
行政都市アストリダ周辺で影響力をもち，カリンガ（王鼓）に象徴されるよう
な伝統的制度の民主化と「カースト」に基づく特権および差別の廃止を求めて
いた[42]。APROSOMA は穏健政党だとみなされることもあるが[43]，実際には，

---

[39]　'Le manifeste des Bahutu', *Rwanda politique*, pp. 20-29.

[40]　'Note pour monsieur le ministre, objet lettre du 14 octobre 1959 des présidents des partis
　　politiques hutu du Ruanda et des Bahutu évolués de l 'Urundi', 29 octobre 1959, CAB 3763,
　　AMAE.

[41]　Prunier, *Rwanda Crisis*, p. 47；Lemarchand, *Rwanda and Burundi*, pp. 151-153.

[42]　'Note pour monsieur le ministre：lettre du 14 octobre 1959 des présidents des partis politiques
　　hutu du Ruanda et des Bahutu évolués de l'Urundi', de Minot à Bruxelles, 29 octobre 1959, CAB
　　3763；'Les parties politiques du Ruanda：APROSOMA', mai 1960, MINAG 2820, 共に
　　AMAE.

[43]　トゥチ・フトゥ双方の穏健派（APROSOMA と RADER）は，エスニシティを重要視せ
　　ず，「民衆（common people）へのアピールをしていた」という記述が残っている。Ca-

APROSOMA の方が MSM およびその後身である「フトゥ解放運動党（Parti du mouvement de l'emancipation Hutu : PARMEHUTU)」よりもトゥチ支配を積極的に非難していた[44]。

　しかし，当時の王やアビイルは，トゥチとフトゥの関係を問題視せず，逆に区別を明確にしようとしなかった。1956 年 9 月，ムタラ・ルダヒグワ王は，植民地化以前のルワンダは「社会的流動性，エスニックな交わり，文化的団結」の場所だったと述べている。また，10 月，チーフたちもルワンダは「エスニックな区別が一切不可能な同質的な人々が住む土地」だとして，違いを重視していなかった[45]。1958 年 4 月から 6 月にかけて，トゥチとフトゥの問題を調査する委員会が設立され，トゥチの革新的リーダーであるブワナクウェリや，フトゥのエリートであるギテラらも参加した[46]。しかし，委員会が議論を重ねていた 1958 年 5 月，トゥチのチーフらは「トゥチとフトゥの間には兄弟関係は存在しない」という声明を発表した[47]。また 6 月 12 日には王も，「国家の敵」と外国人が民族対立のプロパガンダを広め，ルワンダを分裂させようとしていると述べ，分断がヨーロッパ人から持ち込まれたことに鑑み，トゥチ・フトゥ・トゥワという用語を公文書から廃止すると決定したのである[48]。これらの声明は，トゥチの伝統的リーダーたちが，エスニックな差別を重視せず，むしろヨーロッパ人がトゥチ・フトゥを分断した元凶であると認識していたことがわかる。

---

　　tharine Newbury, 'Ethnicity and the Politics of History in Rwanda', *Africa Today*, 45-1 (1998), p. 13.

[44]　Reyntjens, *Pouvoir et droit*, p. 253.

[45]　Carney, *Rwanda before the Genocide*, p. 75.

[46]　Ibid., pp. 87-91.

[47]　'Premier écrit de Nyanza' および 'Deuxième écrit de Nyanza', *Rwanda politique*, pp. 35-37. なお，*Rwanda politique* にはフトゥに関する資料の方が多く含まれている。これは，編者が PARMEHUTU のメンバーだったからだと考えられる。つまり，資料集や回顧録は，不可避的に編集者の関心を反映した形で編集されるという点に注意が必要なのである。Marshall S. Clough, *Mau Mau Memoirs : History, Memory, and Politics*, London : Lynne Rienner Publishers, 1998, pp. 16-21.

[48]　'Position du Conseil supérieur et du Mwami', *Rwanda politique*, p. 37.

78　第Ⅰ部　革命・独立前のルワンダ

　このように，1950年代後半のルワンダでは，トゥチ内部の意見の相違が明らかであった。逆に，トゥチの革新的知識人およびフトゥのエリートは共通して改革を提案していた。ここで指摘すべき重要な点は，この時点でフトゥのエリートたちが望んでいたのは革命や暴力行為の促進ではなく，単に政治改革だったことである。

3　立憲君主制の提案とムタラ王の死

　国連信託統治委員会は，ベルギーに対して国内自治または独立へ向けた方策を実施するよう勧告をたびたび出していた。しかし，委員会はベルギー人に圧力をかけたり，ベルギー人に対して厳しい態度をとったりしたわけではなかった。むしろ，訪問団は政治・経済分野におけるベルギー政府の努力，特に1952年の評議会設置を，ある程度評価していたのである。1957年2月26日に採択された国連決議1064では，ベルギーに対して，ルアンダ・ウルンディが「自治または独立」に早期に向かうことを保証する必要な方策をとるべきだと勧告した[49]。しかし，国連での議論は活発ではなかった。事実，この時期，他のアフリカ信託統治国に関する決議は複数あったが，ルアンダに限定した決議は採択されてはいない[50]。

　ベルギー政府に対ルワンダ政策を再考させたのは，国連からの圧力よりもむしろ隣国コンゴの政治情勢だった。すでに指摘したように，ベルギー人は近い将来の植民地独立の可能性を検討していなかった。しかし，1950年代に，ベルギー領コンゴでコンゴ族協会（ABAKO）やコンゴ国民運動（MNC）が設立

---

[49]　UN General Assembly, 'Attainment of self-government or independence by Trust Territories', A/RES/1064 (XI), 26 February 1957.

[50]　例えば，同会期中，決議1044（XI）と1045（XI）がイギリス領トーゴランド，決議1046（XI）がフランス領トーゴランド，決議1065（XI）がイギリス領タンガニーカ，決議1067（XI）がフランス領カメルーン，決議1068（XI）がイタリア領ソマリランドに対して，それぞれ可決された。しかし，ルワンダに関する決議はなく，このことは，信託統治理事会でルワンダは注目を集めていなかったことを示唆している。

され，政治活動が活発になり，即時独立を求め始めた。そのため，1958 年，ベルギー上院はワーキング・グループを設置し，コンゴの状況を調査することとなった。彼らの最終報告書は，ベルギーとのつながりを維持したまま自治領としてのコンゴにいたる政治改革を加速化させることを提案するものであった[51]。しかし，ベルギー人がワーキング・グループの提案にのっとって植民地を再編しようと計画している間に，1959 年 1 月，自然発生的な暴動がコンゴのレオポルドヴィルで起こる。「アルジェリア型の戦争の悪夢」[52]を想起したベルギー人は，暴動を収めるために，ボードゥアン 1 世とベルギー政府が，コンゴに早期独立を付与すると宣言した。そして，そのために議会制の導入と普通選挙の実施を行うことが決定された[53]。

　これを受け，ベルギー政府は，ルアンダ・ウルンディにおいても，コンゴ政策に関連して政策の再検討を行うため，1959 年 4 月，ワーキング・グループを設立した。3 名のベルギー人政治家から構成されるこのワーキング・グループは，4 月中旬にルワンダを訪問し，数多くのルワンダ人から意見聴取を行った。ほぼトゥチによって占められていた国家高等評議会は，将来の政府は立憲君主制の形をとって国内自治に進むべきだと提言した[54]。国家高等評議会に参加していた数少ないフトゥであるマクザも，ルワンダを民主化する唯一の方法は，立憲君主制を導入することだと提案していた[55]。彼は，問題を平和的に解決するためには，権力を乱用しているチーフらとその他のトゥチ，つまり王および一般のトゥチ（petite Tutsi）を区別するべきだと考えていた[56]。また，他の

---

[51] 玉村『国際関係史』，22 頁。なお，1958 年 10 月，ピエール・ウィニー外相が「コンゴ人達はベルギーの事業に満足し続けてきたし，またコンゴには政治的扇動などまったくない」と発言していることからもわかるように，ベルギーは支配の継続に問題を感じていなかった。三須『コンゴ動乱』，35 頁。

[52] Hargreaves, *Decolonization*, p. 178.

[53] Vanthemsche, *Belgium and the Congo*, pp. 89-90；玉村『国際関係史』，32-33 頁。

[54] 'Rapport soumis au groupe de travail par le conseil supérieur du pays', avril 1959；'Les trois tendances politiques existant au Rwanda en mai 1959', *Rwanda politique*, pp. 76-86, 158-160.

[55] Anastase Makuza, 'Plaidoyer pour une solution pacifique du problème Hutu-Tutsi', 24 avril 1959, Archives du Ruanda, 1917-62 ［以下 RWA］, pp. 80-82, AMAE.

[56] Ibid. なお，カーニィは，この時点でフトゥのエリートは汎エスニックな政治的展望を

80 第Ⅰ部 革命・独立前のルワンダ

フトゥのエリートたちも改革の重要性を強調した[57]。これらの提案を基に，ワーキング・グループは，王が「君臨すれども統治せず」という立場の立憲君主になるべきだという政治改革案の報告書を提出した[58]。すなわち，ワーキング・グループの結論は，トゥチ・フトゥ間の不平等は，政治・社会制度を民主化することによって解決しうるというものであった。また，信託統治制度下においては政治的な発展は施政権国の義務であるとした。

　さらに，ワーキング・グループは，将来のルアンダ・コンゴ・ベルギー間の関係にも言及していた。ワーキング・グループは，近い将来の信託統治の終了を検討してはいなかった。むしろ，ベルギー人は，ルワンダ人に独立かベルギーとの関係の維持のいずれかを選択させたとしたら，ルワンダ人は後者を選ぶと考えていたようだった[59]。イギリス大使館がロンドンに報告したように，ベルギーは，信託統治領に5年以内に自治を与え，コンゴおよびベルギーと「コモンウェルスのような形で」つなげることを計画していた[60]。このように，1959年4月までのベルギー政府の政策の方針は，立憲君主制が設立され，「漸進的な自治（autonomie progressive）」の後にベルギーとの共同体が設立されるべきだというものであった[61]。

　　　もっていたと記している。Carney, *Rwanda before the Genocide*, pp. 100-101.

[57] A. Munyangaju, 'Aspects des problèmes importants au Rwanda-Burundi', *Rwanda politique*, pp. 51-54.

[58] 'Rapport soumis au groupe de travail par le conseil supérieur du pays', *Rwanda politique*, p. 77 ; 'Groupe de travail pour lecture du problème politique au Ruanda-Urundi', Politique : Groupe de travail pour le Ruanda-Urundi, enquête en Afrique et rapport, 1959［以下 POL］4832, AMAE.

[59] 'Conférence de M.A. De Schrijver', *Rwanda politique*, pp. 84-86 ; 'Groupe de travail', p. 151.

[60] しかし，イギリス人は，アフリカの脱植民地化についてより現実的な考えをもっており，この計画は実行に移すには難しすぎると予期していた。なぜなら，アフリカでは自治付与または独立達成に向けて状況が急速に動いており，砂時計の「砂が落ち始めている」からであった。Outward Saving Telegram from Foreign Office to Brussels, 24 June 1959, UN 15121/1 ; Telegram from British Consulate General in Leopoldville to Foreign Office, 22 August 1959, UN 15121/4, 共に FO 371/145281, The National Archives of the United Kingdom, Kew, Britain［以下 TNA］.

[61] Groupe de travail, 'Groupe de travail pour l'étude du problème politique au Ruanda-Urundi' ; 'Reformes proposées', 共に POL 4832, AMAE.

歴史に「もし」はないが，もしこの提案のように立憲君主制が設立されていたとしたら，どのような可能性がありえただろうか。ルワンダでのインタビューからは，この立憲君主制への移行によって，ルワンダが暴力的ではない方向へ向かう可能性がありえたといえる。インタビューを行った老人すべてがムタラ・ルダヒグワ王について好意的に記憶していたからである[62]。例えば，ルイは王がいかに公平だったかを記憶している。

　　あるフトゥが槍でバッファローを殺そうとしていた。彼が槍を放ったが，バッファローは逃げてしまった。そして，バッファローは王と遭遇したので，王は銃でバッファローを撃った。王はチーフやサブ・チーフを招集し，バッファローを殺したのは最初のフトゥと王のどちらか，と尋ねた。王は，最初に槍を投げたフトゥに小声で「これらのリーダーたちがどのような決定をするか，見てみたいんだよ」と述べた。チーフやサブ・チーフらは，バッファローを殺したのは王だと述べた。王はまたニャンザにいる判事らを呼んで同様の質問をしたところ，彼らもバッファローは王のものだと回答した。王は，これらのリーダーたちを間違った判断をしたということで全員辞めさせ，別の者たちをその地位に就かせた。ルワンダでは，最初に撃った者や投げた者がその動物を得る者である。もし最初に動物を撃った者によって動物が死なず，二番目の者が撃って動物が死んだ場合，前足と背中を最初の者にあげるのである[63]。

別のインタビュー参加者からも，王がいかに土地争いを解決したかというエピソードが披露された[64]。さらに，彼は良い王だったのでウブハケを廃止し，トゥチとフトゥで牛を共有するよう決定した，という発言もあった[65]。

---

[62]　ジェスィの2007〜2008年のインタビューでも，特に，トゥチの生存者の間では，王に関して好意的な意見が多かった。Jessee, *Negotiating*, pp. 90 and 121. ただし，当時，エリートの中では，トゥチ・フトゥ共に，王に対する不満が表明されることもあった。Carney, *Rwanda becofe the Genocide*, pp. 84-87.

[63]　ルイへのインタビュー（2011年11月28日）。

[64]　ジャンへのインタビュー（2011年11月22日）。

[65]　ルイへのインタビュー（2011年11月28日）；ジャンへの2回目のインタビュー（2011

82　第 I 部　革命・独立前のルワンダ

　ジェノサイド後のルワンダでは，ムタラ・ルダヒグワ王を賞賛する新聞記事
や記述が多いため，インタビュー参加者の当時の記憶が現在の状況によって
「上書き」されている可能性は否定できない。しかし，他の項目については意
見が分かれていたインタビュー参加者が，王についてのみ全員肯定的に語って
いたことから考えると，王政が独立後のルワンダの国家建設の土台になった可
能性はあり，したがって，立憲君主制を樹立することで，ルワンダ内部のエス
ニックな対立が暴力的なものへと発展しなかった可能性は否定できない。

　しかし，王の突然の死と新たな王の即位は，この立憲君主制案の方向転換を
せまるとともに，多くのルワンダ人が政治的により積極的になるきっかけと
なった。1959 年 7 月 25 日，1931 年からルワンダを支配してきたムタラ・ルダ
ヒグワ王は，ルアンダ・ウルンディの首都ウシュンブラで映画を鑑賞し，その
後医師から抗生物質の注射を受けたのちに突然死亡した。王の死因は今なお不
明である。レインツェンスは，自殺またはベルギーによる毒殺というよりも，
偶然の死だったのではないかと述べている[66]。また，ベルギーの報告書は当時
の状況について，以下のように説明している。

　　実際には，ムタラは，苦しんでいた性感染症の［治療の］ために，［医者
　　に］会いに行ったことが確認されている。他方彼の体調は，主にアルコー
　　ル依存症の結果芳しくなかった。何週間もの間，私は，王は深刻な状況に
　　あるという様々な情報を受け取っていた[67]。

しかし，多くのルワンダ人は，王はベルギー人に毒殺されたという噂を信じた

　　年 12 月 5 日）。たしかに，ムタラ王はウブハケを 1954 年に廃止している。しかし，そ
　　の理由は，資本主義の登場によって，賃金や土地の所有権を土台とする経済に移行して
　　いるために，ウブハケは時代遅れになったというものであった。Carney, *Rwanda before
　　the Genocide*, p. 47.

66　Reyntjens, *Pouvoir et droit*, pp. 239–241. ペニシリンの過量接種という説もある。Carney,
　　Rwanda before the Genocide, pp. 105–106.

67　'Secret. Décès Mutara. Evènements du Ruanda (Le commissaire principal de la sûreté. J.
　　Lahaye)', 3 août 1959, Boîte 7, Papiers Harroy, Archives du Musée royal de l'Afrique centrale,
　　Tervuren, Belgique［以下 MRAC］.

り，少なくとも聞いたりしていた[68]。例えば，シャルルは，王が独立を望んだ
から，ベルギー人は彼を殺したのだと述べた[69]。さらにアンリは，ハロワ総督
は王に銃殺されたいかどうかを尋ねたところ，銃で死ぬのは嫌だという回答
だったため，毒の入ったビールを与えた，と語っていた[70]。

　ベルギー人に対する猜疑心は，王指名の権限があるアビイルや伝統的なトゥ
チのチーフたちをして，新たな王を任命するという独立した行動をとらせた。
ムタラ・ルダヒグワ王には，1931 年にベルギー人によって追放されたユヒ・
ムシンガ王の息子であり，異母兄弟である 3 名の後継者候補がいた。アビイル
は，王と敵対的で，かつより革新的な 2 名を候補から除外し，最終的にジャン
＝バティスト・ンダヒンドゥルワを選び，7 月 28 日，王の葬儀が営まれた日，
彼がキゲリ王として即位した[71]。なお，この指名は彼にとって予期せぬもの
だったようである[72]。最後のルアンダ・ウルンディ総督だったハロワの回顧録
によると，ベルギー行政府は，「穏やかな若者」であるという理由でキゲリ王
の即位を受け入れはした。しかし，アビイルがベルギー人と事前協議を行わな

68　ルマルシャンによれば，少なくない数のルワンダ人（特にトゥチ）が，王はベルギー人
　　に暗殺されたと信じていたという。Lemarchand, *Rwanda and Burundi*, p. 156. この噂は，
　　ベルギー人にも報告されていた。J. Dens, 'Rapport relatif aux répercussions causées parmi
　　les Banyarwanda émigrés en Uganda par la mort du Mwami Mutara', 20 août 1959, AI/RU
　　4372, AMAE.

69　シャルルへのインタビュー（2011 年 11 月 5 日）。

70　アンリへのインタビュー（2011 年 12 月 11 日）。噂の真偽はどうであれ，ルワンダ人の
　　多くは，ベルギー行政と王の対立を認識していた。また，王に対する親近感には，反ベ
　　ルギー感情が含まれているのかもしれない。なお，植民地時代の噂の歴史的重要性に
　　ついては，Luise White, *Speaking with Vampires : Rumor and History in Colonial Africa*,
　　London : University of California Press, 2000 を参照。

71　Reyntjens, *Pouvoir et droit*, pp. 243-244 ; 'Secret. Décès Mutara. Evènements du Ruanda (Le
　　commissaire principal de la sûreté. J. Lahaye)', 3 août 1959, Boîte 7, Papiers Harroy, MRAC.

72　キゲリ王は，ルワンダ国内の神学校とコンゴにある学校に通い，1956 年に学業を修了
　　した後，ルワンダ南部のサブ・チーフに，次いでチーフになったという。Pierre Boisse-
　　let, 'Rwanda : Sa Majesté Kigeli V, roi sans royaume', *jeune afrique*, 9 septembre 2014, http://
　　www.jeuneafrique.com/45348/politique/rwanda-sa-majest-kigeli-v-roi-sans-royaume/. なお，キ
　　ゲリ王は即位当初は，トゥチ，フトゥ，教会から広範な支持を得たという。Carney,
　　Rwanda before the Genocide, p. 107.

かったことに怒りを感じていた[73]。つまり，王の死と新王の即位は，ベルギー人とトゥチ権力者の関係を悪化させてしまったのである。

ベルギー人との緊張関係によって，アビイルは政党を設立し，より積極的に目標を追求するようになった。彼らは1959年9月に「ルワンダ国民連合（Union Nationale Rwandaise：UNAR）」を設立し，立憲君主制の支持と1960年までの国内自治および1962年までの独立要求を表明した。また，UNARはルアンダとウルンディの国家連合（confédération）やコンゴとの経済連合を構想していた。さらに，ウガンダやタンガニーカについては，ルワンダ人が少なからず住んでいることから経済協定締結の可能性を（タンガニーカについては，経済連合の可能性も）検討すると主張した[74]。UNARはトゥチの伝統的リーダーたちだけではなく，少数のフトゥからも支持を得た[75]。しかし，トゥチの革新的なリーダーたちやヨーロッパ人からは批判されていた。例えば，教会関係者はUNARを「共産主義者」だと非難する手紙を書いている[76]。しかし，UNARの影響力は全国に及び，首都キガリで最初の集会を開催した際には，2,000名前後が参加した[77]。

UNAR設立に対抗して，トゥチの革新的なリーダーたちも行動に出た。9月14日，ブワナクウェリや他のトゥチ穏健派は「ルワンダ民主会議（Rassemble-

---

[73] Jean-Paul Harroy, *Rwanda : De la féodalité a la démocratie 1955–1962*, Bruxelles : Hayez, 1984, pp. 264–265.

[74] 'Manifeste du Parti Politique « Abashyirahamwe B'Urwanda »' (Union Nationale Ruandaise-U. Na.R)', *Rwanda politique*, pp. 95–101.

[75] 興味深いことに，UNAR党首のフランソワ・ルケバはトゥチではなかった。彼の父親はコンゴ人で，母はフトゥだったため，彼はフトゥとみなされていた。ルマルシャンは，彼がUNARに参加したのは，元国王ムシンガとの近い関係やベルギー行政によるネガティブな経験によって，反ベルギー的態度をとるようになったためと指摘している。Lemarchand, *Rwanda and Burundi*, p. 158.

[76] 実際には，エリート層中心のUNARは「共産主義者」ではなかった。この場合の「共産主義者」は「反西欧」と同義である。なお，冷戦中に「ナショナリスト／民族主義者」に「共産主義者」というレッテルを貼った事例は多く見られる。

[77] 'Manifeste du Parti Politique « Abashyirahamwe B'Urwanda »' (Union Nationale Ruandaise-U. Na.R)', *Rwanda politique*, pp. 95–101 ; 'L'administration et les partis politique du Ruanda', 24 octobre 1959, Boîte 7, Papiers Harroy, MRAC.

ment démocratique Rwandaise : RADER)」をキガリで設立した。10 月 1 日に発表
された彼らのマニフェストでは，自党を「人民の人民による人民のための政府
(le gouvernement du peuple par le peuple et pour le people)」を達成し，社会・経済・
政治・文化的な秩序を実現するための政党と定義していた。そして，この目標
を達成するために，普通選挙の導入，慣習の法典化，教育の民主化などを含む
一連の改革を提言していた。脱植民地化については，1964 年までの国内自治
と 1968 年までの独立を目標としている。また，ウガンダとルワンダの貿易を
促進させるための関税の見直しや，列強に分割された際にルワンダから割譲さ
れた地域のルワンダへの返却のために，ウガンダとコンゴが独立を果たす前に
会議を開催することを求めた。また，ブルンディ，ベルギー，コンゴ，その他
の民主的なアフリカ諸国との大きな共同体内において独立することを望んで
いた[78]。このように，UNAR と比較すると RADER の目標は，民族的により穏
健であり，かつ国民国家を超えた枠組みでの独立を模索していた。しかし，
RADER は主にトゥチの穏健政党で，フトゥ大衆からはベルギー行政や教会な
どの白人に近すぎるという理由で信用されていなかった[79]。

　トゥチ保守派・穏健派がともに政党を結成し政治改革への気運が高まると，
フトゥのエリートも行動を起こした。10 月 9 日，カイバンダは既存の MSM
という党名を PARMEHUTU に変更した[80]。10 月 18 日に発表されたマニフェ
ストでは，ルワンダを発展へと導く唯一の方法は「黒人による黒人の植民地化
(la colonisation du noir par le noir)」，すなわちトゥチによるフトゥの植民地化を廃
止することだと強く主張されていた。PARMEHUTU は，立憲君主制の原則を
支持していた。それは「フトゥが追求する民主主義の登場」にとって望ましい
と考えていたからであった。また，独立に先立って民主主義を達成するまでに
5〜7 年かかると考えていた。PARMEHUTU は，コンゴとタンガニーカについ

---

[78] 'Manifeste du R.A.D.E.R', *Rwanda politique*, pp. 127–132.

[79] Prunier, *Rwanda Crisis*, p. 48 ; Carney, *Rwanda before the Genocide*, p. 109.

[80] のちに PARMEHUTU は名称を MDR (Mouvement démocratique rwandaise) -PARMEHU-
TU に変更したが，本書では混乱を避けるため，PARMEHUTU という表記を一貫して
使用する。

86 第Ⅰ部 革命・独立前のルワンダ

ては、「商業・財政協定の締結を妨げるものは何もない」とし、ウルンディと
の連邦については、「市民の完全な自由意志」にまかせると言うにとどめた[81]。
前身である MSM と比較すると、PARMEHUTU はエスニックな問題について
いっそう積極的に発言していた。しかし、彼らは改革を通じた民主化が問題を
解決すると考えていたため、彼らの要求は、数年後と比較するとまだ穏やかで
あった[82]。また、支持基盤は中央部のギタラマと北部のルヘンゲリであった[83]。
PARMEHUTU のあるリーダーは、組織の様子を次のように説明している。

> 委員会は、委員長、書記などで構成され、各地の委員会は、カブガイにあ
> る中央委員会につながっている。ギセニィの組織は、ギタラマとほぼ同等
> に発展している。私たちは、当面、プロパガンダが必要なニャンザやアス
> トリダなどの他地域への運動の拡大のために動いている。キガリ、キブン
> ゴ、ビュンバ、キブイェ、シャンググでは遅れをとっている[84]。

　なお、この時点で UNAR の対抗馬として認識されていたのが PARMEHUTU
ではなく APROSOMA だったことは興味深い。例えば、1958 年 6 月、APRO-
SOMA を非難するパンフレットが配布された。匿名の著者は「ルワンダ防衛
戦士 (Les Guerriers-défenseurs du Ruanda)」と名乗り、APROSOMA とその党首で
あるギテラを「売国奴」として批判し、国のために団結すべきだと読者に訴え
た[85]。また 10 月には、ルワンダ西部キブイェのサブ・チーフが APROSOMA
のメンバーだという理由で暴行を受けたとの報告がある[86]。

81　'Manifeste-Programme du Parmehutu', *Rwanda politique*, pp. 113–121.
82　ハロワの回顧録では、PARMEHUTU は 1959 年の時点では明確に反トゥチを打ち出して
　　はいなかったとしている。Harroy, *Rwanda*, p. 286.
83　PARMEHUTU がこれらの地域で支持を獲得したのには複数理由がある。第 1 に、ギ
　　タラマはカイバンダの出身地だった。第 2 に、中央ルワンダではトゥチ支配が他の地域
　　よりも強力だったため、フトゥの不満も蓄積していた。ルヘンゲリについては、圧倒的
　　にフトゥの地域だった。さらに、前章で述べた通り、ニギニャ王国拡大の前にフトゥの
　　独立政治体が存在していたため、PARMEHUTU の主張が浸透しやすかった。
84　De Van Hoof à Volker, 727117, 5 décembre 1959, GEN 727 Régionaux du Rwanda, A.G.M.Afr.
85　'Enfants du Rwanda, soyez prêts au combat', *Rwanda politique*, pp. 75–76.
86　'Note remise à monsieur le vice-gouverneur général, gouverneur du Ruanda-Urundi a Usumbura

ベルギー信託統治行政府は，政治活動を制限したが，これによって UNAR の怒りが沸騰してしまった。10 月 10 日，ハロワ総督は政治的緊張の高まりから政治集会の開催を禁止し，前月に集会を開催したとして 3 名のトゥチ・チーフを罰した。UNAR はこの処罰に強く抗議した。10 月 16 日，この 3 名のチーフは，処罰が不当だとしてハロワに抗議した。17 日にも，約 200〜300 名の UNAR 支持者がキガリで開催されたデモに参加し，表現の自由は国連憲章で保障されているとしてベルギー行政の対応を非難した[87]。

おわりに

　本章では，1950 年代中盤から 59 年秋までを対象に，革命前夜のルワンダで行われた改革と政党政治の始まりを検討した。1950 年代後半は，トゥチの伝統的指導者と革新的エリートの対立から始まり，その後，フトゥのエリート数名が政治的・社会的不平等の是正のために改革を求めるようになる。しかし，彼らはこの時点では革命を検討していたわけではなかった。また，ベルギー行政は，国連から改革の勧告を受け，隣国コンゴの情勢変化も相まって重い腰を上げた。しかし，この時点ではコンゴと同様に，「民主化」および国内自治の付与という改革を想定していた。ところが 1959 年中盤，ルワンダの政治状況は不安定になっていった。7 月のムタラ・ルダヒグワ王の死後，ベルギー行政府とトゥチ伝統的指導者たちの間に亀裂が生じた結果，政党が設立され，政治改革への気運が急速に高まっていくのである。次章で見るように，このような緊張の中，1959 年 11 月にトゥチとフトゥの間で暴力が発生することになる。

---

　　et communique au Mwami du Ruanda, par une délégation du Rassemblement Démocratique Ruandaise-GRAVE SITUATION POLITIQUE AU RUANDA-Terrorisme', 27 octobre 1959, AI /RU 4379, AMAE.

87　'Lettre des trois chefs mutés', *Rwanda politique*, pp. 101–103.

第 II 部

革命・独立とエスニシティ

第3章

万聖節の騒乱とその影響

1959 年 11〜12 月

はじめに

　前章では，1950 年代中盤から 59 年 10 月末までのルワンダの政局を概観し，トゥチの伝統的指導者と革新的エリートの対立や，フトゥのエリートの政治参加，ベルギー行政府とトゥチ伝統的指導者たちの間の亀裂，そして政党の発足などを明らかにした。第 II 部では革命および独立の過程を具体的に検討していくが，本章では，1959 年 11 月に起きた暴力，いわゆる万聖節の騒乱について，その背景やベルギーの対応，影響を検討する。具体的には，この騒乱はいかなる性質のものでなぜ生じたのか，ベルギー行政府はどのような対応をとったのか，そしてその後のルワンダの政治およびエスニシティにどのような影響があったのかを明らかにする。

　このとき起きた暴力は，次のような点で重要な出来事であった。まず，トゥチとフトゥの間で暴力が起きたのは，これが初めてであった。暴力はルワンダ中央部で，「ルワンダ国民連合（UNAR）」支持者が「フトゥ解放運動党（PAR-MEHUTU）」のサブ・チーフを攻撃したことで始まった。そして，フトゥの大衆がトゥチのリーダーたちに報復を行ったのである。この意味で，この時点での暴力は双方向であった。しかし，全国各地で暴力が一斉に起きたわけではなく，地域ごとに暴力の発生が異なっていた。暴力の地域差は，1990 年代の暴力（ジェノサイドおよび他の形態）を検討する上でも重要であるが，1950 年代末にもそのような偏差が見られたのである。さらに，1959 年の暴力は，国内

外に難民を生み出しただけではなく，トゥチとフトゥの権力関係にも影響を与えた。本章では，同時代的な著作も参照しながら，公文書館史料を分析し，地域ごとのエスニシティおよび暴力の多様性を可能な限り明らかにしたい。

1　万聖節の騒乱

　1959 年 11 月，トゥチとフトゥの間で起きた最初の暴力と言われる事件が発生した。11 月 1 日，キリスト教の祝日である万聖節の日に，フトゥのサブ・チーフであるドミニク・ムボニュムトゥワがルワンダ中央部のギタラマ付近で UNAR 支持者に襲われたのである。当時の状況は以下のようなものだったという。

　　気がつくと，10 名のトゥチの若者に後をつけられ，急に取り囲まれた。とある家に逃れて，マシェーテ［ルワンダで農作業に用いられるナタのような刃物］を借りようとしたが，それ以上は追いかけられなかった。午後，何が起きたのかを知ったギタラマの人々が私に会いに来た。翌日，近くの［ベルギー人］行政官にこのことについて文句を言いに行ったところ，彼は，「これは重要ではないため，［対処］することは何もない」と私に言った。自分のサブ・チーフ領に戻ってくると，人々は私がまだ生きているのを見て驚いた[1]。

　この攻撃の背景としては，まずムボニュムトゥワがルワンダ全土で一握りしかいないフトゥのサブ・チーフだったことが挙げられる。当時ルワンダ全土には 559 名のサブ・チーフがいたが，トゥチが 549 名でフトゥは 10 名しかおらず，彼はこの地域で唯一のフトゥのサブ・チーフだった。したがって，フトゥのリーダーの中では有名な存在だったといえよう[2]。加えて，前章で述べたよ

---

[1]　'Le début de la révolution Rwandaise', *Témoignages de confrères sur l'histoire du Rwanda 1950-1960*, A. G. M. Afr.

92　第Ⅱ部　革命・独立とエスニシティ

うに，ルワンダ中央部のギタラマやニャンザ，ンディザは，ニギニャ王国の中心であり，トゥチの政治活動が活発な土地であった。7月にムタラ・ルダヒグワ王が死去してから，UNAR はギタラマやニャンザで政治集会を開催してきており，支持者も興奮状態にあったと考えられる。

　武装したトゥチの人々は，引き続きフトゥのリーダーたちを攻撃した。特に，「大衆社会上昇協会（APROSOMA）」のリーダーたちは，PARMEHUTU よりも危険だという理由で狙われていた。例えば，フトゥのエリートの一人である J. B. サガフトゥは，ニャンザに向かう途中，武装したグループに拘束され，打たれ，身ぐるみをはがされ，王宮まで連れていかれた。群衆は「死を！（A mort!）APROSOMA!」と叫んだという[3]。また，フトゥのリーダーたちがどのように攻撃されたかを述べる次のような史料もあった。

　　ルマンジはナイフで武装し，私の首を切ろうとした。（中略）「ギテラの居場所を言うまでは殺さない」と言われた。頭部に槍で激しい一撃を受けた[4]。

このように，トゥチの伝統的なリーダーたちや UNAR 支持者たちは，特に南部ではハビャリマナ・ギテラをはじめとする APROSOMA の政治家たちを標的として攻撃し，20 名前後を暗殺した[5]。

　ムボニュムトゥワが死んだという噂が流れたことで，フトゥの農民たちからの報復も始まった。彼らの目的は，家屋を燃やし略奪し，トゥチのチーフを領地から追い出すことであった[6]。11 月 3 日，ギタラマのフトゥ住民が集合して，

---

[2]　*Imvaho* (*Bulletin d'information bi-mensuel*), no. 7 du 15 avril, AI/RU 4368, AMAE.

[3]　*Imvaho*, no. 8 du 30 avril 1960, AI/RU 4368, AMAE.

[4]　'Les captures de Mathias Semwaga et de ses compagnons Gervais, Sengegera et de Léopold Mukuralinda', AI/RU 4379, AMAE.

[5]　J. J. Carney, *Rwanda before the Genocide : Catholic Politics and Ethnic Discourse in the Late Colonial Era*, Oxford : Oxford University Press, 2014, p. 125.

[6]　ジェノサイド後に行われたインタビューでも，この時点での暴力は，家屋の焼き討ち，牛の殺害，略奪などによって，トゥチの政治エリートをコミュニティから追い出すことを目的としていたという記憶が語られた。Erin Jessee, *Negotiating Genocide in Rwanda : The Politics of History*, London : Palgrave Macmillan, 2017, p. 91.

UNAR 支持者やトゥチのチーフらを攻撃した[7]。ある宣教師の回顧録は，男たちが斧を持って丘を移動して回り，バナナやコーヒーの木を切り倒し，家屋を燃やし，牛を殺したりするのを記録している[8]。さらに，C. ニューベリーは次のような記述を残している。

　　放火者は 10 名前後のグループで火を放っていた。マシェーテや明かりに使用しているパラフィン（灯油）で武装して，通る道にあるトゥチの家々を襲い，火を放った。道すがら，放火を続ける者をリストアップして行為を続けさせ，疲れた者から帰宅した。このように，来る日も来る日も，火はあちこちの丘に広がっていった[9]。

このように，フトゥの大衆はトゥチのチーフに報復をしていた。しかし，暴力を正当化するわけではないが，この時点の暴力はトゥチの一般住民への一方的な攻撃というわけではなかった。これは，ルワンダ中央部のギタラマは，後に共和国大統領となるグレゴワール・カイバンダの生まれ故郷であり，かつルワンダ王国の支配が強力だったため，トゥチのチーフらに対するフトゥの不満が蓄積されており，ムボニュムトゥワに対する攻撃によって不満が表面化したものと考えられる[10]。

　興味深いことに，トゥチの家屋に火を放ったフトゥ大衆の多くは，この命令がキゲリ・ンダヒンドゥルワ王から下ったものだと信じていた。彼らは，王がUNAR に囚われていると信じ込み，放火によって不正を行うチーフらを追い出してその土地をフトゥに返すことで公正さを回復しようとしたと信じていた[11]。このことは，フトゥの大衆がトゥチのチーフと王を区別して認識してお

7　*Imvaho*, no. 7 du 15 avril 1960, AI/RU 4368, AMAE.

8　Patricia, St. John, *Breath of Life : The Story of the Rwanda Mission*, London : Norfolk Press, 1971, p. 201.

9　Catharine Newbury, *The Cohesion of Oppression : Clientship and Ethnicity in Rwanda, 1860–1960*, New York : Columbia University Press, 1988, p. 195.

10　Ibid., p. 211.

11　Jean-Paul Harroy, *Rwanda : De la féodalité a la démocratie 1955–1962*, Bruxelles : Hayez, 1984, p. 303 ; Gérard Prunier, *The Rwanda Crisis : History of a Genocide* (2nd edn.), London :

94 第Ⅱ部 革命・独立とエスニシティ

り，また王という存在がこの時点では，一般のルワンダ人にとって重要な存在
だったことを示唆している。

　暴力はルワンダ中央部から始まり，数日のうちにフトゥの割合が高い北部お
よび西部でも発生した。北部のルヘンゲリでは，多くの人々が教会に逃れ，あ
る宣教師はこう書き残している。

　　我々はネンバ教区に到着したが，そこでの状況は悲惨なものであった。そ
　　こには少なくとも500名の難民がいた。自衛しようとした一人のサブ・
　　チーフは殺された。大司教（Abbé Supérieur）は，2つの人種が将来共存で
　　きる道はないため，すべてのトゥチが国を去るべきだと信じていた[12]。

また，別の宣教師の日記によれば，「南部とビュンバ［北東部］以外で，フトゥ
が多いところではどこでも［暴力的な］動き」が広がっているという[13]。11月
4日，暴力はギセニィ（北西部）でも発生し，とあるチーフ領ではほぼすべて
のトゥチの家が燃やされた[14]。

　11月初頭に中央部と北部・北西部で起きたこれらの暴力行為を比較すると，
いずれも散発的かつ非組織的なものであったが，その発生要因は地域により異
なっていたと考えられる。ルワンダ中央部は王国の中心であり，トゥチのチー
フらの影響力が強かったため，暴力行為はトゥチからもフトゥからも双方向に
行われた。しかし，北部や北西部，西部では，王国の影響力はそこまで強力で
はなく，PARMEHUTU を支持するフトゥが多かったため，もっぱらフトゥか
らトゥチのチーフらに対する暴力であった。

　また，中央部や北部，北西部の計8州では暴力が起きていたが[15]，残りの地
方は当初は穏やかであった。例えば，南部のアストリダでは当初暴力は起きて

　　　　Hurst & Co., 1997, p. 49.
[12]　De Van Hoof à Volker, 15 novembre 1959, 727106, GEN 727, A.G.M.Afr. カーニィも多くの
　　　人々が教会に避難したことを指摘している（*Rwanda before the Genocide*, p. 132）。
[13]　9 novembre 1959, Diaire Kigali, A.G.M.Afr.
[14]　'Communication No. 1 du Résident militaire du Ruanda', 23 novembre 1959, AI/RU 4368,
　　　AMAE.
[15]　Carney, *Rwanda before Genocide*, p. 125.

いなかった。アストリダにいる宣教師は日記に，ルワンダ中央部や北部での「混乱（troubles）」に関する噂があったことを書き記している。これらの噂が出回り始めた後，戒厳令が発動されたが，11月7日までは穏やかなままであったという[16]。しかし，11月8日，中央部ニャンザから武装集団がやってきて，アストリダに隣接するギコンゴロに住むAPROSOMAのリーダーを攻撃し，暴力が始まった[17]。つまり，南部では暴力が抑制されていたが，外部から暴力が持ち込まれたのである[18]。

　ルワンダ東部も暴力の影響を受けなかった。C. ニューベリーによれば，高い人口密度と土地不足が他の地域で暴力を引き起こしたのに対し，東部では人口密度が低く，またトゥチの割合も高く，ウブハケなどのパトロン・クライアント関係が発展していなかったこともあって，暴力が生じなかったという[19]。さらに，史料から読み取れることとして，エスニシティの濃淡が薄かったのではないかという仮説が立てられる。というのも，第1章で説明したように，ルワンダ東部にはギサカ王国という別の王国が存在しており，支配層がルワンダ王国同様トゥチであるにもかかわらず，ルワンダ王国の支配を嫌っていた。ギサカがルワンダに征服されてから数十年が経過した1957年5月でさえ，約1万人が抗議に参加し，地方行政を独占するニギニャ王国のチーフをギサカ人に交代させることを求めていた[20]。さらに，キブンゴでは，トゥチとフトゥ両方が参加する政党が設立された。リーダーは，UNARとのつながりがあることで知られていたが，「何よりもギサカ人」であるという。この政党は，「ギサカの全住民は，トゥチ・フトゥともに，ニギニャ支配の犠牲者である」としてルワンダの王政およびトゥチ・フトゥの対立を拒絶していた[21]。これらの史料か

---

[16]　6 et 7 novembre 1959, Diaire Astrida 1953-61, A.G.M.Afr.

[17]　*Imvaho*, no. 4 du 29 février 1960, AI/RU 4368, AMAE.

[18]　なお，第8章でふれるが，1994年のジェノサイドの際にも，ブタレ（旧アストリダ）の人々はしばらくの間ジェノサイドに抵抗していたが，武装民兵が到着して殺戮が始まったという。

[19]　C. Newbury, *Cohesion of Oppression*, pp. 212 and 290, footnote 7.

[20]　Territoire du Ruanda-Urundi, 'Objet : Incidents Kibungu', 7 août 1957 ; 'Note pour monsieur le ministre. Objet : Incidents a Kibungu', 9 septembre 1957, 共に AI/RU 4379, AMAE.

96 第Ⅱ部 革命・独立とエスニシティ

ら，東部では，低い人口密度や土地問題の欠如に加えて，歴史的な背景に基づ
いた地方のアイデンティティがエスニシティよりも強かったため，暴力が起き
なかったといえるのではないだろうか。

　暴力が広がっていくのを見たジャン＝ポール・ハロワ総督は，治安を回復す
るために，ギィ・ロジスト大佐と彼の指揮下にある公安軍落下傘部隊をベル
ギー領コンゴから召集し，治安回復に努めた。その結果，2週間のうちに，混
乱は収まったかのように見えた。結局，万聖節の騒乱によって，900名以上の
トゥチと300名以上のフトゥが逮捕され，200名以上が死亡し，7,000人以上
が難民となって周辺国へ逃れていった[22]。

2　ベルギーの対応

　ベルギー政府が政治改革を発表したのはまさにこのタイミングであった。前
章で説明したように，ベルギー政府は1959年4月にワーキング・グループを
ルワンダに派遣し，今後の政策を検討していた。そして，11月10日，ベル
ギー領コンゴおよびルアンダ・ウルンディ大臣であるアウグスト・ド＝スフレ
イフェルは，ワーキング・グループの報告書を土台にした政治改革案を発表し
たのである。それは，地方選挙を導入し，立憲君主制を樹立し，自治へ向けた
準備を進めるというものであった。この改革案によれば，サブ・チーフ領は拡
張されてコミューンという新たな行政単位となり，コミューンの長たるブルグ
メストルを選ぶ選挙を1960年前半に行うとともに，王は立憲君主となる[23]。
このように，ベルギー人は，政治制度の民主化を進めることでトゥチの革新的

21　Sûreté 17-5-1960, Usumbura, No. 0570/404/BI/304, 17 mai 1960, MINAG 2819, AMAE；
　　‘Affaires de Gisaka’, 28 août 1961, MEL 291 Casier 291 Rwanda, Archives de l’évêché de
　　Kabgayi, 1961, A.G.M.Afr.

22　René Lemarchand, *Rwanda and Burundi*, London：Pall Mall Press, 1970, pp. 167 and 172.

23　‘La déclaration gouvernementale du 10 novembre 1959 sur la politique de la Belgique au
　　Rwanda-Burundi’, *Rwanda politique*, pp. 160-167.

リーダーとフトゥのエリートが不満を抱いていた不平等の問題を解決し，同時に行政構造の「アフリカ化」を進めることでトゥチの伝統的リーダーたちをも満足させようとしたのである。ここでのポイントは，この政治改革案が万聖節の騒乱の発生以前から策定され，発表が予定されていたということである。そして，ベルギー人は，騒乱後も政局変化の性質を理解してはいなかった。

11月上旬に起きた暴力により，国連はルワンダに対する関心を深めていた。国連総会ではルワンダに関して議論がなされ，2つの決議が可決された。最初の決議1413「信託統治領による自治または独立の達成」は，ベルギーが「独立達成までのスケジュールと目標」を提案した上で，政治改革をより詳細に検討するよう求めるものだった。そして第2の決議1419「信託統治領ルアンダ・ウルンディに対する政治改革のための計画」は，「領土内で起きた最近の混乱の状況と原因」を調査するために，1960年初めにルワンダへ訪問団を派遣するよう，信託統治理事会に求めるものであった[24]。

しかし，ベルギーとしては独立の日付を設定したくはなかった。1959年11月18日，外務省の植民地担当アドバイザーは，ピエール・ウィニー外相に対して，ルアンダ・ウルンディをコンゴとの連合にとどめておきたいベルギー政府の政策に反するものであるため，ルアンダ・ウルンディの独立のタイム・テーブルを決めることに反対だと書き送っている[25]。したがって，1960年になるまで，国連はベルギーの態度に対して敵対的ではなかったものの，ベルギーが自治または独立への準備をするように定期的に勧告していた。しかし，ベルギー人はルワンダ独立の日付を特定することはおろか，それについて検討することもしたがらなかったのである。彼らは，トゥチとフトゥの間の不平等は，漸進的な「民主化」で解決しうると考えていた。また，独立を求め始めたトゥチの伝統的指導者たちから距離を置きだしたが，この時点では誰と協力す

---

24 UN General Assembly, 'Attainment of Self-government or Independence by Trust Territories', A/RES/1413 (XIV), and 'Plans for Political Reforms for the Trust Territory of Ruanda-Urundi', A/RES/1419 (XIV), 共に 5 December 1959.

25 Jacques Vanderlinden, *Belgische diplomatieke stukken 1941–1960, Tome VIII : Territoire d'Outre-mer*, Bruxelles : Académie royale de Belgique, 2004, pp. 282–283.

98　第 II 部　革命・独立とエスニシティ

べきか不確かであった。しかし，次章で述べるように，ベルギーはコンゴの独
立を承認し，コンゴ動乱が勃発してからは国際的な非難を受けることとなった。
それが，ルワンダをも国際的な注目の下に置くこととなったのである。

3　騒乱の影響

　最後に，万聖節の騒乱の影響を 2 点指摘しておきたい。万聖節の騒乱後の大
きな変化として，地方での権力交代と人口移動が挙げられる。まず，特に，ル
ワンダ中央部，北部，西部でのトゥチからフトゥへの権力交代が指摘できる。
チーフに関していえば，1960 年 3 月の時点で，45 名のうち，フトゥ 22 名，
トゥチ 22 名，空席 1 名とトゥチとフトゥのチーフが半分ずつとなった[26]。ま
た，サブ・チーフに関しても同様で，1959 年 11 月以前，フトゥのサブ・チー
フはルワンダ全土で，559 名中たった 10 名（全体の 1 ％）であった[27]。しかし，
1960 年 2 月までに，空席が 39，トゥチが 284 名，フトゥが 218 名に変化した
（表 3）[28]。トゥチからフトゥに交代した理由としては，それまでいたトゥチの
サブ・チーフらが殺害されたか，逆に暴力行為を行って逮捕されたか，あるい
は別の場所に逃れたかで，空白が生じたため，1960 年 6 月に予定されていた
地方選挙までの間，ベルギー人によって暫定的に任命されたからであった[29]。
　また，地方ごとに見ると，暴力が顕著に見られた北部（ルヘンゲリ）や北西
部（ギセニィ），中央部（ギタラマ）では，トゥチからフトゥへサブ・チーフが
交代した割合が高いのに対して，東部（キブンゴ），南西部（シャンググ），北
東部（ビュンバ）などでは変化はさほど見られなかった。このように，地方に
よっては，ローカルな権力の大転換が生じつつあった。

---

[26]　Filip Reyntjens, 'Chiefs and Burgo masters in Rwanda : The Unfinished Quest for a Bureau-
　　　cracy', *Jornal of Legal Pluralism and Unoffiuàl Law*, 19/25-26 (1987), p. 89.

[27]　Lemarchand, *Rwanda and Burundi*, p. 125.

[28]　*Imvaho*, no. 3 du 15 février 1960, AI/RU 4368, AMAE.

[29]　Lemarchand, *Rwanda and Burundi*, p. 173.

さらに，1959 年以降の重要な変
化として，国内における人口移動が
ある。ベルギー当局は，北部や北西
部，中央部から逃げてきた国内避難
民を，情勢が穏やかで耕作地も余っ
ている東部に移動させることを決定
した。11 月 26 日，ルワンダ総督代
理とルヘンゲリ州行政官が，避難民
が保護されている複数の教会を訪れ，
彼らをルワンダ南東部のニャマタ
（ブゲセラ）に輸送することを発表

表3 各地のサブ・チーフの人数および割合
（1959 年以降）

	フトゥ		トゥチ		合計
ルヘンゲリ	68	(99 %)	1	(1 %)	69
ギセニィ	37	(75 %)	12	(25 %)	49
ギタラマ	35	(67 %)	17	(33 %)	52
キガリ	20	(35 %)	37	(64 %)	57
ニャンザ	19	(34 %)	37	(66 %)	56
アストリダ	21	(33 %)	42	(67 %)	63
キブイェ	7	(28 %)	18	(72 %)	25
ビュンバ	7	(14 %)	43	(86 %)	50
シャンググ	4	(10 %)	36	(90 %)	40
キブンゴ	0	(0 %)	41	(100 %)	41
合計	218	(43 %)	284	(56 %)	502

した[30]。ルワンダで収集した文献の中には，この政策の意図について，ニャマ
タ周辺は，眠り病をもたらすツェツェバエがいて居住に適さない土地であった
ことから，ベルギー人がトゥチ国内避難民を彼らの意思に反してそこに移動さ
せ絶滅を図ったのだと解釈したものもあった[31]。たしかに，当時，もともとの
土地を離れ，マラリアやツェツェバエが蔓延するニャマタに移ることを恐れ，
拒否したトゥチ避難民も多かった[32]。また，この地方に移ってきた人の中には，
ツェツェバエに覆われて空が黒くなっていたことや野生動物が多く生息してい
て危険だったことを記憶している者もいたという[33]。しかし，ベルギー行政府
は，そのような動機をもっていたわけではなかった。実際には，1950 年代中
盤から土地利用のためにブゲセラ地区を開発する計画が始まっていたため[34]，

---

30 De Van Hoof à Volker, 5 décembre 1959, 727117, GEN 727 ; 'Communication no. 3 du
resident militaire du Ruanda', 10 décembre 1959, Archives de l'évêché de Kabgayi, 共に A.G.
M.Afr.

31 Jean-Baptiste Hitayezu, 'Le génocide perpétré contre les tutsi dans le secteur de Rukumberi du
district de Ngoma de 1959 à 1994', thesis Institute of Technology, Agriculture and Education of
Kibungo (INATEK), 2011.

32 Carney, *Rwanda before the Genocide*, p. 133.

33 Jessee, *Negotiating*, pp. 92-94.

34 St. John, *Breath of Life*, p. 218 ; The Ministry of Colonies, *A Ten Year Plan for the Economic
and Social Development of the Belgian Trust Territory of Ruanda-Urundi*, New York : Belgian

この人口移動も，避難民に土地を与えるとともに東部の開発を行うためのものだったと考えられる。

　結局，1960年1月末までに，ニャマタに5,000人前後の国内避難民が移されたが，彼らの多くはルヘンゲリ，ギタラマやアストリダ，ギセニィの出身だったという[35]。筆者がルワンダで行ったインタビューの中でも，同様のことを語っていた老人がいた。例えば，ブゲセラ地方で生まれ育ったジルベールは，「彼ら［避難民］がどこから来たのかを正確に知ることは難しいが，ンドゥガ［中央部］とルヘンゲリ［北部］から来たと彼らは言っていた」と述べていた[36]。

おわりに

　ここまで，本章では，1959年11月に起きた万聖節の騒乱とベルギーの対応，その影響について検討してきた。暴力はルワンダ中央部で，UNAR支持者がPARMEHUTUのサブ・チーフを攻撃したことで始まった。そして，フトゥの大衆がトゥチのリーダーたちに報復を行ったのである。この意味で，この時点での暴力は双方向であった。しかし，暴力が北部と北西部でも起きると，そのパターンは中央部と異なっていた。中央部では，王宮の強い影響力や抑圧に対してフトゥが不満を抱いていたが，北部や北西部では，王宮の進出と弱いながらも行使しようとしていた影響力に対しての不満があったのである。さらに，この時点では，他の地方，特に東部では，暴力が発生していなかった。すなわち，人口密度の高さと土地不足だけではなく，王宮との歴史的な関係が，地域

　　Government Information Centre, 1952. なお，ハッツフェルドも，他の地方に住むトゥチが，1959年頃からベルギー行政府に提供されたトラックの荷台に分乗して，一晩かけてブゲセラに移動したと記録している。そして，1970年代に入ると，フトゥも土地を求めてブゲセラに移住するようになったという。ジャン・ハッツフェルド（西京高校インターアクトクラブ・服部欧右訳）『隣人が殺害者に変わる時——ルワンダ・ジェノサイドの証言加害者編』（かもがわ出版，2014年），28-29頁。

35　*Imvaho*, no. 2 du 31 janvier 1960, AI/RU 4368, AMAE.

36　ジルベールへのインタビュー（2011年11月21日）。

による暴力発生の違いを生み出したのである。また、ベルギーは、騒乱のさなか、かねてから準備をしていた政治改革を発表し、ルワンダの「民主化」を開始する。しかし、依然としてルワンダの独立を考えていたわけではなく、政治改革および将来的な自治付与によって国内の不平等も独立要求も解決できると考えていた。この騒乱の結果、地方ではトゥチからフトゥへの権力交代が始まり、また人口移動が生じた。これらの影響によって、その後のルワンダの政局が変化していくのである。次章で検討するように、革命が進むにつれ、難民が発生するとともに、PARMEHUTU が勢力を拡大する中で、トゥチ・フトゥの境界が明確になっていく。また、ルワンダの問題が国際化していくにつれ、ベルギーは厳しい立場に置かれることになる。

第4章

協調の模索
1960 年 1〜7 月

はじめに

　ルワンダにおける革命は，1959 年 11 月の万聖節の騒乱から始まったと言われることが多い。前章で検討したように，トゥチとフトゥの間の一連の暴力は，トゥチの「ルワンダ国民連合（UNAR）」支持者がフトゥのサブ・チーフを攻撃したことによって引き起こされた。そして，地域差は見られたものの，北部，西部，中央部では放火や殺戮が起き，国内外に避難民が流出した。さらに，トゥチからフトゥへとチーフおよびサブ・チーフの権力が交代した地域も見られた。このように，1959 年 11 月はルワンダの政治体制の変化を考える際に重要な時期だったといえよう。

　しかし，この時期に生じた暴力がただちに王政廃止のクーデターへと至ったわけでも，トゥチとフトゥという集団としての対立がこの時期に完成したというわけでもない。本章では，1960 年前半に焦点を絞り，ベルギーの政策変化およびルワンダ国内での政党関係を中心に，この時期に起きた変化や様々な可能性を検討する。具体的には，この時期，ルワンダ国内の政党政治はどのようなものだったのか，ベルギーはルワンダに対してどのような政策を採ったのか，トゥチとフトゥの関係はどのようなものだったのか，後のクーデターにつながるきざしはあったのか，などを明らかにする。

1　コンゴ独立とベルギーの政策変化

　ルワンダに関する先行研究では，ベルギーはルワンダを独立させたくなかったため，独立よりもフトゥ解放を優先するフトゥ政治家を支持したのだという一定のコンセンサスがある。しかし，公文書館の史料を分析していくと，状況はいっそう複雑だったことがわかる。前章でふれたように，ベルギーは 1959年 11 月に自治に向けた「民主化」を発表した。その時点で彼らは，ルアンダ・ウルンディとコンゴ，ベルギーの共同体を想起していた。しかし，本章でこれから説明するように，1960 年 1 月にコンゴの独立が突然決まると，ベルギーは対ルワンダ政策の再考も迫られることとなった。そして，不確定な要素もあったものの，1960 年上旬にはルワンダの独立をも志向するようになったのである。しかし，ベルギー人の中では，独立に向かって誰と協力すればいいか明確ではなかった。さらに，ルワンダは信託統治領であったため，その独立については国連と協議をしなければならなかったのである。

　1960 年 1 月，ブリュッセルでの円卓会議においてコンゴの独立が突如決定された。そもそも，ベルギーは即時の主権移譲をするつもりはなく，コンゴ独立まで最長 4 年の移行期間を想定していた。コンゴ人政治家たちは，それまで派閥に分かれ活動していたが，円卓会議では「共同戦線 (Front commun)」を結成し，団結してベルギー政府と交渉した。ベルギー政府側は，「独立」を与えるという譲歩を行うことによって，コンゴ人たちとの関係を友好的なものにしようと考えた。また，「独立」は名目上のものであり，実質的な国家運営はベルギーが続けることを想定していた[1]。両者のこのような思惑により，結果と

1　玉村健志『国際関係史としてのコンゴ「独立」史──脱植民地化，冷戦，国連』，一橋大学大学院法学研究科，博士号学位論文，2011 年，38-41 頁；Memorandum of Conversation, 26 January 1960, in Robert Lester (ed.), *Confidential US State Department Central Files, Congo, 1960-Jan. 1963, A UPA Collection from Lexis Nexis* [以下 UPA microfilm], Reel 2；John Kent, *America, the UN and Decolonisation : Cold War Conflict in the Congo*, London : Routledge, 2010, p. 7.

104　第II部　革命・独立とエスニシティ

して，1月27日，コンゴが6月30日に独立することが決定された[2]。

　コンゴ独立によって，ルワンダは突如，ベルギーにとって経済的負担となった。第1章で述べたように，ベルギー政府にとって，ルワンダは望んで獲得した領土ではなく，またコンゴの植民地行政と統合されているからこそ運営が可能となっているのであり，コンゴ抜きに単独で支配できるものではなかったからである。そのため，1月末にコンゴ独立が不可避になったのち，ベルギー政府は，信託統治領の独立についても検討を開始している。例えば，2月の閣議文書に以下のような記述がある。

　　ベルギーは，RU［ルアンダ・ウルンディ］に対する信託統治権がさらに数年継続することを望むべきではない。コンゴの独立はこれに影響を与えた。コンゴ独立は，ベルギーがRU解放を加速させること，そしてそのために必要な方策を講じることを正当化する[3]。

また，イギリスの国連代表は本国に対して，ベルギー人が信託統治をできるだけ早く終了させたいと思っていたことを報告している[4]。1960年3月にも，ブリュッセルのイギリス大使館は，ベルギー政府がルアンダ・ウルンディの経済的負担からできるだけ早く解放されたがっていると報告している[5]。さらに，

2　コンゴの独立とその後の内戦は非常に大きなテーマであり，本書の目的を超えるため多くは記述できない。コンゴ独立に関する研究については，例えば以下のような英語文献がある。René Lemarchand, *Political Awakening in the Belgian Congo*, Berkeley and Los Angeles : University of California Press, 1964 ; Crawford Young, *Politics in the Congo : Decolonization and Independence*, Princeton : Princeton University Press, 1965 ; Catharine Hoskyns, *The Congo Since Independence : January 1960-December 1961*, London : Oxford University Press, 1965 ; Jean Stengers, 'Precipitous Decolonization : The Case of the Belgian Congo', in Prosser Gifford and W. M. Roger Louis (eds.), *The Transfer of Power in Africa : Decolonization, 1940-1960*, New Haven and London : Yale University Press, 1982, pp. 305-335 ; Guy Vanthemsche, *Belgium and the Congo, 1885-1980*, Cambridge : Cambridge University Press, 2012. 日本語では，玉村『国際関係史』；三須拓也『コンゴ動乱と国際連合の危機──米国と国連の協働介入史，1960～1963年』（ミネルヴァ書房，2017年）。

3　'Quelques idées qui se sont dégagées des réunions des Ministres les 10/12 février 1960', 12 fevrier 1960, CAB 3763, AMAE.

4　From New York to Foreign Office, 18 March 1960, JB 1016/6, FO 371/146655, TNA.

コンゴおよびルアンダ・ウルンディ大臣のアウグスト・ド＝スフライフェルは，この負担をベルギーのみで負う準備はできていないとも述べている[6]。イギリス国連大使のピアソン・ディクソンも，国連が政治的・経済的に信託統治領の行政を支援してくれない限り，ベルギーが 1960 年 6 月以降に信託統治を継続する準備はできていない旨を，ベルギー代表が述べたと報告している[7]。このように，コンゴ独立の決定によって，ルワンダはベルギーにとって早急に解消すべき経済的な負担となってしまったのである。

　また，コンゴ独立決定後，ルワンダの早期独立を求める声も実際に登場した。2 月 7 日，ブリュッセルで，ルワンダとブルンディ出身の学生が，「コンゴと同日に独立」するために，「ルワンダ・ブルンディ共同体」を形成し，コンゴとの相互協定を交わし，最終的にはこの「ルワンダ・ブルンディ共同体とコンゴ」が，「中部アフリカ合衆国（des Etats-Unis de l'Afrique centrale）」の土台となることを求めた[8]。また，1960 年 3 月に，信託統治理事会の訪問団がルワンダを訪れた際，UNAR は，コンゴと同日に独立し，ブルンディと「単一国家（d'un État unitaire）」を形成することを求めた[9]。これらは，コンゴ独立とルワンダの早期独立をリンクさせることを目的としていた。

　しかし，ルワンダは国連の信託統治領であったため，ベルギーはジレンマを抱えることになる。自国益にとって望ましい独立のタイミングおよび方法と，国連との関係の間で，政策を決定しなければいけなかったからである。1960 年 3 月，国連の信託統治領訪問団がルワンダを訪れ，ルワンダの状況を調査した。その結果，3 月 31 日，「国民和解（national reconciliation）」が必要だという理由で，1960 年 6 月に予定されていた地方選挙を延期するよう勧告した。ベルギー人は，この訪問団勧告を素直に受け入れるわけにはいかなかった。一方では，ベルギーは，国連とルワンダの民主化と独立に対してある程度の責任を

5　From Brussels to Foreign Office, 19 March 1960, JB 1016/4, FO 371/146655, TNA.

6　From New York to Foreign Office, 21 March 1960, JB 1016/7, FO 371/146655, TNA.

7　From New York to Foreign Office, 16 March 1960, JB 1016/8, FO 371/146655, TNA.

8　'Communiqué d'un groupe d'etudiantes du Rwanda-Burundi', *Rwanda Politique*, pp. 188–189.

9　'Pétition de l'Unar remise à la mission de visite de l'O.N.U', Ibid., pp. 191–194.

共有したかったため，国連との良好な関係を維持しておきたかった。この場合，もしベルギーが訪問団の勧告を無視して地方選挙を実施した場合，国連や国際世論から「深刻な批判（serious backlash）」を受けることが予想された。しかし，他方でベルギーは，より重要な領土であるコンゴの独立に向けて準備に時間を割かなければいけない時期に，ルワンダに時間を割くことを望んではいなかった[10]。

　結局，ベルギーはこの時点では，国連との関係を重視するよりも，独立の準備へ時間を割かないようなやり方でルワンダを独立させようと決定した。そして，そのためには，良好な協力関係を築けるルワンダ人を見つける必要があり，この目標を達成するためにはまず，反ベルギー的な王と UNAR を排除する必要があった。事実，1960 年 4 月から 5 月，地方選挙でのフトゥ政党の勝利を確実なものとするために，ベルギーは王の排除を検討し始めている。コンゴ公安軍の大佐であり，万聖節の騒乱後に特別総督（Résident Spécial）に任命されたギィ・ロジストは，王が亡命すれば，「ベルギー植民地主義の犠牲者として」振る舞うことでベルギー行政の障害となると考えていた[11]。また，彼はフトゥの大衆が王に従うことを恐れていた。彼からすれば，ルワンダ人は「未だに封建主義に囚われて」いるように見えるからであった[12]。ベルギー人はまた，地方選挙で UNAR が勝利するという可能性も十分にあると考えていた。UNAR は組織力があり，ルワンダ全土に影響力をもっていたためである。なんとしても UNAR の勝利を阻止したかったベルギー政府は[13]，熟考の末に地方選挙のタイミングを決定した。4 月 28 日，彼らは，国民和解のための会議を 5 月に開催し，地方選挙は 6 月に予定通り行い，10 月に別の会議を開催し，1961 年

---

[10]　'Mémorandum concernant le réunion du 22 avril 1960 présidée par M. le ministre de Schryver', 22 avril 1960, I/RU 1598, AMAE.

[11]　Guy Logiest, *Mission au Rwanda : Un blanc dans la bagarre Tutsi-Hutu*, Bruxelles : Didier Hatier, 1988, pp. 65-67.

[12]　Ibid., p. 76.

[13]　なお，ベルギーはコンゴでも，独立前の選挙で反ベルギー的な政党の勝利を妨げ，ヨーロッパ人との協調を志向する政党が選挙に勝利するように支援したという。三須『コンゴ動乱』，42 頁。

に国政選挙を行うという決定を発表した[14]。ついに，独立に向けてのタイムテーブルが発表されたのである。

　フトゥの革命はベルギー人によって手助けされたと思われてきた。たしかにそのような要素はあるが，しかしベルギー政府自体はフトゥ支持をすぐに決定したわけではない。前章で述べたように，ベルギー人は当初，トゥチ支配の継続を前提としたワーキング・グループの報告書をもとにして改革を行おうとしていた。しかし，11月の暴力と混乱は，トゥチのチーフに対するフトゥの不満を顕在化させたため，ベルギー政府をして「どの馬に乗ればいいのか(which horse to ride)」惑わせてしまったのである[15]。

　しかし，ルワンダ国内では，ロジスト特別総督が，本国政府の思惑とは異なる行動に出ている。フトゥ大衆と政治家（特にグレゴワール・カイバンダ）に対する個人的な親近感に基づき，フトゥのリーダーたちを支持することを決めたのである。彼の回顧録は，カイバンダを「寛大で誠実」だと評価しているのに対して，トゥチのリーダーたちを「暴力的な抑圧者」だと描写している[16]。また，ロジストは，すべての政治活動を禁止し，万聖節の騒乱中に領地を離れたトゥチのチーフたちをフトゥに交代させた。しかしロジストは，来たる地方選挙では UNAR が勝利する可能性が高いとも予想していた。UNAR は，集会を開いたりするなど積極的に活動していたため，他の政党よりも依然として影響力をもっているだけではなく，前述のように，ルワンダ人の大半は「未だに封建的な伝統にとらわれている」からであった[17]。したがって，彼にとって，ベルギー当局がすべき最も重要なことは，UNAR が選挙で勝利し，ルワンダが反ベルギー的になるような状況を回避することであった[18]。1月11日の彼の

14　Jean-Paul Harroy, *Rwanda : De la féodalité a la démocratie 1955-1962*, Bruxelles : Hayez, 1984, p. 354.

15　From New York to Secretary of State, 'Visiting Mission to East Africa', No. 720, 5 February 1960, 350/2-560, Box 573, Central Decimal Files (CDF) 1950-63, Record Group (RG) 59, National Archives at College Park, MD, US［以下 NACP］.

16　Logiest, *Mission*, pp. 45 and 51.

17　Ibid., p. 76.

18　Ibid., pp. 76-77.

108 第 II 部 革命・独立とエスニシティ

スピーチはこの点を明確に述べている。

> 我々の目標は何か。それは，ルアンダの政治化［政治的発展］を進めるこ
> とである。（中略）選挙実施を望んでいるだけではなく，すべてのルワン
> ダ人に［選挙を］意識してほしいと思っている。人々は，完全に自由かつ
> 政治に詳しい状態で，選挙に行かなければならない。したがって，我々は，
> フトゥに好意的な行動をとらなければならない。彼らは無知の状態で抑圧
> 的な影響の下に生きているからである。このような状況下では，態度を示
> すしかない。中立の状態でやり過ごすことはできないのである[19]。

この 1960 年 1 月のロジストの声明からもわかる通り，ルワンダでは王と
UNAR の影響力が依然として強かった。また，ベルギー本国政府と信託統治
領の現地行政府の間には，意見の差も存在していた。

　このように，1960 年前半のベルギーは，コンゴの独立決定を受けてルワン
ダをも早期に独立させる政策へと転換した。しかし，本国政府とルワンダの現
地当局の間にはズレが存在していた。本国政府は，国際関係に鑑みつつルワン
ダの独立を進めようとしていたのに対し，ルワンダのベルギー当局は，立場を
より明確にし始めていたのである。そして，このようなベルギーの政策は，ル
ワンダ国内の政党関係にも影響を与えていく。

2　政党間協調と様々な提案

　時を前後して，ルワンダ国内でも政党間での合従連衡関係や意見の相違が明
らかになり始めていた。1959 年 10 月までに結成された 4 政党のうち，「ルワ
ンダ民主会議（RADER）」と「大衆社会上昇協会（APROSOMA）」，「フトゥ解
放運動党（PARMEHUTU）」は「民主化」を告げたベルギーの態度を歓迎した。

19　'Compte rendu de la réunion des administrateurs de territoire à Kigali', *Rwanda politique*, pp.
　　211-215.

彼らは，暴力を起こしたとして UNAR を批判し，王は UNAR から距離をとるべきだと提案した。このことから，この三党が未だに王を尊重していたと考えられる。さらに，三党は，ベルギーからの早期独立が，トゥチの伝統的なリーダーたちの正統性を高め，政治権力の独占につながりかねないことを危惧していた。したがって，彼らは，民主化を優先させるために独立への動きを遅らせることをベルギー当局に求めた[20]。

しかし，フトゥの政党である APROSOMA と PARMEHUTU にはさらに別の思惑もあった。それは，ルワンダの連邦化，すなわちルワンダをトゥチの王が支配するトゥチ・ゾーンとフトゥの大統領が支配するフトゥ・ゾーンに分けるというものであった[21]。トゥチとフトゥを「1 つの国家にいる 2 つの民族（two nations in a single state）」だと見ていたカイバンダは，次のように述べている[22]。

> フトゥとトゥチのゾーンをそれぞれ設立することは，ルワンダ王国が取りうる唯一の最終手段である。（中略）トゥチが支配する領土とフトゥが支配する領土の連邦からなる政体は，普通選挙権および土地制度と学校制度の民主化によって，ハムの征服による封建的・植民地的な体制を打破し，人々の社会的・経済的な成長を促進するための，唯一の解決策である。（中略）この国は連邦組織を与えられるべきである。その目的は，10 の領地に自治を与えることである[23]。

在ブリュッセル日本大使館が東京に送った電報でも，APROSOMA がフトゥ・ゾーンとトゥチ・ゾーンに国を分割したがっていることが報告されていた[24]。

20　'La voie de la paix au Ruanda', Ibid., pp. 132–137 ; 'Lettre de Munyangaju', Ibid., pp. 121–123.

21　'Proposition faites par l'Aprosoma à M. Logiest', RWA 76, AMAE.

22　なお，この発言は，キガリのジェノサイド祈念館にも展示されている。Erin Jessee, *Negotiating Genocide in Rwanda : The Politics of History*, London : Palgrave Macmillan, 2017, p. 49.

23　'Prise de position du Mouvement de l'Émancipation Hutu', *Rétrospective*, Le MDR-Parmehutu (1957), pp. 37–41.

24　ブリュッセルから東京，1959 年 12 月 11 日，外務省外交史料館。

110　第 II 部　革命・独立とエスニシティ

　このような提案は，革命のプロセスおよびトゥチとフトゥの関係を考える際，いくつかの点で興味深い。第 1 に，フトゥの政治家たちはこの時点では，王政廃止の意図をもっていなかったようである。そうであるならば，彼らはいつから，そしてなぜ王政廃止の意図をもつようになったのかが重要となる。第 2 に，彼らはトゥチとフトゥが密接して住んでいると暴力を封じ込めることはできないと考えていたようである。逆にいえば，別々に暮らせば問題は解消されると考えていたのではないだろうか。ただし，彼らは国を分割する実際の方法を考えてはいなかった。さらに，UNAR 以外の三政党はこの時点では，トゥチ全体を非難していたわけではなかった。彼らは，王と一般のトゥチではなく，主に UNAR とチーフらを批判していた。

　対して，UNAR のリーダーたち，特に国外に難民として逃れた者たちは，ルワンダを不安定化させたとしてベルギー人を批判していた。UNAR の事務局長であるミシェル・ルワガサナは，国連信託統治委員会に請願を提出し，ベルギー行政がフトゥを支持していると非難した。そして，万聖節の騒乱の原因などを調査し，1960 年までの自治と 1962 年までの独立に向けて準備を行うために，国連の特別委員会がルワンダを訪問することを要求した[25]。ダル・エス・サラームに亡命中の別の UNAR 幹部も，政治制度を改革するというベルギーの決定を批判した。彼らによれば，政治改革は時間稼ぎであり，むしろベルギー人は可能な限り早い独立に向けてスケジュールを設定すべきだったからである[26]。

　このような違いがありつつも，1960 年前半には，四党間の協調を見ることができる。自治に向けた第 1 歩として，ジャン゠ポール・ハロワ総督は，1960 年 2 月 4 日に暫定特別評議会（Conseil spécial provisoire : CSP）を発足させた。この評議会は，各党の代表 2 名ずつ，計 8 名から構成されており，ルワンダの問題を議論してベルギー人に提言することを目的としていた。メンバーは，UNAR からエティエンヌ・カレマとフランソワ゠ザヴィエ・ンコゴザバヒジ，

---

[25]　From New York to Foreign Office, 26 November 1959, UN 15121/11, FO 371/145281, TNA.
[26]　'Pétition de l'U.N.A.R.', *Rwanda politique*, pp. 167–169.

PARMEHUTU からドミニク・ムボニュムトゥワとアナスタズ・マクザ，APROSOMA からアロイス・ムニャンガジュとイシドール・ンゼイマナ，そして RADER からラザール・ンダザロとエティエンヌ・ルウィゲメラであった[27]。

　指摘しておくべきことは，先行研究では，UNAR 以外の政党代表は，キゲリ・ンダヒンドゥルワ王に敵対的だったとみなしているものの[28]，CSP にいたメンバーは比較的穏健だったということである。例えば，PARMEHUTU 内では，マクザやムボニュムトゥワの方が，党首のカイバンダよりも比較的穏健で行政に携わった経験をもっていた[29]。また，APROSOMA 内でも同様に，党首のギテラがより極端であるのに対し CSP メンバーのムニャンガジュはより経験豊富で穏健な意見をもっていた。

　1 か月半に及ぶ議論の結果，CSP はルワンダの将来についてコンセンサスを得るに至った。1960 年 3 月 23 日，CSP はキゲリ・ンダヒンドゥルワ王に書簡を送り，立憲君主制を採用し各党代表 1 名からなる内閣を設立することで，混乱を収め，国を平和な状況に戻すことを提案したのである[30]。合意に至った要因はいくつかある。まず，前述の通り，CSP のメンバーたちが比較的穏健だったからである。また，政党間で利益が共有されていたということも指摘できる。この立憲君主制の提案はどの政党にも納得できるものであった。というのも，UNAR にとってみれば，立憲君主制の採用によって，トゥチの「封建制」を「民主化」するということが示せる。対して，PARMEHUTU にとってみれば，立憲君主制によって，「封建制」を打破し，フトゥの地位向上が可能になる。したがって，この時点まで，全政党には一定の共通利益があり，妥協・合意の余地があった[31]。

27　'La création du conseil spécial provisoire', Ibid., p. 207.
28　Carney, *Rwanda before the Genocide*, pp. 128-129 ; Reyntjens, *Pouvoir et droit*, pp. 271-272.
29　レオポルドヴィルから東京，1960 年 12 月 29 日，外務省外交史料館。
30　'Mesures proposées au Mwami Kigeli V par le conseil spécial provisoire du Rwanda pour contribuer à la pacification du pays', *Rwanda politique*, pp. 199-201.
31　これが表面的な合意だったという可能性も否定はできない。しかし，CSP の議論を丁寧に見ていくと，必ずしもそうとはいえない。少なくとも，CSP 内では合意に達することのできたものが，後述の通り，王に拒否され，また党内での意見対立によって実現

しかし，UNAR と他の三党との間で合意できない問題も存在し，それが CSP 内での亀裂を生むこととなった。1 点目の不一致は，地方選挙のタイミングをめぐって生じた[32]。前述の通り，1960 年 3 月末，国連の信託統治訪問団がルワンダを訪問し，万聖節の騒乱の原因を調査した。これは，各政党にとって，国連にアピールできる良い機会であった。ルワンダ全土を訪問した訪問団は，各地で UNAR 支持者が「即時独立」や「国連万歳」という垂れ幕を掲げているのに対し，他の政党の支持者たちは「封建制終了，民主化先決，ベルギー万歳」や「民主主義万歳」という横断幕を掲げているのを見た。これらの意見の違いを見た訪問団は，ルワンダ人の間での「国民和解」の必要性を感じたという[33]。ルワンダを去る前に，訪問団は，選挙前の和解が必要であると判断し，6 月に予定されている地方選挙の延期を勧告した[34]。UNAR はこれに賛成し，8 月までの延期を主張したのに対し，他の三党は，当初の予定通りの期日に選挙を行い，「民主化」を進めることを望んだ。

　2 点目の不一致は，万聖節の騒乱に関与した逮捕者の恩赦をめぐってであった。UNAR 以外の三党は，恩赦によってルワンダの治安が不安定化することを危惧したが，UNAR は逮捕者の多くが UNAR メンバーだったこともあって恩赦を要求した。また，国連の関与についても意見が分かれた。UNAR は国連を反ベルギー的だとみなして国連の選挙監視を望んだのに対し，他の三党は，国連を受け入れることに乗り気ではなかった[35]。

　さらに，UNAR と他の三党は王をめぐっても意見を異にしていた。4 月 23 日，キゲリ・ンダヒンドゥルワ王は立憲君主制と内閣制を採用するという CSP の提案を拒否した。これによって，トゥチの革新的リーダーとフトゥのエリートはおおいに失望した[36]。その結果，政党間の協調は崩れ，4 月 30 日，

　　　しなかったとみる方が妥当ではないだろうか。

[32] 'Premiers conclusions de la réunion des partis politiques tenue le 23 mars 1960', 23 mars 1960, CAB 3763, AMAE.

[33] Harroy, *Rwanda*, pp. 350-352 ; *Imvaho*, no. 5 du 15 mars 1960, AI/RU 4368, AMAE.

[34] 'Communiqué de la mission de l'O.N.U', *Rwanda politique*, pp. 234-236.

[35] 'Pétition de l'UNAR remise à la mission de visite de l'O.N.U', Ibid., pp. 191-194.

[36] 'Rejet de ces mesures par Kigeli V', Ibid., pp. 201-202.

RADER と APROSOMA，PARMEHUTU は「共同戦線（Front commun）」を組む
ことを発表した[37]。

　しかし，この共同戦線も一枚岩ではなかった。例えば，王政に対する批判の
度合いも様々であった。PARMEHUTU が共和制，すなわち王政の廃止への志
向を強めていくのに対して，RADER は王政自体は維持すべきだと考えていた
ものの，キゲリ・ンダヒンドゥルワ王は退位させるべきだと考えていた。王政
自体はルワンダにとって適切な制度であるが，彼は王として適当ではないと考
えていたからである。RADER のリーダーの中には，立憲君主制に移行してか
ら新たな王を即位させるべきだと考えていた者もいれば，王政自体とキゲリ王
とに対して 2 段階の住民投票が行われるべきだと主張した者もいた[38]。

　ベルギー人たちも王の排除を検討し始めていた。1960 年 2 月 16 日にベル
ギーの新聞『ラ・シテ』に掲載された記事には，王の排除は「ベルギー政府に
よって積極的に検討されている」と書かれていた。ハロワ総督は，万聖節の騒
乱に王が個人的に関与し，世情不安を煽ったと疑っていたからである[39]。5 月，
イギリスの事務官たちは，ベルギー人たちは王の排除を検討しているが，大半
のルワンダ人がそれを受け入れないだろうことを懸念していると，ロンドンへ
報告した[40]。ベルギー人たちは王の廃位を検討し始めたものの，ルワンダ人の
反応を懸念して実行に移せずにいたのである。

　また，共同戦線からの対抗に直面した UNAR は，王政を支持する小規模な
地域政党と同盟を組むことにした。それらの政党は，「ルワンダ大衆連合（Un-
ion des masses ruandaise：UMAR）」，シャンググに基盤をもつ「ルワンダ連合運動

37　UN General Assembly, Fifteenth Session, Fourth Committee, 1065th Meeting, 25 November
　　1960（A/C. 4/SR. 1065), p. 386.

38　'Appel du "Parmehutu" nouvellement dénommé : "Mouvement Démocratique Républicain" à
　　tous les anti-colonialistes du monde', 'Interview de D. Ndazaro (Rader)', 共に *Rwanda
　　politique*, pp. 247-253 and 253-254 ; De Bwanakweri à Schryver, 8 juin 1960, CAB 3763,
　　AMAE.

39　Foreign Service Despatch from AmEmbassy, Brussels to the Department of State, Washington,
　　'Possible Removal of Mwami of Ruanda', No. 876, 16 February 1960, 778.00/2-1660, Box
　　2026, CDF 1950-63, RG 59, NACP.

40　From Leopoldville to Foreign Office, 31 May 1960, JB 1016/15, FO 371/146656, TNA.

（Mouvement pour l'union Ruandaise : MUR）」，ギセニィに基盤をもつ「ルワンダ王党運動（Mouvement monarchist Ruandaise : MOMOR）」であった[41]。彼らは，王は全党の代表から構成される評議会によって支持されるべきだと主張した。王自身も，ベルギー首相であるガストン・エイスケンスに書簡を送り，政府を樹立し，政治に積極的に関与する意思があることを強調した[42]。

1960 年 5 月，ブリュッセルで選挙前の会議が開催され，王の下で政党が協力する「国民和解」について議論された。この会議では，政党間の協調を回復させ，万聖節の騒乱で逮捕された人々に恩赦を与え，来たる選挙への一般大衆の参加を促すために CSP の権限を拡大し，立憲君主制を樹立することで合意がなされた[43]。しかし，この会議にはいくつかの問題があった。まず，UNARが会議を欠席した。それだけではなく，さらに選挙のボイコットも発表した。UNAR からすれば，選挙の手続きが国連の意思に反しているからであった。さらに，選挙不参加を奨励する者は処罰されるということが会議で合意されたにもかかわらず，選挙キャンペーンを妨害しようとした。ベルギーの選挙監視の報告書によれば，UNAR 支持者は，個人または集団で武装し，選挙に参加したら報復すると人々を脅したという[44]。

当時，トゥチの革新的なリーダーたちのなかには，トゥチとフトゥの関係が悪化し，将来さらなる暴力が起こることを危惧する者もいた。RADER のリーダーであるブワナクウェリは，民主主義は力による支配ではなく，法律による支配であり，民主化を通しての和解は依然として可能だと述べた[45]。また，キガリのとあるトゥチ・チーフも領地にいるトゥチ住民に対して次のように述べている。

過ぎた時間は決して戻らない。自らと子孫のために働かずにすむ時代は失

---

[41]　'Les parties politiques du Ruanda : UNAR', mai 1960, MINAG 2820, AMAE.

[42]　'From Kigeri to the Prime Minister of Belgium', 17 juillet 1960, CAB 3763, AMAE.

[43]　'Conclusions du colloque restreint', *Rwanda politique*, p. 262.

[44]　'Communique de l'union nationale rwandaise en faveur du "boycottage" des élections communales', Ibid., pp. 240–242.

[45]　De Bwanakuweri à de Schryver, 8 juin 1960, CAB 3763, AMAE.

われた。あなたたちが望むものは何一つ戻らない。ルワンダで民主主義が始まれば，それを拒否できる者は誰もいない[46]。

おわりに

　本章では，1960年代初頭の政党協調と対立の萌芽について検討した。前章で説明したように，フトゥ政治家の要求は，改革を通じたフトゥ大衆の地位向上であり，この時点で，彼らは王政打破という意味での革命を望んでいたわけではなかった。また，彼らは人々に，権力を乱用しているチーフらと，王や通常のトゥチを区別するよう諭していた。つまり，当初対立していたのは，トゥチとフトゥという集団そのものではなく，トゥチの伝統的リーダーとその他だったのである。

　したがって，1960年前半には，協調の可能性は残されており，実際に複数の提案がなされていた。その1つが，立憲君主制の樹立とルワンダの連邦化であった。1960年前半の暫定特別評議会の設立や政党間の合従連衡関係は，長続きしなかったにせよ，トゥチとフトゥの関係が対立的なだけではなかったことを示している。しかし，各政党は，民主化および脱植民地化についてそれぞれ異なった利益や優先事項を有していたため，王政の将来や選挙のタイミングについての異なる見解が問題となっていった。他方そのなかでベルギーは，コンゴ独立決定に伴い，ルワンダの独立も検討し始めるが，そこではルワンダ国内の政情や国連との関係の間での舵取りを迫られることとなった。

46　*Imvaho*, no. 5 du 15 mars 1960, AI/RU 4368, AMAE.

第5章

革命の完成とエスニックな暴力
1960 年 7 月～61 年 2 月

はじめに

　前章では，万聖節の騒乱後，1960 年前半にルワンダがどのような状況だっ
たのかを検討した。まず，1960 年 1 月末にコンゴ独立が決まると，ベルギー
はルワンダの早期独立を求めるようになった。また，政党間では立憲君主制や
連邦制など様々な提案がなされ，協調関係も存在した。万聖節の騒乱による暴
力行為や混乱もいったんは落ち着いたかのように見えた。

　しかし，1960 年の夏から数か月の間にルワンダの状況は大幅に変わってい
く。地方選挙が実施され，またコンゴ動乱によってルワンダを取り巻く国際環
境やベルギーの政策も影響を受けるなか，1961 年 1 月末はフトゥ政治家によ
るクーデターが起き，トゥチの王政が実質的に廃止され，ここに革命が完成す
るのである。本章は，時系列的にその流れを追いながら，なぜこの時期に政党
間対立が悪化し，クーデター発生にまで至ってしまったのか，また国際関係か
らどのような影響を受け，トゥチとフトゥの関係はどのように変化したのかを
明らかにしていきたい。

1　地方選挙とその影響

　本節では，1960 年 6 月から 7 月にかけて，ルワンダ全土で開催された地方

第5章 革命の完成とエスニックな暴力　**117**

選挙について説明しながら，この選挙が政党間関係やトゥチ・フトゥ関係に与えた影響を論じる。

地方選挙は，コミューンの長であるブルグメストルを選出するためのもので，6月25日から，1〜2地方ずつ選挙が進み，7月末に終了した。選挙権は，21歳以上の男子で，かつルアンダまたはウルンディの市民権を有する者，ルワンダに2年以上住んでいるコンゴ人またはベルギー人，もしくは10年以上ルワンダに住んでいる外国人に与えられた。投票者は，5名の候補者の名前が列記された選挙用紙の中から1名を選び，非識字者は，筆記者の補助を受けた。

表4はベルギーの選挙監視団によって報告された選挙結果をまとめたものである[1]。ここからいくつかの点が指摘できる。第1に，「フトゥ解放運動党（PARMEHUTU）」が約7割の票を獲得し，勝利した。第2に，とはいえ，「ルワンダ国民連合（UNAR）」の影響力は依然大きかった。UNARは選挙ボイコットを呼びかけたのに対し，他の三党は選挙参加を奨励していた。結果として，多くの人が選挙をボイコットしたため，投票率の全国平均は78.2％だった。有権者の約5分の1が投票しなかったことから考えると，UNARは未だに影響力をもっていたといえよう。

地方ごとの数字を見てみるとそれがよくわかる。PARMEHUTUの影響力が強いルヘンゲリ（北部）では投票率は95.1％と高かった。また，中央部（ギタ

---

[1]　選挙の合計数は 'Note pour monsieur le chef de cabinet. Elections communales au Ruanda. Rapport Brossel-Halleux-Schumitz', 23 septembre 1960, AI/RU 4369, AMAE を参照した。レインツェンスも同じ数字を引用している。Filip Reyntjens, *Pouvoir et droit au Rwanda : Droit public et évolution politique, 1916-1973*, Tervuren : Musée royal de l'Afrique centrale, 1985, p. 283. 各地の具体的な数字は 'Elections communales 1960', AI/RU 4368, AMAE による。なお，先行研究でも地方選挙について言及がされているが，数字は多少異なっていることがある。プルニエおよびルマルシャンは PARMEHUTU (2,390)，その他 (237) としている。Gérard Prunier, *The Rwanda Crisis : History of a Genocide* (2nd edn.), London : Hurst & Co., 1997, p. 51 ; René Lemarchand, *Rwanda and Burudi*, London : Pall Mall Press, 1970, p. 181. ルマルシャン自身は 'Résultats des élections communales au Rwanda', *Rwanda Politique*, p. 272 から引用しているが，こちらでは「その他」は 243 となっている。このように数字に多少の差はあるものの，地方選挙の重要性や地方差についての分析に影響はない。

118　第 II 部　革命・独立とエスニシティ

表 4　1960 年の地方選挙結果

領地	投票率(%)	UNAR	RADER	APROSOMA	PARMEHUTU	PARMEHUTU-APROSOMA cartel	その他	合計
ルヘンゲリ	95.1	0	4	0	361	0	4	369
ビュンバ	86.7	0	4	0	256	0	0	264
ニャンザ	57.4	4	5	10	258	0	44	321
ギタラマ	95.1	1	13	0	233	0	12	259
ギセニィ	88.7	0	6	0	257	0	36	299
キブイェ	78.4	0	22	0	143	0	19	184
シャングググ	82.5	12	11	0	0	190	24	237
アストリダ	75.4	0	18	229	166	0	45	458
キガリ	86.6	0	89	0	280	0	11	379
キブンゴ	29.2	39	38	0	160	0	33	270
合計	78.2	56 (1.7 %)	209 (6.6 %)	233 (7.4 %)	2,201 (70.4 %)	190 (6 %)	207 (7.9 %)	3125

　ラマ）は，ルワンダ王国の中心部であり，ウブハケなどの政治社会制度がきわめて抑圧的だったため，トゥチのリーダーたちに対してフトゥ大衆が不満を抱いており，それが高い投票率につながったと考えられる。その結果，PARME-HUTU はこの地域で大半の議席を獲得した。対して，UNAR が拠点を置いているニャンザでは投票率は 57.4 ％ と低かった。また，東部（キブンゴ）は，投票率と支持政党が他の地域とは異なっていた。キブンゴの投票率は，全国で最も低い 29.2 ％ だった。キブンゴは，「保守的」な地域だとみなされ，UNAR が選挙ボイコットを発表してからはフトゥ大衆の中でも棄権が多かった[2]。さら

2　キブンゴが「保守的」であり，UNAR の影響が強いという記述には，少し補足説明が必要であろう。第 1 章および第 2 章では，ルワンダ東部ではニギニャとギサカの違いが重要であり，エスニシティはそこまで重要ではなかったと議論した。これに対して，UNAR の影響が強いというのは矛盾するのではないかと思われるかもしれないが，ギサカの人々はニギニャ支配に反対していたので，トゥチの伝統的な指導者たちは管理を強化していたと考えられる（だからこそ，反ニギニャの運動がみられたのだろう）。また，1959 年の暴力の後も，東部ではトゥチのサブ・チーフ数に変化がなかった。したがって，他の地域よりも，トゥチのサブ・チーフの影響力が残ったままであったため，「保守的」だったのではないかと考えられる。'Elections Kigali et Kibungo', 24 juillet 1960, AI/RU 4369, AMAE ; De Van Hoof à Volker, 10 janvier 1960, 727126, GEN 727, A.G.M.Afr.

に，ボイコット以前に UNAR から立候補していた人数はキブンゴで他の地域よりも多かった。ボイコット決定後でさえ，UNAR と「ルワンダ民主会議（RADER）」はキブンゴでは他の地域よりも得票率が比較的高く，それぞれ 270 議席中 39 議席（14.4％）と 38 議席（14％）を獲得している（PARMEHUTU は，59％の 160 議席だった）[3]。これは，他の地域とは明らかに異なっている。これらの結果は，PARMEHUTU が第 1 党になったものの，UNAR の影響力が無視できるものではなかったことを示している。したがって，この時点では PARMEHUTU が完全に政局を支配したわけではなかった。

さらに，UNAR 以外の三党の地域差も興味深い。PARMEHUTU の得票率の全国平均は 70.4％ だが，ルヘンゲリやビュンバでは 100％ に近く，ギタラマやギセニィでも大半の票を獲得している。対して，全国平均では 7.4％ の「大衆社会上昇協会（APROSOMA）」は拠点があるアストリダのみで PARMEHUTU を上回っている。RADER は 6.6％ とふるわなかったが，比較的リベラルな志向のため，キガリで多くの議席を獲得した。また，先述のようにキブンゴでは，UNAR と RADER はほぼ同数の議席を獲得した。地域ごとに政党の支持基盤が異なっていたということ，そして PARMEHUTU 以外の政党は国政選挙での巻き返しが必要であるため，国政選挙の開催時期が重要となったということがいえる。

地方選挙の結果は，王政や政党間関係に直接的にも間接的にも影響を与えた。まず，キゲリ・ンダヒンドゥルワ王が選挙期間中に亡命したことにより，立憲君主制の実現が困難になってしまった。地方選挙開始の数日前の 6 月 24 日，王はジャン゠ポール・ハロワ総督に対して自身と家族の身の安全についての不安を吐露している[4]。王は，アストリダやギタラマ，ニャンザに住んでいるフトゥが，「トゥチ支配からの解放を祝うために」集団でニャンザにやってくるのではないかと恐れていた[5]。そして，6 月 30 日，ベルギー領コンゴの独立式

---

3 *Imvaho*, no. 14 du 15 juillet 1960, AI/RU 4368, AMAE.

4 'Attitude et comportement du Mwami Kigeli V depuis son avènement jusqu'à son départ du Rwanda : Motifs, buts, conséquences de son départ', *Rwanda politique*, p. 339.

5 Jean-Panl Harroy, *Rwanda : De la féodalité a la démocratie 1955–1962*, Bruxelles : Hayez, 1984, pp. 380–381.

典に出席するためにレオポルドヴィルに向けて発ち，その後ルワンダに戻ることはなかった。しかし，彼はいずれルワンダに戻ろうとしていた。コンゴ，ウルンディ，ウガンダ，タンガニーカにすでに逃れていた UNAR 亡命者たちと頻繁に会い，資金調達を行っていたことから考えると，より強固な支援を受けてルワンダに帰還することを計画していたようである。彼は，国連コンゴ活動（ONUC）とコンゴ軍がベルギー人を駆逐し，フトゥのリーダーたちを「処罰」してくれることを期待していた。UNAR と王は，反ベルギー的な感情と政策を共有しているがゆえに，反ベルギー的なコンゴのリーダーであるパトリス・ルムンバとつながりがあると言われていたからである。また，王は国連を反ベルギー的だとみなしていたため，国連とルムンバのリーダーシップによるコンゴの存在が，ベルギー人を駆逐し，権力を回復する助けになると考えていたようである。そして，ベルギーの信託統治が終了した後に，国連の支援のもとで他のトゥチの亡命者たちとともにルワンダに帰還するというシナリオを想定していた[6]。したがって，王自身は亡命を，身の安全を確保するための一時的な方策としてとらえていたといえよう。

　しかし，王の亡命はベルギー人とフトゥの政治家に，立憲君主制というアイディアの放棄とキゲリ王の廃位を行うための口実を与えてしまった。ベルギー人とフトゥの政治家たちは，王がルワンダを「捨てた」ため，正統な支配者ではもはやありえないというイメージを広めようとした。そして，王政を廃止し，共和制を樹立しようとする志向がフトゥの政治家の一部で強まってきた。しかし，彼らは単独でそれを行うのは避けたいと考えていた。一般人の多くは未だに王を重要な存在だとみなしており，それを無視することは容易ではないからである。そこで，彼らはベルギー人の助けを求めた[7]。

6　Ibid., p. 381 ; 'Telegram from UNAR to RésiGne［Resident General］, President of the Election Commission and RésiSpe［Resident Special］', 26 août 1960, AI/RU 4369, AMAE. なお，後年，キゲリ王および側近は，当時の様子を，「コンゴにいる［当時国連事務総長であったダグ・］ハマーショルドに会いに国外に出たら，ベルギー人から『ペルソナ・ノン・グラータ』にされた」と回顧している。Ariel Sabar, 'A King with No Country', *Washingtonian*, 27 March 2013, https://www.washingtonian.com/2013/03/27/a-king-with-no-country/

7　'À M. le ministre des affaires Africaines par APROSOMA', 6 octobre 1960, RWA 76, AMAE.

第 5 章　革命の完成とエスニックな暴力　**121**

　他方ベルギー人はというと，王を排除するのに自分たちの手を汚したくなかった[8]。前述の通り，ベルギー人はキゲリ王の廃位を検討し始めていたが，その理由は，彼が「ルムンバのようになってきていて，中国などの共産主義者の支援を求め始めており，また反ベルギー」だからであった[9]。したがって，ベルギー人たちは，王の威信と影響力を徐々に低下させることにした。1960年10月17日，暫定政府と暫定議会の発足を宣言した際，アフリカ関係大臣ハロルド・ダスプルモン゠リンデンは，ルワンダの革命はいまや終わり，ルワンダは「その発展の新たな局面に突入した」という認識を示すとともに，王がルワンダを3か月以上不在にしていることから，国家元首で居続けることはできないと述べている[10]。また，1961年1月に，国連監視下で国政選挙を行い，政府を樹立し，国内自治を付与するという独立への行程表を発表した[11]。

　10月26日，暫定政府と暫定議会が設立された。暫定政府は，8名の大臣および大臣を補佐する閣外大臣（Secrétaires d'États）から構成された。原則として，大臣がルワンダ人であれば，補佐はベルギー人，大臣がベルギー人であれば，補佐はルワンダ人という組み合わせになった。暫定政府の発足の際に，カイバンダは，「封建主義を打破したのは民主主義である」と宣言し，「民主化」の進展を評価している[12]。また，議会は主要な政党出身の48名から構成され，PARMEHUTU からは31名，RADER からは9名，APROSOMA からは7名，

8　From Brussels to Secretary of State, No. 465, 12 August1960, 778.00/8-1260 ; No. 646, 14 September 1960, 778.00/9-1460, 共に Box 2027, CDF 1950-63, RG 59, NACP.

9　Foreign Service Despatch from Amconsulate Elizabethville to the Department of State, Washington, 'Analysis of RU political situation', 12 October 1960, No. 16, 778.00/10-1260, Box 2027, CDF 1950-63, RG 59, NACP. 特に，ベルギーのアフリカ関係大臣であるダスプルモン゠リンデンは，コンゴの共産化を懸念していたため，このような認識をもっていたようである。Christopher Othen, *Katanga 1960-63 : Mercenaries, Spies and the African Nation that Waged War on the World*, Stroud : The History Press, 2015, p. 56. なお，アフリカ関係省は，1960年9月にベルギー領コンゴおよびルアンダ・ウルンディ省が名称変更したものである。

10　'Ordonnance législative no. 221/275 du 18 octobre 1960 établissant au Rwanda un conseil et gouvernement provisoire', *Rwanda politique*, pp. 319-321.

11　'Discours du ministre annonçant la constitution d'un gouvernement provisoire', Ibid., pp. 312-315.

12　'Discours du chef du gouvernement provisoire du Rwanda, M. Kayibanda', Ibid., p. 317.

122　第 II 部　革命・独立とエスニシティ

そしてトゥワの政党から 1 名が参加した（UNAR は選挙ボイコットのため，暫定議会にも参加しなかった）。そして，議会の設立によって，暫定特別評議会は解散した[13]。

　PARMEHUTU にとって最も重要だったのは，暫定政府内での優勢だった。他方，他の三党は，PARMEHUTU の「独裁」を危惧し始めた。そこで，PAR-MEHUTU の支配を恐れた UNAR と他の党は，反 PARMEHUTU・反ベルギーを掲げた。10 月末，キゲリ王は，国連事務総長に書簡を送り，地方選挙は，ベルギーによって細工・工作されたとして暫定議会設立に抗議した[14]。また，11 月，APROSOMA と RADER，UNAR は，新たな共同戦線を張り，PARME-HUTU の「独裁的な体制」に対抗しようとした[15]。

　しかし，各党内のまとまりは強固なものではなかった。RADER は設立当初は「非民主的な王と UNAR」に対する批判を共有する PARMEHUTU およびAPROSOMA と歩調を合わせていたが，いまや PARMEHUTU が主張する反トゥチ的な態度に懸念を抱くようになっていた。そして，早くも 1960 年 6 月には，RADER 内部で王政をめぐる意見対立が見られた。一方では，ブワナクウェリの意見が，トゥチが少数派による支配を諦め，王政廃止の準備をすべきだというものだったのに対し[16]，ンダザロは依然として王政を支持した。そして，後者は前者を党首から解任した。したがって，この党首交代は，かつてフトゥの政党と共同戦線を張っていた RADER が王党派の UNAR に接近しつつあったことを示唆している[17]。その後，地方選挙における PARMEHUTU の勝利をもって，RADER はますます PARMEHUTU の「独裁」に対する危惧を強め始めた。10 月 1 日のベルギー行政の報告書によると，RADER は，「過ち」

---

[13]　Harroy, *Rwanda*, p. 385.

[14]　'Protestation du Mwami adressée au Secrétaire Général des Nations Unies', *Rwanda politique*, p. 322.

[15]　Lemarchand, *Rwanda and Burundi*, p. 189.

[16]　Memorandum of Conversation, 2 June 1960, in UPA Microfilm, Reel 2.

[17]　'Kigali 1079 29 61120 via belradio, minicoru, Bruxelles', 6 juillet 1960, I/RU 1598 ; télégramme 94/135 Astrida 3981146, 8 juillet 1960, IRU 1598 ; Note a l'intention de monsieur le ministre Sheyven de Logiest', 26 août 1960, CAB 3763, すべて AMAE.

第 5 章　革命の完成とエスニックな暴力　　**123**

を犯し「トゥチの団結を破壊」したことを認め，独立志向（すなわち，ベルギーが国を去ってから政治問題を議論すべきだという立場）を表明したという[18]。

　こうして，UNAR と RADER の政治的立場は接近し，主張も似通い始める。10 月 9 日，UNAR は，表現の自由の規制や難民と王の帰還に関する対応について，ベルギーの信託統治行政を批判した[19]。同日，RADER も，王の威信はいまだ高いため彼を含む難民の帰還を許さないのはベルギー行政の過ちだと指摘した[20]。また，国連総会でも，UNAR と RADER のリーダーたちは，ルワンダ人がいかに王を愛しているか，そして彼がいかに和解や団結のために必要かを訴え，ベルギー人が王の帰還を認めていないことを批判した[21]。

　これに対して，共同戦線内の APROSOMA の立場は曖昧かつ日和見的なものであった。トゥチ支配に対する攻撃的な態度を緩和したギテラやムニャンガジュは，トゥチが民主主義と少数派という立場を受け入れるのであれば，APROSOMA はトゥチと協力するという声明を発表した[22]。APROSOMA は，王の帰還や即時選挙の履行への反対という点で PARMEHUTU と共通の見解をもっていたものの，PARMEHUTU の「独裁」を懸念していたためである[23]。

　このように，1960 年夏，王の亡命や PARMEHUTU の地方選挙勝利などに

18　Harroy, *Rwanda*, p. 380.

19　'Mémorandum de l'audience accordée à Kigali le 9 octobre 1960 à M. Rutsindintwarane, Président de l'Unar, et M. Ncogozabahazi, membre du conseil spécial provisoire', *Rwanda politique*, pp. 301–302.

20　'Mémorandum de l'audience accordée à Kigali le 9 octobre 1960 à MM. Bwanakweli et Rwigemera, membres du parti Rader', Ibid., pp. 302–303.

21　'Intervention de M. Bwanakweli à la commission de tutelle l'O.N.U.'; 'Déclaration faite par M. Rwagasana (Unar) à la quatrième commission de l'O.N.U.', *Rwanda politique*, pp. 327–329 and 352–356; UN General Assembly, Fifteenth Session, Fourth Committee, 1067th meeting, 30 November 1960 (A/C. 4/SR. 1067).

22　'Mémorandum sur l'audience accordée à Kigali le 9 octobre 1960 à MM. Munyangaju et Nzeyimana, membres du conseil spécial provisoire et du parti Aprosoma', *Rwanda politique*, pp. 310–311.

23　'Manifeste de l'Aprosoma publié au colloque de Kisenyi, début décembre 1960', Ibid., pp. 323–326; Telegram de PARMEHUTU, 9 juillet 1960, I/RU 1598; Telegram de APROSOMA à Harroy et Logiest, 4 août 1960, RWA 76; telegram de ASPROSOMA, 19 août 1960, I/RU 1598, すべて AMAE.

124　第Ⅱ部　革命・独立とエスニシティ

よって，ルワンダ国内では，王政に対する批判が少しずつ増すとともに，政党関係が再編されたのである。その結果，協調の可能性が狭まり，やがて PAR-MEHUTU の権力奪取へとつながっていくことになる。

2　国連での議論，冷戦とルワンダ

　ルワンダは，隣国コンゴの政治情勢や国際関係から様々な影響を受けていた。本節では，コンゴの独立とカタンガの独立宣言に続くコンゴ内戦が，東西の冷戦対立と相まって，ルワンダにいかなる影響を与えていたのかを検討する。

　1960 年 1 月，ブリュッセルでの円卓会議において独立が決定した後，5 月にコンゴで選挙が行われた。そして，パトリス・ルムンバの「コンゴ国民運動（Mouvement national Congolais：MNC）」が議会選挙に勝利し，ルムンバを首相として，6 月 30 日コンゴは独立を達成した。しかし，独立後も公安軍の「アフリカ化」が進まないことに対して，公安軍兵士たちの間で不満がつのり，独立後 1 週間で反乱が起きた。略奪や強姦が発生し，ヨーロッパ人の間にパニックが広がったため，ベルギー国内で介入を求める声が強まった。ベルギー政府は 7 月 10 日に，介入を決定する。7 月 11 日には，カタンガ州がコンゴからの独立を宣言した。いわゆるコンゴ動乱の始まりである[24]。

　国連はこの緊急事態について協議することになった。ちょうど，国連での多数派は，世界的な脱植民地化の流れを受け，国連創設時に中心だった植民地保有西側諸国からその他の国々に移りつつあった。浦野によれば，アジア・アフリカの原加盟国は，51 の加盟国のうち 15 だったが，1950 年 12 月には 60 か国

24　なお，当時，カタンガのモイーズ・チョンベが，ルアンダ・ウルンディに，キヴ州とカサイ州との連邦に組み込まれることを呼びかけた。玉村健志『国際関係史としてのコンゴ「独立」史』一橋大学大学院法学研究科，博士号学位論文，2011 年，117 頁。また，カタンガ州内には，ルアンダ・ウルンディとカタンガが共にイギリス領の植民地へ統合されるべきと主張する入植者が 1960 年代以前から一定数いた。三須拓也『コンゴ動乱と国際連合の危機——米国と国連の協働介入史，1960–63 年』（ミネルヴァ書房，2017 年），46 頁。

中 22，1960 年 12 月には 100 か国中 52，1970 年 12 月には 127 か国中 75 と，アジア・アフリカ諸国が国連加盟国の半数を超えるようになる[25]。なかでも，1960 年は「アフリカの年」と呼ばれるように，16 のアフリカ新興独立国が国連に加盟した[26]。

　したがって，当然ながら国連での議論はベルギーにとって不利なものであった。反植民地主義や民族解放闘争への支援というソ連の姿勢は，ソ連のアフリカ進出への懸念を西側諸国にもたらした。ソ連陣営は，カタンガの独立宣言を西洋帝国主義の計画だとみなし，新興アジア・アフリカ諸国もベルギーの「新植民地主義」だと痛烈に批判した[27]。しかし，西側諸国の間には温度差があった。アメリカは，冷戦の東西イデオロギー対立から，国連を重要視していた。アイゼンハワー・ケネディ両政権は，国連を「冷戦におけるアメリカの利益を追求する最も効果的な手段」だとみなしていた。また，イギリスもアフリカへのソ連の関与を防ぎたかった。しかし，フランスやベルギーはそのような冷戦上の利害よりも旧宗主国としてのプレゼンスを維持することを重要視した。したがって，国連総会では，英米もベルギーをあまり擁護できず，ベルギーの立場は苦しいものとなった[28]。

---

[25] 浦野起央『冷戦，国際連合，市民社会——国連 60 年の成果と展望』（三和書籍，2005年），17 頁，表 1-2，国連加盟状況。

[26] 国連の加盟国の推移については，United Nations, 'Growth in United Nations Membership, 1945-present', http://www.un.org/en/members/growth.shtml. ただし，アフリカ諸国も一枚岩ではなく，いくつかのグループに分かれていた。ガーナやギニア，マリ，モロッコなどは，ベルギーや西側諸国を痛烈に批判し，ルムンバを支持した。対して，チュニジアやスーダン，エチオピア，リベリア，ナイジェリア，ソマリア，トーゴなどは，第 1 の集団と協調しつつも，ルムンバとは距離を置いていた。また，セネガルやコートディボワール，オートボルタ（のちのブルキナファソ），ニジェール，ダホメー（のちのベナン），カメルーン，ガボン，チャド，中央アフリカ共和国，コンゴ共和国（ブラザヴィル）やマダガスカルなどのフランス語圏アフリカ諸国は，ベルギーにそこまで批判的ではなかった。Catharine Hoskyns, *The Congo since Independence : January 1960-December 1961*, London : Oxford University Press, 1965, pp. 110, 256-258. なお，第 7 章で後述するが，独立後のルワンダがのちに協力関係を築いていくのが，ブラザヴィル派と呼ばれる旧宗主国（フランス）とのつながりを維持する第 3 のグループである。

[27] Othen, *Katanga*, p. 58.

[28] Kent, *America*, pp. 13-20, 189-190；玉村『国際政治史』，104-105 頁。

126　第 II 部　革命・独立とエスニシティ

　コンゴ動乱に関する議論に深入りはしないが，1960 年秋にベルギーや国連加盟国がルワンダの独立について議論した背景には，各国のコンゴ動乱に対する認識およびそこから引き出される「教訓」があった。ベルギーや西側諸国は，準備不足で拙速な独立が問題だったと結論付け，ルワンダでは，「第二のコンゴ」を避けるために，行政基盤が「準備され十分機能される」までは独立を与えるべきではないと考えた[29]。

　また，ベルギー人は，数か月前にはルワンダを経済的な負担だと捉えていたが，その姿勢に変化が生じた。コンゴ動乱後，ルワンダの戦略的重要性が増したのである。7 月に国連で議論されていたのは，ベルギー軍とコンゴの基地問題，すなわちコンゴ国内からベルギー軍が撤退しなければならないのかどうか，であった[30]。7 月 29 日，ピエール・ウィニー外相はルアンダ・ウルンディの戦略的な重要性を指摘している[31]。8 月 22 日にも，カタンガとの距離的な近さから，軍隊駐留のためにベルギーがルアンダ・ウルンディを保持することにいっそう関心をもつようになったと指摘している。しかし，ベルギー国内の世論は，ますます信託統治に否定的になっており，国連がルアンダ・ウルンディへ「永続的な監視団」を派遣することを望んでいた。そのため，ウィニーは，ルアンダ・ウルンディの問題を国連総会で議論する方がベルギーの利益にかなうのではないかと結論づけた[32]。

　フトゥの政治家も，コンゴでの混乱は独立を焦ったことによるとし，早期独立が国内問題を解決するわけではない，と考えた。したがって，彼らは，トゥチ・フトゥ問題を解決するためには，早期独立に向かうよりも，ルワンダ国内の民主化を優先すべきだという意見を新たにしたのである。

　他方，トゥチの伝統的なリーダーたちや東側陣営の国々は，コンゴでの混乱はベルギーの植民地化の結果だとみなしていた。ソ連陣営とアフリカの新興独

29　From New York to Foreign Office, 19 October1960, JB 1016/34, FO 371/146657, TNA.

30　三須『コンゴ動乱』，79-81 頁。

31　玉村『国際関係史』，151 頁。

32　'Mémorandum de la réunion générale tenue chez mons les ministres le lundi', 22 août 1960, CAB 3763, AMAE.

第5章　革命の完成とエスニックな暴力　**127**

立国の中の急進国は，ベルギーを諸悪の根源だとみなし，ベルギーの植民地支配が脆弱な国家を作り，独立後もベルギーの影響力を行使できるような「イエス・マン」を指導者として選んだと批判した。トゥチのリーダーたちは，コンゴ危機は，ベルギーの（新）植民地主義と軍事介入がもたらしたものであり，コンゴ独立は「真の独立」ではないと考えた。また彼らは，ルワンダにおけるトゥチとフトゥの対立はベルギーが自らの利益を最大にして影響力を維持したいがためにでっちあげられた，と考えた。したがって，フトゥは単なるベルギー人の「傀儡（手先）」としてしかみなされていなかった。特に，トゥチの伝統的なリーダーたちは，ベルギー人が国連によって駆逐されれば，「UNARと王に反抗したフトゥは罰せられるだろう」と考えていた。このように，反ベルギー的な勢力は，早期独立こそがルワンダに必要だと認識していたのである[33]。

　独立への準備不足によってコンゴが混乱に陥ったと考える「コンゴの教訓」を得たことで，また，ルワンダの戦略的な重要性が増したことで，ベルギー政府は，ルワンダの脱植民地化のためのより詳細な計画を発表した。1960年9月12日，「ルアンダ・ウルンディの独立，1962年前半に計画」という新聞記事が掲載され，独立までの行程が明らかとなった。それは，1960年6〜7月の地方選挙の結果に基づいて，まず暫定政府と暫定議会を設立し，12月頃に国民和解を議論する会議を開催，1961年の国政選挙後に国内自治を付与し，1962年前半に独立を与える，というものであった[34]。前述のように，暫定議会および暫定政府設置の際に，ダスプルモン＝リンデン大臣は，1959年以降のルワンダの政治発展を次のように語った。「ルワンダは，政治的な危機だけではなく，社会的な危機も経験した。革命は終わり，ルワンダはその発展の新たな段階に到達した」。次の段階は，1961年1月に国連の監視の下で国政選挙を実施し，その結果に基づいて国内自治を確立することであった[35]。

33　'Note a l'intention de monsieur le minister Sheyven par Logiest', 26 août 1960, CAB 3763, AMAE ; UN General Assembly, Fifteenth Session, Fourth Committee, 1087th , 1089th and 1091st meetings (A/C. 4/SR. 1087, A/C. 4/SR. 1089 and A/C. 4/SR. 1091), 14, 15 and 16 December 1960.

34　From Brussels to Foreign Office, 27 September 1960, JB 1016/28, FO 371/146656, TNA.

128　第Ⅱ部　革命・独立とエスニシティ

　ベルギーはこのような早期かつ計画的なルワンダの独立のために，国連と協力することを望んでいたが，コンゴ危機後，国連との関係は悪化していた。例えば，ベルギーは，国連総会第4委員会の場で，「最悪の植民地主義」だとの批判を浴びた[36]。また，アジア諸国とアフリカの新興独立国は，ルワンダで解放闘争を戦っているトゥチをベルギー人が抑圧している，と考えて，ベルギーに批判的だった。このように，ベルギー政府は，コンゴに関して「痛手（bad knock）」を受けたがゆえに，ルアンダ・ウルンディについては同様の状況に陥るのを回避したがっていた[37]。そのため，ベルギーの国連大使は1952年以来ベルギーがいかにルワンダの民主化に努めてきたかを国連の場で強調している[38]。

　国連総会第4委員会では，国政選挙のタイミングが争点となった。そして，地方選挙のタイミングをめぐって政党間関係が徐々に民族で分かれたように，国政選挙のタイミングも政党間関係をゆらがせていった。例えば，UNAR のルイ・ルワガサナや RADER のブワナクウェリは，以下の理由から，1961年1月の国政選挙延期を求めた。まず，1960年6〜7月に行われた地方選挙が不当なものであったため，再度行う必要があること。そして，再選挙の後に，円卓会議を行ってから国政選挙を行うべきであることであった。一方，マクザなどの PARMEHUTU の政治家らは，国政選挙を延期するのは不可能であり，予定通り1961年1月15日に行うべきだと主張した。延期によってルワンダの「民主化」が停滞するからである。対して，多くのアジア・アフリカ諸国や冷戦の東側陣営諸国は，反植民地主義的な立場から UNAR を支持したため，少なくとも3月までの国政選挙の延期を主張した[39]。

　ベルギー人の立場からすると，そこまでの延期に賛成することはできなかっ

---

[35]　'Discours du ministre annonçant la constitution d'un gouvernement provisoire', *Rwanda politique*, pp. 312-315.

[36]　UN General Assembly, Fifteenth Session, Fourth Committee, 1078th meeting（A/C. 4/SR. 1078），7 December 1960.

[37]　From Brussels to Foreign Office, 23 August 1960, JB 1016/22, FO 371/146656, TNA.

[38]　UN General Assembly, Fifteenth Session, Fourth Committee, the Report of the Fourth Committee（A/4672），19 December 1960.

[39]　Ibid.

た。彼らからすれば，まず，PARMEHUTU は地方選挙に勝利し，ルワンダ大衆を代表する正統性を有していた。つまり，地方選挙は UNAR が主張するように不当なものではなかったため，再実施する必要はなく，暫定政府および議会に問題はないということである。第 2 に，2 月後半から雨季が始まると，3 月以降に選挙を実行するのが困難になるという物理的な要因から，3 月まで選挙を延期すべきではなかった。さらに，もし選挙が延期されれば治安悪化が懸念されうるとし，最後に，ルワンダが当初の予定通り 1962 年に独立するのであれば，できるだけ早期に自治政府を設立する必要があるという理由から，1 か月以上は延期できないとした[40]。このように，ベルギーは 3 月以降への選挙延期に否定的だった。

　しかし，5 月または 6 月まで選挙延期を求めた決議案が，1960 年 12 月に，ユーゴスラビアや他のアジア・アフリカ諸国によって提出された[41]。ベルギーの国連代表は，選挙の日程をめぐって妥協点を模索していた。もし，選挙延期が 2 月中旬までであれば，決議に賛成票を投じることができる。しかし，もし選挙がそれよりも延期されるのであれば，妥協は無理であるため，棄権または反対に投票せざるをえないと考えていた[42]。白熱した議論ののち，選挙の日程は若干修正され，3 月に再開される総会 15 会期中に決定されることになった。しかし，これは，早くとも 3 月までは選挙が確実に延期されるということを意味していたため，ベルギー代表はこの日程を受け入れることはできなかった。結局，この決議案は第 4 委員会では，賛成 47 票，反対 8 票，棄権 17 票で採択された。反対はベルギー，フランス，イギリス，オーストラリア，ポルトガル，スペイン，オランダ，南アフリカと，植民地を保有している国が多かった[43]。

40　From New York to Foreign Office, 4 December 1960, JB 2292/1, FO 371/146800, TNA.

41　この決議を起草した国々は，アフガニスタン，イラク，イラン，インド，インドネシア，エクアドル，エチオピア，エルサルバドルとヨルダンであった。UN General Assembly, Fifteenth Session, Fourth Committee, the Report of the Fourth Committee (A/4672), 19 December 1960.

42　From New York to Foreign Office, 16 December 1960, JB 2292/7 ; From New York to Foreign Office, 14 December 1960, JB 2292/3, 共に FO 371/146800, TNA.

43　UN General Assembly, Fifteenth Session, Fourth Committee, the Report of the Fourth Committee

130　第II部　革命・独立とエスニシティ

　第4委員会での決議は総会に審議が回されることになったが，ここでもベルギーは激しい批判にさらされた。総会決議1579（XV）として，「ルアンダ・ウルンディの将来に関する問題」は，1960年12月20日に，賛成61票，反対9票，棄権23票で採択された。賛成票を投じた国々は，中華民国と日本を除くアジア諸国，アフリカ諸国，ソ連などの東側諸国，そしてラテンアメリカ諸国だった。反対票は，第4委員会ですでに反対していた8か国とルクセンブルグだった。棄権は，アメリカ，カナダ，オーストリア，イタリア，トルコなどであった。また，この決議では，ルアンダ・ウルンディは歴史的かつ地理的な理由から，1つの国を形成することが望ましいと勧告された[44]。

　さらに，王に関する別決議1580「ムワミ問題」も採択された。この決議1580でも，ベルギーは，「恣意的にムワミの権力を停止し」，また「ムワミとしての義務を果たすためにルワンダに帰還するのを許可しなかった」と強く非難された。したがって，決議1580は，ベルギー人に対して，王を帰還させ，王政に関する住民投票を行うことを要求した[45]。両決議後，ハイチのマックス・ドーサンヴィユを委員長とした国連のルアンダ・ウルンディ委員会が設置された。

　ベルギー政府内は，国政選挙の実施時期をめぐって分裂していた。一方には，アフリカ問題を重要視し，脱植民地化を進めたい人々がおり，他方には冷戦の外交利益を優先し，国連決議を遵守する姿勢をアピールしたい人々がいた。1961年1月上旬，ベルギーのオステンドで会議が開催され，決議1579で要求された通り，国政選挙のタイミングについて議論が交わされた。特に，ハロワ総督やルワンダにいる行政官，さらにはアフリカ関係大臣ダスプルモン＝リンデンらは，決議はルワンダにおけるベルギー行政の権威を損なうものだとして，遵守を望まなかった。1960年12月24日，決議1579が採択された後，ダスプ

　　（A/4672）, 19 December 1960.

[44]　'Question of the future of Ruanda-Urundi', A/RES/1579, 20 December 1960 ; UN General Assembly, Fifteenth Session, Fourth Committee, 1092nd meeting（A/C. 4/SR. 1092）, 19 December 1960.

[45]　'Question of the Mwami', A/RES/1580（XV）, 20 December 1960.

ルモン゠リンデン大臣は，ハロワに対して「もし会議で大多数が予定通りの選挙実施に投票するならば，内閣（le conseil de cabinet）に確認することなしに選挙実施にゴーサインを出すことができるだろう。私は内閣から力を得ており，そうすることができる」と述べた[46]。また，決議に反発したフトゥのリーダーたちが会議出席を拒絶しようとしていたため，ハロワ総督は大臣に対して次のように尋ねた。「もしオステンドに来て，大多数が予定通りの選挙実施に投票するならば，選挙は 1 月 28 日に実施されるだろうか」。これに対する大臣の答えは肯定的なものであった[47]。このように，ルワンダ現地のベルギー行政とアフリカ関係省は，ルワンダの「政治的発展」と脱植民地化を予定通り進めたいがゆえに，会議を一応開催し国連にアピールしつつ，脱植民地化のペースを維持しようと考えていた。そして，会議では，出席者の大半が現地のベルギー行政官とフトゥ政治家だったため，会議は国政選挙を予定通り行うことを確認して，終了した。

　アメリカの史料からも，ベルギー政府の中で選挙実施の支持者が多かったことがわかる。ブリュッセルのアメリカ大使館からの情報によれば，外務省とアフリカ関係省を含む主要当局者の中で，即時選挙を望む者が「有力（overriding）」と報告されている。というのも，1961 年 1 月の選挙日程は，もともと国連から提示され，その後多くのルワンダ人にも受け入れられたものであるため，これを反故にすると，ルワンダ人が「裏切られた」と感じる可能性が高いからである。事実，オステンド会議後にベルギーに残っていたカイバンダは，選挙が延期された場合，ベルギーと国連は「革命的な状況（revolutionary situation）」に直面するだろうと警告したとのことであった[48]。

　しかし，オステンド会議後，ベルギー政府は突如，国政選挙の延期を発表した。この理由を説明できるベルギーの史料は現時点では確認できていない。しかし，他の史料を突き合わせてみると，アフリカよりも冷戦の国際関係を重視

46　Harroy, *Rwanda*, p. 401.

47　Ibid.

48　From Brussels to Secretary of State, no. 1322, 17 January 1961, 778.00/1-1761, Box 2027, CDF 1950-63, RG 59, NACP.

132　第II部　革命・独立とエスニシティ

した閣僚らが，NATO 同盟諸国との関係を重要視して，選挙延期を決めたのではないか，という仮説が成り立つ。例えば，1月17日，パリで開催されたNATO の会合で，ベルギー代表は選挙延期の危険性を指摘したが，同盟国から以下のような反応を受けたという。

　　基本的に，フランスは，ベルギーは国連の要素を十分に考慮すべきだと感じている。イギリスも，アメリカおよびフランスと同様の見方をしており，国連総会にたてつく行為に問題を感じている。オランダも，フランス，イギリス，アメリカと同様であり，ギリシャもアジア・アフリカ諸国を挑発することなしに国連決議を無効にできるか疑っており，西洋はこの手の問題でまた負けを期することがないようにすべきだと感じている。デンマークは国連決議に反して行動するのは賢明ではないと感じている[49]。

翌日の1月18日，ベルギー政府は未だに選挙を実施するか延期するかを発表できずにいた。彼らは，「国連決議を無視して直接行動する（fly directly in face of UN resolution）」，つまり選挙を強行することも，「国連に完全に譲歩」し，総会が決めるまで選挙を延期することも得策ではないと認識していた。ゆえに，妥協点として，例えば，ダスプルモン＝リンデンらが望んだように，「限定的な選挙」をひとまず行い，より重要な選挙を国連が定める時期に行う，またはウィニー外相が望んだように，「一時的に」選挙を延期して国連ルアンダ・ウルンディ委員会にアピールし，4月上旬に行うなどの妥協策が議論されていた。そこで，ベルギーはアメリカに意見を求め，アメリカ国務省は，後者の選択肢の方がより望ましいという回答をしている[50]。

　このようなやり取りから，実際に，NATO 諸国，特にアメリカの意向を受けて選挙延期に踏み切る重要な意思決定を行ったのは，ウィニー外相だったようである。ウィニーはベルギー政府内の閣僚の中では穏健派の1人で，国際世

49　From Paris to Secretary of State, No. POLTO 951, 17 January 1960, 778.00/1-1761, Box 2027, CDF 1950-63, RG 59, NACP.

50　From Brussels to Secretary of State, no. 1330, 18 January 1961, 778.00/1-1861 ; Outgoing Telegram to Brussels, 18 January, 778. 00/1-1861, 共に Box 2027, CDF 1950-63, RG 59, NACP.

論を考慮していたため，国連やNATO諸国の反応を重視していた。ブリュッセルのアメリカ大使館は，「ウィニーは国連の反応を心配している」と報告している[51]。

このような経緯は，ハロワ総督のインタビュー記事によっても裏付けられる。

> ベルギーは，同盟諸国に対して萎縮し，国連の勧告にある程度従わないことで，同盟諸国を不快にさせるのを恐れていたのだと思う。しかし，これらの同盟国は，もし問題の詳細を知らされたなら，異なる態度をとっていたかもしれない。彼らは，ルワンダは，西側にとってのポーン（a pawn for the West）［チェスの駒で将棋の歩に当たる］だとよりよく理解したかもしれない。私はまさしく，クイーン［チェスで最強の駒］でもルーク［縦・横自在に動ける重要な駒］でもなく，ポーンだと言っている。いったい，ゲームに勝利するのはポーンによってだろうか[52]。

このようにアフリカ関係省とルワンダ現地行政は，冷戦の地政学的な文脈においてルワンダを重要視していなかったため，国際的にいかに非難を浴びようとも，脱植民地化を進めるべきだと考えていた。対して，外相は，ルワンダを冷戦の文脈から捉え，NATO諸国に配慮し，いかなる国際的な非難も避けなければならないと考えていた。このような点で，ルワンダの国内政治はベルギー，NATO，国連の間の対立に影響を受けていたといえよう。しかし，フトゥの指導者たちは，このようなベルギー政府の決定に怒り，実力行使に出ることとなる。

3　ギタラマのクーデター

ベルギー政府の選挙延期に怒りを感じたフトゥの政治家たちは，直接行動に

---

[51] From Brussels to Secretary of State, No. 1322, 17 January 1961, 778.00/1-1761, Box 2027, CDF 1950-63, RG 59, NACP.

[52] Foreign Service Dispatch from AmEmbassy Brussels to the Department of State, Washington, 'Harroy Interview', No. 719, 3 February 1961, 778.00/2-361, Box 2027, CDF 1950-63, RG 59, NACP.

出た。これがギタラマのクーデターである。1961年1月28日の朝、地方選挙で当選したコミューンの長（ブルグメストル）約3,000名がギタラマに集まった。ルマルシャンは当時の状況を「早朝から、何十台というトラックが全国から最終目的地［ギタラマのこと］までやってきた」と記している。またブルグメストルだけではなく、ギタラマの大衆も集まっていた[53]。集会が始まると、ジャン＝バティスト・ルワシボ暫定内務大臣は次のような問いを大衆に投げかけた。

　　キゲリ［王］の問題にどのような解決策が与えられるべきだろうか。
　　誰によって、暫定政府のメンバーが選ばれたのだろうか。
　　我々は、いつ、暫定［状態］を後にするだろうか。（中略）
　　カリンガ、アビイル、封建的組織は、この国の人々を不幸にしてきた。
　　民主主義に道を開くために、これらの制度は消えなければならない[54]。

これに続いて、APROSOMAのギテラは、キゲリ・ンダヒンドゥルワ王の治世が終わりを迎えたと宣言した。ここにルワンダ共和国が誕生したのである。そして、共和国大統領の選出に移り、ムボニュムトゥワが共和国大統領に選ばれた。大統領は、カイバンダを内閣組閣者に任命し、表5のような内閣が誕生した。同時に、44名の政治家が国会議員として選出されたが、トゥチの政治家は含まれていなかった。最後に、1月28日を祝日とすることが宣言され、クーデターは終了した[55]。

　クーデターを誘発したのは、ベルギー政府の選挙延期によって、トゥチの王やUNARが勢力を巻き返しかねないことへの恐れだった。フトゥのリーダーたち、とりわけPARMEHUTUの政治家たちは、地方選挙での勝利と暫定政府内での権力を確実なものとするために、国政選挙を予定通りに実行したかった。フトゥ大衆はいまだに王を畏れていると考えており、その不在が長くなるほど

53　Harroy, *Rwanda*, p. 411 ; Lemarchand, *Rwanda and Burundi*, p. 192.
54　'Communiqué officiel concernant la réunion de Gitarama', *Rwanda politique*, pp. 384-386. これらの声明ははじめ、ルワンダ語で読まれ、その後カイバンダによってフランス語に翻訳された。
55　Ibid.

大衆の支持を失うため，キゲリ・ンダヒンドゥルワ王の帰還を阻止し，フトゥの支配を既成事実化する必要があったのである[56]。特別総督ロジストの回顧録によれば，クーデター数日前の1月25日，カイバンダが訪れ，次のように述べたという。

> 状況は，我々にとってとても悪い。いつになるかわからない期日まで選挙を延期して，国連は，恐怖制を再興するために，リベラル陣営［フトゥ政治家のこと］を王の手にゆだねている。我々は，犠牲の候補者ではない！（中略）我々は，国連代表の公平性を信用しない。彼らは，UNARにとって最もよいタイミングで選挙

表5　クーデター政府の構成（1961年）

	大臣
首相：グレゴワール・カイバンダ (PARMEHUTU)	
教育	グレゴワール・カイバンダ (PARMEHUTU)
内務	ジャン＝バティスト・ルワシボ (PARMEHUTU)
司法	アナスタズ・マクザ (PARMEHUTU)
社会・難民関係	ジャック・ハキズムワミ
技術関係	テオドール・シンディクブガボ
農業	バルサザール・ビチャムンパカ (PARMEHUTU)
経済関係	カリクスト・ハバメンシ (PARMEHUTU)
財政	ギャスパー・チマナ (PARMEHUTU)
国防	イシドール・セバズング (PARMEHUTU)
外交	ジェルマン・ガシングワ (PARMEHUTU)
	アロイス・ムニャンガジュ (APROSOMA)

が行われるように調整をしている。あなたは我々が信用できる唯一の人である。我々は，ウシュンブラとブリュッセルにゲームは終わりだと説得するような大きなクーデターを組織したい。そのために，あなたの助けが必要だ[57]。

　クーデターへのベルギー人の関与は，先行研究で常に自明視されてきた。例

---

[56] Outgoing telegram from American Consulate General Usumbura to Secstate Washington, 11 February 1961, Burundi Box 1, RG 84 Records of the Foreign Service Posts of the Department of State, NACP.

[57] Logiest, *Mission*, p. 189.

えば，ルマルシャンは，オステンド会議中にクーデターの計画が準備されたと主張し，次のように書いている。

確かに証拠は足りないが，本国政府が1月28日のクーデターを計画するにあたってかなり親密に総督府に協力したことは疑いようがない。少なくとも，特別総督［ロジストのこと］は，アフリカ関係大臣から，フトゥの政治家が行おうとしている一連の行動に対して，法的な含意がいかに深刻であろうとも，ブリュッセルは介入しないという非公式の言質を受け取っていたに違いない[58]。

レインツェンスもこの点を裏付けている。1980年にロジストに対して行ったインタビューによれば，ロジストは暫定政府に対して，共和国樹立の宣言とブリュッセルや国連に対するアピールを手助けする約束をしたという[59]。

　現地の信託統治行政官たちは，次のような理由からクーデターを支持していた。まず，彼らはフトゥにシンパシーを感じていた。また，国政選挙延期というブリュッセルの指示に必ずしも賛成していたわけではなかった。さらに，王を排除するのに自らの手を汚したくはなかったため，ルワンダ人がクーデターを起こしてくれるのはありがたかった。しかし，おおっぴらにフトゥの政治家を支援するわけにはいかなかった。そのため，カイバンダがロジストを訪ねた際，ロジストは「国連に対する敵対行為」になるため，クーデターを支持することはできないが，「人々を解放する」という考えには共感すると述べている。したがって，彼は，無知をよそおって交通や会場などの後方支援をすることで，消極的な支持を行うとした[60]。実際に，ルワンダの地方公文書館には，ルワシボ内務大臣からキブンゴの行政官に宛てた手紙が残っており，その中にはギタラマを訪問するための交通手段の領収書もあった[61]。このことは，ベルギー行

---

[58]　Lemarchand, *Rwanda and Burundi*, p. 192.

[59]　Filip Reyntjens, *Pouvoir et droit au Rwanda : Droit public et évolution politique, 1916–1973*, Tervuren : Musée royal de l'Afrique centrale, 1985, p. 294.

[60]　Logiest, *Mission*, p. 190. もちろん，私たちは，この引用がロジスト自身の自伝に載っているものであるため，自己弁護が入っていることに留意しなければならない。

政府がクーデターに協力していた可能性が高いことを示唆している。

しかし，ベルギー政府全体がクーデターに協力したわけではないことは指摘しておく必要がある。ベルギー本国の大臣たちの中には，クーデターの計画を知らなかった，もしくは少なくともルワンダの行政官たちとは意見を異にしていた者もいたからである。ブリュッセルからワシントンへのある電報は，「ルアンダのベルギー行政（特にハロワ総督）が1月28日の『クーデター』をブリュッセルに相談せずにたくらんだのは疑いようもない」と述べている[62]。

では，ベルギー政府は，どのようにクーデターに対処したのだろうか。もしベルギー政府が国連との関係改善を望み，さらなる批判を回避したいのであれば，クーデターを非難し，新政府として認めるべきではなかった。しかし，この場合，ルワンダの公共秩序は悪化し，独立が遅れる可能性があった。反対に，ベルギーがクーデター政府を認めた場合，選挙延期に対するルワンダ人政治家の不満を緩和し，独立に向けて協力することが可能となる。しかし，その場合，国連からの批判は増えることが予想された。結果的に，2月1日，ベルギー政府は，「混乱と無秩序を助長しないために，我々は平和的な人々の意志を武力によって抑圧すべきではない」と述べて，クーデターによって成立した新政府を認めた。そして，ベルギーはこの新政府に国内自治権を付与したのである[63]。

当然ながら，予想されたように，国連からベルギーに対する非難は増した。決議1579によって1960年12月20日に設立されていた国連のルアンダ・ウルンディ委員会は，そもそもベルギー人に対して好印象を抱いていなかった。まず，彼らはオステンド会議に参加した際に，ベルギーが国連決議に従うように求めた[64]。しかし，委員会は，会議中のベルギー人の態度を，委員会の影響力

---

61 'République Ruandaise. Ministère de l'intérieur. Objet : Elections Gitarama 28-1-61', 31 avril 1961, no. 273, NUMERIQUE 1962-1963, Ngoma, Archives of District Office, Rwanda.

62 From Brussels to Secretary of State, No. 1439, 5 February 1961, 778.00/2-561, Box 2027, CDF 1950-63, RG 59, NACP.

63 'Communiqué officiel du gouvernement belge définissant son attitude envers les événements de Gitarama' ; 'Ordonnance législative no. 02/38 du 6 février 1961 sur les pouvoirs d'autonomie des autorités publiques du Rwanda', *Rwanda politique*, pp. 397-399.

64 UN General Assembly, Fifteenth Session, *Interim Report of the United Nations Commission for*

138　第 II 部　革命・独立とエスニシティ

を削ごうとするものだとして好まなかった。さらに，オステンド会議開催が決議 1579 が採択されてから間もなかったため，委員会は，会議は準備不足でかつ実質的な価値がないという印象を抱いた。また，彼らは，ルワンダのベルギー現地当局は，委員会をまったく支援してくれていないと感じていた[65]。委員会は，その後のベルギー政府の選挙延期の声明を歓迎したものの，ウシュンブラを訪問した際にはベルギー現地行政の非協力的な態度に落胆した。また，現地のベルギー人行政官がクーデターについて知らせなかったことも批判している。そのため，委員会は，クーデター政府の「承認」と捉えられるのを避けるために，予定していたルワンダ訪問を中止し，クーデター政府を以下のように強く非難した。「ある種の人種的な独裁体制がルワンダで設立された。過去 18 か月の進歩は，一つの抑圧的な体制から別の抑圧的な体制への移行である。極端な考えが称賛され，トゥチ少数派は抑圧に直面している。概して，ルワンダの政治環境は不安定である[66]」。

　こうして，選挙を延期することで国際批判を緩和させようというベルギーの外交努力は，クーデターによって台無しにされてしまった。むしろ，さらなる批判を招いたため，NATO 同盟諸国ですらベルギーを擁護することができなくなった。前述の通り，ベルギーは国連との関係悪化と NATO 諸国からの圧力を懸念して，国政選挙延期を決めたわけだが，国連の中には，ベルギー政府がクーデターに関わっていたのではないか，という強い疑念が存在した。一般的に考えて，信託統治行政に気付かれることなしにクーデターを実行するというのは不可能に近いからである。さらに，クーデター政府をすぐ承認したことで，ベルギーの関与がさらに疑われることとなった。そのため，国連ルアンダ・ウルンディ委員会はクーデターによって樹立された政府とベルギー政府の両方を強く非難したのである[67]。

　このように，1960 年から 61 年は，ルワンダの政党政治にとってきわめて重

　　Ruanda-Urundi (A/4706/Add. 1), annex 8, 9 January 1961.

[65]　Ibid., pp. 16-18.

[66]　Ibid., p. 20.

[67]　Ibid.

要な時期であった。まず，政党間の協調が崩れた。UNAR と反 UNAR の共同
戦線とに分裂し，地方選挙後は，対立が PARMEHUTU 対反 PARMEHUTU の
共同戦線に変わり，最終的には，クーデターによって，フトゥの政党が権力を
掌握するに至った。また，コンゴ独立，ベルギーの政策変更，国連での白熱し
た議論が，ルワンダの国内政治に影響を与えた。この点において，国連内の対
立と冷戦が革命の流れに影響を与えたといえよう。

4 頻発する暴力と難民

　本章の最後に，本節では，1960 年夏から 61 年 2 月にかけて，ルワンダ国内
で革命が進むにつれて，ルワンダ全土で再び暴力行為が頻発し，難民が発生し，
民族対立が悪化していった過程を説明したい。すでに述べたように，1959 年
の暴力は，全国均一的なものではなかった。また，チーフらを標的にしたもの
で，トゥチの一般人全体を狙ったものではなかった。しかし，革命が進むにつ
れ，暴力が激化し，対象も拡大し，また全国的に頻発していく。このことに
よって当初よりも多くの難民が発生した。と同時に，PARMEHUTU が民族二
分法的なイデオロギーを採用し始め，また彼らが選挙で勝利したことで，トゥ
チとフトゥの間の対立が深刻になっていくのである。

　前章で見たように，ルワンダの政党は，1960 年初頭に，暫定特別評議会
(CSP) の場で国の将来について議論をしていた。しかし，暫定特別評議会か
らの提案をキゲリ・ンダヒンドゥルワ王が拒絶したことをきっかけに政党間の
協調は崩れ，UNAR 対その他三党という第 1 次共同戦線が発足した。そして，
1960 年 6 月からの地方選挙が近づくにつれ，西部，北部，南部，中央部で暴
力が起こるようになった。例えば，3 月，ビュンバ（北東部）のフトゥ農民ら
がトゥチを追い出し，家屋を略奪した[68]。5 月には，元チーフも含むトゥチの
家屋がキブイェ（西部）で燃やされ，牛も殺された[69]。南部では，アストリダ

68　*Imvaho*, no. 5 du 15 mars 1960, AI/RU 4368, AMAE.

でUNARとAPROSOMA間の対立がもとで暴力が発生した[70]。トゥチの権力が依然として強かった中央部，特にニャンザ周辺では，トゥチからフトゥへの攻撃も見られた。対して，フトゥからの暴力は当初，トゥチのチーフやサブ・チーフなどの政治的リーダーに向けられたものであった。

　地方選挙が1960年夏にルワンダ全土で行われた際，ローカルなレベルでは，選挙キャンペーンが展開されるなど，政治的に活発な状況だった。例えば，南西部のシャンググでは，様々な人々がキャンペーンに関わっていた。トラックの運転手やトレーダーたちは人を動員し，裁判書記官，学校教員，教会関係者などのコミュニケーション手段をもつ者たちは，ビラを配布したり，政党のメンバー証を印刷した。そして集会を組織し，戦略を練った[71]。

　革命が進むにつれ，一般人も暴力の標的にされるようになった。例えば，北西部にいた宣教師は，教会に逃れてきた避難民に関する記述を残している。それによれば，「私たちは，家を破壊された。それが起きてから，4日間殴られ，死ぬように放置された。彼らは，私がトゥチであるという事実以外に私に敵対する理由はない，と言った」とのことである[72]。さらに，筆者がインタビューをしたアイザックも，当時いかにフトゥのリーダーたちが支持者にトゥチ全体を人間以下だとみなすようにたきつけたのかを説明した。彼によれば，アストリダ近くでトゥチの家屋が放火されたのは次のような状況だったという。

　　命令は，ギテラやカイバンダのような権限を持つ上の者から来た。彼らはスピーチをして，「アリには火をつけてよい（Intozi zishoborwa n'umuriro）」と述べた。集会を開いて，何をすべきかを決めた。上層部は，トゥチが彼らを殺しに来るだろうから，先に攻撃しなければいけない，と言った[73]。

---

[69] 'No. 0570/427/BI. 313', 23 mai 1960, MINAG 2819, AMAE.

[70] 'Réunion des partis politiques à Astrida', *Rétrospective*, APROSOMA, pp. 95-96 ; From Leopoldville to Secretary of State, No. 297, 16 April 1960, 778.00/4-1660, Box 2026, CDF 1950-63, RG 59, NACP ; Lemarchand, *Rwanda and Burundi*, p. 109.

[71] Catharine Newbury, *The Cohesion of Oppression : Clientship and Ethnicity in Rwanda, 1860-1960*, New York : Columbia University Press, 1988, pp. 198-200.

[72] St. John, *Breath of Life*, p. 210.

第5章 革命の完成とエスニックな暴力 **141**

このような発言からは，後にジェノサイドの際にも登場するトゥチの非人間化
（dehumanization）と，自分たちの安全を守るという大義名分といった，共通点
を見てとることができる。

暴力の拡大と激化は，新たな難民の発生をもたらした。宣教師たちは，教会
が避難民の避難所となっていたと証言した。「トゥチ避難民たちは，教会がフ
トゥの敵ではないと知っていた」からである[74]。北部のルヘンゲリでは，何千
もの人々が国内避難民となった[75]。北東部のビュンバでは，数百もの人々が教
会に逃げただけではなく，ウガンダに逃れた人も少なくなかった[76]。南部では，
およそ 3,000 もの人々がアストリダ近辺の教会に逃れた[77]。しばらくたって，
帰宅した避難民もいたが，より安全なルワンダ東部・南東部に移った者もいた。
結果として，1961 年 3 月以前に，避難民は東部のブゲセラでは 8,000 名以上，
キブンゴでも 2,300 名ほどに上った[78]。インタビューをしたジルベールは以下
のように記憶している。

> ［当時チーフだった］ルワガサナは，彼ら［避難民］が家を建てられるよう
> に，ルクンベリの人々に森を切り開くように命じた。（中略）彼らがどこ
> から来たのか正確に知ることは難しかったが，彼らはギコンゴロやブタレ
> ［アストリダのこと］から来たと言っていた。彼らは私たちよりも裕福でお
> 金をもっていた。徐々に私たちの土地を購入した。これらの人々は「この
> 地に加わった者（*Abamere Nabasanze Ino*）」と呼ばれた[79]。

なお，ポール・カガメ現ルワンダ大統領も，この時にルワンダを逃れている。
彼は 1957 年 10 月 23 日，王母を輩出するクランに生まれた。父親は，王家と

---

73 アイザックへのインタビュー（2011 年 11 月 22 日）。

74 St. John, *Breath of Life*, p. 203.

75 De Van Hoof à Volker, 10 janvier 1960, 727126, GEN 727, A.G.M.Afr.

76 *Imvaho*, no. 5 du 15 mars 1960, AI/RU 4368；A. /Cab. 6 (Sûreté) 21/27 mars 1960, MINAG
   2819, 共に AMAE.

77 *Imvaho*, no. 8 du 30 avril 1960, AI/RU 4368, AMAE.

78 Rudipress, 1 avril 1961, Archives of Kabgayi, 1961, A.G.M.Afr.

79 ジルベールへの 2 度のインタビュー（2011 年 11 月 15 日，21 日）。

142 第II部 革命・独立とエスニシティ

密接な関係があったものの政治には関与せず，牛やコーヒーのビジネスを展開
していたという。また，母親はルワンダ最後の女王（ムタラ・ルダヒグワ王の夫
人）の従姉妹だったという。その後，1961年にカガメ一家は，まず父が亡命
し，その後幼いカガメ大統領を含む残りの家族も女王の助けを得てルワンダを
去って難民になったという[80]。

　以上に見るように，この当時ローカルなレベルでは，緊張が増していき，よ
り暴力的で不安定な状況になっていたことは想像に難くない。

おわりに

　本章は，政党間対立の悪化やクーデターの発生，国際関係の影響，トゥチと
フトゥの関係の変化を検討してきた。1960年から61年は，ルワンダの政党政
治そしてエスニシティにとって重要な時期であった。まず，政党間の協調が崩
れた。UNARと反UNARの共同戦線とに分裂し，地方選挙後は，対立はPAR-
MEHUTU対反PARMEHUTUの共同戦線に対立の構図が変わった。コンゴ独
立，ベルギーの政策変更，国連での白熱した議論が，ルワンダの国内政治に影
響を与え，最終的には，クーデターによって，フトゥの政党が権力を掌握する
に至った。つまり，国連内の対立と冷戦が革命の流れに影響を与えたといえよ
う。そして，その中で，各地で暴力が生じ，難民が発生し，トゥチ全体が暴力
の対象となっていってしまったのである。バーマンが指摘したように，「ます
ます流動的かつ不安定で紛争の起こる世界」がエスニシティを「政治的部族」，
つまり政治化されたエスニシティにしてしまったのである[81]。そして，次章で
検討するように，1962年7月にルワンダは独立を達成するが，それは多くの
問題をはらむものであった。

---

[80]　François Soudan, *Kagame : Conversations with the President of Rwanda*, New York : Enigma
Books, 2015, pp. 8, 11, 14–21.

[81]　Bruce Berman, '"A Palimpsest of Contradictions" : Ethnicity, Class, and Politics in Africa',
International Journal of African Historical Studies, 37-1 (2004), p. 29.

第 6 章

そして独立へ

1961 年 3 月～62 年 7 月

はじめに

　前章では，ルワンダの革命がどのように進んでいったのか，国際関係からどのような影響を受けたのか，そしてエスニシティはどのように変化したのかを検討してきた。本章では，クーデター後から 1962 年 7 月にルワンダが独立を果たすまでの過程を検討する。具体的には，革命が独立の形やトゥチ・フトゥ関係にどのような影響を与えたのか，ルワンダの独立がどのような問題をはらむものだったのかを明らかにする。また，第 II 部全体の議論をまとめながら，1950 年代末から 60 年代にかけてトゥチとフトゥの対立が形成された国際・国内・ローカルな政治の要因を整理したい。

1　ベルギーの政権交代と国際的地位の回復

　本節では，国際的地位の回復とルワンダの独立成功をめざすベルギーの政策を検討する。前章で述べたように，1961 年 1 月末のクーデターによって，ベルギーはクーデターを支持したとして国際的非難にさらされた。また，2 月 13 日，カタンガ政府がコンゴ首相パトリス・ルムンバの死を公表したことで，ベルギーに対する国際的な反発はいっそう増した。3 月に再開した国連総会の第 4 委員会では，「ルワンダ国民連合（UNAR）」を支持し，ベルギー政府とフ

144　第 II 部　革命・独立とエスニシティ

トゥの協力者を批判する声が多く上がった。1960 年秋に多くのアフリカ諸国が国連に加盟したにもかかわらず，というよりも多くのアフリカ諸国が国連に加盟したからこそ，これらの国々は，アフリカにおけるヨーロッパ植民地主義の問題を重視していたが，トゥチ・フトゥの関係についてはさほど重要視していなかったようである。したがって，ルワンダに関する国連での議論は，概ね UNAR を支持するものであった。このような状況で，「大衆社会上昇協会（APROSOMA）」と「フトゥ解放運動党（PARMEHUTU）」のリーダーたちは共同で請願を準備し，クーデターを正当化し，共和国の設立は「民主的な」行為であって「封建主義」と「植民地主義」を打倒するものだと擁護した。しかし，UNAR 指導者やキゲリ・ンダヒンドゥルワ王の代理人らは，ベルギーの政策を批判し，信託統治の即時停止を求めた。また，彼らはクーデターにより発足したルワンダ共和国を「国連決議に対する挑戦」だと非難した。国連では，上記のような理由で，後者の意見が重視された[1]。

　1961 年 4 月 10 日，ユーゴスラビアと他の 24 か国が，ルワンダで「包括的な臨時政府（broad-based caretaker government）」を設立することを求める決議案を提出する。この決議案は，クーデター政府の正統性を否定し，UNAR メンバーを含む臨時政府が国政選挙実施まで設置されるべきだとしていた。したがって，ベルギー人がこの決議案を受け入れるのはほぼ不可能であった。4 月 12 日，決議案は，賛成 86 票，反対 1 票（ベルギーのみ），棄権 3 票（フランス，スペイン，ポルトガル）で採択され，その後，決議 1605 として総会審議へと回された[2]。

　ベルギー人は妥協を検討せざるをえなかった。4 月 18 日，ベルギーの国連代表であるワルター・ロリダンは，イギリスの国連大使であるアンドリュー・コーエンに対して，もしベルギー批判が前文から削除され，多くの「友人」が棄権をしてくれるなら，ベルギーも反対ではなく棄権するようにとピエール・

1　'Déclaration conjointe des Partis APROSOMA-PARMEHUTU sur l'avenir du Ruanda-Urundi, à la 4eme Commission des N.U.', *Rétrospective*, APROSOMA, pp. 116-122.

2　From New York to Foreign Office, 10 April 1961, JBR 2291/6, FO 371/155132, TNA.

ウィニー外務大臣が指示した，と述べた[3]。しかし，草案と同様に，決議1605は修正なく「ルアンダ・ウルンディの将来に関する問題」という決議として可決され，反対はベルギーのみ，棄権はフランス，ポルトガル，スペインのみであった[4]。このように，ベルギーはクーデター後に強まった国連からの批判を緩和するために妥協の姿勢を見せようとしたが，その努力は無駄に終わり，国連でいっそう孤立することとなった。

　1961年4月25日，テオドール・ルフェーヴル率いる新たなベルギー内閣が誕生した。この内閣は，コンゴにおいてカタンガの分離独立を支持する傾向にあった前エイスケンス内閣とは異なり，カタンガと中央政府の和解を望む傾向にあった[5]。特に，外務大臣およびルアンダ・ウルンディ大臣に任命されたポール＝アンリ・スパークは，カタンガ分離が長期化し，ベルギーがフランスのような「アルジェリア的状況」に陥ることを懸念していた。したがって，NATO同盟諸国との関係を土台に，国連と協力し，国際的な孤立から抜け出すことが重要だと考えていた[6]。また，ルワンダについても，ルワンダ現地行政とは異なる見解を有していた。ルワンダでは，ジャン＝ポール・ハロワ総督とギィ・ロジスト特別総督は，決議1605は，そもそも実行が不可能であり，またベルギーは国際的な非難を浴びようとも信託統治国としての責任を果たすべきだと考えていたため，決議を遵守する必要はないと考えていた。しかし，スパーク大臣は，ルワンダにはベルギーの国際的な評判を危険にさらすほどの

3　From New York to Foreign Office, 18 April 1961, JBR 2291/9, FO 371/155132, TNA.

4　UN General Assembly, 'Question of the future of Ruanda-Urundi', A/RES/1605 (XV), 21 April 1961.

5　Erik Kennes and Miles Larmer, *The Katangese Gendarmes and War in Central Africa*, Bloomington : Indiana University Press, 2016, pp. 49-50 ; Christopher Othen, *Katanga 1960-63*, Stroud : The History Press, 2015, p. 113. なお，エイスケンスは，当初「スパークの秘蔵っ子」と言われるほどであったが，この時期には関係が悪化し，スパークがエイスケンスを批判するようになる。また，同じ党内のルフェーヴルとの関係が悪化した。その結果，ルフェーヴルは選挙勝利後，他党所属のスパークに入閣を依頼し，対外政策をまかせるに至る。松尾秀哉『ベルギー分裂危機──その政治的起源』（明石書店，2010年），73-90頁。

6　三須拓也『コンゴ動乱と国際連合の危機』（ミネルヴァ書房，2017年），163頁。

146　第 II 部　革命・独立とエスニシティ

重要性はないと考えていたため，国連との関係改善を目標としていた[7]。

　新ベルギー政府は，このようなベルギーの姿勢を国連にアピールしようとした。そこで，クーデターの責任を取らせて，ハロワ総督を更迭することを検討するのである。結局この計画は，脱植民地化の「重要な最後の年を，経験不足の新たな候補者にまかせ」られないという理由で実現しなかったが，少なくともベルギー政府が更迭を検討していたということは注目に値する[8]。政府は，ハロワ更迭のかわりに，現地のベルギー行政の管理を試みる[9]。5 月 17 日，ベルギー政府は，無条件で決議 1605 を受け入れ，その履行のために，スパーク大臣個人の代理人をルワンダに送ることを決定した。スパークは，代理人派遣の理由を「国連の委員会メンバーとの関係を維持するためには，［彼らに］あらゆる問題，例えば，黒人［ルワンダ人］の政治家やベルギー行政，私が追求しようとしている政治などについて，説明する必要がある」[10]と説明している。現地行政は，ルワンダに関するスパーク大臣の政策を不服としたものの，これに従わざるをえなかった[11]。

　このように，1961 年上旬，クーデターやコンゴでのルムンバ殺害などによって国際的非難にさらされたベルギー政府は，政権交代を機に，国際的地位の回復を目指す方針へと転換し，そのためにルワンダ現地行政の動向を管理しようとした。

7　Harroy, *Rwanda*, pp. 447-449 ; Logiest, *Mission*, p. 193 ; From New York to Secretary of State, 4 May 1961, 778,00/5-461, Box 2027, CDF 1950-63, RG 59, NACP.

8　From Brussels to Secretary of State, No. 1802, 20 April 1961, 778.00/4-2061, Box 2027, CDF 1950-63, RG 59 ; Outgoing telegram from Amconsul Usumbura to Secstate Washington, 25 May 1961, Box 1, RG 84, 共に NACP.

9　From New York to Secretary of State, No. 3042, 2 May 1961, 778.00/5-261, Box 2027, CDF 1950-63, RG 59, NACP.

10　Paul-Henri Spaak, *Combats inachevés*, volume 2, Paris : Fayard, 1969, p. 300.

11　Outgoing telegram from Amconsul Usumbura to Secstate Washington, 10 August 1961, Box 1, RG 84, NACP.

2 国政選挙と王政廃止

　それでは，クーデター後のルワンダ政治はどのような動きを見せたのか，また，近づきつつある独立後の国家の形をめぐってどのような議論がなされていたのだろうか。まず，後者の問題については，様々な意見が登場していた。例えば，トゥチの難民は，タンガニーカとの連合・連邦を支持した。なかでも1961年4月，ダル・エス・サラームで，キゲリ・ンダヒンドゥルワ王とブルンディの皇太子ルイ・ルワガソレが共同声明を出し，タンガニーカとルアンダ・ウルンディの連邦を求めた[12]。

　　旧ドイツ領東アフリカであるルアンダ，ウルンディ，タンガニーカには，多様だが似通ったアフリカの人々（diverse but similar African people）がいる。ルアンダ・ウルンディに住む人々の利益は，より広範な東アフリカ（a greater East Africa）［のまとまり］を形成することにある。（中略）我々は，東アフリカ諸国の統合を求める。（中略）タンガニーカとルアンダ・ウルンディが最初にまとまり，他の東アフリカ諸国の先例となることを願う。この目標がタンガニーカ独立の日とされる12月28日より前に達成されるべきである。そうなれば，旧ドイツ領東アフリカ全体が同日に独立を達成できる[13]。

王やトゥチの難民は，タンガニーカと近づくことで，自身の権力回復，すなわちトゥチの支配を再確立するために利用できると考えたのだろう。また，ブルンディは依然としてトゥチの王政が支配を続けているため，反ベルギー的であったことから，ベルギーの影響力から脱するためにタンガニーカに接近した

12　From Dar-es-Salaam to Secretary of State, No. 412, 7 April 1961, 778.00/4-761, Box 2027, CDF 1950-63, RG 59, NACP.

13　Foreign Service Despatch from Amcongen DarEsSalaam, 'Hereditary Rulers of Ruanda and Urundi Call for Federation with Tanganyika', No. 215, 8 April 1961, 778.00/4-861, Box 2027, CDF 1950-63, RG 59, NACP.

148　第 II 部　革命・独立とエスニシティ

と考えられよう。

　ちなみに，タンガニーカのジュリウス・ニエレレもこのような連邦に乗り気であった。そもそも，彼は，ケニア，ウガンダ，タンガニーカが国内自治を達成した時点で，連邦を形成することを提唱していた。しかし，様々な要因によって，この 3 か国による連邦構想は停滞していた。そこで，代替案として，周辺の小国をタンガニーカとの連邦に引き込み，法的・政治的先例を築き，将来の大国の参加に期待するというアイディアが登場する。1961 年 1 月，ニエレレは，「実験（pilot project）」として，ルアンダ・ウルンディとタンガニーカの連邦制を考えるようになる。また，東アフリカにおける連邦設立は，パンアフリカニズムとアフリカ内連邦設立を目標とする彼にとって重要だった。その理由の 1 つとして，地域分裂によって外部の操作（outside manipulation）に対して脆弱になることへの懸念があった[14]。ニエレレは，ルアンダ・ウルンディは小国なのでタンガニーカの側が影響を及ぼすことはあれど，その逆はないだろうと考え，タンガニーカが東アフリカ連邦の核になると考えていた[15]。

　この連邦案について西側諸国はどのように捉えていたのだろうか。まず，アメリカにとって最も重要だったのは，ルワンダがベルギーとの関係を維持することだったが，連邦の提案にはメリットがあり，東アフリカの安定要因になりうるだろうとも考えていた[16]。ブリュッセルのアメリカ大使館からの報告によると，ベルギー人行政官の中にもこの案に好意的な者がいた。ルアンダ・ウルンディ（もしくは少なくともウルンディ）とタンガニーカの連邦は，タンガニーカで穏健なリーダーシップが続くのであれば，望ましいと考えられたからである[17]。しかし，ベルギー政府はこの案に乗らなかった。それはまず，ニエレレ

14　Paul Bjerk, 'Postcolonial Realism : Tanganyika's Foreign Policy Under Nyerere, 1960-63', *The International Journal of African Historical Studies*, 44-2 (2011), pp. 215-247 ; Paul Bjerk, *Building a Peaceful Nation : Julius Nyerere and the Establishment of Sovereignty in Tanzania, 1960-1964*, Rochester : University of Rochester Press, 2015, pp. 194-198.

15　From Amembassy London to SecState Washington, no. G-918, 3 February 1961, 778.00/2-361, Box 2027, CDF 1960-63, RG 59, NACP.

16　Outgoing telegram, 3 February 1961, 778.00/2-361, Box 2027, CDF 1960-63, RG 59, NACP.

17　From Amembassy Brussels to Secretary of State, no. G-243, 14 February 1961, 778.00/2-1461,

第6章　そして独立へ　149

がキゲリ・ンダヒンドゥルワ王とのつながりを有しているからであった[18]。また，タンガニーカとの連邦が実現した場合，ベルギーの影響が排除される可能性が高いとも予想された。アメリカとしては，今やルアンダ・ウルンディの両国とも別の国として独立したがっているため，より大きな隣国タンガニーカと連邦を形成することは，かなりの自治を付与されない限り，望まないだろうと判断した。そして，ウルンディのリーダーが連邦案を支持しているのは，ベルギーの影響力を排除したいためだとみなしていた[19]。イギリスも，ルアンダ・ウルンディとタンガニーカの連邦はかなりのリスクを伴うと判断していたため，好意的ではなかった。ルアンダ・ウルンディの情勢が落ち着かない限り，タンガニーカに難民が押し寄せ，暴力が波及する危険性があると考えられたからであった。そして，タンガニーカのスムーズな独立への移行を醸成することが優先されるべきだと考えていた[20]。

　ニエレレは，さらに連邦後の構想として，コモンウェルスも想定していたようである。1961 年 6 月 25 日に『サンデー・テレグラフ』紙に掲載された記事によると，ニエレレはルアンダ・ウルンディとタンガニーカの連邦を検討しており，最終的にこのような連邦のメンバーとして，ルアンダ・ウルンディがコモンウェルスにリンクされるだろうと考えていた。したがって，ベルギー政府とイギリス政府は，タンガニーカの 12 月の独立に合わせてこれらの地域も完全独立に向けて進めるよう準備すべきである，と提言していた[21]。

　しかし，ルワンダ国内では異なる意見が主流であった。国内に残っていた UNAR のメンバーは，ルワンダ経済のためには大きな枠組みが必要なので，

　　　Box 2027, CDF 1950-63, RG 59, NACP.

[18]　From Dar-es-Salaam to Secretary of State, no. 292, 10 February 1961, 778.00/2-1061, Box 2027, CDF 1950-63, RG 59, NACP ; Harroy, *Rwanda*, p. 332.

[19]　From Usumbura to Secretary of State, no. 40, 17 February 1961, 778.00/2-1761, Box 2027, CDF 1950-63, RG 59, NACP.

[20]　From London to Secretary of State, no. 3210, 9 February 1961, 778.00/2-961, Box 2027, CDF 1950-63, RG 59, NACP ; From Colonial Office, 27 September 1960, JB 1016/29, FO 371/146656, TNA ; Bjerk, *Building*, p. 196.

[21]　From Amembassy London to SecState Washington, no. G-1741, 28 June 1961, 778.00/6-2861, Box 2027, CDF 1950-63, RG 59, NACP.

150 第 II 部 革命・独立とエスニシティ

コンゴから分離したのは間違いであったと述べ，ルアンダとウルンディの間で単一の政府と共同議会をもつ連合を作るべきだと主張した。また RADER のプロスパー・ブワナクウェリも，ルアンダ・ウルンディは「ある種の連邦」の形で共存するべきだと述べた[22]。彼らからすると，トゥチの支配が継続しているブルンディとの関係を維持することで，ルワンダ国内のフトゥ支配に一定の歯止めをかけられると考えたのかもしれない。これに対して，PARMEHUTU およびそのリーダーのカイバンダは，独立後もベルギーからの支援が続けられるべきであり，かつルアンダ・ウルンディの共同体は無理だと主張している[23]。また，東アフリカの国々に対しては，UNAR とのつながりがあるとみなしていたため，連邦は問題外であった。

　同時期，ベルギーが決議 1605 を受け入れたことで，国連はベルギーに対して，逮捕者への恩赦を発表し 1961 年 9 月に国政選挙を行うように求めた。そこで，ハロワ総督は，1959 年 10 月 1 日から 61 年 4 月 1 日までに逮捕された者たちの恩赦を発表した[24]。決議によって設置された国連のルアンダ・ウルンディ特別委員会は，恩赦監督のためルワンダを訪れた。そして，7 月から順次，2,000 名以上が解放され，多くの UNAR のリーダーたちが帰宅した[25]。委員会は，この進捗に満足だと発表している[26]。

　8 月 4 日，ハロワ総督が，国政選挙および王政に関する住民投票を 9 月 25 日に行うと発表したことから，各党は選挙キャンペーンを開始した[27]。人口の大半（特に女性）が文字を読めないことから，国政選挙では，色による投票制

---

[22]　Memorandum of Conversation, 2 June 1960, in UPA Microfilm, Reel 2.

[23]　'Memorandum sur l'audience accorde a Gitarama le 11 octobre aubureau executif du Parmehutu', *Rwanda politique*, p. 308.

[24]　Foreign Service Despatch from Amconsul Usumbura, 'Legislative Ordinance Granting Amnesty for Political Offenses', 13 June 1961, 778.00/6-1361, Box 2027, CDF 1950–63, RG 59, NACP.

[25]　Harroy, *Rwanda*, pp. 465–466.

[26]　UN General Assembly, Sixteenth Session, 'Legislative Ordinance No. 01/188 of 31 May 1961 proclaiming an amnesty for political offences committed between 1 October 1959 and 1 Avril 1961', *Report of the Special Commission for Ruanda-Urundi on the question of the future of Ruanda-Urundi*, 30 August 1961, A/4856, Annex 6–10.

[27]　UN General Assembly, Sixteenth Session, Annex, A/4994/Add. 1 ; Harroy, *Rwanda*, p. 464.

が採用された。投票者は，PARMEHUTU なら赤，APROSOMA なら緑，RADER なら青，UNAR なら白を，また王政については賛成なら茶色，共和制賛成なら黒の紙をそれぞれ投じることとなった。選挙のために，133 万人前後が登録し，全国に 225 以上の投票所が設けられた。UNAR はフトゥ大衆を脅迫して支持を得ようとした。また，PARMEHUTU も人々に「黒を投票して，茶色は路上の穴に捨てろ」と命令した[28]。

　国政選挙に向けて，APROSOMA のギテラはまたしても機会主義的だった。国政選挙の前に，UNAR とキゲリ・ンダヒンドゥルワ王に再度接近し，PARMEHUTU に対抗しようとしたのである。前述のように，UNAR と RADER，APROSOMA は，1960 年 10 月，PARMEHUTU に対抗するために，第 2 次共同戦線を組んでいた。ウシュンブラのアメリカ領事館によれば，UNAR 内の過激派は実力行使に出ようと計画していたため，RADER と APROSOMA と共闘することには反対していたという。その後，APROSOMA は 1961 年 1 月のクーデターに参加し，クーデター政府に抜け目なく参加している。しかし，国政選挙が近づくと，ギテラは，ダル・エス・サラームに亡命中の王に特使を派遣し，立憲君主として帰還するよう願っている。これには，王を APROSOMA の影響下に置くことで，国政選挙で PARMEHUTU が勝利しさらなる権力を獲得するのを防ぐ狙いがあったと考えられる[29]。

　9 月 25 日，1 月から延期されていた国政選挙がついに実施された。各投票所では，投票者は，登録後に投票用紙が入った封筒を受け取り，そして投票終了時に証として印を押された。投票者はおよそ 125 万人，有権者の約 95 ％であった。結果は，PARMEHUTU の大勝で，議会 44 議席中，35 議席（80 ％）を獲得した。なお，UNAR は 7 議席（15 ％），APROSOMA は 2 議席，RADER はたった 4,000 票獲得で議席は 0 に終わった。PARMEHUTU から議長にアマンダン・ルギラが選出され，APROSOMA のムニャンガジュが副議長となった。また，カイバンダが正式に共和国大統領に選出された。そして，同時に行われ

28　Ibid., pp. 470–471.

29　Outgoing telegram from Amconsul Usumbura, 31 July 1961, Box 1, RG 84, NACP.

た王政に関する住民投票では、100万人以上が共和国を支持し、王政支持は25万票以下だった[30]。これによって、ルワンダの王政は正式に終了した。

なお、キゲリ・ンダヒンドゥルワ王自身は、この時の様子を次のように振り返っている。彼は1960年夏にルワンダから亡命して以来、周辺国を行き来していたが、1961年9月の国政選挙前に、変装してタンガニーカ・ブルンディ国境からルワンダに入国し、キガリに到着した。UNARのリーダーの自宅に行ったが、待ちかまえていたベルギー人兵士に取り囲まれ、自宅逮捕・軟禁され、選挙後の10月2日にタンガニーカに追放されたという。王によれば、選挙はベルギー人が偽装したもので、選挙が公平だったらUNARが60%得票していたに違いないという[31]。

このように、1961年上旬から下旬にかけて、独立後の国家の形をめぐって、様々な議論が展開されていた。その中では、例えば、タンガニーカとの連邦制など主権国家としてのルワンダではない形での独立も主張された。しかし、ルワンダ国内でPARMEHUTUが国政選挙に勝利し、また住民投票によって王政が正式に廃止されると、これらの可能性はなくなっていく。PARMEHUTUからすれば、トゥチの王政が続いているブルンディや王をはじめとするトゥチ難民が多く住んでいるタンガニーカなどとの連邦制は問題外であり、自身の権力強化のためにもルワンダ単体での独立が最も望ましかったのである。

3　独立の達成

第1節で述べたように、ベルギー政府は、スパーク外相らの努力によって、国連の信頼をある程度回復した。また、第2節で説明したように、延期されて

---

[30] Harroy, *Rwanda*, pp. 471–472, 475 ; Reyntjens, *Pouvoir et droit*, p. 328.

[31] その後は、ウガンダのイディ・アミンが1973年に住居をウガンダ国内に与えたが、1979年にアミンが失脚したため、ケニアに逃れ、そこでしばらく生活していたという。Ariel Sabar, 'A King with No Country', *Washingtonian*, 27 March 2013, https: // www.washingtonian.com/2013/03/27/a-king-with-no-country/

いたルワンダの国政選挙が 1961 年 9 月に実施され，PARMEHUTU の大勝に終わり，王政に関する住民投票でも共和国の地位が保証された。本節では，選挙結果と国連との関係改善に満足したベルギー人らと PARMEHUTU を中心とする共和国政府がどのように独立を達成したのかを説明する。

　スパークは，ルワンダとブルンディの暫定政府メンバーをブリュッセルに招聘し，国内自治と独立に関する議論を開始した。12 月上旬，カイバンダ率いるルワンダ政府がブリュッセルに到着し，交渉が始まった[32]。ウシュンブラのイギリス領事館によれば，スパークの計画の主眼は，総督やその側近を交代させ，また軍事を含むベルギー行政を技術援助という形で残すことであった[33]。これらの構想は，ルワンダからの漸進的な撤退を行うというアイディアから来ており，この点に関しては，彼らはコンゴでの状況から学習したようであった。12 月 21 日，ベルギー・ルワンダ両政府は，ブリュッセル協定を取り交わした。この協定では，まずルワンダに国内自治権が与えられた。スパークはこれについて，ルワンダとブルンディで「国内自治が信託統治協定に沿う形で達成された」と述べた。しかし，ベルギーが外交関係，安全保障，財政，治安の分野で権力を維持することも決定された。ベルギー軍は，ルワンダ政府の許可を得た上で，ルワンダ国内で活動を行うことになったのである。財政についても，ベルギー人は，ルワンダ政府の計画を土台に指導を行うこととなった。また，この協定とは別に，国連から求められているルアンダ・ウルンディの連合について討議を行うことに合意した[34]。最後に，総督が高等弁務官に代わり，ロジストが初代高等弁務官に就任し，ハロワ総督は 1962 年 1 月にルワンダを去ることとなった[35]。

　国連では，このような国内自治達成を踏まえ，議論の焦点がルワンダとブル

32　Harroy, *Rwanda*, pp. 490–493.

33　From Usumbura to Foreign Office, 11 December 1961, JBR 1021/17, FO 371/155116, TNA.

34　UN General Assembly, Sixteenth Session, *Protocol concluded on 21 December 1961 between the Minister for Ruanda-Urundi, representing the Belgian Government, and the representatives of the Government of Rwanda and Burundi* (A/C. 4/517).

35　From Usumbura to Foreign Office, 28 December 1961, JBR 1015/4, FO 371/161793, TNA.

154   第II部　革命・独立とエスニシティ

ンディの関係に移行していった。1962年1月10日，ソ連の国連代表は，ルワ
ンダとブルンディを別の国として独立させるベルギーの政策は信託統治協定や
過去の決議に違反すると批判した。その他の国々も，「アフリカのバルカン化」
を懸念し，ベルギーの「新植民地主義」的な意図を疑った。カメルーンの事例
のように，国連はルワンダとブルンディが一体であるべきとし，ルアンダ・ウ
ルンディの分離を望んではいなかったのである[36]。

　1962年4月，エチオピアのアディス・アベバで行われた会議で，ルワンダ
とブルンディの関係について審議がなされた。国連のルアンダ・ウルンディ委
員会は，ルアンダ・ウルンディ連合の重要性を次のように説明した。第1に，
歴史的かつ地理的背景を考慮すると，2つの国に分けるのはナンセンスだとい
うこと。第2に，両国の経済的な脆弱性が技術協力の名のもとに新植民地主義
を引き寄せる可能性があるため，両国の協力関係は経済・財政問題に対処する
ために重要だということ。加えて，中央集権的な連邦は，協力を可能にするた
め，共同の外交政策にも有効であるということが挙げられた。しかし，ルワン
ダ政府は，王政が存続しているブルンディと政治的に協力するのは不可能だと
して，政治連合の可能性を否定した。ただし，ルワンダ政府は，国連委員会に
好印象を与え，独立の確約を引き出したかった。そのため，経済連合について
は，通貨，関税，コーヒー，科学的調査の分野で協力関係に合意することにメ
リットを見出したという事情もあって，ルアンダ・ウルンディは独立後も，通
貨協定などによる経済協力を行うことになった[37]。

　国連のもう一つの懸念は「和解」であった。国連は，PARMEHUTU がルワ
ンダ政府の権力を独占することを懸念していた。そして，トゥチの政党との
「和解」がいまだ達成されていないことから，1962年2月にニューヨークで，
ルワンダ政府と UNAR の間の和解に関する会合を設けた。出席者は，UNAR

36　From New York to Foreign Office, 12 January 1962, JBR 1015/8, FO 371/161793, TNA. カ
　　メルーンはもともとはドイツの植民地だったが，第一次世界大戦後，英領と仏領に分け
　　られて委任統治下に置かれた。1960年，仏領カメルーン独立後，英領カメルーンは北
　　部がナイジェリアと，南部がカメルーンと合併している。

37　From Addis Ababa to Foreign Office, 20 April 1962, JBR 1015/26, FO 371/161794, TNA.

がルワンダの国内政治に参加可能かどうか，また難民について議論した。その結果，ルワンダ政府は，UNAR に 2 つの閣僚ポストを提供するとともに，難民に帰還を奨励することで合意した。

　このような国連の調停後，6 月 27 日，国連決議 1746「ルアンダ・ウルンディの将来」が賛成 93，反対 0，棄権 13 で採択され，ルワンダの独立が承認された[38]。

　あらためてルワンダ独立までの道のりを整理しよう。1959 年までは，ベルギーはルワンダの独立を考えていなかった。むしろ，彼らはコンゴおよびベルギーとの連合を検討していた。しかし，1960 年のコンゴ独立決定により，ベルギーはルワンダも独立させることにした。彼らなりの「コンゴの教訓」によれば，ベルギー人は独立前に，「民主化」によって国内自治政府を設立させなければならなかった。ベルギーはルワンダ独立に関して国連と協調したがってはいたが，ベルギーと国連との関係は悪化していった。そしてコンゴ動乱や冷戦の対立，アジア・アフリカ諸国の独立と国連加盟などによって，ついに，ベルギーを痛烈に批判する国連総会決議 1579 が採択されてしまう。国際的な非難を緩和するために，またルワンダを円滑に独立させるために，ベルギーは国連との関係改善を行う必要があった。したがって，1961 年 4 月以降，ベルギー政府は，ルワンダの現地行政からの不満が出たものの，国連との関係改善を優先した。その結果，ルワンダでは，ベルギーにとって円満な形で独立が達成された。これは，周辺国とは対照的であった。なぜなら，コンゴでは，国内で強い支持を受けかつ親ベルギー的な「協力者」が独立前に見つからず混乱に陥り，またブルンディでは反ベルギー的な政府が発足したからである。だからこそ，ルワンダがベルギーとの関係を維持したまま単独の主権国家として独立したのは，ベルギーにとっては喜ばしいことであった。しかし，代償として，政党間対立が噴出し，独立国ルワンダはその対立を解消できないまま誕生したのである。

38　UN General Assembly, 'The Future of Ruanda-Urundi', A/RES/1746 (XVI), 27 June 1962.

4　暴力の拡大とさらなる難民の発生

　最後に本節では，この間に，暴力がどのようにルワンダ全土に広がっていっ
たのか，またどのような性質に変化したのか，それによってどのような影響が
あったのかを説明する。まず，暴力の性質から見ていこう。キガリにいた宣教
師たちの日記によれば，1961 年 7 月末にかけて，PARMEHUTU の最重要メン
バーの一人かつ法務大臣であるマクザが攻撃されたとの噂が流れたことが，フ
トゥによる暴力のきっかけになったという。破壊行為，略奪や嫌がらせは「労
働（travail / gukora）」と呼ばれ，道路は「労働者」であふれかえった，と描写さ
れている[39]。UNAR メンバーの家屋が略奪され，病院に負傷者があふれ，多く
の人々が教会に逃れても，行政は「労働」をやめさせるための適切な介入を行
わなかった。ある宣教師は，棍棒で武装した「労働者」たちに路上で遭遇した
経験を振り返っている。それによれば，彼らは「我々は，このコミューンから
すべての難民を追い出すのだ」と言っていたという。宣教師が地方エリートが
これに賛同しているか尋ねたところ，彼らは「彼が我々に命令するかって？
これは，我々が自分たちで命令しているのだ」と述べたという。そして，9 月
末には，教会への難民は 6,000 名以上に達し，その多くは教会の外で寝起きせ
ざるをえなくなった。国政選挙後の 11 月には，キガリ州知事が難民に自宅へ
帰還するよう命じたものの，どの難民もそれを望まなかった。そのため，行政
は兵を動員し，難民に対して発砲した。数名が殺害され，多くの人が重傷を
負った。翌日，兵士が再びやってきて，難民たちはついに帰宅することに同意
したという[40]。この逸話からもわかるように，選挙前後に起きていた暴力は，
徐々に組織だったものになりつつあったようである。

　また，選挙前後の不透明な状況も，暴力発生に影響を与えた。1961 年に

---

[39]　同様の表現が 1994 年のジェノサイドの際にも使われた。

[40]　30 et 31 juillet, 1–7, 13, 15 et 31 août, 1, 15 et 30 septembre, 1, 2, 5–8, 11–13, 23, 25 et 26
october, et novembre 1961, Diaire Kigali, A.G.M.Afr.

第6章　そして独立へ　**157**

チーフやブルグメストルに選ばれたり任命された者たちは，新しい地位が不安定なのを認識し，かつ以前のチーフなどの影響が残っていることを恐れていたため，暴力に訴え，反対派を排除しようとした[41]。

1959年以降暴力が発生していなかったルワンダ東部でも，革命の進展とともに暴力が発生するようになった。東部のルワマガナでは，UNAR メンバーが PARMEHUTU メンバーを殺害したと報告されている。あるルワンダ人大学生は，この出来事について，「民族紛争を平和的なルワンダ東部に持ち込もうとする」PARMEHUTU とベルギー行政の陰謀だと説明していた[42]。このような暴力の結果，数千人ものトゥチ指導者や一般大衆が，ザザやルクンベリの教会に逃れた[43]。例えば，アリスは次のように述懐している。

> 私たちは，家を離れ，難民として教会に向かった。財産はすべて置いていった。フトゥがトゥチを殺しにきたとき，彼らは神の教会に槍を投げることに躊躇した。でも，教会の外にいたトゥチは殺された[44]。

暴力が収束すると，避難民の大半は徐々に帰宅していったが，チーフやサブ・チーフなどは帰宅せず，タンガニーカやウガンダに亡命することとなった。

1961年は，ルワンダにとって，国政選挙と住民投票が終わり，革命が終了するという大きな転換点だった。これによって，PARMEHUTU の支配が確立し，王政は正式に廃止されたのである。UNAR のリーダーたちに残された道は，この現実を受け入れて PARMEHUTU と妥協するか，いかなる手段をもってしてもフトゥの支配を転覆させるかであった。近隣諸国にいるトゥチの難民

41　Rachel Yeld, *Rwanda : Unprecedented Problems Call for Unprecedented Solutions*, Refugee Studies Programme, 1996, pp. 24-27.

42　Placide Abimana, 'Nyirakabuga Therese, sous-chef de Vumwe de 1932 a 1960', thesis, Institute of Technology, Agriculture and Education of Kibungo (INATEK), 2011. 祖父が当時チーフだったというトゥチの元難民も同様の証言をしていた。ニコラへのインタビュー（2011年12月6日）。宣教師の日記はこれを陰謀だとは記していないが，単に最初にトゥチがフトゥを殺害し，その後フトゥが優勢になったことを書き残している。De Van Hoof à Volker, 23 septembre 1961, 727359, GEN 727, A.G.M.Afr.

43　17 septembre 1961, Diaire Zaza, A.G.M.Afr.

44　アリスへのインタビュー（2011年11月3日）。

158 第II部 革命・独立とエスニシティ

たちは，イニェンジ（*Inyenzi*：ゴキブリ）と自称して武装し，国境を越えて攻
撃を行った。しかし，ルワンダ国内に留まっている UNAR のリーダーたちは，
国連から奨励された「和解」のために妥協しようとしていたのである[45]。

　国政選挙における PARMEHUTU の勝利ならびに 1962 年の独立は，トゥチ
による支配に幕を下ろした。この状況に満足したフトゥ大衆は国内に残るトゥ
チに対する暴力行為をやめ，また国内のトゥチも体制変更を受け入れたようで
あった。したがって，1962 年以降の暴力は，発生理由がそれまでとは異なる。
ルワンダ国外からのトゥチ武装難民による攻撃とそれに対する報復に変わって
いったのである。

　PARMEHUTU の権力掌握が進むにつれ，1962 年には UNAR 内部の対立が
目に見えるようになってきた。イニェンジの攻撃は頻発し，その報復としてル
ワンダ国内で数百人のトゥチが殺害された[46]。ハロワ総督は UNAR の支持者
たちが武装解除しておらず，逆に「モスクワとカイロ」から支持と武器を得て
いると非難した[47]。しかし，ルワンダ国内の UNAR 指導者たちは，PARME-
HUTU に歩み寄り始めた。1962 年 2 月 8 日，カイバンダ政府と UNAR は，前
述のように「和解」を求める国連からの強い働きかけによって，UNAR の政
治家 2 名の入閣に合意した。そして，5 月 18 日，カイバンダは，UNAR 指導
者のフランソワ＝ザヴィエ・ンコゴザバヒジとエティエンヌ・アフリカをそれ
ぞれ保健大臣と牧畜大臣に任命し，「ルワンダの人種的な分断（the racial divide）
は，PARMEHUTU と政府によって克服された」と述べた[48]。ルワンダ国内の
UNAR 代表であるルワガサナも，UNAR はもはや反対派ではなくパートナー
だと認識されるべきだとし，「共に，ルワンダ国家（the Rwandese nation）を築い
ていく」と述べた[49]。カイバンダおよびルワンダ政府からすれば，当時最も重

---

[45] 'Mouvement de la réconciliation nationale', *Rwanda politique*, pp. 400–401. なお，イニェン
　ジの語源については，Erin Jessee, *Negotiating Genocide in Rwanda : The Politics of History*,
　London : Palgrave Macmillan, 2017, p. 29, footnote 24 などを参照のこと。

[46] Harroy, *Rwanda*, p. 480.

[47] Ibid., p. 477.

[48] From Usumbura to Foreign Office, 22 May 1962, JB 1015/40, FO 371/161794, TNA.

[49] UN General Assembly, Sixteenth Session, Annex, A/5126/Add. 1.

要だったのは，国連に対して「パワー・シェアリング」の様相をアピールし，国連にルワンダの独立を一刻も早く認めさせることだった[50]。対して，国内のUNARは，政府に参加することで，自党が生き残り，権力を回復する機会をうかがうことができると考えたのである。

　ルワンダ周辺国にいた難民は，UNARと王政支持のトゥチが多かったが，大半は，リーダーでもエリートでもなかった。例えば，カラグウェ（タンザニア）の難民キャンプでは，たった4％が元サブ・チーフ，1％が小学校教師，9％が低級の技術支援者，10％が比較的豊かな牛保有者だったものの，残る約75％の人々は，社会的・政治的・経済的強者ではなかったと言われている[51]。

　彼らは王政やUNARを原則的には支持していたものの，まとまった一つの集団ではなく，行動計画に関するコンセンサスがあったわけでもなかった。例えば，UNAR党首のフランソワ・ルケバに代表される武闘派は，PARMEHU-TUの勝利はベルギーの支持によるものであるため，ルワンダ帰還のためには暴力に訴える必要があると主張した。彼らは，ルワンダが独立しベルギーが撤退すれば，UNARが帰還するのは困難ではないと考えていたのである。他方で，難民の中には平和主義的な人々もおり，彼らは，ルワンダの地を攻撃すれば，全ルワンダ人のリーダーたる王の名声を傷つけるのではないかと恐れていた。彼らは，ルワンダ人の大半は依然として王を尊敬しており，その帰還を歓迎するだろうから，彼の帰還はルワンダの和解と再統合のために不可欠だと信じていた。すなわち，平和主義的な難民たちは，ベルギーが撤退すれば王の帰還が可能になるという点では武闘派と意見を共有していたが，武力による目的達成には否定的であった[52]。

　独立の前でさえ，ウガンダにいる武闘派難民たちは，ルワンダに帰還し権力

---

[50]　'The Ruanda-Urundi Situation, Basic Elements', 8 June 1962, Declassified Documents Reference System.

[51]　Yeld, *Unprecedented Problems*, pp. 24–27.

[52]　Ibid.; Rachel Van der Meeren, 'Three Decades in Exile: Rwandan Refugees 1960–1990', *Journal of Refugee Studies*, 9-3 (1996), p. 257.

160 第Ⅱ部 革命・独立とエスニシティ

を奪還しようとしていた。1962年1月から7月まで，ルワンダ東北部が攻撃された。これによって，地元のフトゥのリーダーやその家族が殺されると，そのたびに地元のトゥチに対する報復行為が行われた。平和主義的な難民が恐れたように，700名前後が殺害されてしまったのである[53]。6月にもイニェンジは大規模な攻撃を計画していた。ウガンダからの報告によれば，タンガニーカ，コンゴ，ウガンダに逃れた亡命者たちが，フトゥの政府を軍事的に転覆させようと計画していた[54]。このタイミングが独立前の「最後のチャンス」だと考えられたからである。ルワンダ国内の不確かな状況に鑑みて，ベルギー行政府は，ルワンダ国軍は国内の治安を維持するためにしか訓練されていないため，イニェンジに反撃するにはベルギー軍が必要であると強硬に主張した。

　こうした状況を受け，国連では，独立後もベルギー軍がルワンダに駐留するのを認めるべきか，が議論された[55]。先述のように，国連決議1746に関する長い議論の後，ルワンダはついに独立を獲得した。7月1日，独立記念式典の際，カイバンダ大統領は，「国内自治付与から人々の意思による民主的な組織の設立，国連総会による信託統治終了の決定に至る，封建主義の崩壊・没落」を強調し，ベルギーへの感謝とドイツへの敬意を表明し，革命の正当性を述べ，ルワンダの明るい未来を期待した[56]。しかし，1962年7月1日の独立後でさえ，武装した難民集団がビュンバ（北東部）を攻撃したため，ウガンダとの国境から3キロ以内は人の移動が規制された[57]。このように，ルワンダはトゥチとフトゥの問題が解消されないまま独立を達成したため，その前途は不安定なものであった。

---

[53]　De Van Hoof à Volker, 3 avril 1962, 727291, GEN 727, A.G.M.Afr.; From Nasr, Usumbura to Amachree and Rikhye, 'fight between the Hutus and Tutsi', 6 July 1962, S0238-0006-04, The United Nations Archives, New York, US［以下 UNA］.

[54]　From Uganda to Secretary of State for the Colonies, 5 June 1962, JBR 1015/35, FO 371/161794, TNA.

[55]　From Usumbura to Foreign Office, JBR 1015/6, FO 371/161793, TNA.

[56]　'Message de Kayibanda', 1 juillet 1962, S-0201-0029-03, UNA.

[57]　From Nasr, Usumbura to Amachree and Rikhye, 'Terrorist Attacks', 6 July 1962, S0238-0006-04, UNA.

おわりに

　本章では，クーデター後から 1962 年 7 月にルワンダが独立を果たすまでの過程を検討し，革命が独立の形やトゥチ・フトゥ関係にどのような影響を与えたのか，ルワンダの独立がどのような問題をはらむものだったのかを説明してきた。ここで，第 II 部全体の議論を振り返っておきたい。この第 II 部では，ルワンダの革命・独立過程を振り返り，いかに政党間の関係が国際関係などに影響を受けながら変化していったのか，その中でエスニシティがいかに変化し，トゥチ・フトゥの対立へと向かっていったのかを明らかにしてきた。第 2 章であらかじめ説明したように，1950 年代後半のルワンダにあった対立は，トゥチとフトゥの間のものではなく，トゥチのリーダー内での意見対立だった。フトゥのエリートたちも政治的・社会的不平等の是正のために改革を求めるようになったが，彼らはこの時点では革命を検討していたわけではなかった。しかし，ムタラ・ルダヒグワ王の死後，ベルギー行政府とトゥチ伝統的指導者たちの間に亀裂が生じた結果，政党が設立され，政治改革への気運が急速に高まっていった。

　その政治的緊張の中で起きたのが，第 3 章で検討した万聖節の騒乱である。騒乱の間，人口密度の高さや土地の豊かさだけではなく，王宮との歴史的な関係の違いによって，暴力が発生した地域もあれば，そうではなかった地域もあった。また，ベルギーは，騒乱のさなか，かねてから準備していた政治改革を発表し，ルワンダの「民主化」を開始したものの，依然として，ルワンダの独立を考えていたわけではなかった。この騒乱の結果，地方ではトゥチからフトゥへの権力交代が始まり，また人口移動が生じたことで，その後のルワンダの政局に影響が及んだ。

　第 4 章で明らかにしたように，1960 年前半には，協調の可能性は残されており，立憲君主制や連邦化などの提案がなされていた。実際に，暫定特別評議会において政党間での協調も見られた。しかし，第 5 章と第 6 章で論じた通り，将来に対する不安や不確実性，キゲリ・ンダヒンドゥルワ王および UNAR の

態度，そして地方・国政選挙でのPARMEHUTUの勝利などすべてが，ルワンダのとりうる道を狭めてしまった。さらに，穏健派はトゥチ・フトゥ相互の尊敬を基にした民主主義を求めたが，1960年の地方選挙でのPARMEHUTUの勝利，1961年の国政選挙および王政に関する国民投票，さらに独立後の選挙結果などが，すべてPARMEHUTU支配を正当化することとなった。この点において，選挙制民主主義を導入することによって，皮肉にも非民主的な状況と暴力がルワンダに生まれてしまったということになろう。

　国連と冷戦対立という国際政治の要素も，ルワンダ国内の対立に様々な影響を与えた。先行研究では，国連のベルギーに対するプレッシャーが指摘されているが，ベルギーの対ルワンダ政策を独立へと転換させたのは，むしろベルギー領コンゴでの政治変動だった。それまでに構想されていたルアンダ・ウルンディとコンゴ，ベルギーの連合は，あくまでコンゴがベルギーと良好な関係を保つことを前提としていた。そのため，1960年にコンゴの独立が不可避になると，ベルギーはルワンダをも独立させることを決定した。そして，より都合のいい形での独立を交渉するために「協力者」を見つける必要が生じた。この点において，PARMEHUTUの指導者たちは，親ベルギー的であり，かつ国内の支持を得ている適切な候補者だった。したがって，ベルギーの脱植民地化はコンゴに対して「何もしなさすぎて，遅すぎた（too little, too late）」と言われることがしばしばだが，ルワンダについては準備を行って，独立後も良好な関係を維持することに成功した。

　しかし，ルワンダが国連信託統治領であるという事実によって，ベルギーは，国連が望む形でルワンダを独立させるために総会を説得しなければならなかった。つまり，国連の役割は，ベルギーの政策転換をもたらしたというよりもむしろ，脱植民地化のタイミングとやり方に影響を与えたという点にある。また，冷戦対立もルワンダの民族紛争に影響を与えた。1960年に多くのアフリカ諸国が加盟した国連は，冷戦のイデオロギー的・軍事的な対立を背景に，熱い議論の場となった。東側陣営諸国や多くの新加盟国は，反植民地主義の立場からトゥチ・ナショナリスト（民族主義者）のUNARを支持した。他方，西側諸国は，フトゥ指導者を好むベルギーの立場への支持と植民地主義的な利益から自

らを遠ざけることとの間でバランスをとらなければならなかった。このように，国連は，ルワンダの脱植民地化について一致した見解をもっていたわけではなかった。むしろ，各国の立場は，冷戦の文脈や自国の国益によってそれぞれだったのである。

さらに，ブリュッセルのベルギー政府は現地の信託統治行政府を管理できていたわけではなかった。現地にいるベルギー人たちは 1961 年 1 月のクーデターを支援し，革命を進めようとしたことで，ベルギー政府をさらなる批判にさらした。このように，国連，冷戦，脱植民地化の過程すべてがルワンダにおけるトゥチとフトゥの関係を悪化させた。もちろん，革命はルワンダ人が中心となって進められていたが，国際的な環境もたしかに脱植民地化・革命のタイミングや方法に影響を与えていたのである。

このような状況は，ルワンダ人指導者たちに機会を提供した。PARMEHU-TU は，ベルギーからの支持を受け，「民主主義」と「自治」という信託統治の基本理念にアピールして自らを正当化しようとしていた。対して，トゥチ指導者たちは，ベルギー人を批判し，アジア・アフリカ諸国や東側陣営にアピールしていた。のちに，トゥチの難民はルワンダでの権力奪還を目指し，中国の支援を背景としてルワンダに侵攻した。

さらに，暴力の性質も，器物や住居の破損から殺害へとエスカレートした。PARMEHUTU の勝利が確定した後，国内の暴力は和らいだが，武装難民による外部からの攻撃によって，国内で報復の暴力が再び起きることとなり，その結果，さらに革命が正当化されていくのである。

1962 年 7 月 1 日，ルワンダはブルンディとは別個の主権国家として独立を達成する。1961 年までのルワンダには，ブルンディとの政治連合，ブルンディ・コンゴとの共同体，ベルギーとの連合，ブルンディ・タンガニーカとの連邦，あるいはより広範な国家構想など，様々な「国家」の可能性が存在した。しかし，これらの可能性は，コンゴ情勢やルワンダ国内の政党政治，東アフリカ諸国の脱植民地化，西側諸国の思惑，国連での議論などに影響を受けながら，最終的に，最も範囲の狭いルワンダ一国による主権国家の形に収斂していった。このように，国内・国際・ローカルにおける政治の交錯が，ルワンダのエスニ

シティに影響を与えたのである。次章で検討するように，このような形で独立を達成したルワンダは，様々な問題に直面することになる。

第 III 部

革命・独立後のルワンダ

第7章

フトゥ共和制期のルワンダ

1962〜90 年

はじめに

第 II 部では，ルワンダの革命・独立の過程を振り返り，政党間の関係が国際関係などに影響を受けながらいかに変化していったのか，その中でエスニシティがいかに変化し，トゥチ・フトゥの対立へと向かっていったのかを明らかにしてきた。第 III 部では，その後のルワンダの政治とエスニシティをジェノサイドの発生までたどっていく。本章では，革命・独立後のフトゥ共和制下で，ルワンダ政治がどのような状況だったのか，トゥチ・フトゥの関係はどのようなものだったのか，ジェノサイドの前兆はあったのかなどを検討したい。

1962 年 7 月 1 日，ルワンダはベルギーからの独立を達成した。独立後のルワンダは，「フトゥ解放運動党 (PARMEHUTU)」のリーダーであったグレゴワール・カイバンダが大統領だった第 1 共和制期と 1973 年以降に第 2 代大統領となったジュヴェナル・ハビャリマナの第 2 共和制期に区分される。ルワンダ史の研究整理を行ったティモシー・ロングマンも指摘しているように，独立後のルワンダに関する先行研究は多くないが[1]，それらの先行研究では，独立当初は複数存在していた政党が弾圧され，1960 年代中盤には PARMEHUTU による一党支配が成立したこと，フトゥ内部の対立が主因となって第 1 共和制が

---

[1] Timothy Longman, 'Placing genocide in context : research priorities for the Rwandan genocide', *Journal of Genocide Research*, 6-1 (2004), pp. 29-45.

終了し第 2 共和制に移行したこと，トゥチからフトゥへと権力が移行したものの，少数の集団に権力が集中するという構図や権力の性質は引き継がれたことなどが指摘されている。また，国際関係に目を向けると，周辺国にいたトゥチ武装難民のルワンダ攻撃やブルンディの政情などが，ルワンダ国内に生活するトゥチへの迫害をもたらすというパターンが形成されていくのもこの時期である。しかし，独立後のルワンダ，特に第 2 共和制期のルワンダは，援助機関やドナー国からの評判はよく，このような国内の政治体制やトゥチの置かれている状況が非難されることはなかった[2]。

　本章は，これらの先行研究を史料で補足しながら，カイバンダ政権とハビャリマナ政権時代のルワンダについて概観する。ただし，ハビャリマナ政権の末期については次章で詳述するため，また，カイバンダ政権の実態については明らかにされていない点も多いため，本章では，カイバンダ政権により軸足を置きながら，独立後のルワンダの国内政治，国際関係，地方での生活について明らかにしていきたい。

1　カイバンダ時代のルワンダ——政党政治の終わりとフトゥ内対立

　本節では，独立後のルワンダに残っていたトゥチの政治家たちがいかに排除されたのか，ルワンダがいかにして複数政党制から一党制の国家となったのかを検討する。その際，フトゥが一枚岩ではなく，むしろ PARMEHUTU 内には派閥や主流派に対する反発が存在したため，カイバンダがいかに党内での基盤の強化を行おうとしたのか，しかしそれにもかかわらずいかにカイバンダに対

2　先行研究は，例えば，武内進一『現代アフリカの紛争と国家——ポストコロニアル家産制国家とルワンダ・ジェノサイド』（明石書店，2008 年），第 7 章および第 8 章；André Guichaoua, translated by Don. E. Webster, *From War to Genocide : Criminal Politics in Rwanda 1990–1994*, Madison : University of Wisconsin Press, 2015. なお，René Lemarchand, *Rwanda and Burundi*, London : Pall Mall Press, 1970 および Filip Reyntjens, *Pouvoir et droit au Rwanda : Droit public et évolution politique, 1916–1973*, Tervuren : Musée royal de l'Afrique Centrale, 1985 は発行年の関係で第 2 共和制にはふれていない。

168　第 III 部　革命・独立後のルワンダ

する不満が蓄積され，第 1 共和制の終了へとつながったのかを明らかにする。

　独立後のルワンダは大統領制をとっていたものの，制度上は議会が大統領に対して権限をふるうことが可能であった。1962 年 11 月に制定された共和国憲法では，共和制の強調，反共産主義の表明などとともに，議会の権限も規定されている。そこでは，議会の 5 分の 2 以上の賛成で大統領の不信任動議が提出でき，5 分の 4 以上の支持があれば動議が可決されると定められていた。武内進一によれば，このように議会に大統領を解任する権利が認められている一方，大統領による議会の解散権は規定されていなかったため，制度的には，議会が大統領の権限を制約することが可能だったという。しかし，本節でも明らかにしていくように，実態として，議会が大統領に強い権限をふるうようなことは起きなかった。つまり，議会は有効に機能せず，大統領に大きな権限が集中したのである[3]。

　自身の権力を高めようとしたカイバンダ大統領は様々な行動に出た。例えば，1963 年 6 月，議会に辞表を提出している。カイバンダは，この行動について，自分は大統領選挙によって選出されたわけではなく，1961 年のクーデター時に任命されたため，自身の立場は共和国憲法から見ると「合憲」ではないからだと説明した。6 月 12 日，辞表について検討するために議会が召集されたが，憲法そのものが 1961 年に存在しなかったため，辞職理由としては妥当ではないという判断を下した。アメリカの電報によると，カイバンダの真の意図は，PARMEHUTU と政府両方に対する自身の影響力を高めることであった。国防大臣兼党書記長のカリオプ・ムリンダハビや法務大臣のアナスタズ・マクザなど，PARMEHUTU 閣僚の中にはカイバンダに賛同しない勢力が一定数存在していたことが，その背景にはある。キガリのアメリカ大使館は，カイバンダ大統領は特にマクザを，政府内で最も多才で教育を受けている人物だったため，排除したがっていたと報告している[4]。辞表提出の際，カイバンダは 2 つのシ

---

[3]　武内『現代アフリカ』，211-218 頁。なお憲法の詳細については，Reyntjens, *Pouvoir et droit*, pp. 325-364 を参照。

[4]　From Kigali to Secretary of State, No. 332, 11 June 1963 ; From Kigali to Secretary of State, No. 333, 13 June 1963, 共に Box 4028, Central Foreign Policy Files［以下 CFPF］1963, RG 59,

ナリオを想定していた。もし辞表が受け付けられ，大統領選挙が行われた場合，カイバンダは大衆の圧倒的な支持を集めることが予想されたため，大統領選挙によって正統性を得るとともに，新内閣の組閣によって不要な閣僚を排除できる。他方で，議会が辞表を受け付けなかった場合は，自身の地位が議会によって保証される。そして，実際には後者のシナリオ通りになり，議会の判断はカイバンダの大統領としての正統性を高める結果となった[5]。

さらに，カイバンダは，トゥチ・フトゥを問わず政府内外の反対派を沈黙させるために様々な手段を講じた。例えば，1963 年 2 月に内閣改造を行い，閣僚数を減らした[6]。これによって，独立前に入閣した 2 名の「ルワンダ国民連合（UNAR）」所属のトゥチ閣僚が排除された。アメリカの史料によれば，カイバンダは改造の理由について，出費を削減しよりよい組織を実現するためだと説明したという。しかし，UNAR 閣僚の排除が理由だったのは明白である[7]。その後第 1 共和制の間，トゥチの閣僚が任命されることはなかった。

また，フトゥの政党である「大衆社会上昇協会（APROSOMA）」に対しても様々な圧力がかけられた。例えば，APROSOMA の創設者かつ主要リーダーであるジョセフ・ギテラは 1962〜63 年に逮捕された。また，穏健派で議会副議長だったアロイス・ムニャンガジュは 1962 年 5 月に，議会事務局長だったジェルマン・ガシングワは 1963 年 9 月に，それぞれ要職を追われた。また地方でも，APROSOMA 党員は PARMEHUTU への転向圧力をかけられた。その結果，1960 年の地方選挙後，南部ブタレを中心に多かった APROSOMA の政治家や地方行政官は，1966 年には 1 名もいなくなってしまった[8]。

NACP.

5 Airgram from Amembassy KIGALI to Department of State, 'The "Resignation" of President Kayibanda', 22 June 1963, Box 4028, CFPF 1963, RG 59, NACP.

6 新閣僚の名前などについては，Baudouin Paternostre de la Mairieu, *Toute ma vie pour vous, mes frères! : Vie de Grégoire Kayibanda, premier président élu du Rwanda*, Paris : Pierre Téqui, 1994, p. 182 を参照のこと。

7 Airgram from Amembassy Kigali to Department of State, 'Changes in the Cabinet of Rwanda', 7 February 1963, Box 4028, CFPF 1963, RG 59, NACP.

8 武内『現代アフリカ』，216 および 230 頁注 15；Jean-Paul Kimonyo, *Rwanda's Popular Genocide : A Perfect Storm*, London : Lynne Rienner, 2016, pp. 119-123.

170　第 III 部　革命・独立後のルワンダ

　さらに，政府は選挙活動にも規制をかけた。1963 年 6 月上旬，政府は，地方選挙を実施することを発表した。PARMEHUTU 以外の政党にとって，まず候補者の登録が問題となった。候補者登録の詳細が明らかにされたのは，締め切りのたった 2 日前だった。また UNAR は，自党の候補者リストが恣意的に拒絶されたのに対し，PARMEHUTU のリストは登録期間が終了しても受け付けられていたと不満を述べた[9]。さらに，武内によれば，政府は立候補者に居住地のブルグメストル（コミューン長）の証明書提出を義務づける措置を導入したため，PARMEHUTU のブルグメストルが他党の候補者に対して，証明書の発行を拒否するなどの選挙妨害をしたという[10]。また，選挙キャンペーンは，投票日の 3 週間前からでないと開始できないはずであったが，実際には，PARMEHUTU のキャンペーンはそれ以前から始まっていた。他にも，政府は，法的に許可された選挙キャンペーン中であっても，PARMEHUTU の地方行政官に許可を出させないようにして，反対派（特に UNAR）が集会を開くことを意図的に困難にし，許可が与えられた時でさえ，集会の前に当局が住民に対して集会に参加しないよう命じたりした[11]。

　地方選挙は 1963 年 8 月 18 日に行われた。有権者は，候補者のリストから選んで投票を行った。投票は色に基づくもので，PARMEHUTU は赤，UNAR は白，APROSOMA は緑だった[12]。投票者は，選んだ色の紙を封筒に入れた上で投票箱に入れ，投票所を去るときに，投票登録カードに投票済のしるしとして印が押された。141 のコミューンのうち 100 以上では，赤のリスト，すなわちPARMEHUTU のリストしかなかった。それらの地域では，PARMEHUTU 以外の政党は，候補者を擁立できなかったか，政府の候補者登録条件を満たせなかったからである。その結果，PARMEHUTU は 1,138 の議席中 1,112 議席（約

9　'The Communal Elections in Rwanda, August 1963', Airgram from Amembassy Kigali to Department of State, 31 August 1963, Box 4028, CFPF 1963, RG 59, NACP.

10　武内『現代アフリカ』，216 頁。

11　'The Communal Elections in Rwanda, August 1963', Airgram from Amembassy Kigali to Department of State, 31 August 1963, Box 4028, CFPF 1963, RG 59, NACP.

12　「ルワンダ民主会議（RADER）」は 1961 年の国政選挙で勝利できなかったため，すでに影響力を失っていた。

98％の得票率）を得たのに対し，UNAR は 24 議席（1.9％），APROSOMA は 2議席（0.1％）のみを獲得した。また，10 州のうち 7 州で，すべての議席がPARMEHUTU のものとなった[13]。このように，独立後約 1 年で，PARMEHU-TU 以外の政党は弱体化させられたのである。

　さらにカイバンダは，PARMEHUTU 内部の反対派排除にも乗り出す。内閣改造を行い，反対派閣僚を辞職させたのである。例えば，1963 年 9 月 9 日，議長であるアマンダン・ルギラが地方選挙での不正に関係したとして辞職させられた。これに伴い，マクザ法務大臣が議長を担当することになったため，カリクスト・ハバメンシが法務大臣に，ラザール・ムパカニィエが外務大臣にスライドした[14]。ルワンダの大統領の権力を考えると，議会の実質的な役割は比較的小さいため，カイバンダがマクザを議長に任命したのは彼の力を削ぐためだと考えられた[15]。

　1965 年 10 月の国政選挙によって，ルワンダは完全に PARMEHUTU 一党体制国家となる。議会の 48 議席はすべて PARMEHUTU によって占められ，1961 年以来議席を有していた APROSOMA は，候補者を選出できなかったため議席をすべて失った[16]。また，同時に行われた大統領選挙では，カイバンダが唯一の大統領候補だったため，97％の得票率で再選した[17]。他の政党が排除された今，カイバンダの関心は，いかに PARMEHUTU 内の反対派を押さえて自身の権力を維持するかに移行していく。

13　'The Communal Elections in Rwanda, August 1963', Airgram from Amembassy Kigali to Department of State, 31 August 1963, Box 4028, CFPF 1963, RG 59, NACP ; Reyntjens, *Pouvoir et droit*, p. 445.

14　From Kigali to Secretary of State, 11 September 1963, No. 45, Box 4028, CFPF 1963, RG 59, NACP.

15　Airgram from Amembassy KIGALI, 'Recent Rwandan government changes', 21 September 1963, Box 4028, CFPF 1963, RG 59, NACP.

16　Airgram from Amembassy Kigali to Department of State, 'Election in Rwanda', 10 November 1965, POL 12-3, CFPF 1964-66, RG 59, NACP.

17　Ibid. 新閣僚の構成については，Paternostre de la Mairieu, *Toute ma vie!*, p. 187 を参照のこと。また，97％という数字は，アメリカの公文書によるものだが，98％としている先行研究もある（Ibid., p. 187 ; Reyntjens, *Pouvoir et droit*, p. 408）。

172 第 III 部 革命・独立後のルワンダ

　カイバンダは，大統領選挙での再選を利用して，再び複数の閣僚を追放しよ
うとした。今回の標的は，革命を共に戦ったジャン＝バティスト・ルワシボ内
務大臣やムリンダハビ国防大臣，ハバメンシ法務大臣だった。その理由は，閣
僚はトゥチやコンゴ人またはヨーロッパ人女性と結婚してはならないというも
ので，これらの排除された政治家たちは該当する配偶者をもっていた。しかし，
これはおそらく反対派を排除するための口実だったと考えられる。カイバンダ
自身も夫人がトゥチだったからである[18]。マクザを含め，彼らの多くはギタラ
マやブタレなどルワンダ中南部出身であり，カイバンダと同郷の場合もあった
が，この時点でのカイバンダは，出身地域よりも自身への批判や反対の排除を
重視する傾向にあった。

　反対派を少しでも減らしたいという努力にもかかわらず，反対派は屈せず，
カイバンダは党内から批判を受け続けた[19]。1966 年 7 月 5 日，マクザに率い
られた PARMEHUTU 代表と政府関係者がカイバンダに近づき，党大会を速や
かに開催するように求めた。カイバンダは彼らの提案を丁寧に聞き，できるだ
け早期に党大会を開催すると述べた[20]。1966 年 9 月上旬には，カイバンダの
ヨーロッパ人顧問 2 名が，PARMEHUTU 内での人気の低下について大統領が
懸念しているため，大統領と議論したという記述を残している[21]。1966 年 10
月 23 日，PARMEHUTU の党大会が開催された。カイバンダは，党内でいっそ
うの「バイタリティの欠如」が見られることを指摘し，勤労，実直さ，そして
革命の原則に対する忠誠心がより重要になってきていると指摘した[22]。さらに，
これ以後，革命の理念に訴えかけるスピーチを行うようになり，「民主主義」

---

[18] Airgram from Amembassy Kigali to Department of State, 'Increasing Factionalism in the
　　PARMEHUTU', 26 January 1966, POL 14 ; Airgram from Amembassy Kigali to Department of
　　State, 'Explanation for Recent Rwanda Government Personnel Shifts', 17 February 1966, POL
　　15-4, 共に CFPF 1964-66, RG 59, NACP.

[19] From Kigali to Secretary of State, 20 September 1966, POL 12-3, CFPF 1964-66, RG 59,
　　NACP.

[20] From Kigali to Secretary of State, 27 September 1966, POL 12-3, CFPF 1964-66, RG 59,
　　NACP.

[21] From Kigali to Secretary of State, 14 October 1966, POL 12-3, CFPF 1964-66, RG 59, NACP.

[22] From Kigali to Secretary of State, 29 October 1966, POL 12-3, CFPF 1964-66, RG 59, NACP.

や「進歩・発展」などを強調し，革命の立て役者として自身の権力を正当化しようとした。この場合の「民主主義」がフトゥによる支配を指し，トゥチによる「封建性」と対比されていることは言うまでもない。

先行研究では，カイバンダは自身およびその支持者に権力が集中したことから，「フトゥのムワミ［王］」だといわれた。つまり，独立後，トゥチからフトゥに権力が移ったにもかかわらず，権力の性質そのものは変わらなかったのである[23]。また，同時代的に見ても，PARMEHUTU 政府は，政治体制の変化は見られないという点で安定しているかのように外部には映った[24]。しかし，革命によってトゥチの王政を打破し独立した後，反対政党を排除して独立数年で一党体制が確立してしまったため，実際にはその後のルワンダでは PARMEHUTU 内部の対立が政治の焦点となっていた。特に，カイバンダは徐々に，出身学校や出身地域で待遇を分け，特に自身と同じギタラマ出身者を優遇するようになったため，PARMEHUTU 内でもカイバンダと少数のギタラマ出身者からなる権力中枢が形成されていった[25]。また，独立時に約束・期待された社会・経済発展が達成されなかったため，フトゥ大衆の中でも不満が蓄積されていったが，それがカイバンダのギタラマ中心主義に拍車をかけ，さらに不満が募るという悪循環に陥ってしまった。第3節で明らかにするように，このような権力内部の対立は，やがて第1共和制の終了へとつながっていくのである。

2　カイバンダ時代の難民問題と国際関係

1962 年 7 月 1 日，ルワンダはブルンディと通貨協定は維持しつつも，別個

23　Lemarchand, *Rwanda and Burundi*, pp. 269-272；武内『現代アフリカ』，217 頁；Gérard Prunier, *The Rwanda Crisis : Histiry of a Genocide*, London；Hurst & Co., 1997, p. 57；Reyntjens, *Pouvoir et droit*, p. 424.

24　Airgram from Amembassy Kigali, 'Election in Rwanda', 10 November 1965, POL 12-3, CFPF 1964-66, RG 59, NACP.

25　この点については，明らかにされていない点も多くあるため，今後の研究課題としたい。

174　第 III 部　革命・独立後のルワンダ

の主権国家として独立を達成する。本節では，カイバンダ政権がどのような外交政策を採っていたのか，当時の国際関係がルワンダにどのような影響を与えたのか，について検討する。独立後のルワンダの国際関係においては，周辺国にいるトゥチ難民および周辺国政府との関係，そして先進国や国際機関からの援助の 2 つが重要課題であった。独立直後のルワンダにとって，特に前者は脅威以外の何者でもなかったため，難民の攻撃にいかに対処するかが問題となった。その中で，難民の攻撃および周辺国の政情が，国内政治の引き締めとトゥチの迫害に利用されていったのである。また，いかに援助を得るかも重要な外交課題であった。端的に言ってしまえば，独立後のルワンダ政府は，冷戦対立を利用し，さらなる援助と体制支持を獲得しようとしていた。以下，難民問題および周辺国との関係を検討した上で，援助をめぐる国際関係についても明らかにしたい。

　独立後のルワンダにとって，多数のトゥチ難民が避難していた周辺国は信用できる隣人ではなかった[26]。難民は，1964 年 5 月には 15 万人（ブルンディに 4 万人，コンゴのキヴ州に 6 万人，ウガンダに 3.6 万人，タンザニアに 1.4 万人）に達したとされる[27]。彼らの大半は UNAR を支持していた。

　亡命中の UNAR リーダーやキゲリ王は，様々な手段を駆使してルワンダ帰還を模索していた。例えば，中部東アフリカ諸国（ブルンディ，ルアンダ，ウガンダ，タンガニーカ，ケニア）で連合（confederation）を形成するというアイディアのもと，周辺国を行き来しながら権力奪還を計画していた[28]。しかし，カイバンダ政府からすると，トゥチ難民の連邦制支持および権力奪還は，「昔のタンガニーカ・ルワンダ・ブルンディ帝国（the old Tanganyika-Rwanda-Burundi empire）」を再興する計画であり，受け入れられるものではなかった。また，政府

26　なお，周辺国であるウガンダ，ブルンディ，タンザニア（タンガニーカ）の独立過程や国内政治については，例えば，吉田昌夫『アフリカ現代史 II　東アフリカ』（山川出版社，1978 年）を参照のこと。

27　武内『現代アフリカ』，223 頁。

28　Memorandum of Conversation, 'Central East African Political Developments', Bureau of African Affairs, Office of Country Files 1955-63, Burundi/Rwanda AV-6 Airlines (AVIAD), 14 December 1962, NACP.

は周辺国，特にタンガニーカが彼らをかくまっているなどと非難した[29]。

　カイバンダ政権は，物理的な脅威も感じていた。第6章で述べたように，トゥチの難民の一部は武装し，自らを「イニェンジ」と称し，たびたびルワンダを攻撃していた。ルネ・ルマルシャンによれば，1962年以降，UNARの周辺国亡命組はルワンダ残留組よりも，権力奪還に向けていっそう急進的なアプローチをとるようになったという。亡命組急進派は，自分たちが状況をコントロールできなくなりつつあると感じており，ルワンダ国内で残留トゥチに対する報復が起きる可能性を認識しつつも，武力攻撃による権力奪還に望みをつないでいたからである[30]。つまり，独立前後から，UNARの内部も一枚岩ではなくなり，亡命組とルワンダ残留組で意見の不一致が見られたのである。

　特にブルンディには多くのルワンダ難民がおり，イニェンジの攻撃拠点となっていた。中でも，1963年末の攻撃は，ルワンダ政府を震撼させた。1963年12月20日の夜から21日にかけて，ブルンディにいた武装難民が，ルワンダとの国境を越え，ルワンダ南部ブゲセラに侵攻した。その後，キガリから25キロのところまで迫り，この攻撃によってルワンダ国軍兵2名が殺害されたのである[31]。

　この攻撃は，ルワンダ国内でのトゥチ弾圧につながった。まず，国内に残っていたトゥチ政治家たちが暴力の犠牲となった。攻撃から1週間もたたないうちに，UNARのミシェル・ルワガサナ，1963年2月の内閣改造までカイバンダ政権の閣僚だったUNARのエティエンヌ・アフリカ，穏健派政党RADERリーダーのプロスパー・ブワナクウェリら約20名が，裁判もなく，北部ルヘンゲリで処刑されてしまったのである[32]。

　さらに，政治家だけではなく，ルワンダ各地で一般のトゥチに対する報復も行われ，多くのトゥチが殺害された。例えば，侵攻地に近い南部ギコンゴロで

29　Incoming Telegram from Kampala to Secretary of State, 8 March 1963, Box 4028, CFP Files 1963, RG59, NACP.

30　Lemarchand, *Rwanda and Burundi*, pp. 198-203.

31　'Télégramme d'état a U Thant de cabinet du president', 23 janvier 1964, S0238-0002-11, UNA.

32　Lemarchand, *Rwanda and Burundi*, p. 223.

は，攻撃直後の 12 月 25 日から 26 日にかけて多くのトゥチ住民が殺害されたという[33]。ルワンダ全体では，正確な犠牲者数は不明であるが，少ないものとしてはルワンダ政府が発表した 750 名[34]，もう少し信憑性のある数字では 1〜2 万人が殺害されたとしている[35]。

　先行研究では，この殺戮に政府がどの程度関与しているかが大きな論点であった。ジャン＝ピエール・クレティエンは，政府が殺害を組織し，各地に派遣された閣僚らに支援されたブルグメストルや州知事らが殺害を指揮したと書いている。これに対して，ルマルシャンや武内は，ルワンダ政府は殺戮を指揮・組織しはしなかったが，知事などの地方エリートの主導でフトゥの住民の間で「自警団」が組織され，殺害が行われたのを黙認したと述べている[36]。

　管見の限り，史料からは，ルワンダ政府が一般市民の殺害に関与したとはいえない。また，カイバンダ政権としては，トゥチ政治家の排除は行う理由があるものの，一般人の殺害を指示する動機は見当たらない。ウガンダで発行されていた新聞によれば，政府は，閣僚 1 人ずつを 10 州に割り振り，ブルグメストルや州知事などと協力して，住民の「自警団」を組織させた。これらの閣僚は，各州で「必要な全権限」を与えられていた。したがって，各閣僚がどのような態度をとったのか，そしてそれが地方エリートにどのように解釈されたのかによって，暴力が起きた地域と起きていない地域に分かれたという。例えば，東部ではトゥチに対する暴力はほぼ起きていない。対して，上述の通り，南部

---

[33]　'Swiss Committee for Unicef', 18 January 1964, S0238-0003-03, UNA.

[34]　ルワンダ政府は，このうち 350 名は侵入者（イニェンジ），そして 400 名はイニェンジに殺害された市民と述べ，トゥチ一般人の殺害は記録していない。「ルワンダにおける種族紛争」，1964 年 2 月 1 日，外務省外交史料館。

[35]　Jean-Pierre Chrétien, translated by Scott Straus, *The Great Lakes of Africa ; Two Thousand Years of History*, New York : Zone Books, 2006, p. 306 ; Reyntjens, *Pouvoir*, p. 465 ; Aaron Segal, *Massacre in Rwanda*, London : Febian Society, 1964, p. 15. 1994 年のジェノサイド後に犠牲者数は多くなる傾向にあり，現在では多くて 2 万人だと見積もられている。例えば Peter Uvin, *Aiding Violence : The Development Enterprise in Rwanda*, West Hartfold : Kumarian Press, 1998, p. 20.

[36]　Chrétien, *Great Lakes*, p. 306 ; Lemarchand, *Rwanda and Burundi*, p. 223 ; 武内『現代アフリカ』，224-225 頁。

ギコンゴロや南西部シャングググでは，ブルンディと国境を接していることから
人々がパニックになっていた。また，キガリが陥落し，元国王が復位したとい
う噂も流れたことで，トゥチに対する報復が起きてしまった。ルワンダ政府は，
これを状況が管理できなかったためとする見解を示したが，他の情報によると，
やはりブルグメストルが報復を指示したという[37]。他の史料も合わせて考える
と[38]，攻撃対象に近かった地域などで，ローカルな政治力学によって，地方の
エリートを中心に「自警団」が組織され，殺害が行われたと考えるのが妥当で
はないかと思われる。

　しかし，国際社会は，カイバンダ政権が殺害を命令したと疑い，ルワンダを
非難した。例えば，ヴァチカン・ラジオは，殺戮を「ヒトラーによるユダヤ人
のジェノサイド以来の最も恐ろしく組織的なジェノサイド」だと非難した[39]。
また，スイスでは，自国政府の対ルワンダ援助計画を疑問視する声が高まった。
そこで，大統領特別顧問であるハンス＝カール・フレイは，カイバンダに対し
て，ルワンダで何が起きたか正確に説明し，「国内に残っているトゥチに対し
て人道的な素振り」を見せるように求め，カイバンダがこの要求に従わない場
合は，スイスからの援助を取り下げると脅した[40]。このような国際的な批判を
緩和するために，マクザはヨーロッパに赴き，ルワンダ政府は殺戮に関与して
いないとして政府への疑念を晴らそうとした。彼は逆に，攻撃された地域で約
3,000 名のトゥチの「テロリスト」が攻撃に抵抗した人々を殺害したとして，
イニェンジを批判し，また「テロリスト」を支持したトゥチ住民もいたと指摘

37　*Uganda Argus*, 14 February 1964, アジア経済研究所。

38　'UN Press Services : The situation in Rwanda and Burundi', 3 March 1964, S0238-0002-09,
　　UNA.

39　Lemarchand, *Rwanda and Burundi*, p. 224.

40　Airgram from Amembassy Kigali, 'Transmittal of Text of Speech by President Kayibanda and
　　Statement by Rwandan Foreign Minister', 22 February 1964, POL 15-1, CFPF 1964-66, RG 59,
　　NACP. 調査結果は，Les Services d'Information du Ministère des Affairs Étrangères du Rwan-
　　da, *Toute la vérité sur le terrorizme Inyenzi au Rwanda*, Kigali, 1964 という報告書にまとめら
　　れたが，この冊子は，イニェンジに殺害された死体の写真を載せるなど，イニェンジの
　　残虐さに焦点を置いたもので，トゥチの殺害は矮小化された。その後スイスの援助は継
　　続された。Prunier, *Rwanda Crisis*, pp. 56-57.

178　第 III 部　革命・独立後のルワンダ

して，このような状況ではフトゥ大衆が反応するのは避けられなかったと正当
化した[41]。

　また，ルワンダ国内でも抗議運動が起こった。1964 年 1 月 1 日，スイス人
大司教のアンドレ・ペロダンとルワンダ人司祭 3 名（フトゥ 1 名とトゥチ 2 名）
が難民の攻撃と報復行為の両方を非難した[42]。しかしルワンダ政府は，イニェ
ンジの「テロリズム」を非難し，全難民はイニェンジだというプロパガンダを
展開した。

　この 1963 年 12 月末の殺戮は，1994 年のジェノサイドが起こるまででは，
ルワンダ国内で最悪の被害を出したものであり，その後の暴力のパターンを確
立したともいえる。すなわち，ルワンダ国外からの攻撃は，ルワンダ国内の
トゥチの犠牲を生む，ということであった。また，イニェンジの権力奪還の試
みは失敗し，逆にカイバンダの権力を強化する結果に終わった[43]。ただし，
1994 年の状況と異なる点もある。例えば，第 8 章で後述するように，1990 年
代の場合は，ウガンダにいた難民による攻撃および内戦開始が重要だったのに
対し，この時はブルンディからの攻撃がきっかけだった。また，1994 年とは
異なり，トゥチ住民の殺害は政府からの命令によるものではなかった。

　いずれにせよ，この殺戮により難民が新たに発生した。前述のように，ある
研究では，1964 年までにルワンダ外に逃れた難民は，合計 15 万人（ブルン
ディに 4 万〜4 万 2000 人，コンゴのキヴに 6 万人，ウガンダに 3 万 6000 人，タンガ
ニーカに 1 万 2000〜1 万 4000 人）だったという[44]。別の研究では，1964 年後半
までに 33 万 6000 人の難民がいたという（ブルンディに 20 万人，ウガンダに 7
万 8000 人，タンザニアに 3 万 6000 人，コンゴに 2 万 2000 人）[45]。したがって，

---

[41] Airgram from Amembassy Brussels to Department of State, 'February 27 Press Conference by President of Rwanda National Assembly', 3 March 1964, POL 15-4, CFPF 1964-66, RG 59, NACP.

[42] Segal, *Massacre*, p. 17.

[43] Prunier, *Rwanda Crisis*, p. 57.

[44] Segal, *Massacre*, p. 18.

[45] Nigel Eltringham, *Accounting for Horror : Post-Genocide Debates in Rwanda*, London : Pluto Press, 2004, p. 41. プルニエは，これらの数字は国連のキャンプ外に住んでいた難民を含

1960 年代後半以降，この難民たちにどう対処すべきか，どう難民問題を「解決」すべきか，周辺国とどのような関係を築くべきかが重要な外交問題となる。

まず，ルワンダ政府は，武装難民の活動を縮小するとともに，難民キャンプが国連難民高等弁務官事務所（the United Nations High Commissioner for Refugees：UNHCR）の緻密な管理下に置かれることを望んだ[46]。特に，カイバンダ大統領は，難民がキャンプを離れ，イニェンジとして国境を超えないようにするために UNHCR が効果的な役割を果たすことを望んだ[47]。UNHCR は，原則として自らの役割を「純粋に人道的かつ非政治的」なものであると見ており[48]，この原則に基づいて，国境管理の強化でルワンダ政府と合意した。この合意の対象としては，ブルンディ以外では，コンゴとの国境が想定されていた。1960年代前半のコンゴでは，カタンガ州の分離独立は失敗に終わったものの，東部では依然としてルムンバ支持者が実権を握って中央政府に対する抵抗を続けていたが，UNAR 亡命者たちはベルギー人への反発から，キヴやタンガニーカの難民キャンプで若者を集め，このコンゴ東部の反政府勢力に協力していたからである[49]。

同時に，UNHCR は，難民の自発的な帰還を組織することは「最も実践的でなく，かつ非現実的」だとも考えていたため，これ以降再定住プロジェクトを展開していく。しかし，周辺国にも温度差があった。例えば，トゥッチが依然と

めていないため，彼らを含めると合計 60〜70 万人の難民がいたと見積もっている。Prunier, *Rwanda Crisis*, pp. 61-63.

[46] 'UN Press Services : The situation in Rwanda and Burundi', 3 March 1964, S0238-0002-03, UNA.

[47] Airgram from Amembassy Kigali, 'Transmittal of translation of text of Newsweek correspondents Interview with President Kayibanda', 15 February 1964, CFPF 1964-66, RG 59, NACP.

[48] 'Incoming Code cable from Schnyder, Geneva to Marlin', 27 February 1964, S0238-0006-10, UNA.

[49] 1964 年には，ピエール・ムレレ率いる解放人民軍（Armée populaire de liberation : APL）が反乱を起こし，コンゴ東部の混乱が続いていた。'Personal and Confidential to Bunch', 18 June 1964, S0238-0006-10, UNA ; Paternostre de la Mairieu, *Toute Ma Vie*, p. 177 ; Erik Kennes and Miles Larmer, *The Katangese Gendarimes and War in Central Africa : Fighting Their Way Home*, Bloomington : Indiana University Press, 2016, Chapter 3.

180　第 III 部　革命・独立後のルワンダ

して支配しているブルンディ政府は，難民がブルンディから移動させられることを望んでいた。ブルンディには難民のための土地が十分になく，かつ国境での事件が増えることを懸念していたからであった。つまり，難民たちは経済的な負担や政治的な危険になるために歓迎されていなかったのである。逆に，タンガニーカは 1 万人ものルワンダ難民をブルンディから受け入れることに合意した。タンガニーカ政府は，キゲリ・ンダヒンドゥルワ王はトゥチ難民に再定住プログラムへの協力を奨励するためにカンパラとタンガニーカを行き来していると説明した。しかし，難民キャンプでの治安などが問題になると，タンガニーカ政府は「法と秩序をいきわたらせる」ように警告した[50]。

このような状況下で，難民問題を「解決」するための方策が提案されたため，いくつか紹介してみたい。例えば，キゲリ王の特使は，ルワンダへの帰還を最終目標とする組織「ルワンダ難民社会協会（Association sociale des refuges rwandais)」の設立を提案し，同協会が難民と PARMEHUTU の間で信頼を醸成することを目標とすべきだと述べた。と同時に，難民によるさらなるルワンダ攻撃が起きないことを保障し，平和的な状況が確保されてから，難民を帰還させ，帰還後に選挙を行い，この選挙によって新たな政権を発足させ，全住民がこの選挙結果を受け入れることを約束すべきだと提案した[51]。また，ルワンダの一部をトゥチに与えるという連邦化も提案された。第 3 章で説明したように，1959年末，万聖節の騒乱後の時点で，カイバンダ（PARMEHUTU）とギテラ

---

[50]　From Dorsinville to Bunche, 24 March 1964, S0238-0003-03 ; Personal and Confidential to Bunch, 18 June 1964 ; 'Confidential to the High Commissioner, J. Cuenod from regional Representative of the UNHCR on Resettlement of Tanganyika-attitude of the Burundi Government and of refugees', 22 June 1964, 共に S0238-0006-10 ; '1964 Programme-new projects for the settlement of approximately 20,000 refugees from Rwanda', 10 April 1964 ; 'UN Press Services : Tanganyika to Accept 10,000 Refugees from Rwanda', 22 May 1964, 共に S0238-0003-03, UNA ; From Dar-es-Salaam, No. 611, 12 March 1963, Box 4029 ; 'Mwami Kigeri V Given Permission to Reside in Tanganyika', Airgram from Amembassy Dar Es Salaam to Department of State, 24 October 1963, Box 4028, 共に CFPF 1963, RG 59, NACP.

[51]　'Confidential to the High Commissioner, J. Cuenod from regional Representative of the UNHCR on Resettlement of Tanganyika-attitude of the Burundi Government and of refugees', 22 June 1964, S0238-0006-10, UNA.

（APROSOMA）から連邦制の提案はすでになされていた。しかし，今回の提案はより現実的で，連邦制は，ルワンダに残っているトゥチの再編成と難民の帰還を同時に行うものであった。「トゥチの領土」として提案された地域は，人口過多ではなかったルワンダ北東部のキブンゴ州とビュンバ州であった。ある統計によれば，ルワンダに住んでいるトゥチ約 39 万人のうち，8 分の 1 以上の約 5 万 5000 人以上が，すでに当該地区に住んでいた[52]。したがって，東部をトゥチの土地にするというこの提案は，非現実的なものではなかった。さらに，ルワンダには帰還させないものの，ルワンダ，ブルンディ，コンゴ，ウガンダ，タンガニーカが条約を結び，トゥチ難民に対して，所有権や不動産の保護などを与えるという提案もあった[53]。

　このように，難民問題は，独立後のルワンダに影響を与える重要なイシューであった。歴史に if はないが，1960 年代後半以降，ルワンダ難民の問題が適切に対処されていたら，その後の歴史は変わっていたかもしれない。しかし，これらの提案は実現に移されることはなく，ルワンダの難民問題は，次章で詳述するように，1990 年に難民自らがルワンダに侵攻した結果，武力で解決されることとなる[54]。

　次に，先進国との関係についてもふれておきたい。一言で述べると，独立後のルワンダは，西側との関係を基盤としつつも，冷戦という文脈から可能な限りの援助を引き出そうとしていた。ここでは特に，アメリカの史料から見えてくるルワンダの対先進国外交（もしくは冷戦外交）を説明したい。

　独立後のルワンダに対するアメリカとベルギーの政策は，前章までで扱った時期と同様に，冷戦と脱植民地化をリンクさせたものであった。アフリカの大湖地方におけるアメリカとベルギーの主な戦略的関心は，ルワンダではなく，コンゴとブルンディだった。彼らは「第二のコンゴ」を避けたいと思っており，不安定さが共産主義の浸透を招くと信じていたからであった。また，アメリカ

52　To U Thant from Jules Wolf, 14 July 1964, S0279-0019-08, UNA.

53　Ibid.

54　周辺国もしくはその他の地域でルワンダ難民がどのような生活を送っていたのかについては，先行研究もあるものの，不明な点も多く残されている。今後の研究課題としたい。

182 第 III 部 革命・独立後のルワンダ

は，ブルンディとベルギーの関係は友好的ではなかったため，ブルンディが
「中立」の立場をとる可能性やブルンディにおける「中ソの浸透の危険性」を
懸念していた。他方，ルワンダは，独立の過程でベルギーと友好的な関係を維
持したため，戦略的に重要ではなかった。したがって，アメリカは財政的な責
任も含めてベルギーが主な責任をもつことを望んでおり，ルワンダに対して特
別な援助計画を策定していなかった[55]。ルワンダ中央銀行総裁を務めた服部正
也も同様の記述を残している。それによれば，国際機関もアメリカ国務省もベ
ルギーの援助増大を期待していたという。そして，それに対してベルギーは
「ただ旧植民地という義理」とアメリカの要請で援助をしているだけというス
タンスだったと記述している[56]。

　しかし，ルワンダ政府内ではアメリカの関与への高い期待がもたれていたこ
とが，駐米ルワンダ大使の次のような発言からもわかる。

　　ルワンダは，アメリカとアメリカ人に大きな期待と信頼を寄せている。
　　（中略）ルワンダの理想が，アメリカの原則（自由，人間の進歩，世界平和
　　を強化するための国家間の協調）の枠組みに合致しているのは疑いようもな
　　い[57]。

---

[55] ʻBurundi : Year-End Assessment of Problems and Prospects (CA-5115, November 8, 1962)ʼ,
AmLegation Usumbura to Department of State, 7 January 1963, Box 1, RG 84, NACP. アメリカ
にとって重要だったのは，「植民地が宗主国と対立する形で独立を達成し，新独立国が
旧宗主国からの援助を拒否した」場合にどうするか，という問題だった。ここで，ル
ワンダは宗主国と対立する形で独立したわけではなかったため，アメリカの冷戦戦略に
とって，重要な国とはならなかった。三須拓也『コンゴ動乱と国際連合の危機――米国
と国連の協働介入史，1960-1963 年』（ミネルヴァ書房，2017 年），61-62 頁。また中国
がブルンディに援助を行っていることからも，このアメリカの懸念は妥当だといえる。
村上享二「その後のタンザン鉄道――中国の関与を中心として」『愛知大学国際問題研
究所紀要』150（2017），27-50 頁。

[56] 服部正也『ルワンダ中央銀行総裁日記』（中公新書，1972 年），13-14 頁。ただし，アメ
リカはコンゴ国境に近いチャンググの飛行場に対しては援助を行っていたため，やはり
冷戦の文脈においてコンゴを重視していたということができる。

[57] ʻPresentation of the Credentials by Rwandan Ambassador Mpakaniyeʼ, Memorandum for Mr.
Kenneth OʼDonnell the White House, 8 February 1963, Box 4029, CFPF 1963, RG 59, NACP.

また，カイバンダ大統領らも，アメリカの援助への期待をたびたび表明していた[58]。

アメリカの指導者たちは，ルワンダが国連の場において中華人民共和国の国連加盟に反対したり[59]，キューバに対するアメリカの行動に賛成したりするなど，「彼らの側」を支持したことに満足はしていたものの，ルワンダに多額の援助をすることは依然として望んでいなかった。結局アメリカは，ルワンダ政府に対して援助として航空機1機を提供した。航空機であれば，比較的安価にもかかわらず，「プロパガンダ上大きな価値があり」，「ルワンダの幸福にアメリカが関心を示しているという印象的な象徴」に見えるからである[60]。しかし，アメリカは，ルワンダ政府に対して明確な援助政策を策定していなかったため，具体的なプロジェクトについては何も提示しなかった[61]。結局，アメリカからの実際の援助額は控えめで，1963年には100万ドル以下にとどまった[62]。

ルワンダ政府は，独立前の国連での議論において，ソ連をはじめ東側陣営がUNARを支持していたため，東側に対する拒否感のようなものを抱いていた。しかし，アメリカがルワンダへの援助に積極的ではないと見ると，東側とも関係構築を試みた。ルワンダとソ連の外交関係の樹立に向けた秘密会談が始まり，1963年11月24日，ラジオ・ルワンダは，ルワンダ・ソ連両外相が外交関係

---

58 例えば，Airgram from Amembassy Kigali, 'Discussion with President Kayibanda, September 20, 1963', 28 September 1963, Box 4028, CFPF 1963, RG 59, NACP.

59 当時，中華人民共和国と中華民国の間で，国連におけるアフリカ票獲得のための援助競争などがあった。そのため，周恩来は1963年12月から64年2月にかけて，国連の代表権問題で支持を得るためにアフリカ歴訪を行っている。三宅康之「コンゴ（ブラザヴィル）共和国をめぐる中台国交樹立競争」益田実・池田亮・青野利彦・齋藤嘉臣『冷戦史を問いなおす——「冷戦」と「非冷戦」の境界』（ミネルヴァ書房，2015年），243-264頁。

60 'Rwandan Request for US Gift of Aircraft for Use of President Kayibanda', Airgram from Amembassy Kigali to Department of State, 14 February 1963, Box 4029, CFPF 1963, RG 59, NACP.

61 'Discussion with President Kayibanda', Airgram from Amembassy Kigali to Department of State, 16 May 1963, Box 4029, CFPF 1963, RG 59, NACP.

62 Memorandum from the President's Special Assistant (Dungan) to President Kennedy, 6 March 1963, *Foreign Relations of the United States*, 1961-63, vol. 21 : Africa, pp. 329-330.

184　第 III 部　革命・独立後のルワンダ

樹立のためのコミュニケにサインした，と報じた[63]。また，1964 年 3 月，ル
ワンダの情報大臣は，中華民国の役人に対して，「イニェンジのテロリストを
中共（CHICOM）が支援するのをやめるよう働きかける」ために，北京を訪問
する計画があると伝えた。大臣はさらに，アメリカから支援が不十分ではない
ために，ルワンダは「交流をもちたくない相手との交流をもつ必要がある」の
だとも述べている。そのうえで，彼は中華民国の役人に，「アメリカ大使の友
人として」ルワンダにさらなる支援をするように要請した[64]。このように，中
華人民共和国の訪問提案は，イニェンジと中国の関係を口実にしつつ，アメリ
カからさらなる援助を引き出そうとするものであった[65]。

　さらにルワンダはアメリカを動揺させようと，「中立」の第三国に接近する
姿勢を見せ始めた。1963 年のメーデーのスピーチで，カイバンダ大統領は，
ルワンダは「第三の道」を選び，「資本主義による搾取と共産主義による窒息」
のいずれも拒否すると発表した[66]。この傾向は，1965 年中盤に入っても続い
ている。西側からは望んだような援助を受けることができなかったため，冷戦

---

[63]　From Kigali to Secretary of State, No. 21, 21 July 1963 ; From Kigali to Secretary of State, No. 49, 16 September 1963 ; From Kigali to Secretary of State, No. 63, 8 October 1963 ; From Kigali to Secretary of State, No. 30, 30 October 1963 ; From Kigali to Secretary of State, No. 76, 5 November 1963 ; 'Rwandan-Soviet Agreement to Establish Diplomatic Relations', Airgram from American Embassy in Kigali to Department of State, 30 November 1963 ; 'Establishment of Rwandan-Soviet Relations', Airgram from American Embassy in Kigali to Department of State, 7 December 1963, すべて Box 4029, CFPF 1963, RG 59, NACP. なお，ソ連は，アフリカ支援の重要な柱として，奨学金提供と留学生受け入れを行っており，ルワンダからも，1960 年から 63 年までは 1 年に数名，63 年以降は 2 桁，69 年以降は 100 名以上（特に，85〜86 年にかけては 475 名）が留学している。Constantin Katsakioris, 'Creating a Socialist Intelligentsia : Soviet Educational Aid and its Impact on Africa (1960–1991)', Cahiers d'Études africaines, LVII (2), 226 (2017), pp. 259–287. ただし，ルワンダとしては，国内に対する援助を期待していたようである。

[64]　Incoming Telegram from Kigali, 20 March 1964 ; Incoming Telegram from Amembassy Taipei, 23 March 1964, 共に POL 7, CFPF 1964–66, RG 59, NACP.

[65]　Incoming Telegram from Taipei, 26 March 1964 ; 'Possible Trip to Communist China by Rwanda Minister of Information', Airgram from Amembassy Kigali to Department of State, 4 April 1964, 共に POL 7, CFPF 1964–66, RG 59, NACP.

[66]　Airgram from American Embassy in Kigali to Department of State, 'President Kayibanda's speech of May 1, 1963', 17 June 1963, Box 4028, CFPF 1963, RG 59, NACP.

のもう一方，すなわち東側陣営から少しでも援助を引き出したかったからである。ある閣僚は，ルワンダ政府は「300万人に衣食と教育を与えなければならない。片側だけに傾くのは不和を生む（Leaning too far to one side has caused bad blood）」と述べた。そして，1965年7月，ルワンダ政府はポーランドおよびルーマニアとの外交関係を樹立し，ソ連陣営が援助を申し出たとほのめかした[67]。

　この状況に直面したキガリのアメリカ大使館は，道路やスタジアム，文化センターや政府の建物などの建設など，短期的かつ認知度の高い技術協力を提供すると申し出た。ルワンダの経済規模がとても小さいため，「他国ではまったく注目を集めないような技術協力の形でもここでは目立ったインパクトがあり，またその利益がただちに感じられる」ことから，このようなプロジェクト実施はまったく難しくないからだという[68]。

　最後に，先進国以外の国との関係を補足しておきたい。独立後のルワンダは英語圏・東アフリカよりも，フランス語圏（西アフリカ・中央アフリカ）との距離を縮めていく。1963年，旧フランス領以外では珍しいことに，ルワンダはアフリカ・マダガスカル連合（Union Africaine et Malagache：UAM）に加盟した[69]。また，1965年，旧フランス領12か国が相互支援のために，アフリカ・マダガスカル共同機関（Organisation Commune Africaine et Malagache：OCAM）を設立すると，ルワンダも設立初年から参加している[70]。しかし，ルワンダとフランス本国との関係は，独立後からそのきざしはあったものの，本格的に深化するのは次節で扱うハビャリマナ政権期になる。

---

[67] Incoming Telegram from Kigali, 20 July 1965, POL 7；'Suggested Reply to Letter from Ambassador of Rwanda', Memorandum for Mr. McGeorge Bundy the White House, 26 July 1965, POL 18, ともにCFPF 1964-66, RG 59, NACP.

[68] 'Politico-economic Summary', Airgram from Amembassy Kigali to Department of State, 3 February 1965 POL 2-3；Incoming Telegram from Kigali to Secretary of State, 16 July 1965, POL, 共にCFPF 1964-66, RG 59, NACP.

[69] Mélanie Torrent, *Diplomacy and Nation-Building in Africa：Franco-British Relations and Cameroon at the End of Empire*, London：I.B.Tauris, 2012, p. 119.

[70] Terry M. Mays, *Historical Dictionary of International Organizations in Africa and the Middle East*, Lanham：Rowman & Littlefield, 2015, p. 19.

186 第III部 革命・独立後のルワンダ

　このように，第1共和制期のルワンダは，ベルギーやアメリカなどの西側諸国からの援助に期待しつつも，その戦略的な重要性の低さから思うような援助を得られなかった。つまり，前章までで検討したように，ルワンダの独立が「円滑」で独立後のルワンダとベルギーの関係も良好だったことによって，皮肉にも，この地域でのルワンダの戦略的な重要性は低下したのである。ルワンダ政府は，冷戦という文脈を理解し，それを自国の経済成長のために利用しようとしていたものの，あまり成功しなかった。

3　ハビャリマナ時代のルワンダ──一党体制の継続と国際援助

　本節では，1980年代後半までのハビャリマナ時代のルワンダの国内政治と国際関係を概観する。ルワンダ国内では，カイバンダ政権に対する不満が募り，ハビャリマナがクーデターによって権力を獲得し，第2代大統領に就任した。ハビャリマナ政権は，トゥチ，フトゥの人口比率によって軍や政治，教育における人数を割り当てるクオータ制の導入など差別的な政策も採ったが，国際援助関係者の間の評判はよく，1980年代後半まで，ルワンダは援助のモデル国とみなされていた。また，国内政治も安定はしたものの，ハビャリマナおよびその周辺に権力が集中する構図は，カイバンダ政権から継続していた。

　第1節の末尾でまとめたように，1960年代後半になると，カイバンダを中心に権力が集中し，ルワンダは一党独裁国家になり，カイバンダがフトゥの「王」または「大統領的王政」を行う体制になったと指摘されている[71]。しかし，フトゥ内でカイバンダへの不満は募っていった。特に，北部出身のフトゥと中部・南部出身のフトゥの間で対立が生じ，カイバンダ大統領が後者を優遇したことが，北部フトゥの不満を蓄積させていった。このように，カイバンダは1970年代に入る頃から，求心力を失いつつあった[72]。また，カイバンダ政

---

[71]　Prunier, *Rwanda Crisis*, p. 57；Lemarchand, *Rwanda and Burundi*, pp. 269-272；Reyntjens, *Pouvoir et droit*, p. 424；武内『現代アフリカ』，211-218頁。

権と教会も緊張関係にあった。独立前は，神学校で教育を受けた政治リーダーと教会との関係は良好だったが，独立後，国家権力と教会の間で学校の管理をめぐる争いが生じ，国家が教育を管理するようになったためである[73]。

さらに，ブルンディでの状況がルワンダにも影響を与えた。1972年5月，コンゴの反政府勢力に支援された反乱がブルンディ南部で発生する。その結果，約20万人のフトゥが殺害されてしまい，多くのフトゥが難民としてルワンダに流入した[74]。その反動ともいえる形で，1973年に入ると，ルワンダでもエスニックな緊張が高まり，学校や官民のセクターなどからトゥチを追放する迫害が起きたのである[75]。

この混乱に対してカイバンダ政権は，北部出身政治家などを交代させ，事態を収拾しようとした。それに脅威を感じたギセニィ（北西部）およびルヘンゲリ（北部）出身のハビャリマナ国軍司令官（国防相）と10名の将校は，1973年7月5日クーデターを起こすに至る。彼らは，エスニックな分断と地域主義を終わらせると主張し，「国民統合と平和」をスローガンに掲げた。事実，このクーデターには，1名だけトゥチ将校も参加していたこともあって，カイバンダ支配に嫌気が差していたフトゥだけではなく，トゥチからも歓迎された[76]。これ以後，7月5日は第2共和制の記念日として祝われるようになる。クーデター1周年である1974年7月5日，ハビャリマナ大統領は，7月5日は「平和，団結，国民調和の日（day of Peace, Unity and National Harmony）」だと述べた。そして，翌年1975年には「開発国民革命運動（Mouvement révolutionnaire national pour le développement：MRND）を設立した。1978年に新たに制定された憲法はMRNDによる一党支配を定め，ルワンダ国民はすべてこの党に所属するものとされ，それ以外の政治活動は禁止された[77]。つまり，PARMEHUTUから

72　同書，217-218頁。

73　Longman, *Christianity and Genocide*, pp. 82-116.

74　この時のブルンディでの「ジェノサイド」については，例えばRené Lemarchand, *Burundi : Ethnic Conflict and Genocide*, Cambridge : Cambridge University Press, 1996を参照。

75　武内『現代アフリカ』，232-234頁；Chrétien, *Great Lakes*, pp. 306-307.

76　武内『現代アフリカ』，232-234頁。

77　Kabwete Mulinda, Charles, 'Public Holidays in Post-Independence Rwanda : A Historical

188 第III部 革命・独立後のルワンダ

MRND へと支配する政党は代わったものの，一党支配は継続したのである。

　以下，ハビャリマナ政権の特徴をいくつか指摘してみたい。まず，PARME-HUTU とは異なり，MRND が政党名にエスニシティを含んでいないこともあって，ハビャリマナ政権は国民融和を掲げたとされる。しかし，第2共和制の間，トゥチのブルグメストルや知事は1人もおらず，軍にはトゥチの将校・幹部が1名のみ，議会では議員70名のうち2名，閣僚では25〜30名のうち1名と，トゥチの人数は少なかった。このように，トゥチは依然として政治的に排除されていたため，融和は表面的であったという評価もある[78]。

　また，クオータ制についても評価が分かれる。ハビャリマナ政権が教育にクオータ制を導入したことをもって，差別的だったとする解釈がある[79]。他方，理論的にいえば，クオータ制が採用されたとしても，一定数は高等教育機関に在籍できるため，トゥチが社会的に排除されていたとはいえず，むしろ，ハビャリマナは PARMEHUTU によって壊された「国民統合」を再構築するために様々な政策を採っており，なかでもクオータ制は少数派の権利への譲歩と「民主主義」のパワー・シェアリングとして認識されていたとも言われている[80]。

　ハビャリマナ大統領期，大統領およびその周辺の勢力による権力独占が着々と進んだ。ハビャリマナは1983年12月と88年12月の大統領選挙で100％に近い支持を得て勝利した[81]。しかし，地域対立は依然として残っており，強力な政治家が失脚させられるなどの事件も起こった。例えば，1980年4月のいわゆる「リジンデ事件」では，1973年のクーデターにも参加したテオネス

　　　Reading of Some Speeches’, *Journal of African Conflicts and Peace Studies*, 2-1 (2013), pp. 109-113；武内『現代アフリカ』，235頁。

[78]　Prunier, *Rwanda Crisis*, pp. 75-79.

[79]　Ibid., pp. 60, 75-79. このときのクオータ制はトゥチ9％と定めていた。

[80]　Guichaoua, *From War*, pp. 13-14.

[81]　Prunier, *Rwanda Crisis*, pp. 77-78. ただし，レインツェンスによれば，選挙の操作や不正も行われていたという。Filip Reyntjens, ‘Chiefs and Burgomasters in Rwanda : The Unfinished Quest for a Bureaucracy’, *Journal of Legal Pluralism and Unofficial Law*, 19/25-26 (1987), p. 94.

ト・リジンデらの有力者がクーデター未遂の容疑で逮捕されている[82]。ハビャリマナ大統領は，自らの権力を強化するために，ルワンダ北部の中でも，特に同郷ギセニィ出身の政治家や軍人を近くに置いた。その結果，夫人の実家が北西部の大土地所有の名家であり，地域に根ざした影響力があったため，夫人の実家・親族が権力を握るようになった。次章で後述するように，これらのグループは，アカズ（*akazu*：小さな家）と呼ばれ，ルワンダでの権力を独占していくことになる[83]。

　また，政権の特徴として，教会との密接な関係が挙げられる。独立後のルワンダでは，依然として神父や牧師にはトゥチが多かったものの，教会の指導的なポジションはフトゥが占め，国家権力とのつながりを強化した。また，地方でも，ブルグメストルらが教会と協力関係を築いた[84]。このような政権と教会の密接な関係は，ジェノサイド時に問題となる。

　ハビャリマナ時代の最大の特徴は，「開発」の強調であった。支配政党の党名が「開発国民革命運動」だっただけではなく，議会も「開発国民会議（Conseil national du développement：CND）という名称になった。また，農業や農民を称揚し，農民＝フトゥこそが真のルワンダ人であるという言説をたびたび用いた。そして，1974年2月には，「開発のための共同労働」としてコミュニティでの無償労働であるウムガンダ（*umuganda*）を導入している[85]。

　このようなハビャリマナ政権に対する援助関係者の評価は高いものだった[86]。武内によれば，その理由は，農業に立脚した開発を進める姿勢を示したこと，クオータ制によってマイノリティの位置を一定数確保したと好意的に解釈され

82　リジンデはルヘンゲリの刑務所で終身刑を受けていたが，1991年にルワンダ愛国戦線（RPF）によって解放される。武内『現代アフリカ』，239および246頁注12。

83　Guichaoua, *From War*, pp. 19-22；武内『現代アフリカ』，239-241頁。

84　Longman, *Christianity and Genocide*, pp. 82-116.

85　ハビャリマナがいかに「開発」および「農民」とエスニシティをリンクさせたかについては，Philip Verwimp, 'Development Ideology, the Peasantry and Genocide：Rwanda Represented in Habyarimana's speeches', *Journal of Genocide Reserach*, 2-3 (2000), pp. 325-361 を参照。

86　Peter Uvin, *Aiding Violence：The Development Enterprise in Rwanda*, West Hartford：Kunarian Press, 1998, p. 24, 37-38.

190　第 III 部　革命・独立後のルワンダ

たこと，カトリック教会との関係が清廉なイメージを与えたこと，ブルンディ
との対比でルワンダがよく見えたこと，などである[87]。

　ハビャリマナ時代のルワンダにとって，ベルギー，西ドイツ，フランスが援
助ドナーとして中心的で，ハビャリマナ政権はこれらの援助によって支えられ
ていたと言っても過言ではない。この時期，商品輸出と個人投資の合計よりも
援助額の方が多く，GNP の 1 割以上を占めるようになった。1973 年には GNP
の 5 ％ だったのが，1991 年には 22 ％ を占めるに至ったのである[88]。また
1980 年代末には，200 ものドナーがルワンダ国内で活動していた。援助関係者
は，政府のクオータ制や政策を批判せず，逆にルワンダは成長の指標において
アフリカ諸国の中では優秀であり，モデル国だとみなされるようになった。こ
のような状況を引き合いに，ハビャリマナ大統領が「国際社会のお気に入り
(the darling of the international community)」だったとする意見もある[89]。

　また，カイバンダ時代との違いとして，フランスとの関係が指摘できる。カ
イバンダ時代も，フランスとは一定の関係があった。例えば，1968 年 2 月中
旬にカイバンダがフランスを訪問し，シャルル・ド＝ゴール大統領と会談した
際，ド＝ゴールがカイバンダに対して，何が欲しいか尋ねたところ，カイバン
ダは「フランス語の学校」と回答したという[90]。しかし，ハビャリマナ政権は，
フランスとさらに密接な関係を結んだ。当時フランスのジスカール＝デスタン
政権は，旧ベルギー領アフリカとの関係を強化しようとしており，1974 年に
ザイールおよびブルンディと軍事協定を結んでいた[91]。この流れで，1975 年
にルワンダとも軍事協定を締結した。また，それに加えて，経済援助も行って
いる[92]。

87　武内『現代アフリカ』，237-239 頁。
88　Prunier, *Rwanda Crisis*, p. 79.
89　Guichaoua, *From War*, p. xxiv.
90　Paternostre de la Mairieu, *Toute Ma Vie*, p. 178.
91　武内『現代アフリカ』，246 頁注9。
92　ただし，プルニエによれば，この協定は防衛協定ではなかったため，次章で詳述するよ
　　うに，1990 年に内戦が開始された際にフランスが行った介入は，法的な根拠が不透明
　　だという。Prunier, *Rwanda Crisis*, p. 89, footnote 87.

第7章 フトゥ共和制期のルワンダ　191

本節で見てきたように，ハビャリマナ政権は，エスニシティに配慮する姿勢を一定程度示したものの，クオータ制の導入などの差別的な政策は採っていた。また，政権はハビャリマナとアカズを中心に強固であるかに見えた。この政権は，ピーター・ユーヴィンが指摘するように，国際社会の援助によって構造的に「暴力を支援（aiding violence）」された体制であった[93]。

4　ルワンダ国内の生活・地方の様子

本章の最後に，本節では，カイバンダおよびハビャリマナ時代に，地方の一般大衆はどのような生活を送っていたのか，エスニシティはどの程度生活に影響を与えていたのかを検討する。

独立後，地方では中央権力による管理が進行した。1963年8月の地方選挙以降，カイバンダ時代の地方行政は，ほぼ PARMEHUTU 党員によって独占された。また，ハビャリマナ政権期には MRND が PARMEHUTU にとって代わったものの，中央と地方の権力関係は継続した。さらに，ウムガンダやその他コミュニティ・レベルでの人口動員・監視が行われるようになった[94]。

地方に住む一般大衆にとって，重要なのは土地の配分問題であった。武内によれば，独立前後にトゥチの難民が流出し主を持たない土地が生じたことや，伝統的な土地制度イギキンギが廃止されたことなどによって，土地の分配が問題となったため，革命後，土地は国家に帰属することになったという[95]。しかし，土地の分配は公平には行われなかった。まず，独立後，特にハビャリマナ政権期に，富裕層が土地を買い集め，不在地主になった。ある研究によれば，人口の15％にあたる地主が50％の土地を占めていたという[96]。また，新し

93　Uvin, *Aiding Violence*.

94　Jessee, *Negotiating*, p. 9 ; Guichaoua, *From War*, pp. 13–15.

95　武内『現代アフリカ』，218–222頁。

96　Chris Huggins, 'Land Grabbing & Land Tenure Security in Post-Genocide Rwanda', An Ansoms and Thea Hilhorst (eds.), *Losing Your Land : Dispossession in the Great Lakes*,

い土地に移住してきた者，相続地をほとんど持たない者などに対して，地方行政が公的に土地分配を行うことになっていたが，そこでも恣意的な分配などがあったようである[97]。さらに，土地問題は家族間の紛争の種となったため，1980年代以降，家族間の紛争・係争が増加した[98]。

　エスニシティを見ると，独立後のルワンダでは，フトゥ・トゥチ間の関係は密接になった。例えば，1970年代，多くの人々が東部に移住するようになり，出身地域の異なる人々が同じコミュニティに住むようになっていた[99]。筆者がインタビューをした老人のうち2名も，ブタレ（南部）から土地不足を理由に東部へ移住したと証言した。そのうちの1名はこう語っている。

　　私は，カイバンダが大統領であったときにここに来た。象やヒョウと遭遇した。ここに来た当時，この地域は森に覆われ，チーフは40名くらいの住民を支配していた。私は農業のための大きな土地を得るために移住した。兄がすでにここに移住してきていたため，私も早く移住したかったが，父が死ぬまで待たなければならなかった。兄は，ここはいい地域だと言った。若く強健だったので，歩いてやってきた。木を切り倒し，バナナとソルガムを植え始めた[100]。

第3章で指摘したように，ベルギー支配の末期，ベルギー行政府はルワンダ東部・東南部を開発しようとしていた。万聖節の騒乱後，出身地で起きた暴力から逃れてきたトゥチを東部に移住させる政策も採られたため，前述のように，ルワンダ東部・東南部は他の地域よりもトゥチの割合が高かった。ここに，1960年代以降，多くのフトゥが移住するようになったため，トゥチ・フトゥが東部で混在するようになったのである。さらに，独立以前はトゥチ・フトゥ

　　Suffolk : James Currey, 2014, pp. 143-144.
[97]　武内『現代アフリカ』，218-222頁。
[98]　近藤有希子「沈黙のなかの親密性——ルワンダ南西部における『家族』の再編過程をめぐって」『アフリカ研究』88号（2015年），13-28頁。
[99]　Hitayezu, 'Le génocide'; Leurquin, *Niveau*, p. 86.
[100]　ジャンへの2回目のインタビュー（2011年12月5日）。

間の婚姻は少なかったが，独立後はそれも増えた[101]。したがって，トゥチ・フトゥは以前よりも，日常生活において多く関係をもつようになったのである。さらに，経済的に見ると，大半のトゥチはフトゥと同様に不平等な立場に置かれていたため，彼らの生活はそう異なるものではなかった。

このように，トゥチ・フトゥの地方での生活は似たようなものであり，社会的にエスニシティの違いを理由とした問題は特に見られなかった[102]。1980年代末にルワンダでフィールドワークを行っていたベルギー人人類学者によれば，「フトゥ，トゥチ，トゥワはすべて名前（ファースト・ネーム）であり，ルワンダ人というのが私たちの名字（ファミリー・ネーム）である（Hutu, Tutsi and Twa are all first names ; Rwandan is our family name）」というのが第2共和制のスローガンの一つであり，日常生活でエスニシティが問題となることはなかったという[103]。つまり，前述のように，カイバンダ政権期にイニェンジの攻撃に対する報復として物理的な暴力が，またハビャリマナ政権期にクオータ制が導入されるなど構造的な暴力もあったものの，日常生活は物理的な暴力が継続したわけではなく，平穏なものだったようである。

しばしばエスニシティが実感されたのは，教育の現場においてだった。ルワンダの教育史を詳述したエリザベス・キングによれば，学校教育の内容と構造がトゥチとフトゥのカテゴリー分け・集団化・差別に寄与したという。例えば，歴史の授業ではトゥチの支配の非道さが強調された。また，教室ではトゥチとフトゥを区別するような実践もあった。このため，学校教育を通じて自身のエスニシティを認識したという児童は少なくなかった[104]。

101　Jessee, *Negotiating*, p. 97. 著者のインタビューの中にも同様の発言があった。

102　Guichaoua, *From War*, pp. 17–18.

103　Danielle de Lame, translated by Helen Arnold, *A Hill among a Thousand : Transformations and Ruptures in Rural Rwanda*, Madison : University of Wisconsin Press, 2005, p. 454.

104　Elisabeth King, *From Classrooms to Conflict in Rwanda*, Cambridge : Cambridge University Press, 2014, pp. 70–110. また，子供たちは「クラン」については家庭で祖父や父から説明を受けるが，エスニシティについては主に家の外で学んだという。Lee Ann Fujii, *Killing Neighbors : Webs of Violence in Rwanda*, New York : Cornell University Press, 2009, pp. 105–111.

194　第 III 部　革命・独立後のルワンダ

　このように独立後のルワンダでは，イニェンジの攻撃やブルンディの政情などの外部要因によって，国内においてトゥチに対する暴力が誘発されたものの，日常生活は，エスニシティがただちに問題となるようなものではなかったのである。

おわりに

　本章では，独立後のルワンダの国内政治・国際関係がどのようなものだったのか，トゥチ・フトゥの関係はどのようなものだったのかを概観してきた。1962 年の独立後，ルワンダでは，カイバンダ政権期に一党体制が成立して以来，反対政党の設立や政治運動の展開が許されなかった[105]。カイバンダ政権もハビャリマナ政権も，大統領およびその周辺に権力が集中する構造だったという点で，独立以前のトゥチ王政と似通っていた。革命中から独立直後にかけて存在した「共通の敵」だったトゥチ政治家および PARMEHUTU 以外の政党が 1963 年から 65 年にかけて排除されてしまうと，PARMEHUTU 内の内部対立（特に地域間の対立）が重要になり，それ以降のルワンダ政治を規定するようになる。そして，この地域対立が主な原因となって，第 1 共和制から第 2 共和制へと移行したのである。

　また，国際関係については，難民と援助関係がルワンダの国際政治の重要な課題であった。カイバンダ政権は難民の攻撃に悩まされ，また望むような援助を受けられなかったが，ハビャリマナ政権期になると，難民による攻撃も落ち着きを見せ，援助関係者からの評価も高まり，一般大衆の生活も向上しつつ

---

[105]　なお，このような傾向は，ルワンダだけのものではない。多くのアフリカの国々で独立前後に形成された政治体制は，1960 年代後半以降，軍政や一党体制に転換していき，その後，独裁・権威主義体制が約 20〜30 年間継続する。そして，冷戦終焉と前後して，「民主化」や民族紛争が 1980 年代後半から 90 年代にかけてアフリカ各地で起こるのである。遠藤貢「民主化と『市民社会』(civil society)」北川隆吉監修，山口博一・小倉充夫・田巻松雄編著『地域研究の課題と方法——アジア・アフリカ社会研究入門（理論編）』（文化書房博文社，2006 年），204-205 頁。

あった。しかし，肯定的な記憶のされ方をする第2共和制は，1987年を「輝かしい第2共和制時代の終わり」だったと指摘する意見もあるように[106]，1980年代後半からかげりを見せる。次章で詳述するように，この時期以降，ルワンダを取り巻く政治・経済的な状況は悪化し，ルワンダは内戦とジェノサイドという危機の時代に突入していくのである。

---

106 Guichaoua, *From War*, p. xxv.

第8章

内戦からジェノサイドへ

1990～94 年

はじめに

　本書はこれまで，ルワンダにおけるエスニシティと政治の歴史を，特に革命と独立前後に焦点を当て，どのようにトゥチとフトゥの対立が形成されてきたのかという問いを軸に検討してきた。本章では，本書のそもそもの「出発点」であったジェノサイドについて説明する。

　1994 年 4 月から 7 月にかけてルワンダ全土で展開されたジェノサイドは，きわめて衝撃的だったがゆえに，それ以降，ジャーナリストや研究者，国際機関，人権 NGO など，多くの人々が，なぜジェノサイドが起きたのかを理解しようとしてきた。その結果，ジェノサイドに関する研究はこの二十数年で，大きく発展してきた。ジェノサイド直後の十年ほどは，ジェノサイドはなぜ，しかもあのタイミングで起きたのか，計画的だったのか，何が重要な要因だったのか，などの問いが設定され，人口過密や土地不足，貧困や不況などの経済的要因，植民地時代の影響などの歴史的な要因，メディアによるプロパガンダなどの社会的要因，内戦および民主化という政権に対する脅威やフトゥ急進派の台頭などの政治的な要因など，まずマクロな視点からの理解が進められてきた。さらに，ジェノサイドを防止できなかった，もしくはその被害を最小限にとどめることができなかった国際社会の不作為も批判されてきた。しかし，このようなマクロな視点からの分析には，なぜ多くの一般人が殺害に参加したのかを明らかにできないという課題があったため，2000 年代中盤以降，個々人の参

加動機や行動の多様性を検討するミクロな視点や，地域ごとの違いを説明する
ローカルな視点に基づく研究が発表されてきた。それによって，後述のように，
内戦勃発や大統領の暗殺という政治的状況によって引き起こされた恐怖および
フトゥ集団内の圧力，さらにはジェノサイド以前の社会的な関係性，政党の支
持基盤や地理的な条件などが，暴力への参加や開始のタイミングに影響を与え
ていたことが明らかになってきた[1]。

　このような研究成果をまとめると，ジェノサイドを理解する際には，以下の
点が重要となる。第1に，ジェノサイドが起きた文脈（時代状況）である。本
章が明らかにするように，1990年代前半のルワンダは，一方では1990年10
月に始まったルワンダ愛国戦線（RPF）とルワンダ国軍との戦争（内戦），他方
では国内における民主化要求と複数政党制の導入という国内外での二重の危機
に直面していた。したがって，近年の研究では，1990年から94年を一つの危機
の時代とみなし，これらの危機がどのように関連し合ってジェノサイドの発生に
つながってしまったかを分析する傾向にある[2]。また，ルワンダ人の多く（特に
フトゥ）も，1990年から94年を一つの「戦争」の時代とみなしている[3]。した

1　ジェノサイドに関する文献は枚挙に暇がないが，代表的なものだけを挙げると，Gérard
　Prunier, *The Rwanda Crisis : History of a Genocide* (2nd edn.), London : Hurst & Co., 1997 ;
　Alison Des Forges, *Leave None to Tell the Story : Genocide in Rwanda*, New York : Human
　Rights Watch, 1999 ; André Guichaoua, *Rwanda 1994 : Les politiques du génocide à Butare*,
　Paris : Karthala, 2005 ; Linda Melvern, *A People Betrayed : The Role of the West in Rwanda's
　Genocide*, London : Zed Books, 2004 ; Lee Ann Fujii, *Killing Neighbors : Webs of Violence in
　Rwanda*, New York : Cornell University Press, 2009 ; Scott Straus, *The Order of Genocide :
　Race, Power, and War in Rwanda*, New York : Cornell University Press, 2006 ; 武内進一『現
　代アフリカの紛争と国家──ポストコロニアル家産制国家とルワンダ・ジェノサイド』
　（明石書店，2009年）。
2　そのような研究として例えば，André Guichaoua, translated by Don. E. Webster, *From War
　to Genocide : Criminal Politics in Rwanda 1990-1994*, Madison : University of Wisconsin
　Press, 2015.
3　1990年10月に起きた紛争について，研究者は「内戦／国内紛争」と表記するが，ルワ
　ンダ人は，「戦争」，「10月戦争」，「1990年の戦争」などの言葉を使うことが多い。また，
　ジェノサイドについても「1994年の出来事」などの表現を用いることが多いという。
　これは，ジェノサイドだけが1994年に起こったわけではない（ジェノサイド以外の出
　来事，例えばRPFによる殺害なども1994年に起きた）ということを示唆している。

がって，このような文脈を考慮せずにジェノサイドを理解することはできない。

第2に，国家権力である。後述のように，ジェノサイドは，フトゥ急進派が計画・主導し，地方の行政官や政治家，軍関係者，民兵，エリートなどによって動員された多くの一般市民が殺害に参加した。動員が効果的かつ大規模に行われたのは，国家権力がローカル・レベルにまで浸透し機能していたからだと主張するスコット・ストラウスと，それまでのポストコロニアル家産制国家の解体の局面で起きたものだったと主張する武内進一では解釈が異なっているものの[4]，いずれにせよ，国家権力もしくはその揺らぎ，権力をめぐる動きなどには注意する必要があろう。

第3に，エスニシティの役割である。これまでの研究では，トゥチ・フトゥというエスニシティの違いそのものがジェノサイドを引き起こしたわけではないということが明らかにされてきた。なぜなら，エスニシティの違いそのものは昔から存在していたため，それだけでは，なぜこの時期にジェノサイドが起きたのか，そして本当にトゥチに対する憎しみだけでこれだけ多くの人々が殺害に参加するものなのかを説明できないからである。むしろ，1・2点目とも関連するが，1990年代前半のルワンダが置かれた政治状況の中で，植民地時代から独立後にかけて形成されてきたエスニシティが，さらに政治化され，大衆動員の正当化に使われたのである[5]。したがって，エスニシティがどのように利用されたのかがジェノサイドを理解する一助になる。

第4に，「トゥチ」と「フトゥ」それぞれの経験の多様性である。ジェノサイドの間，ルワンダ人は，居住地域やエスニシティ，家族や友人との関係，個々人の置かれた状況，支持する政党の違いなどによって，様々な経験をした。例えば，1994年以前からトゥチに対する暴力が起きていた地域もあれば，

　　Susan Thomson, *Whispering Truth to Power : Everyday Resistance to Reconciliation in Postgenocide Rwanda*, Madison : University of Wisconsin Press, 2013, p. 82.

4　Straus, *Order*；武内『現代アフリカ』。

5　ただし，後述のように，ジェノサイドを計画していたフトゥ急進派やジェノサイドに自主的もしくは積極的に参加したフトゥの中に，エスニックなイデオロギーを信じ，トゥチを憎んでいた者もいたことは事実である。

1994 年 4 月までは平穏だった地域もある。首都キガリでジェノサイドが始まった後，ただちにジェノサイドが広まった地域もあれば，数週間ジェノサイドが起きなかった地域もある。また，「フトゥ」という集団の中でも，計画を立てたフトゥ急進派や政党有力者，軍部，地方で動員の指示を出した行政官やローカルなエリート，そして一般人では，殺戮への関与の程度や動機は当然異なっている。さらに，後述のように，「フトゥ」という集団全員がジェノサイドに参加したわけではなく，参加せず傍観していた者やトゥチを庇った者，殺害参加を拒否して殺されてしまった者もいる。「トゥチ」に関しても同様であり，家族が全員殺害されてしまった者もいれば，家族とともに生き延びることができた者もいる。どのような形で暴力を振るわれたのか，逆にどのように生存できたのかなどにも違いがある。また，きわめて例外的ではあるが，フトゥと行動を共にし，殺害に参加したり，ジェノサイド後に難民となってルワンダから逃れていったトゥチもいた。「トゥチ」や「フトゥ」を均質的な集団として扱うと，このような複雑さを捨象し，ジェノサイドを単純化してしまう危険性がある。したがって，可能な限り，経験の多様性に留意すべきであろう。

　本章では，これらの点を念頭におきながら，内戦の開始から複数政党制の導入（1990〜92 年），和平協定の締結と急進派の台頭（1992〜93 年），ジェノサイドの発生と内戦の終結（1994 年）の順に説明し，なぜこの時期にこのような形でジェノサイドが起きたのかを検討してみたい。

1　内戦の開始と複数政党制の導入

　本節では，1990 年に内戦が始まり，暴力がルワンダの一部の地域で発生していくとともに，複数政党制が導入され，政治が不安定になっていく過程を描きながら，なぜ内戦が開始されたのか，内戦はどのような展開を見せたのか，ルワンダ国内はどのような状況だったのかを明らかにする。

　1990 年当時のルワンダは，ジュヴェナル・ハビャリマナが大統領になってから 17 年が経過し，政党は「開発国民革命運動（MRND）」のみであった。ま

第 III 部　革命・独立後のルワンダ

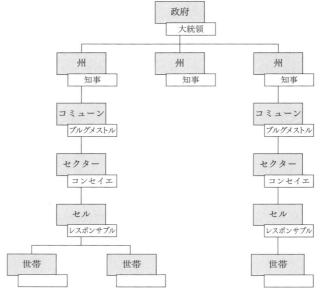

図 4　1990 年当時の行政機構

た，1990 年時点のルワンダの人口は約 715 万人で，ルワンダの行政機構は，図 4 のように，最小単位として各世帯を束ねるセル（レスポンサブルが治める）があり，6 から 10 程度のセルがまとまった単位としてセクター（コンセイエというセクター長が治める）が全国に 1,490，10 前後のセクターがまとまった単位としてコミューン（ブルグメストルが治める）が全国に 145，13 前後のコミューンがまとまった単位として州（知事が治める）が 10 となっていた[6]。なお，各州の名称は図 5 の通りである[7]。

　1990 年 10 月 1 日，RPF がウガンダからルワンダ北部へと侵攻し，ルワンダ国軍との間で内戦が始まった。そもそも，RPF はなぜルワンダ侵攻という選択肢を採ったのだろうか。RPF はウガンダに逃れたルワンダ難民もしくはそ

---

[6]　なお，1992 年には 11 州になっている。Fujii, *Killing Neighbors*, pp. 26 and 28.
[7]　武内『現代アフリカ』，327 頁。

図5　1994年当時の行政区分

の子弟を中心に構成された集団である。これまでの章で明らかにしたように，1950年代末から60年代前半にかけてウガンダを含む周辺国に逃れたトゥチの難民の一部は，武装化し「イニェンジ」と称してルワンダへの攻撃を繰り返した。しかし，1960年代中盤までにはその活動もすべて挫折する。周辺国におけるルワンダ難民のその後の状況にはいまだに明らかにされていない点も多いものの，少なくともハビャリマナ大統領は，国内の人口過剰を理由として，ルワンダ難民の帰還に同意してこなかった[8]。また，1986年7月26日，MRNDの中央委員会も，難民の帰還する権利を同じく「人口過剰」という理由で否認している[9]。

8 　同書，258頁。
9 　Jean-Paul Kimonyo, 'RPF : The Roots of Change', *The New Times*, 16 July 2014, http://www.newtimes.co.rw/section/read/39201

202　第 III 部　革命・独立後のルワンダ

　RPF の核となるウガンダ在住ルワンダ難民は，ウガンダの国内政治によっ
てその処遇を左右されてきた。独立後のミルトン・オボテ大統領は，多くのル
ワンダ難民が生活するウガンダ西部で反政府的な活動が行われていたことから，
ルワンダ難民の排斥を進めようとした。これに対し，1971 年 1 月にイディ・
アミンがクーデターによってオボテを追放し大統領に就任すると，逆にルワン
ダ難民は軍や秘密警察に雇用された。しかし，アミンが失脚し，オボテが再度
大統領となると，ルワンダ難民の生活は再び苦しいものとなる。特に，1982
年から 84 年にかけて，ルワンダ難民に対する迫害が起きている。このような
事情から，多くのルワンダ難民がオボテ打倒のためにヨウェリ・ムセヴェニ率
いる「国民抵抗軍（National Resistance Army：NRA）」に参加した。国民抵抗軍は
1986 年 1 月に首都カンパラを制圧し，ムセヴェニが大統領となった。この当
時，国民抵抗軍の兵士の 4 分の 1 以上をルワンダ難民が占めていたという。ま
た，後の RPF のトップであるフレッド・ルウィゲマがウガンダの国防省次官
に就任するなど，ウガンダ軍におけるルワンダ難民のプレゼンスは大きいもの
であった。権力奪取後，ムセヴェニはそれに貢献したルワンダ難民に報いるべ
く，10 年以上ウガンダに在住しているルワンダ難民にはウガンダ国籍を認め，
またその期間に満たないルワンダ難民もウガンダ市民として扱うという意向を
1986 年 7 月に発表した。しかし，ウガンダ国内の反発は強く，この政策は実
現しなかった。さらに，ルウィゲマは 1988 年に国防省次官を更迭されている。
ルワンダ難民の立場からすれば，ウガンダに滞在してきた期間の方が長く，ま
たルワンダに帰還できる見込みも少ない以上，ウガンダに根を下ろして暮らそ
うと思っていたものの，もはやウガンダでの生活が快適なものではないとなれ
ば，武力によるルワンダへの帰還が有力な選択肢として浮上するのはある意味
自然なことであろう[10]。ポール・カガメ現大統領も，ウガンダで疎外感を抱き
ながら生活する中で難民問題の埒が明かないため，攻撃をすればルワンダ国内
の親族に影響が出るというリスクを認識しつつもなお，行動を起こさざるをえ
ない状況だったと語っている[11]。実際，1979 年 6 月に結成されたルワンダ難

10　武内『現代アフリカ』，258-260 頁；Prunier, *Rwanda Crisis*, pp. 67-74.

民の組織「ルワンダ難民福祉財団（Rwandan Refugee Welfare Foundation : RRWF)」
は，1980 年に「国民統一ルワンダ同盟（Rwandan Alliance for National Unity :
RANU）に，87 年には RPF に改称・改組していく中で，次第に軍事的な性格
を帯びていった[12]。

　しかし，当時の状況を見ると，難民問題に関する話し合いには多少の動きが
あったといえる。1990 年末の時点で，周辺国にいるルワンダ難民は，ウガン
ダに 82,200 人，ザイールに 12,596 人，ブルンディに 67,684 人，タンザニアに
22,297 人，ケニア・西アフリカ・その他の地域に数万人，合わせて 20 万人以
上だったと言われている。国連難民高等弁務官事務所（UNHCR）は，これら
の難民に対して自主的な帰還を推奨しており，1990 年 8 月には全ルワンダ難
民の自主帰還が決定された。実際に，20 万人以上の難民のうち，自主帰還を
希望する難民は 4 万人弱いたという。この自主帰還を進めていくために，
UNHCR と難民代表は 1990 年 9 月末から 10 月上旬にかけて，ルワンダを訪問
し，調査を行う予定だった[13]。また，ジェラール・プルニエによれば，ハビャ
リマナ政権も選択的な難民の帰還には同意していた[14]。したがって，難民の帰
還は，部分的ではあるものの，この時期に一定の進展を見せていた。このこと
から，RPF は単なる難民の帰還だけではなくルワンダでの権力奪取をも望ん
でおり，当時の状況は彼らにとって都合のよいものではなかったため，難民の

---

[11]　François Soudan, *Kagame : Conversations with the President of Rwanda*, New York : Enigma
　　Books, 2015, p. 41. また RPF のウガンダでの様子については，Colin M. Waugh, *Paul
　　Kagame and Rwanda : Power, Genocide and the Rwandan Patriotic Front*, Jefferson :
　　McFarland & Company, 2004 ; Ogenga Otunnu, 'Rwandese Refugees and Immigrants in
　　Uganda' および 'A Historical Analysis of the Invasion by the Rwanda Patriotic Army (RPA)',
　　in Howard Adelman and Astri Suhrke (eds.), *The Path of a Genocide : The Rwanda Crisis from
　　Uganda to Zaire*, New Brunswick : Transaction Publishers, 1999, pp. 3-29, 31-49 ; William
　　Cyrus Reed, 'The Rwanda Patriotic Front : Politics and Development in Rwanda', *Issue : A
　　Journal of Opinion*, 23-2 (1995), pp. 48-53 なども参照のこと。

[12]　Prunier, *Rwanda Crisis*, pp. 67-74. なお，「戦線（front)」という語を選択したのは，様々
　　なバックグラウンドをもつ人々を結集させるためだという。Soudan, *Kagame*, p. 36.

[13]　Guichaoua, *From War to Genocide*, pp. 25-27.

[14]　Prunier, *Rwanda Crisis*, pp. 90-91.

204 第Ⅲ部 革命・独立後のルワンダ

自主帰還が始まる前に武力を行使しようとしたと考えられる。

RPFのルワンダ侵攻決定に影響を与えた要因は他にもある。まず，1980年代後半に入り，ルワンダの主要輸出作物であるコーヒーの国際価格が下落しつつあった。1986年から87年にかけて，ルワンダのコーヒー販売額が半分以下に急減したため，ルワンダ政府は世界銀行や国際通貨基金に融資を依頼した。これに対して1988年，世銀はルワンダ政府に構造調整改革を行うよう求めた。1990年，ルワンダ政府は構造調整政策を受け入れ，同年11月と91年6月に，通貨切り下げを行わざるをえなかった。また，緊縮財政政策も実行され，インフレが進んだ[15]。このように1990年代に入る頃，ルワンダは経済的に困難な状況に置かれていた。

加えて，ルワンダ国内は政治的にも問題を抱えていた。前章で説明したように，ハビャリマナ大統領は，ルワンダ南部出身のグレゴワール・カイバンダ政権期に優遇されなかった北部の不満をまとめ上げてクーデターを起こした。したがって，ハビャリマナ政権では南部出身者は優遇されなかった。それだけではなく，北部の中でも自身の出身地であるギセニィ州をルヘンゲリ州よりも優遇した。中でも，ギセニィ州の有力者の娘であったハビャリマナ夫人とその兄弟が権力の中枢にいて，「アカズ」と呼ばれていた。このような事情から，ルワンダ国内では権力がアカズに集中し，汚職が横行していたため，政権に対する不満や批判が高まっていた。こうした政治・経済的状況に鑑み，1990年6月，ハビャリマナ大統領はパリで催されたフランスとアフリカ諸国の会合に参加した際に，フランソワ・ミッテラン大統領から複数政党制を導入するように助言を受ける。ルワンダ国内のこのような状況をRPFは十分認識していた。したがって，RPFは，ウガンダ国内でルワンダ難民が置かれた状況だけではなく，難民に関する交渉の内容やルワンダ国内の政治・経済的な状況などを検討し，最終的に1990年7月にルワンダ侵攻を決定したのである[16]。

15　Isaac A. Kamola, 'Coffee and Genocide', *Transition*, 99 (2008), pp. 67-68；武内『現代アフリカ』，249-253頁。

16　Prunier, *Rwanda Crisis*, pp. 89-92.

第8章　内戦からジェノサイドへ　205

　10月1日午後，RPFがウガンダからルワンダ北部に侵攻し，内戦が開始される。しかし当初の戦況はRPFに有利なものではなかった。10月1日に内戦を開始した際，RPFの兵力は1,500〜7,000人だと見積もられていたのに対して，ルワンダ国軍は5,200人だった[17]。また，内戦開始直後の10月2日，リーダーのルウィゲマが戦闘中に死亡したことで，RPFは大打撃を受ける。当時，カガメは1990年5月から1年間の予定でアメリカの軍事学校で訓練を受けておりウガンダには不在であったが，ルウィゲマ死亡の知らせを聞き，ただちに予定を切り上げてウガンダに戻り，RPFの立て直しを図らざるをえなくなった[18]。対してルワンダ国軍側は，RPFの侵攻を受けて，ハビャリマナ大統領がフランスおよびベルギー，ザイールに軍事支援を依頼する。フランス軍は，外国人の保護と避難支援という名目で10月4日に介入したが，実際にはルワンダ国軍に武器供与や財政支援を行っていた。また，翌5日には，ベルギーとザイールからも軍が到着する[19]。このように，RPFの攻撃はルワンダ国軍およびハビャリマナ政権を驚かせたものの，初期の戦況は国軍に有利なものであった。そのため，大統領は，10月30日に「戦争は終わった」とさえ宣言している[20]。

　内戦開始を機に，ハビャリマナ政権は政権反対派の取り締まりに乗り出す。ただし，注意すべきことに，この時はトゥチだけではなく，フトゥの反政権的な人々も取り締まりの対象だった。ハビャリマナ大統領は内戦開始後，夜間外出禁止令を発令し，移動の自由を制限した。10月4日から5日にかけて首都キガリで銃声が響いたが，それはRPFの侵入者によるものと公表され，その後RPFの協力者（*ibyitso*：内通者）として約1万3000人が逮捕された。しかし，この発砲は実際には国軍側が起こしたものと言われている[21]。また，別の数字

17　Guichaoua, *From War*, p. 23, footnote 2 (p. 367)；武内『現代アフリカ』，261頁。なお，
　　ルワンダ国軍の規模は，1992年半ばまでに5万人に増えている。
18　Soudan, *Kagame*, pp. 44-49；Prunier, *Rwanda Crisis*, pp. 94-96.
19　なお，ザイール軍は10月中盤に，ベルギーは11月に撤退している。Guichaoua, *From War*, p. 23, footnote 3 (p. 367)；Prunier, *Rwanda Crisis*, p. 108.
20　Ibid., p. 96.
21　Timothy Longman, *Christianity and Genocide in Rwanda*, Cambridge : Cambridge University Press, 2010, p. 135；Prunier, *Rwanda Crisis*, pp. 108-109.

206 第 III 部 革命・独立後のルワンダ

によれば，内通者として全国各地でトゥチを中心に 1 万 8000 人が逮捕・拘束・拘留・拷問された[22]。つまり，ハビャリマナ政権は内戦開始を反対派弾圧および治安対策強化の口実に利用したのである。

　しかし，反対派の逮捕や抑圧にもかかわらず，政権に対する批判は止むことがなかった。ティモシー・ロングマンによれば，この時期，「ルワンダ人権保護クリスチャン連盟 (Ligue chrétienne de défense des droits de l'homme au Rwanda : LICHREDHOR)」などの人権団体が設立されたり，政権に批判的な新聞が新たに発行されたりするなど，逆に改革へのモメンタムが高まっていた。また，全住民が定期的に参加しなければいけない「開発のための共同労働」であるウムガンダへの参加を拒否する者も出てきた。さらに，これまで政権と密接な関係を築いていた教会の中にさえ，政権に批判的な神父や牧師などが登場した[23]。このように，内戦開始後も政権に対する批判が止むことはなかった。

　ハビャリマナ大統領が政治改革を発表し，ルワンダ政治に変化のきざしが見られたのはこのような状況下であった。1990 年 11 月 13 日，大統領は，翌年 91 年に憲法改正のレファレンダムを行い，複数政党制を導入することを発表した。これ以後，複数の政党が設立されることになる。1991 年 3 月，「共和民主運動 (Mouvement démocratique républicain : MDR)」が設立された。MDR は第 II 部でもふれた PARMEHUTU の前身である MDR を名前の由来とし，カイバンダ元大統領の出身地である中部ギタラマのフトゥの支持を受けていた。1991 年 4 月から 5 月にかけて設立された「社会民主党 (Parti social démocrate : PSD)」は，南部ブタレを拠点とする穏健派知識層の政党だった。また，「自由党 (Parti libéral : PL)」は都市部のビジネスマン層からの支持を得ていた。さらに，それまで政権および与党 MRND と密接な関係にあった教会からも，「キリスト教民主党 (Parti démocrate chrétien : PDC)」が設立された。野党の設立に対抗するために，MRND も名称に「民主主義」を加え，「開発・民主主義国民革命運動 (Mouvement révolutionnaire national pour le développement et la démocratie : MRNDD)」

22　武内『現代アフリカ』，261 頁。
23　Longman, *Christianity*, pp. 141–146.

と改称した。そして，1991年6月10日に新憲法が公布され，7月にこれらの新政党が正式に登録された[24]。

この間，RPFは，アメリカから帰国したカガメ主導のもと，兵力を増強しながら態勢を立て直していた。そして，1991年に入ると攻勢に転じるようになり，1月には，北部ルヘンゲリ州を攻撃した。内戦開始時に逮捕され，ルヘンゲリの刑務所に入れられていたフトゥの男性は，この時RPFが刑務所を開放したため，逃れることができたと語っている[25]。しかし，RPFの攻撃への報復として，トゥチ住民やフトゥ反対派に対する攻撃や逮捕も起きていた。例えば，ハビャリマナ大統領とアカズの本拠地であるギセニィでは1991年1月にトゥチに対する暴力が起きている[26]。また，南部ムランビでも，MRND強硬派のブルグメストルらによってトゥチ・フトゥ両者に対する暴力が引き起こされた。さらに1992年3月には東南部ブゲセラでもおよそ300名が殺害され，466名が逮捕された[27]。

政治変動のきざしを感じた野党は，次のステップとして，野党を含む内閣の組閣を要求した。そこで，ハビャリマナ大統領は，1991年10月13日，穏健派フトゥのシルヴェストル・ンサンジマナを新首相に任命し，12月に組閣を行うよう指示した。しかし，ンサンジマナ首相が12月30日に組閣した内閣にはPDCが1名入っただけで，大半はMRNDDであったため，野党はこれに反発し，1992年1月に抗議デモを行う。キガリやブタレではデモが行われ，キガリでは3〜10万人が，ブタレでは1万5000人が参加したという[28]。

与野党の対立を見た教会は，1992年2月から3月にかけて，政党間の調整を試みる[29]。それに妥協したハビャリマナ大統領は，3月14日，連立内閣の

---

24 武内『現代アフリカ』，267-268頁，276頁注32；Longman, *Christianity*, pp. 136-138；Kimonyo, *Rwanda's Popular Genocide*, p. 81；Prunier, *Rwanda Crisis*, pp. 121-126.

25 Fujii, *Killing Neighbors*, p. 78.

26 武内『現代アフリカ』，261頁。

27 同書，262-263頁；Prunier, *Rwanda Crisis*, pp. 135-137.

28 Ibid., pp. 134-135；Longman, *Christianity*, p. 138；Kimonyo, *Rwanda's Popular Genocide*, pp. 81-82.

29 ロングマンによれば，教会は，独立前から国家権力とのつながりが深かったものの，こ

208 第 III 部 革命・独立後のルワンダ

組閣を発表し，4 月上旬，野党 MDR のディスマス・ンセンギヤレミエが首相に任命される。首相を含めた連立内閣の 20 ポストのうち，MRNDD は 9 つ（内務大臣や防衛大臣を含む）を占めたものの，野党が合計 11 を占めていた[30]。この連立政府は，これ以後，RPF との和平という難題に取り組むことになる。

　本節の最後に，内戦開始と複数政党制の導入によって，人々の生活がどのように変化したのかを簡単に確認してみよう。ジェノサイド生存者のトゥチの記憶では，1990 年の内戦開始によって，一気に生活が危険になり，RPF 協力者だとみなされたトゥチの恣意的な逮捕・投獄・拷問や家屋への放火などが発生するようになったという。特に，ディアスポラとのつながりがある者は，逮捕・投獄・拷問に遭ったり，日常的に嫌がらせを受けた[31]。これに対して，フトゥの中でも，内戦開始後に RPF がルワンダ北部で行っていた暴力から逃れてきた国内避難民の話を聞き，脅威を感じ始める者が増えた。内戦開始から数日で，「フトゥの経営するバーではトゥチに毒を盛り，トゥチのバーではフトゥに毒を盛っている」という噂が流れたため，行くバーを間違うと「スパイ」として暴行を受けることもあった。また，実際には RPF と関係のない人も多く逮捕されたが，それを指摘すると自分や家族に身の危険を感じることもあったという[32]。このように，内戦開始の前後で，人々の生活は緊張感漂うものに変わっていった。

　しかし，ルワンダ全土が同様の状況に陥ったわけではない。第 II 部で検討

　　の当時，国家との距離感や民主化に関して内部に様々な意見が存在していたため，ハビャリマナおよび与党とのつながりは維持しつつも，民主主義の一般原則には同意するという対応を採り，政党間の調整を図ったのだという。しかし，政府に対する教会の支持に変わりはなく，むしろ内戦という国難に対して，与党の下に団結するように訴えていた。また，北部などで起きていたトゥチに対する攻撃や反対派フトゥの逮捕については，言及しなかった。Longman, *Christianity*, pp. 140–160.

30　MDR は首相を除く 3 ポスト（外務大臣や教育大臣など）を得た。PL および PSD も 3 ポスト，PDC は 1 ポストを，それぞれ得た。武内『現代アフリカ』，268 頁；Kimonyo *Rwanda's Popular Genocide*, p. 82；Prunier, *Rwanda Crisis*, p. 145.

31　Erin Jessee, *Negotiating Genocide in Rwanda : The Politics of History*, London : Palgrave Macmillan, 2017, 98–100, 130–133.

32　Ibid., pp. 164–167.

した 1950 年代後半から 60 年代前半の暴力の発生と同様に，1990 年代前半でも地域の違いが暴力の発生に影響を与えていた。1990 年代前半の場合は，内戦との距離が特に重要であり，RPF とルワンダ国軍の間で戦闘が起きているルワンダ北部の住民の方が変化を感じていた。例えば，ルヘンゲリ州のコミューンに住む農民は，1990 年 10 月 1 日の内戦開始によって，コミューン長であるブルグメストルたちがトゥチに嫌がらせを始めたり，RPF の協力者であると非難して投獄したりしたことを記憶している。また，あるトゥチの老人は 1990 年に RPF の協力者ということで 3 か月以上投獄された。のちにジェノサイドの生存者となる女性によれば，内戦開始後，集団で集まることが禁じられたり，自宅に押しかけられ室内を捜索されたりしたという。フトゥの男性でも，トゥチの若者と一緒に働いていたために投獄されることもあった[33]。これに対して，中部ギタラマ州では，戦争開始のニュース自体は耳にしたり，野党の設立が緊張感を高めていたものの，物理的な暴力という点では 1994 年 4 月まで生活に変化はなかったという。南部ブタレ州も，トゥチの比率が高く，後述のように全国で唯一トゥチが州知事となっていたため，安全だと思われていた[34]。したがって，内戦の影響は居住地域によって様々であり，それがジェノサイドの際にも重要となってくる。

　本節で検討してきたように，1990 年，ハビャリマナ政権は国内外の危機に直面していた。国内では政権への批判が増し，1990 年から 92 年にかけて複数政党制が導入され，野党が結成された。また，ルワンダ帰還を目指す RPF の侵攻により内戦が始まると，当初は国軍が優勢だったものの，徐々に RPF が攻勢に転じていく。その中で，トゥチ・フトゥの一般市民や政権批判派が「RPF への協力者」との嫌疑をかけられて逮捕・投獄・殺害されるという暴力が発生するようになった。しかし，1992 年 4 月の連立内閣成立を受け，人権団体や市民社会，研究者たちはルワンダの将来について楽観的だったという[35]。

33　Fujii, *Killing Neighbors*, pp. 77–83.

34　Samuel Totten and Rafiki Ubaldo (eds.), *We Cannot Forget : Interviews with Survivors of the 1994 Genocide in Rwanda*, New Brunswick : Rutgers University Press, 2011, p. 44.

35　Longman, *Christianty*, p. 161.

210 第 III 部 革命・独立後のルワンダ

それがなぜ，わずか 2 年後にジェノサイドという形で大規模な暴力が発生するに至ってしまったのだろうか。次節では 1992 年から 94 年までを対象に，内戦の和平交渉が進む中，ルワンダ国内では複数政党制が「失敗」し，急進派が台頭していく様子を見ていきたい。

2　和平協定の締結と急進派の台頭

　本節では，1992 年から 94 年にかけて，国際社会の調停による停戦協定締結と急進派の台頭について詳述しながら，この時期になぜルワンダが暴力的な状況へ向かっていったのか，ジェノサイドの前夜はどのような状況だったのかを明らかにする。

　1992 年 4 月に成立した連立内閣の最重要任務は，RPF との和平交渉を開始することであった。1992 年 5 月 24 日に MDR のボニファース・ングリンジラ外交協力大臣がウガンダの首都カンパラで，5 月 29 日に PL・MDR・PSD 所属のルワンダ政府代表がブリュッセルで，それぞれ RPF 代表と会合をもち，6 月にパリで交渉を行うことが決定した。6 月 6 日から 8 日にかけてパリで会合がもたれ，その後，タンザニアのアルーシャで正式に和平交渉が開始された。この時，ルワンダ政府からは，ングリンジラ大臣とジェームス・ガサナ国防大臣が，RPF からはパストゥール・ビジムングらが代表として出席していた[36]。まず，1992 年 7 月 12 日に停戦協定が署名され，8 月 1 日から効力を発揮し，国軍と RPF の戦闘はいったん止んだ。次に，パワー・シェアリングについて 1992 年 9 月から 93 年 1 月まで協議が行われ，1992 年 10 月 30 日および 93 年 1 月 9 日に包括的移行期政府（a broad-based transitional government：BBTG もしくは Gouvernement de transition à base élargie：GTBE）設立を伴う協定書が署名された。移行期政府では，MRNDD と RPF が 5 つずつ，MDR は 4 つ，PSD と PL

36　のちにガサナはアルーシャ協定署名直前にスイスに亡命し，ングリンジラはジェノサイド開始直後に殺害された。Prunier, *Rwanda Crisis*, p. 163.

は3つずつ，PDC は1つ，それぞれポストを割り当てられた。つまり，与党MRNDD は半数に満たないポストしか得ることができなくなったのである。また，移行期国民議会でも，MRNDD, RPF, MDR, PSD, PL は11ずつ，PDCは4つ，その他小政党は1つずつという議席の割り振りが決定された[37]。

ルワンダ国内では，和平交渉に対する反発が沸き起こった。まず，連立内閣組閣直前の1992年3月，強硬派フトゥの野党政党「共和国防衛同盟（Coalition pour la défense de la république：CDR）」が設立されていたが，CDR は和平交渉のパワー・シェアリングから排除されたこともあって[38]，交渉にあたった代表団および交渉内容を強く批判した。また，与党 MRNDD でも，インテラハムウェ（Interahamwe：共に戦う者たち）という青年組織が設立され，交渉に反対を示している。1993年1月19日，CDR と MRNDD は合同で，和平交渉の合意内容に反対する暴力的なデモを行った。さらには，1993年1月，MRNDD のあるリーダーも，署名されようがされまいがパワー・シェアリングの協定を受け入れられないと述べている[39]。

また，ルワンダ国軍は，停戦には合意したものの，武器の輸入などを行って兵力を増強させていた。例えば，1992年10月には，主にフランスの資金で，エジプトや南アフリカなどから2万個の手榴弾と2万丁のライフルなどを輸入している。1993年1月以降，マシェーテ（農業用のナタ）も約50万本輸入された。また，内戦開始後，国軍の規模は5,200人から5万人以上に拡大したため，全国に兵士を配置できるようになったという。そして，これらの軍関係者は，1992年から93年にかけて，インテラハムウェなど民兵の訓練を開始した[40]。

急進派による和平交渉への反対および軍の増強と並行し，クボホザ（kubohoza）

---

37 Ibid., pp. 160-163, 166-173 ; Kimonyo, *Rwanda's Popular Genocide*, pp. 82-83 ; 武内『現代アフリカ』，263-264 頁。

38 ハビャリマナ政権の代表者やフランス，アメリカなどは CDR の排除に反対したものの，CDR 排除を求める RPF の主張が通ったという。同書，264-265 頁。

39 同書，262 および 269 頁；Prunier, *Rwanda Crisis*, pp. 128, 166-173.

40 Longman, *Christianity*, p. 181；武内『現代アフリカ』，261 頁；Kimonyo, *Rwanda's Popular Genocide*, pp. 84-85.

212 第 III 部 革命・独立後のルワンダ

と呼ばれる政治的な暴力も起こるようになる。ルワンダ語で「解放」を意味するクボホザは，暴力で脅して特定の政党に加盟させたり，ライバル政党の支持者を襲撃して政党支持をやめさせたりと，犯罪の増加と複数政党制をリンクさせることで野党・複数政党制への支持を減らすという目的で行われていた[41]。

また，将来の大規模な殺戮もこの頃から計画が始まったと言われている。1992年10月2日，ベルギー人研究者フィリップ・レインツェンスらは，権力中枢にトゥチ殺戮を計画する「ゼロ・ネットワーク」というグループが存在すると発表した。この「ゼロ・ネットワーク」は1992年3月にブゲセラで起きたトゥチの殺害に関与したと言われている。また，同年11月22日にはMRNDDの急進派イデオローグであるレオン・ムゲセラが，国内に多くのRPF協力者がいるため，彼らをニャバロンゴ川に流してエチオピアに帰そうと主張している[42]。このように，1992年後半から93年初頭にかけて，トゥチに対する暴力が起き，また将来の大規模殺戮の危険性も浮上し始めたのである。

このようなトゥチに対する暴力の発生を受け，1993年2月8日，RPFは停戦協定を破り，大規模攻勢に出る。東部ビュンバ州，北部ルヘンゲリ州およびキガリ・ルーラル州を占領し，首都キガリの数十キロ手前まで接近したのである。このときに戦闘地域およびRPF占領地域では，多くのフトゥ住民が殺害された。RPFに強制的に徴兵され，二度と帰ってこなかった者もいた。その結果，多数の国内避難民も発生した。具体的には，内戦開始後から1992年までに約30万人が国内避難民となっていたが，その数字は1993年2月のRPFの攻撃によって60〜100万人へとさらに膨れ上がったという[43]。しかし，RPFは2月20日には自主的に戦闘を停止している。したがって，この2月攻勢は，

41 　武内『現代アフリカ』，263頁；Longman, *Christianity*, pp. 164 and 167；Kimonyo, *Rwanda's Popular Genocide*, p. 107, footnote 78；Fujii, *Killing Neighbors*, p. 83.

42 　これは，トゥチを殺害して川に投げ入れ，ハム仮説でトゥチの起源だとされるエチオピアに遺体を流し返そうという意味であった。Prunier, *Rwanda Crisis*, pp. 168-172；武内『現代アフリカ』，269-270頁；Longman, *Christianity*, p. 179.

43 　Prunier, *Rwanda Crisis*, p. 175；James Gasana, 'Natural Resource Scarcity and Violence in Rwanda', in Richard Matthew, Mark Halle, and Jason Switzer (eds.), *Conserving the Peace : Resources, Livelihoods and Security*, IISD, 2002, p. 224.

トゥチ襲撃に対する報復であったほか，後述のようにアルーシャでの和平交渉で優位に立つ狙いを有するものだったと考えられる。

アルーシャでは，ちょうど 1993 年 2 月から，ルワンダ国軍と RPF の統合に関する協議が始まっていた。しかし，この協議の合意は困難をきわめた。当初ルワンダ政府側は，国軍 80 : RPF20 という割合を提案していたが，このような数字は RPF には受け入れられなかったからである。2 月攻勢のあと，RPFの優勢を受け，ルワンダ政府側は軍の統合の割合を国軍 60 : RPF40 とすることで譲歩したが，RPF は 50 : 50 を望んだため，交渉は難航した[44]。国連平和維持活動（PKO）司令官ロメオ・ダレールの印象では，RPF は明らかに統率がとれており，よく訓練され士気も高かったという。対して，国軍はこれとは対照的で，特に北部出身の士官の中には，アルーシャ交渉を支持しておらず，また RPF に対する憎悪を隠そうとしない者も多くいたという。したがって，動員解除と軍の統合には大きな反発が予想されたのである[45]。

しかし，内戦および和平交渉における RPF の優位は，国内では逆効果をもたらした。穏健派の力を削ぎ，野党の内部分裂を招き，急進派の勢いやエスニックな言説の流布を加速させてしまったからである。まず，急進派（特にCDR）の意見は停戦協定やパワー・シェアリング協定などの和平交渉の結果に反映されなかったため，彼らはこれらを政府による RPF への妥協だとみなし，妥協はフトゥの利益に対する裏切りだとして，弱腰の交渉姿勢を批判した。また，野党はこれまで RPF を好意的に評価していたが，2 月の攻撃や RPF による民間人殺害などのニュースによって，RPF の印象が悪くなっていったため，野党の中でも意見の対立や権力争いが生じた。さらに，2 月の RPF の攻勢のあと，フランスの閣僚がルワンダを訪れ，大統領と共同戦線を張ることを野党に対して提案したこともあり，野党の中でも，RPF との交渉支持（およびフランス軍の撤退希望）派と RPF 危険視（およびフランス軍の駐留希望）派に分裂し

---

44 Prunier, *Rwanda Crisis*, pp. 186-187.
45 ロメオ・ダレール（金田耕一訳）『なぜ，世界はルワンダを救えなかったのか——PKO司令官の手記』（風行社，2012 年），61-66 頁。

214　第 III 部　革命・独立後のルワンダ

ていった。MDR はその後内部分裂し，1993 年 7 月 19 日に穏健派のアガト・ウィリンヂイマナが首相に就任すると，急進派は MRNDD や CDR に接近していった。また，1993 年 4 月，MRNDD や CDR の関係者によって「ミルコリンヌ自由ラジオ・テレビ（Radio-Télévision libre des milles collines : RTLM）」が設置され，7 月から放送を開始し，エスニックなプロパガンダなどを音楽にのせて流すようになった[46]。

　急進派が勢いづき，暴力的な言説も広がっていく中で，ルワンダ人の精神的な支柱である教会は，沈黙していた。政府批判を行う神父や司祭もいたものの，教会は基本的には，トゥチに対する逮捕や暴力を非難しなかっただけではなく，政権に批判的な教会関係者が逮捕された際にも擁護しなかったのである。ローカルなレベルでも，教会関係者は民兵の組織化や訓練に協力している。したがって，ロングマンは，多くのルワンダ人がエスニック・政治的な暴力は教会の教えに反しないと理解したため，暴力に対する心理的なハードルが低くなったのではないかと述べている[47]。

　この間もアルーシャでは和平交渉が続いていた。1993 年 6 月 9 日には難民の本国帰還と避難民の再定住に関する協定が，8 月 3 日には軍の統合に関する協定がそれぞれ署名された。軍の統合は，最終的には，兵士レベルでは国軍 60：RPF40，司令官レベルでは 50：50 で合意に至った。このように，停戦，パワー・シェアリング，難民・避難民の帰還，軍の統合に関する協定が結ばれた結果，翌 8 月 4 日，包括的なアルーシャ和平協定が署名され，その履行が国連の PKO によって監視されることになった。交渉当事者（特に国際社会）はルワンダ国内の急進派の危険性を認識しておらず，協定締結に満足したが，署名をしたハビャリマナ大統領らは，真摯に協定履行に取り組む意図はなく，単に時間稼ぎやドナーへの対外的なアピールを望んでいただけのようであった[48]。

　国連 PKO 司令官のダレールの回想録を読むと，そもそも国連の対ルワンダ

46　武内『現代アフリカ』，267-270 頁；Prunier, *Rwanda Crisis*, pp. 179-190；Longman, *Christianity*, pp. 179-182.

47　Ibid., pp. 183-186.

48　武内『現代アフリカ』，263-266 頁；Prunier, *Rwanda Crisis*, pp. 192-195.

認識にも問題があったことがわかる。例えば，ダレールは回想録の中で，ルワンダがどこにあるのか，またどのような情勢なのかも知らなかったと述べている。おそらくそれは国連の PKO 局も同様であったのだろう。PKO 局のアフリカ出身メンバーで後に国連事務総長になるコフィ・アナンでさえ事態にほとんど無関心だった。ダレール曰く，彼らは「非常に複雑な社会的政治的状況を単純な部族間紛争」として認識してしまったのだという。また，ルワンダのPKO は，「メインイベント」，すなわちボスニアやソマリア，ハイチなどでの活動の「余興」だとみなされていたため，「小規模で安上がり」でなければならなかった。さらに，PKO 部隊の規模および構成国も問題だった。ダレールは，5,500 人が「理想的」だと感じていたが，「小規模で安上がり」にするためには，最大で 2,600 人が安保理の承認が得られる現実的な数字だと認識していた。これは，非武装地帯とキガリの監視を辛うじて行える程度の兵力であった。また，どの国がどの程度負担をおうかも争点であった。ベルギーは PKO 参加に積極的だったが，国連としては旧宗主国が参加することをあまり好ましく思っていなかった。しかし，ルワンダの戦略的重要性は低く，他国は乗り気ではなかったため，結果的にベルギーを中心に，ガーナなどからも部隊を集め，1993 年 10 月 5 日の国連決議 872 号によって「国連ルワンダ支援団（United Nations Assistance Mission for Rwanda : UNAMIR）が発足した[49]。これらの点は，のちに PKO の活動を大きく制約するだけではなく，ジェノサイドの推移にも影響を与えることになる。

　ブルンディの情勢もルワンダに大きな影響を与えた。ブルンディでは，ルワンダとは異なり，独立後もトゥチが権力を握っていたが，1993 年 7 月にフトゥとして初めてメルシオル・ンダダエが大統領に就任した。しかし，10 月21 日にトゥチ軍人らによって暗殺されたことで，ブルンディでは，トゥチ中心の軍によるフトゥの殺害およびフトゥによるトゥチ住民への報復が起こり，5 万人以上が死亡し，国内が混乱に陥った。また，ブルンディから 30 万人も

49　ダレール『なぜ』，第 3–5 章。UNAMIR に関する決議などについては，United Nations, *The United Nations and Rwanda, 1993–1996*, United Nations, 1996 に掲載されている。

216　第 III 部　革命・独立後のルワンダ

のフトゥが難民としてルワンダに流入し，ルワンダ南西部のキャンプで生活していた。このようなブルンディでの情勢は，ルワンダ国内の急進派にトゥチの脅威を煽る格好の材料を提供したといえる。また，ンダダエの暗殺は，フトゥ強硬派をして，トゥチは権力を共有するということはせず，したがって和平協定も履行しないだろうと信じさせた。例えば，ハビャリマナ大統領と同じギセニィ州出身のテオネスト・バゴソラ大佐が，RPF は平和には興味がなく，軍事的な勝利によって権力を得ようとしていると警告しているように，フトゥ強硬派の多くは RPF の停戦の意思を疑っていた。このような思考は，軍や民兵のさらなる訓練へとつながっていく。また，ブルンディの政変は与野党を超えてフトゥ急進派を結集させることになった。1993 年 11 月 5 日，MDR，PL，PSD 内部の強硬派が CDR および MRNDD と合流し，フトゥの団結を謳う「フトゥ・パワー（Hutu Power/*Pawa*）」が結成される。彼らは，トゥチだけではなく，RPF 支持者やフトゥ反対派もリスト化し，殺害の準備を進めた。この「死のリスト」に掲載された人物は 1994 年 2 月時点で 1,500 名以上になったという[50]。

　一般市民の生活は，このような状況から大きな影響を受けていた。当時，治安が悪化しつつあったことで，ルワンダ人の多くは，複数政党制や連立政権に対して幻滅感もしくは不満を募らせていた[51]。また，ルワンダ南部にはブルンディ難民が多く流入したため，彼らに対する不安も生じていた。これらの難民が攻撃してくるという噂を 1994 年 1 月に聞いていた人もいたという[52]。このように，一般のルワンダ人にとって，ブルンディでの状況，複数政党制の導入，和平交渉，政党の分裂，急進派の台頭などによって，ローカルな政治空間はますます暴力的になっていった。

　1993 年 11 月 1 日，UNAMIR がルワンダに到着し，アルーシャ協定に基づいて，RPF の部隊約 600 名をキガリ市内の議事堂にエスコートした。これに伴い，フランス軍はいったん撤退している。しかし，ビジマナ国防大臣や

---

[50]　Longman, *Christianity*, pp. 182-183；Prunier, *Rwanda Crisis*, pp. 198-203；武内『現代アフリカ』，270 頁；Straus, *Order*, pp. 29-31.

[51]　Longman, *Christianity*, p. 167.

[52]　Fujii, *Killing Neighbors*, pp. 83-84.

第 8 章　内戦からジェノサイドへ　217

MRNDD 急進派は UNAMIR を RPF 支持側だとみなしていたため，UNAMIR を歓迎していなかった。また，強硬派のラジオ放送局であるミルコリンヌ自由ラジオ・テレビも，PKO の主力であるベルギー部隊が首都にやってくることに対して，世論の反対運動を喚起した[53]。このため，UNAMIR の活動は順調に進まなかった。

　UNAMIR の任務は，和平協定の履行を監視することであった。しかしパワー・シェアリングのための移行期政府設立は難航していた。RPF を含む新内閣は 1994 年 2 月 10 日に組閣される予定だったが，期日までに実現しなかった。逆に，協定支持者や穏健派を襲撃し，組閣を妨害するような行為が増加した。そのため，1994 年 1 月末までに，ウィリンヂイマナ首相だけではなく，PL のランドワルド・ンダシングワ大臣や MDR のフォスタン・トゥワギラムングなどの穏健派政治家の身の安全を守るため，護衛がつけられることになった。実際に，トゥワギラムングは 2 月 20 日に暗殺されかかっている。穏健派の暗殺やリンチも起き，1994 年 2 月中旬には 35 名が死に，150 名以上が負傷した。このような治安の悪化を受け，2 月 23 日，キガリ市内では午後 8 時以降の外出禁止令が発令された（3 月に午後 10 時以降になる）。このように，強硬派は，穏健派を排除してアルーシャ協定履行を拒絶していたため，UNAMIR の活動は難航していた[54]。

　さらに，UNAMIR は衝撃的な情報を得る。1994 年 1 月 10 日，「ジャン = ピエール」と名乗るインテラハムウェ内部の人間から，強硬派による大規模殺害の計画を入手したのである。それによれば，トゥチを大量に殺すのを容易にするために，あちこちの村のトゥチ住民のリストが作成されつつあるということであった。また，急進派が民兵の訓練や組織化，武器の備蓄などを進めており，20 分で 1,000 人のトゥチ民間人を殺害することができるという情報もあった。さらには，ベルギー兵を挑発し，殺害するという計画も進んでいた。ベルギー兵が殺害されれば，ベルギー政府は UNAMIR から撤退することが予想される

53　ダレール『なぜ』，92-103 頁；Prunier, *Rwanda Crisis*, pp. 203-204.
54　Longman, *Christianity*, pp. 187-188；ダレール『なぜ』，166, 173-180 頁。

218 第 III 部 革命・独立後のルワンダ

からである。強硬派はベルギー軍が UNAMIR の主力だとわかっていたため，ベルギーが撤退すれば UNAMIR は失敗し，和平協定も履行せずに済むと考えていたのであろう。1 月 10 日（11 日），ダレールは，後に「ジェノサイド・ファックス」と呼ばれるファックスをニューヨークの PKO 局に送り，隠蔽武器押収作戦の実施許可を求めた。しかし，ニューヨークはこれに反対し，逆に政府と情報を共有するように指示したため，ダレールは，殺害計画を立てているであろう強硬派とこれらの情報を共有しなければならなかった。さらに，UNAMIR にとって不運なことに，1994 年 1 月 1 日からルワンダが国連安保理非常任理事国になったことで，ルワンダ政府は国連の文書や情報にもアクセスすることができるようになった[55]。したがって，UNAMIR は強硬派の計画をこの時点で止めることに失敗したのである。

　国際社会は，プレッシャーをかけることで協定履行を進めようとした。パワー・シェアリングのための移行期政府の樹立が進まないことについて，ベルギーの外務大臣ウィリー・クラースはハビャリマナ大統領に対して，国際社会は履行の遅れに我慢できなくなりつつあると警告している。組閣は 1994 年 3 月 25 日の予定も，3 月 28 日の予定もそれぞれ延期されたため，在ルワンダ国連事務総長代理ジャック = ロジェ・ボーボーは，1994 年 4 月に入っても組閣されなければ，UNAMIR の撤退を考慮せざるをえないと述べた。4 月 4 日，国連事務総長のブトロス・ブトロス = ガーリも，履行が遅れるのであれば，ルワンダにおける国連のプレゼンスを再考しなければならなくなると述べている[56]。さらに，PKO 以外でもルワンダに対する国際社会の「忍耐」は切れそうになっていた。世界銀行は，3 月 1 日までに政府が設立されなかった場合には財政支援を打ち切ると脅していた。世界銀行がいったん資金提供を打ち切ってしまうと，新たに予算を編成するのに 6 か月はかかるため，ルワンダ経済は危機的な状況に陥ることになる[57]。このように，国際社会は，UNAMIR の撤

---

[55] 武内『現代アフリカ』，336 頁注 4；ダレール『なぜ』，132-140 頁。
[56] Prunier, *Rwanda Crisis*, pp. 205-210；武内『現代アフリカ』，270 頁。
[57] ダレール『なぜ』，161 頁。

退や援助停止の可能性を示唆して脅すことで，協定履行を促した。しかし，これまでの議論から明らかなように，急進派の勢いは止まらず，彼らはUNAMIR の撤退は望ましいものだと考えていたため，協定を履行するインセンティブとはならなかった。つまり，国際社会は，協定履行にとらわれ，ルワンダの状況を理解できていなかったのである。

　ルワンダ国内は急進派が牛耳る不安定な空間となっていき，UNAMIR を取り巻く状況も厳しくなっていった。アルーシャ協定履行が進まないことにいら立っていたカガメはダレールに対して，「もしこのままの状態が続くようであれば，どちらか一方が勝者とならざるをえないような状況に，私たちは立ち向かうことになる」と述べたという。つまり，停戦を破って，実力行使で権力を奪取することになるという示唆である[58]。そして，ウガンダでは，ルワンダ北部の RPF 占領地域への食糧・燃料・若者の移動が増加しており，RPF が行動に向けて準備を整えているかに見えた。しかし，依然として国連ではルワンダの重要度は低く，和平協定を履行させるために UNAMIR を強化することは不可能だった。むしろ，安保理では UNAMIR に対する不信感が高まっていた。1994 年 4 月 6 日，安保理決議 909 によって，UNAMIR のマンデートは 6 週間延長されたものの，6 週間以内に新政府が樹立されていなかった場合には，派遣は「再検討」すなわち終了されることが決定した[59]。ハビャリマナ大統領がアルーシャで開催される会議に出席するためにルワンダをタンザニアに向けて出発したのは，このような状況下の 4 月 6 日であった。

　本節で検討してきたように，1992 年前半のルワンダには，人権団体や批判的なメディアの登場，さらには複数政党制の導入など，肯定的な要素が確かにあった。しかし，1992 年後半以降，穏健派主導による和平交渉の進展に反発する形で，国内の急進派が影響をもち，与野党の垣根を越えて結集し始めた。アルーシャ協定の履行を恐れた，もしくは望まないアカズや「ゼロ・ネットワーク」などの急進派リーダーたちが，履行を阻止するために，より急進的か

58　同書，142-145 頁。
59　同書，203-204 頁。

220 第 III 部 革命・独立後のルワンダ

つ暴力的になっていったのである。そして，RPF の 2 月攻勢やブルンディでのンダダエ暗殺も，ルワンダ国内の急進化を助長し，穏健派の力を削ぐ結果となった。民兵組織の形成やエスニックなプロパガンダを流すメディアの台頭も，国内の政治的緊張を高め，治安が悪化していった。さらに，協定履行監視のために駐留していた UNAMIR は，当初から十分な兵力を持たず，国際社会におけるルワンダの優先度も低かった。したがって，大規模な暴力が計画されていることを事前に知ったものの，それに対処することはできなかった。このような状況で，人々は，複数政党制や政党そのものに対して幻滅し，日常生活の中の不安が増していった。ジェノサイドは，このような日々の延長線上に起きてしまう。

3 ジェノサイドの特徴

このような文脈を踏まえ，第 3 節および第 4 節ではジェノサイドについて検討する。具体的には，第 3 節で，誰がどのくらい殺されたのか，誰がどのような理由で殺害に参加したのか，などのジェノサイドの特徴を総論的に説明し，第 4 節で，実際のジェノサイドの展開と内戦の終結について明らかにしていきたい。

まず，ジェノサイドに関する数字から見ていこう。ルワンダ研究者であり人権活動家でもあるアリソン・デ＝フォージュが人権 NGO のヒューマン・ライツ・ウォッチから出版した文献では，少なくとも 50 万人が犠牲になり，これは当時のトゥチの 77 ％ だったと述べている。また，プルニエは 1994 年 4 月の時点でのルワンダの人口が 777 万 6000 人でトゥチは人口の 9～12 ％ と推計できることから，当時のトゥチの人口は 70～93 万人，そしてジェノサイド後にルワンダにいたトゥチの生存者が約 13 万人だったことから，約 80 万人が犠牲になったと見積っている。しかし，ストラウスは，当時のトゥチの人口が約 66 万人だったという計算から，80 万人という数字は少し多すぎで，「少なくとも 50 万人」，「トゥチの 4 分の 3」が現実的な数字なのではないかと指摘して

いる。これに対して，ルワンダ政府は，自己申告の被害者（declared victims）として1,074,017人，実数被害者（counted victims）として934,218人がいるとみなしている[60]。つまり，犠牲者の数には50〜100万人という幅があるのである。これは，1994年4月時点での人口およびトゥチの割合に関する明確な統計がないことや，犠牲者数の政治性によるものであるが，いずれにせよ，ルワンダにおけるジェノサイドの第1の特徴は，犠牲者数の多さであった。

ただし，トゥチのみが殺害されたわけではなく，様々な理由でフトゥも殺害されている。例えば，「トゥチと間違われたフトゥ」や「穏健だった（親トゥチ的だった）フトゥ」，「トゥチの殺害を拒んだフトゥ」も犠牲となっている[61]。さらに，RPFも殺害や暴力と無縁だったわけではない。例えば，前述のデ＝フォージュはRPFによる死者は2万5000人から3万人だと見積もっている。これに対してプルニエは，10人から3万人とかなり幅のある数字を提示している。レインツェンスは，1994年のジェノサイドだけではなく，1990年から94年まで続いた内戦中および内戦後に行われたRPFによる暴力の犠牲者を含めた数字としては，約110万人（60万人のトゥチと50万人のフトゥ）が内戦中および内戦後にルワンダで死亡したと見積もっている[62]。したがって，ジェノサイドの主なターゲットおよび犠牲者は圧倒的にトゥチであったが，フトゥの犠牲者もたしかにいたというのがより公平な理解であろう[63]。

60　Des Forges, *Leave None*, pp 15-16 ; Prunier, *Rwanda Crisis*, pp. 263-265 ; Straus, *Order*, p. 51 ; Kimonyo, *Rwanda's Popular Genocide*, p. 7 ; 武内『現代アフリカ』，292頁注2。なお，「トゥワ」については本書の議論の対象から外しているが，トゥワもジェノサイドの犠牲者になっており，約1万人前後が殺害されたという。Thomson, *Whispering*, p. 81.

61　プルニエによれば，トゥチとフトゥの夫婦およびその子供の場合，フトゥの家族・親族にかくまわれて助かることもあれば，トゥチの妻がフトゥの夫に殺されてしまうこともあるなど，状況は様々であったという。Prunier, *Rwanda Crisis*, pp. 257-258. また，トゥチとフトゥの間に生まれた子供の場合，父（トゥチ）は殺害され，母（フトゥ）たちと共にコンゴに逃れざるをえなかった者もいる。

62　Des Forges, *Leave None*, p. 16 ; Prunier, *Rwanda Crisis*, p. 265 ; Filip Reyntjens, 'Estimation du nombre de personnes tuées au Rwanda en 1994', in Stefaan Marysse et Filip Reyntjens (dir.), *L'Afrique des grands lacs, Annuaire 1996-1997*, Paris : L'Harmattan, 1997, p. 182.

63　なお，フトゥの生存者の証言については，Jessee, *Negotiating*, pp. 216-221 を参照のこと。

222 第III部 革命・独立後のルワンダ

　犠牲者だけではなく，加害者数も多いのがルワンダのジェノサイドの第2の特徴である。ジェノサイドの加害者を調査したストラウスによると，加害者数の推定は，数万から300万とこちらも幅があるものの，300万人だと当時のフトゥの成人人口のほぼ全員にあたるため，この数字は信憑性に欠けるという。したがって，殺害に関与した集団の規模などから計算すると，殺害に参加したのは17万5000人から21万人くらいで，当時のフトゥ成人男性（18～54歳）の14～17％にあたるという結論を出している[64]。つまり，フトゥの成人男性全員が殺害に関与したというわけではなく，殺害に関与したのは一部だったのである。その中でも，年齢層は20～49歳が約9割で，特に30代が多く，平均年齢は34歳で，約4分の3は子供をもつ父親だった。これに対して，ジェノサイドに参加した女性は全体の3％程度だったという。職業を見てみると，国家レベルでジェノサイドを指揮したのはフトゥ急進派の閣僚や国軍中枢の人々，野党指導者やジャーナリストが多い。地方では，地方エリート，州知事やブルグメストルなどの地方行政官が扇動し，地方での殺害参加者の半数以上は一般職業人（商人，左官，大工などの小規模な自営業者）や農民だった[65]。

　また，ルワンダでのジェノサイドは「100日間」と言及されることが多い。これは，後述のように大統領機が撃墜された4月6日からRPFが勝利を宣言した7月18日前後までを指す。しかし，この100日間で毎日平均的に殺害が行われたわけではない。むしろ，殺戮は4月第2週から5月中旬に集中し，4月第2週から5月第3週の6週間で犠牲者の約8割が殺害されたという[66]。ただし，後述のように，地方によって，トゥチの割合や内戦の前線との距離が異なっていたため，実際にジェノサイドがいつ始まり，いつ終わったかは様々である。

　では，ジェノサイドのメカニズムはどのようなものだったのだろうか。ルワンダ人は大半が農村に住んでいることから，ここでは農村での状況について説

---

[64]　Straus, *Order*, pp. 115-118.

[65]　Ibid., pp. 103-110；武内『現代アフリカ』，305-313頁。

[66]　同書，278頁；Prunier, *Rwanda Crisis*, p. 261.

明したい。農村での暴力のヒエラルキーの頂点には地方行政官や農村のエリートがおり，彼らは中央からの指令を受けて地方での殺害を管理していた。その下に，警官や民兵など殺害を扇動する集団がおり，末端に動員された一般男性がいた。襲撃・殺害のパターンはいくつかあったが，例えば，ホイッスルなどで広場などに招集されたり，民兵が家々に直接動員しに来るなどして，襲撃集団に合流する[67]。その後，道路を封鎖して人の通行を妨げ，家々を襲撃しながらその場で殺害したり，トゥチを教会や学校などの公共の場に避難するように誘導する。教会などに数日間で一定数のトゥチが集まってきたら，そこを襲撃し無差別に殺害した。ジェノサイドの犠牲者数が多かったのは，このような「効率的」な方法がとられたからである。また，さらわれて性奴隷にされた挙句に数日後に殺害されたり，殺害を逃れるために「妻」にならざるをえなかったトゥチの女性も多い。レイプの実数はわからないものの，少なくとも25万件はあったのではないかと考えられている[68]。

　では，殺害に参加した人々はどのような理由で参加したのだろうか。近年加害者に関する研究が進んだことで，様々な理由が明らかになった。特に多かったのは，フトゥ内のプレッシャー（圧力や強制）である。つまり，「参加するように脅された」，「よいフトゥにならないと生き残れない」などである。具体的には，参加しなかった場合に自分や家族に対して物理的な暴力が加えられる可能性を示唆された，所有物を損壊された，牛や山羊などを奪われたりしたなどの事例があった。また，不参加の場合，罰金を支払わなければならなかったが，それが払えなかったという理由もあった。さらには，トゥチの家族やかくまっているトゥチを守るために別の見知らぬトゥチを殺さなければいけなかったという理由もあった[69]。

67　ジェスィによれば，集団で行動をしたのは，個人の責任を逃れるため，またルワンダのタブーである殺人や暴力で流された血で汚れないためだったという。Jessee, *Negotiating*, pp. 168-169.

68　Straus, *Order*, p. 52. ジェスィは性暴力の犠牲者は25万人から50万人にも及ぶと指摘する。Jessee, *Negotiating*, p. 11.

69　Fujii, *Killing Neighbors*；Straus, *Order*.

224　第III部　革命・独立後のルワンダ

　同じように重要だったのは，戦争（内戦）および大統領暗殺という文脈から生じる恐怖と自衛という動機であった。つまり，「RPFが大統領を殺した。RPFはすべてのフトゥを殺したがっている。だからトゥチは殺されなければならない」，「トゥチに攻撃されているのだから，フトゥは全員自衛しなければならない。だから参加しないフトゥは裏切り者である」，「トゥチがもう一度権力を握るのを防がなければいけない」などのような理由付けである。それまでルワンダで暴力が起きた際には，女性や子供，老人などは攻撃の対象となってこなかったが，1994年のジェノサイドの際には女性や子供も関係なく殺害された。それは，「子供は反乱軍に合流して将来の危険因子になる」，「カガメも子供のときに逃げて，今ルワンダに戻ろうとしている」といった，歴史的な経験と将来への不安に基づく正当化による殺害であった。女性についても，「トゥチの女性は将来の反乱軍や内通者を生む」，「女性や子供も反乱軍を支持しているから戦闘員と同等である」などの根拠が挙げられていた[70]。このように，内戦の開始，RPFが優位な戦況，大統領の暗殺という出来事やトゥチの脅威を煽るメディアによっても多くのフトゥが殺害に参加した。

　その他の理由としては，個人的な恨みや欲，相続をめぐるトラブルなどもあった。そして，参加の動機は1つだけではなく，時に2～3の動機をもっていた者もいたという。逆に，トゥチに対する憎しみをもっていたから参加したという人は少数はいたものの，加害者の多くはトゥチの隣人や親族をもっており，トゥチ・フトゥ間の結婚にも肯定的であったという[71]。また，きわめて例外的ではあるものの，加害者側としてジェノサイドに参加したトゥチもいた。例えば，インテラハムウェの中に長年の友人がおり，友人の近くにいる方が安全だと判断したためにインテラハムウェに参加した者や，家族の事情からフトゥだと偽って生活していたため，そのまま殺害に参加した者もいた[72]。この

---

[70]　Straus, *Order*, pp. 153–174.

[71]　Fujii, *Killing Neighbors*, pp. 89–98. なお，ストラウスによれば，急進派のプロパガンダとしてしばしば言及される「フトゥの十戒」についても，農村では聞いたことのない人の方が多かったそうである。ただし，知っていた人間もおり，そういう人間の方がより暴力的だったと指摘している。Straus, *Order*, pp. 127–135.

ように，すべての加害者が同じ理由で殺害に参加したわけではなく，様々な理由が存在していた。さらに，トゥチの隠れ場所を教えたり，襲撃が終わった後，現場に残された物品を拾いにいくなど，殺害現場に居合わせなかったが，広い意味でジェノサイドに参加したとされる者たちもいる[73]。

その一方，殺害に参加しなかった者も多くいた。殺害に参加せずに済んだ場合として，例えば，参加するよう圧力を受けた際にわいろを渡してその場を乗り切ったり，かくまっていたトゥチを襲撃者に引き渡す代わりに自分が殺害に加わらずに済んだという事例があった。また，病人や学生，子供は参加を免除されたという[74]。他方，トゥチをかくまい続けたり，襲撃・殺害への参加を拒否したフトゥもいた。例えば，「血の契約」と呼ばれるルワンダの古い習わしを交わしたフトゥはトゥチの友人を救助したという。また，自分のトゥチの友人に殺人者が来るタイミングを教えて助けようとしたインテラハムウェさえいた[75]。このように，望んで参加した者，望まなかったが参加せざるをえなかった者，意図せず参加してしまった者，集団を率いたが直接殺害の手は下さなかった者，率先して残虐行為を行った者，傍観していた者，参加せずに済んだ者，参加を拒絶した者など，様々なフトゥがいたが，いずれにせよ，それ以前の人間関係や当時の状況などが行動に大きな影響を与えていたのである[76]。

では，犠牲者や生存者はどのような経験をしたのだろうか。生存者たちは大統領機墜落後，身の危険を感じ始めてはいたが，友人や親族が殺害に参加したり，密告したりするとは思っていなかったため，実際にそのような場面を見聞きして，大きなショックを受けたという。また，首都キガリの外では，当初暴

---

72 Fujii, *Killing Neoghbors* ; Jessee, *Negotiating*, pp. 221–224.

73 佐々木和之「〈和解をもたらす正義〉ガチャチャの実験——ルワンダのジェノサイドと移行期正義」遠藤貢編著『アフリカ潜在力 2 武力紛争を超える——せめぎ合う制度と戦略のなかで』（京都大学学術出版会，2016 年），265–294 頁。

74 Straus, *Order*, pp. 135–148.

75 Fujii, *Killing Neighbors*, pp. 91–98.

76 なお，後述のように，ブルグメストルやコンセイエなどの地方行政官の中にも，ジェノサイドに乗り気だった者も，そうでなかった者もいる。また，地方行政官と軍，政治家との力関係も，各地域で異なっていた。

226 第 III 部 革命・独立後のルワンダ

力は政治的なものだと思われており，数日すれば収まると思われていたため，暴力が自分の住む地域でも発生したことに驚いた者もいた。さらに，1994年までは教会に逃れれば助かったことや，女性や子供は標的にされてこなかったことから，ただちに国外へ逃れようと思いつかなかったという者も少なからずいた。また，生存者の中には暴力の残虐さに衝撃を受けた者も多かった。例えば，敬われるべき対象である老人に対して暴力を振るう，家に閉じ込めてそこに飢えた犬を放ち噛み殺させる，痛めつけてから井戸に投げ込み放置して死亡させる，妊婦の腹部を裂き胎児も殺害するなど，想像しがたいような暴力が行われた。このような暴力を生き延びることができた者は，多くはない。彼らは，例えば，茂みや沼地，湿原に何週間も隠れて生き延びたり，襲撃を受けながらかろうじてブルンディとの国境まで歩き，国境を越えてブルンディで保護されたり，友人のフトゥの家にかくまってもらったり（ただし，女性の場合性的に搾取されるなどの代償を払った場合もある），死体の下に隠れて生き延びたり，RPFに救出されたりするなど，様々な紙一重の状況でどうにか生き残ることができたのである[77]。

　また，ルワンダにおけるジェノサイドの特徴を考える上で，カトリック教会の関与を避けて考えることはできない。何らかの形でジェノサイドに関与していた教会関係者が多かったからである。たしかに，教会内の一部の政権批判派やトゥチの神父は，ジェノサイドの初期に，教会に逃れてきたトゥチ住民と共に殺害されている。また，殺害を止めようとして自身が殺されてしまったフトゥの牧師や，明確な抵抗の形は示せなかったもののトゥチをかくまった関係者もいた。しかし，多くの教会で，トゥチ市民が教会に逃れ，そこに民兵が登場して殺害するということが起きた。民兵を誘導し，殺害に直接関わった神父もいれば，直接関与せずとも，誰がトゥチでどこに住んでいるかを知っていたがゆえに教会に避難するようにそそのかした教会もある。ただし，各教会の行動や反応の違いを説明するためには，よりローカルな文脈を検討しなければな

---

[77]　Jessee, *Negotiating*, pp. 100–103, 133–139. このような趣旨の証言は，他の生存者のインタビューにも見られる。例えば，Totten and Ubaldo, *We Cannot Forget*.

らない。ルワンダにおける教会の歴史とジェノサイドへの関与を研究したティモシー・ロングマンによれば，教会の建設が早く，長年その土地でエリートの輩出に関わっていた場合や，ローカルなエリートや地方行政官，ビジネスマンたちと教会との間につながりがある場合などでは，ジェノサイドへの関与が高く，逆に，その土地で教会の歴史が浅い場合やより貧しい人々とのつながりがある場合では，ジェノサイドへの関与が低かったという[78]。

　以上，本節では，ジェノサイドを概観し，誰がどのくらいどのように殺害されたのか，誰が殺害にどのような理由で参加したのか，などを説明してきた。次節では，具体的にどのようにジェノサイドが始まり，どのように各地に暴力が広がっていったのか，どのようにジェノサイドおよび内戦が終了したのかを明らかにする。

4　ジェノサイドの展開と内戦の終結

　ジェノサイドは，ハビャリマナ大統領の死が引き金となって開始された。1994年4月6日，大統領は，タンザニアのアリ・ハッサン・ムウィニ大統領，ブルンディのシプリアン・ンタリャミラ大統領，ウガンダのムセヴェニ大統領，ケニアのジョージ・サイトティ副大統領とブルンディ情勢について話し合うために，タンザニアを訪問していた。ルワンダへの帰途，午後8時30分頃，キガリ空港の近くで，ハビャリマナ大統領が乗る大統領機がミサイルによって撃墜され，ハビャリマナ・ンタリャミラ両大統領とフランス人クルー3名を含む搭乗者全員が死亡した[79]。

　誰が大統領機を撃墜したかには諸説あるが，その中で有力なのは，フトゥ急進派説とRPF説である。前者のフトゥ急進派説は以下のようなものである。すなわち，アルーシャ協定がRPFに有利なものであり，実際に履行されれば

78　Longman, *Christianity*.
79　武内『現代アフリカ』，296-297頁；Prunier, *Rwanda Crisis*, pp. 211-212.

228 第 III 部 革命・独立後のルワンダ

自分たちの権力が失われかねないという危機感から，フトゥ急進派の中で，RPF への譲歩やそれを許しているハビャリマナ大統領への不満が募っていた。そして，彼らは何よりも協定の履行を回避したかった。また，ハビャリマナ大統領も彼らを掌握しきれなくなっていた。そのために，大統領を暗殺したという説明である。根拠は，フトゥ急進派によってハビャリマナ大統領の殺害が予告されていた，ミサイルが発射されたとされる場所が大統領警備隊の兵舎付近だった，暗殺後の対応が迅速だった（暗殺を見越した計画を立てていたと推測できる）などである。また，アルーシャ協定履行は RPF に有利なものであるため，RPF が大統領を暗殺する動機は乏しいともいえる。つまりハビャリマナが死亡すれば政局が混乱し，その上内戦が再開すればアルーシャ協定履行は難しくなろう。実際のところ撃墜後もすぐに軍事作戦を再開したわけではないため，内戦再開のために RPF が暗殺をしたわけではないといえるのである。対して，後者の RPF 説は，RPF が和平によるパワー・シェアリングではなく，明確な軍事的勝利を望んでいたがゆえに内戦の再開を試みたという説明をする。根拠としては，犯行に使われたミサイルがウガンダ経由のものだったという点が挙げられる。フランスは，死亡した大統領機のパイロットとクルーがフランス人だったことから，6 年にも及ぶ調査を行い，RPF が撃墜したという結論の報告書を 2004 年にまとめている。また，RPF からの亡命者も同様の証言をしている[80]。

　いずれにせよ，大統領死亡によって，急進派は穏健派排除に乗り出し，権力を掌握する。大統領機撃墜から 1 時間もたたない 4 月 6 日夜 9 時すぎには，民兵（インテラハムウェ）らがキガリの道路を封鎖し，人の移動を制限した。また，撃墜によって大統領らが死亡したため，政治的空白を埋めるべく，国防省官房長のテオネスト・バゴソラは，軍幹部の緊急会合を招集し，軍による権力掌握を試みる。しかし，ウィリンヂイマナ首相が存命であることなどからこの

80　Prunier, *Rwanda Crisis*, pp. 213-229；武内『現代アフリカ』，297-299 頁。第 9 章で説明するように，これに対して RPF は独自の調査を行い，フトゥ過激派が行ったという結論の報告書をまとめている。

提案は拒否される。だが，この時すでに，バゴソラを中心とする軍急進派は，フトゥ穏健派政治家の暗殺などを指示していた。翌 7 日の朝，大統領警護隊やインテラハムウェらが，家々を捜索し殺害を始めた。ウィリンヂイマナ首相は暗殺され，彼女を護衛していた UNAMIR のベルギー兵 10 名も虐殺されてしまった。ベルギー人兵士も殺害されたのは，前述のように，犠牲者を出しベルギーが撤退すれば，UNAMIR が機能しなくなると急進派が予測していたからである。首相のほかにも，PSD リーダーの大半，PL および MDR 所属の大臣たちが 6 日から 7 日にかけて次々と暗殺されている。フトゥ穏健派の多くが殺害されたため，この時点で穏健派による政権樹立の可能性はなくなってしまった。その後，7 日午前から 8 日にかけて，軍関係者の会議である危機委員会が開催され，MDR のジャン・カンバンダが新首相に，MRNDD のテオドール・シンディクブワボが新大統領に選出され，臨時の新政府が発足した。この政府は一応与野党 5 党を含んでいたものの，野党もフトゥ・パワーに参加しているような急進派が大半だった[81]。つまり，ジェノサイド開始から数日で，急進派中心の政府が成立してしまったのである。

　では，このとき，キガリ市内の状況はどのようなものだったのだろうか。7 日の午前 6 時半にラジオ・ルワンダが大統領の死を発表した後から，トゥチに対する暴力が始まり，9 日までに大統領警護隊や民兵らを中心として，トゥチ市民に対する殺戮が組織的に行われるようになった。ダレールによれば，インテラハムウェの民兵はだぶだぶの服を着ており，一般市民はマシェーテで武装して道路封鎖についていたという。ミルコリンヌ自由ラジオ・テレビは，挑発的な歌とともに，殺されるべき人間の名前と居場所を流していた。殺戮が始まると，ある生存者をして「銃で殺されるのは光栄なこと」と言わしめるほど残虐な行為が行われたという。キガリ市内は混乱していて，通りには死体が転がっていた。多数の人々が殺戮から逃れるために，郊外に向かおうとしていた[82]。

81　Prunier, *Rwanda Crisis*, pp. 229–233；武内『現代アフリカ』，299–305 頁；ダレール『なぜ』，第 10 章および第 11 章。

82　同書，第 11 章；Jessee, *Negotiating*, p. 100.

230　第III部　革命・独立後のルワンダ

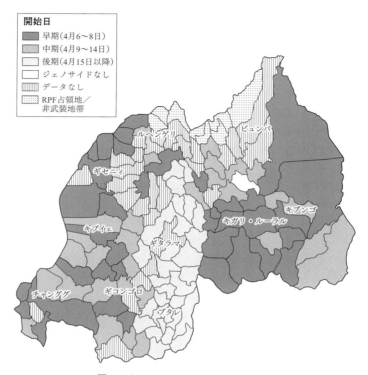

図6　ジェノサイド発生のタイミング

　この時，地方では，キガリで何か深刻なことが起こっているのは感じていたが，具体的に何が起きているのかよくわかっていないという人が多かった。しかし，ジェノサイドは数日で全国に広がっていった[83]。ただし，図6からわかるように，その開始のタイミングは異なっていた[84]。まず，北部ルヘンゲリ州

---

[83] 各地方での暴力の詳細については, Des Forges, *Leave None*, pp. 303-594 ; African Rights, *Rwanda : Death, Despair and Defiance*, London : Africa Rights, 1995 ; Marijke Verpoorten, 'Detecting Hidden Violence : The Spatial Distribution of Excess Mortality in Rwanda', *Political Geography*, 31-1 (2012), pp. 44-56 ; Philip Verwimp, 'Testing the Double-Genocide Thesis for Central and Southern Rwanda', *Journal of Conflict Resolution*, 47-4 (2003), pp. 423-442 などを参照のこと。

[84] Straus, *Order*, p. 56.

や北西部ギセニィ州の西部などではただちに始まり，数日後（4月9日以降）には，チャンググ州，キブンゴ州，キブイェ州，ギコンゴロ州，ビュンバ州でも始まった。しかし，ブタレ州とギタラマ州では，2週間ほどジェノサイドが開始されなかった。また，ルヘンゲリ州の東部やビュンバ州の西部などではジェノサイドが起きていない。

　このような地方ごとの違いには，いくつかの要因がある。まず，政党の支持基盤である。北部や北西部はMRNDDまたはCDR支持者が多く，南西部や中南部はMDRやPSD支持者が多かった。MRNDDが強力な支持を得ている地域では，強硬派が有利でかつキガリからの殺戮の指示が伝わりやすかったため，殺害が始まりやすかった。しかし，野党の支持が強い地域や指導者が穏健な地域では，当初は暴力への抵抗が優勢だったため，暴力の開始が遅れた。このような地域では，後述のブタレの事例のように，近隣のコミューンからの攻撃，軍や民兵の派遣，県・国の当局からの圧力などによって暴力が始まる。

　さらに，内戦の前線との距離（RPFの進軍状況）も関係があった。つまり，ルヘンゲリやギセニィなどは，1990年10月以降，RPFとルワンダ国軍の戦闘の前線であり，トゥチや穏健派フトゥに対する暴力がすでに起きていた。同時に，RPFによるフトゥ住民への暴力も起きていた。このため，RPFへの恐怖感などによって大衆を動員しやすい状況であった。対して，ギタラマやブタレなどは，内戦の影響をあまり受けなかったこともあり，RPFへの恐怖が喚起されにくかった。また，ビュンバの西部などのジェノサイドが起きなかった地域は，1994年4月8日以降，RPFの進軍および占領が早かったためにジェノサイドが起きる時間がなかった[85]。

　また，ジェノサイドが終了する時期や理由も，地方によって異なっていた。後述のように，ビュンバ，ルヘンゲリ東部，キガリ北部，キブンゴ北部は，RPFの占領が早かったため，ジェノサイドが終わるのも比較的早かった。ルヘンゲリ西部やギセニィなどジェノサイドの開始が早く，かつトゥチの占める割合が低い地域では，4月後半には大半のトゥチが殺害されてしまったため，

85　Ibid., pp. 60-62.

ジェノサイドはほぼ「終了」していた。これに対して，キブンゴ，キガリ南部，ギタラマ，ブタレ，ギコンゴロ，キブイェ，シャングググは，RPF と国軍の戦闘が最後まで続いたため，ジェノサイドが終わるのは遅かった[86]。

　ここからは，各地の様子を紹介しながら，ジェノサイドの展開と内戦の終結過程を見ていきたい。北西部ギセニィは，ハビャリマナ大統領の出身地でありアカズの拠点であったため，4月6日夜のうちに，キガリのバゴソラ大佐からの連絡を受けて，地方行政官や民兵などが集められ，RPF の共犯者とトゥチの殺害が指示された。そして，翌7日の朝から，トゥチ殺害が始まった。ギセニィ州には6つの民兵グループがあり，高度に組織化されていたため，ジェノサイドが円滑に進んだという[87]。

　また，西南部チャングググ州のあるコミューンでは，与党 MRNDD 急進派のエリートによって動員が行われた。大統領暗殺の直後に野党のリーダーが殺害されていたが，数日後からトゥチに対する暴力に変化していった。ブルグメストルなどの地方行政官は積極的に暴力を推奨していたわけではなく，むしろ消極的な者もいたが，与党強硬派に逆らえなかった[88]。

　西部キブイェ州のコミューンでも，7日から農村のエリートが MRNDD や民兵などと協働して虐殺を開始した。ここでも，トゥチに対する攻撃・殺害の指示に逆らおうとした地方行政官（コンセイエ）を，農村のエリート・MRNDD・民兵らが脅したり，殺害しようとするということが起こった[89]。また，キブイェ州全体では，4月10日までは殺害が大規模にならなかったが，10日から18日の9日間で犠牲者の約75%が殺害されてしまった[90]。

　東部キブンゴ州でも，大統領死亡後すぐにトゥチに対する攻撃が始まった。ルカラでは，教会に逃れた者に対して攻撃があったため，避難していた人々は

---

[86]　Prunier, *Rwanda Crisis*, p. 261.
[87]　武内『現代アフリカ』，313-314 頁。
[88]　Straus, *Order*, pp. 69-71. ストラウスは，大統領暗殺後の権力の混乱・空白を地方与党強硬派が利用したと表現している。
[89]　Ibid., pp. 72-76.
[90]　Ibid., pp. 56-57.

第 8 章　内戦からジェノサイドへ　　233

石を投げるなどの抵抗を試みたが，軍やインテラハムウェ，一般人が教会内に
侵入して攻撃したため，4月10日から12日にかけて教会内の全員が殺害され
てしまった[91]。

　キガリ・ルーラル州のカンゼンゼは，軍が動員をかけた例である。ルワンダ
南部のガコに軍の基地があったため，ガコから兵士が到着し，「敵がこの国を
攻撃している。自衛しなければならない」と述べて，大衆を動員した。軍が介
入しているので，ブルグメストルら地方行政官も消極的ではいられなかったと
いう[92]。

　大統領の暗殺と急進派の権力掌握，ジェノサイドの開始を受け，RPF は 4
月 8 日から 9 日にかけて，攻撃を再開する。11 日からキガリ市内での戦闘が
始まり，また東北部のビュンバから北部ルヘンゲリ，東部キブンゴ北部へ進軍
を続けた。キガリ市内の戦闘が激化したため，12 日，強硬派からなる新政府
は中部ギタラマに逃れていった。

　では，ジェノサイド開始直後，国際社会はどのような対応をとったのだろう
か。まず，9 日午前，自国民はじめ外国人を保護するために，フランス軍がル
ワンダに到着した。10 日朝にはベルギー軍も到着し，外国人をルワンダから
避難させた。フランス軍のルワンダ到着に反発した RPF は，フランス軍が介
入した場合，戦闘になると警告している。また，国連では，ベルギーのクラー
ス外務大臣が UNAMIR の迅速な増強や大量の物資補給を働きかけていた。当
時の UNAMIR は約 2,500 名だったが，ダレール PKO 司令官は，兵力が増強さ
れ 4,000 人の部隊になれば，殺戮を止めることができたと回顧している。また，
安保理非常任理事国のチェコやニュージーランド，ナイジェリアなどは，これ
が「内戦」ではなく，大量虐殺だと主張したが，アメリカやイギリスは「ジェ
ノサイド」という表現の使用や UNAMIR 強化に断固として反対した。UNA-
MIR の増強が期待できない中，4 月 12 日夜，ベルギー政府はベルギー部隊の
撤退を決定し，1 週間後の 18 日までに撤退させた。UNAMIR の中核であるべ

91　武内『現代アフリカ』，326–328 頁。
92　Straus, *Order*, pp. 76–79.

ルギー部隊の撤退は，UNAMIR の存続に関わるため，安保理では議論が続けられていた。安保理では，即時停戦を条件として，UNAMIR 部隊の駐留を 3 週間延期させるという案が出るものの，結果として，4 月 21 日，UNAMIR の規模を縮小して数百名の部隊のみを残すという安保理決議 912 が採択された。そして，国境なき医師団と国際赤十字という大きな国際 NGO もルワンダ撤退を決定した[93]。このように，国際社会は，ルワンダでの殺戮を止める努力をせず，放置したのである。

　そのため，暴力はさらに拡大していった。キガリから数十キロ南のニャマタでも，4 月 11 日から 5 月中旬まで殺戮が続いた。加害者たちは，毎朝 9 時すぎにサッカー場に集められ，地方行政官などから指示を受けて出発し，午後 4 時頃まで襲撃や殺害を行った。周辺地域からインテラハムウェがバイクで増援にやってきていたのを記憶している加害者もいた。前節で説明したように，襲撃・殺害に参加した理由は，外部の援軍が圧力だった，トゥチの妻を助けるためには殺しに熱心なところを見せるしかなかった，休むと罰金を支払わなければならなかった，初めは殺しは義務付けられた選択の余地がないものだったがそのうち順応した，など様々であった[94]。特に，4 月 14，15，16 日に教会で 5,000 名もの人が殺害された。当時のニャマタ人口は 11 万 9000 人だったが，6 週間後には 5 万 500 人と半数以下にまで激減し，トゥチの 6 人に 5 人（5 万 9000 人のうち約 5 万人）が殺されたという[95]。しかし，近隣のガコにある基地が RPF によって攻撃され，ルワンダ国軍やインテラハムウェが逃げていったため，ニャマタでのジェノサイドは 5 月 11 日に終わった[96]。

　南部ムランビには，ギコンゴロやニャマガベなどの早くから殺戮が始まって

93　ダレール『なぜ』，第 11 章および第 12 章。なお，国連での議論については，Melvern, *A People Betrayed* にも詳しい。

94　ジャン・ハッツフェルド（西京高校インターアクトクラブ・服部欧右訳）『隣人が殺害者に変わる時——ルワンダ・ジェノサイドの証言加害者編』（かもがわ出版，2014 年）。

95　ジャン・ハッツフェルド（ルワンダの学校を支援する会・服部欧右訳）『隣人が殺害者に変わる時——ルワンダ・ジェノサイド生存者たちの証言』（かもがわ出版，2013 年），11-12 頁。

96　Totten and Ubaldo, *We Cannot Forget*, pp. 115-126.

いた周辺地域から逃れてきたトゥチが，建設途中の学校の敷地に逃れてきた。しかし，周辺の水道を止められ，周囲から徐々に襲撃され，最終的に 21 日にルワンダ国軍によって大規模な攻撃をかけられ約 5 万人が殺害されてしまった。その後，ムランビでは，トラクターによって遺体が埋められ，隠された[97]。

　中部ギタラマと南部ブタレでは，ジェノサイドの開始が遅かった。ギタラマは野党 MDR の強力な支持基盤であり，トゥチの比率も高く，トゥチ・フトゥ間の結婚も多かった。1993 年にブルグメストルに選ばれたジュスタン・ニャンドゥィという MDR の穏健派は，暴力が自分のコミューンに広がるのを防ごうとした。しかし，更迭や殺害の脅迫を受け続けたため，4 月 20 日に逃亡してしまう。これにより，ジェノサイドが始まった。別のコミューンでも，18日まではジェノサイドに反対していたブルグメストルがいたが，18 日以降，カンバンダ首相が指示に従わないブルグメストルを脅迫し，キガリから民兵を派遣するなどしたため，迎合して，ジェノサイドの開始を許してしまった[98]。

　ルワンダ南部のブタレでも，4 月後半まで虐殺が始まらなかった。当時，ブタレには，PL 所属のジャン＝バティスト・ハビャリマナというルワンダ全土で唯一のトゥチの州知事がいた。しかし，ブタレ出身の新大統領シンディクブワボは，自身の出身地でジェノサイドが起きていないことに憤り，17 日にブタレ州を訪問してジェノサイドの開始を求めた。その結果，ハビャリマナ知事の更迭が発表され，19 日には新知事シルヴァン・ンサビマナが就任するとともに，ジェノサイドが開始された。そのため，ブタレでのジェノサイドは 4 月20 日前後に集中している。なお，ハビャリマナ知事は更迭後，大統領警備隊に殺害されている[99]。

　また，かなり例外的ではあるものの，様々な要因によって結果的にジェノサイドが起きなかった地域もある。ストラウスは，ルワンダ北東部ビュンバ州のギティでジェノサイドが起きなかった要因について，以下のようにまとめた。

---

[97]　Ibid., pp. 81–97.

[98]　Straus, *Order*, pp. 79–85.

[99]　武内『現代アフリカ』，315–326 頁；Kimonyo, *Rwanda's Popular Genocide*, pp. 167–176.

ギティはジェノサイドが起きていた他の地域と同様に，MRNDD支持が強い地域で，地方行政官も全員MRNDDだった。しかし，ブルグメストルのエドゥアール・セブシュンバは穏健派で知られており，キガリで始まった暴力がギティに広がるのを防ごうと思っていたという。4月8日にトゥチの牛を殺害した若者がいたが，彼らを逮捕し，夜警を強化したため，トゥチに対する殺害には至らなかった。このように殺害が起きていない場合，外部から軍やインテラハムウェなどが派遣され，暴力が始まる可能性は十分にあった。事実，セブシュンバはのちに，この時権威を失いつつあり，暴力が起きそうになっていたと回顧している。しかし，地理的条件が味方した。内戦が再開されて，RPFが進軍してきたからである。「RPFが近くのコミューンに到着した」という情報が伝わったことで，ギティでは結果的に暴力が起きずに済んだ。したがって，RPFが到着していなかったら，他の地域と同様に暴力が始まっていた可能性がある[100]。このように殺戮の発生は，リーダーの性質や地理的な条件にも左右されたのである。

　ダレールによれば，「ジェノサイド」という用語は4月24日にイギリスのNGOであるオックスファムがルワンダでの大量虐殺を説明するために使用したのがきっかけで，メディアでも使われるようになったという[101]。しかし，英米は，「ジェノサイド」という用語を使えば，ジェノサイド条約を理由に介入せざるをえなくなるため，一貫してこれを避けていた。また，イギリスも「介入」という言葉を決議の中に盛り込むことを避けるべきだと主張していた。結局，安保理では5月6日，安保理決議918が採択され，5,500名規模のUNAMIR 2の設立と介入を決定するものの，実行には至らず，時間だけが過ぎていった[102]。

　この間もRPFの進軍は止まらなかった。RPFは4月22日にタンザニアとの国境にたどりついたのち南進し，キガリを孤立させるために，5月16日にキガ

---

[100]　Straus, *Order*, pp. 85–87.

[101]　ダレール『なぜ』，308頁。

[102]　Prunier, *Rwanda Crisis*, p. 276.

リとギタラマとをつなぐ道路を分断した。5月21日には，国軍がキガリ空港と軍基地キャンプの所在地であるカノンベを放棄し，RPFが制圧した。また，6月13日には新政府が拠点としていたギタラマがRPFによって制圧され，政府はキブイェ，次いでギセニィに逃走していく。ルワンダ国軍の劣勢を見て，フランスは6月17日「人道的介入」を提案した。6月22日，安保理は連合国を募りルワンダへの介入を認める権限をフランスに与える決議案929を承認したため，フランスは「トルコ石作戦（Opération Turquoise）」を開始した。トルコ石作戦は，南部や西部，南西部などで新政府および難民の保護を主に行うものだった。しかし，RPFの勢いは止まらず，7月4日，RPFがキガリを制圧し，キガリでの戦闘と殺戮は終了した。RPFは，次いで12日に「正式な政府組織のためのRPF宣言」を発表した。これには，アルーシャ協定を修正しRPFに大幅に有利な政府を樹立することが記されていた。7月13日にはルヘンゲリが，17日にはギセニィがそれぞれ陥落し，RPFの全国的な勝利が近づくにつれ，数百万の人々が難民としてルワンダからザイールに逃れていった[103]。

おわりに

1994年7月，RPFの勝利によって内戦とジェノサイドが終了した。7月18日，RPFは完全勝利を宣言し，19日に新政府が組閣され，RPFのフトゥでありアルーシャ交渉に参加したビジムングが新大統領に，新たに設けられた副大統領職には国防大臣と兼任でカガメがそれぞれ就任した。新政府には，ジェノサイド前にアルーシャで締結されたパワー・シェアリング協定を踏まえ，野党で「フトゥ・パワー」に反対していた穏健派のフトゥ政治家も入閣し，MDRのトゥワギラムングが首相に就任した[104]。これによって，内戦とジェノサイドという危機の時代はひとまず幕を降ろしたのである。

---

103 ダレール『なぜ』，第13章および第14章；Prunier, *Rwanda Crisis*, pp. 281-299.
104 Ibid., pp. 299-300.

238　第 III 部　革命・独立後のルワンダ

　本章では，1990 年 10 月から 94 年 7 月までを対象に，なぜこの時期にあの
ような形でジェノサイドが起きたのかを，内戦と複数政党制の推移に注目しな
がら説明してきた。1990 年代前半のルワンダの政治エリートは，1990 年 10 月
に始まった RPF とルワンダ国軍との戦争および国内での複数政党制の導入と
いう国内外の政治的な危機に直面していた。RPF に有利な形で和平交渉が進
められていくなかで，交渉から排除されたフトゥ急進派は国内でより強硬に
なり，エスニックな言説を発するようになる。そして，大統領暗殺という国家
権力の危機に直面するなかで，フトゥ急進派は穏健派を排除し，権力を掌握
しようとした。また，トゥチの大量殺戮は，1994 年以前から準備されていた。
UNAMIR はそれを認識していたものの，事前に対処することはできなかった。
このように，内戦と「民主化」が進む状況下で，ルワンダ国内は急進派が力を
もつ暴力的な空間になっていってしまったのである[105]。

　第 II 部でたどってきた革命・独立前後の時期と比較すると，政治的な変動
が起きて政情が不安定になる時，そして外部から攻撃を受けた時に暴力が起き
やすいという共通項が見てとれる。さらに，トゥチ・フトゥというエスニシ
ティの違いそのものがジェノサイドを引き起こしたわけではない。むしろ，
1990 年代前半のルワンダが置かれた政治状況の中で，植民地時代から独立後
にかけて政治化されてきたエスニシティが，エリート・レベルではさらに先鋭
化され，またローカルな文脈では大衆動員の正当化に使われたといえよう。

　最後に，内戦からジェノサイド終了後までの人々の経験は多様であったこと
が指摘できる。したがって，「トゥチ」や「フトゥ」を均質的な集団とみなす
ことはできない。むしろ，ジェノサイドを単純化せずに，個々人の体験を重視
しながら，複雑だった状況をできるだけそのまま理解することが重要である。
なぜなら，エスニシティや歴史，ジェノサイドの単純化は，次章で検討するよ
うに，個々人の多様な経験を捨象してしまうだけではなく，暴力後の平和構築
や和解にも影響を与えてしまうからである。

---

[105]　民主化と紛争の発生の関連という点については，Jack Snyder, *From Voting to Violence :
Democratization and National Conflcit*, London : W.W. Norton, 2000 とも呼応する。

第 IV 部

ジェノサイド後のルワンダ

第 9 章

新しいルワンダの建設とエスニックな対立の克服をめざして
1994〜2017 年

はじめに

　1994 年 7 月，ルワンダ愛国戦線（RPF）が首都キガリを制圧し，4 年間続いた内戦は終結した。RPF は内戦終了前から，「国民統合（national unity）」の再興，民主的な手続きやリーダーシップの設立，国家経済の発展，汚職や職権乱用の根絶，難民の祖国帰還，社会福祉の促進，国家安全保障，主権の保護，地域協力の促進などを政策として掲げていた[1]。その後，1998 年 5 月から 99 年 3 月まで，RPF 幹部や政治家，軍人などが集まり，「新しいルワンダ（a new Rwanda）」を作るために，和解，民主主義，正義，経済，平和と安全保障に関する議論を重ねたという[2]。それから二十数年が経過し，RPF の支配の下，ルワンダは政治的にも経済的にも社会的にも大きな変化を経験してきた。

　ジェノサイド後のルワンダに関する評価は，両極端である。一方では，経済成長やジェンダーに関する評価が高い[3]。またこれらを可能にしたポール・カ

---

[1]　A. Ndahiro, J. Rwagatare, and A.Nkusi (eds.), *Rwanda : Rebuilding of a Nation*, Kampala : Fountain Publishers, 2015, pp. 27-28. ただし，これらの点の多くは内戦前からルワンダ国内でも議論されており，独創的というわけではなかったという意見もある。André Guichaoua, translated by Don. E. Webster, *From War to Genocide : Criminal Politics in Rwanda 1990-1994*, Madison : University of Wisconsin Press, 2015, p. 28.

[2]　Ndahiro, Rwagatare, and Nkusi, *Rwanda*, p. 87-97.

[3]　例えば，ジェンダーについては，ルワンダ政府は，開発ジェンダー女性省（the Ministry of Gender and Women in Development）の設置や，行政機関に占める女性の割合を少なく

第 9 章 新しいルワンダの建設とエスニックな対立の克服をめざして 241

ガメ現大統領のリーダーシップを称える声も多い。例えば，トニー・ブレア元イギリス首相は，カガメ大統領を，「強い信念と責務遂行のための欲望」を兼ね備えた「ビジョンをもったリーダー」だと称賛している。また，カガメは2009年には『タイム』誌の「最も影響力のある100人」に選ばれている[4]。他方，近年増えつつあるのは，独裁的な支配体制や国内外での人権侵害を非難する声である。例えば，後述のように，ヒューマン・ライツ・ウォッチやアムネスティ・インターナショナルなどの人権団体は，ルワンダ国内の言論・報道の自由の制限などを批判している。

　序章でもふれたように，1994年以降，ルワンダに関する研究は盛んになり，ジェノサイド後のルワンダについても豊富なデータに基づいた実証的な研究が蓄積されてきた。特に，正義や和解など具体的なテーマに焦点を当てた研究が多くある。しかし，これは，裏を返せば，全体を俯瞰した研究が依然として難しいということでもある。ただし，包括的な視点からジェノサイド後のルワンダを捉え，歴史的な文脈に位置づけた著作は多くはないが存在し，そこでは，それ以前との明確な断絶（空間の再編，伝統の選択的な廃止や復活，経済的な変革など）と同時に，ドナーとの関係や権力の性質などの継続性も指摘されている[5]。

　ルワンダにおけるトゥチとフトゥの関係を歴史的な視点から検討してきた本書からすれば，1994年以降のルワンダは，様々な「―後（ポスト―: post-)」，つまり，「紛争後（post-conflict）」および「ジェノサイド後（post-genocide）」，「エスニシティ後（post-ethnicity）」，「植民地後／ポストコロニアル（post-colonial）」

とも30％にするなどの取り組みを行ってきた。その結果，2003年9月には国会の80議席のうち39を女性議員が占め，国政立法機関に占める女性の割合がスイスを抜いて世界一（48.8％）になった。Jennie E. Burnet, 'Gender Balance and the Meanings of Women in Governance in Post-Genocide Rwanda', *African Affairs*, 107-428 (2008), pp. 361-386. ただし，ここでは，ネガティブな影響も指摘されている。

4　Patricia Crisafulli and Andrea Redmond, *Rwanda, Inc. : How a Devastated Nation Became an Economic Model for the Developing World*, New York : Palgrave Macmillan, 2012, p. 13.

5　Scott Straus and Lars Walford (eds.), *Remaking Rwanda : State Building and Human Rights after Mass Violence*, Madison : University of Wisconsin Press, 2011, Introduction ; Filip Reyntjens, *Political Governance in Post-Genocide Rwanda*, Cambridge : Cambridge University Press, 2013.

242　第 IV 部　ジェノサイド後のルワンダ

が交錯する岐路にいるといえる。このような視点をとると，1994 年以降のル
ワンダをどのように捉えることができるだろうか。そこで，本章では，現在の
ルワンダの肯定面・否定面の両方，そして歴史的な断絶と継続性，革命・独立
期との接点などを可能な限り意識しながら，1994 年以降のルワンダについて
検討する。具体的には，ジェノサイド後のルワンダの復興をどのように理解し，
評価できるのか，大規模な暴力が起きた後の和解は可能なのか，今後の展望は
どのようなものか，ルワンダと他国の関係はどのような状態にあるのかを明ら
かにする。結論を先取りすると，ジェノサイド後のルワンダは「新しいルワン
ダとルワンダ人の創造」，「国民統合」，「独立の回復」などのキーワードから理
解することができるとともに，その中には 1950 年代，60 年代との継続性や
「デジャヴ」なども見られる。以下，第 1 節では，1994 年以降の人の移動およ
び空間の再編について説明する。第 2 節では，肯定的な側面として捉えられる
ことの多い経済成長について検討する。第 3 節では，民主主義と政治の問題を
解説し，第 4 節では，ルワンダの国際関係に注目する。そして第 5 節では，
「正義」の遂行と和解について検討した上で，歴史から学べる教訓や今後の課
題を指摘したい。

1　新しいルワンダとルワンダ人

　1994 年 7 月，ジェノサイドと内戦が終わったとき，ルワンダでは無数の命
が失われていた。人口の 1 割が死亡し，3 割が難民となったと言われている。
また，女性が世帯主の世帯は全体の 3 分の 1 以上に上り，約 1 割の子供が親を
片方または両方なくしていた。親がジェノサイド中に殺害されたり，逆に刑務
所に入っていたりするなどの理由で子供が世帯主となっている世帯も約 11 万
あった。町には 7,000 人ものストリートチルドレンがおり，HIV/AIDS に感染
している子供も 2 万人近くいたという。さらに，人口の約 95 % が暴力を目撃
したもしくはそこに参加したということで，トラウマや PTSD などを抱えてい
た[6]。また，ジェノサイド後のルワンダでは，大規模な人の移動が見られた。

第9章 新しいルワンダの建設とエスニックな対立の克服をめざして 243

いわゆる「旧難民」の帰還と「新難民」の発生および帰還である。つまり，1994 年 7 月以降，RPF 政府は，多様な経験をもつルワンダ人をまとめ，新しいルワンダを作っていかなければならなかったのである。本節では，以下，空間の再編と人の移動，そしてそれに付随する問題などを明らかにしていきたい。

1994 年以降のルワンダでは「新しいルワンダ」を作るべく，様々な変化がもたらされた。まず，2001 年に新しい国旗や国歌が導入された。ルワンダではそれまで，ベルギーの旗をベースとした国旗が使われていたが，ジェノサイド以前のルワンダとの決別を意図して，新たな国旗が採用された。また，国歌も歌詞が変更された。さらに，RPF の勝利に関連する 2 月 1 日，4 月 7 日，7 月 4 日，10 月 1 日が新たに祝日となった[7]。また 2006 年には，図 7・8 のように，空間的な行政区分や行政機構が再編された。まず，それまでの県が州として再編され，5 つ（キガリ，東部，北部，南部，西部）の州が置かれた[8]。州の下に 30 の郡が置かれ，さらに，416 のセクター，9,165 のセル，無数の村がその下に置かれている。また，都市名も，植民地化以前のルワンダに関連する名称などに改称された（例えば，ブタレ Butare はフイエ Huye となった）[9]。

1994 年以降のルワンダでは，特に，「旧難民」と「新難民」の流入出が顕著であった。「旧難民」とは，ジェノサイド以前，特に独立の前後にルワンダから周辺国に逃れたトゥチおよびその子孫を指す[10]。彼らは，タンザニア，コン

---

6 Susan Thomson, *Whispering Truth to Power : Everyday Resistance to Reconciliation in Postgenocide Rwanda*, Madison : University of Wisconsin Press, 2013, pp. 95–96, 137 ; Kirrily Pells, 'Building a Rwanda "Fit for Children"', in *Remaking Rwanda*. なお，若者をとりまく状況については，Mark Sommers, *Stuck : Rwandan Youth and The Struggle for Adulthood*, Athens and London : University pf Georgia Press, 2012 などを参照のこと。

7 Thomson, *Whispering*, p. 51. なお，4 月 7 日はジェノサイドが本格的に開始され RPF が内戦を再開した日，7 月 4 日は RPF が内戦に勝利した日，10 月 1 日は RPF が内戦を開始した日である。

8 図 7 は，Thomson, *Whispering*, p. 33. 図 8 は筆者作成。

9 Thomson, *Whispering*, p. 121 ; Bert Ingelaere, 'The Ruler's Drum and the People's Shout : Accountability and Representation on Rwanda's Hills', in *Remaking Rwanda*.

10 武内進一「難民帰還と土地問題——内戦後ルワンダの農村変容」『アジア経済』XLIV-5.6 (2003)，252–275 頁。

図7　2006年以降の行政区分と新名称

ゴ，ウガンダ，ブルンディ，ケニア，欧米などで生活していたが，ジェノサイド終了後にルワンダに帰還した[11]。武内らによれば，帰還は1994年に集中しており，94年に90万人，95年にも14万6000人以上，94〜99年で合わせて110万人が帰還している。これらの帰還者に対して，土地や家屋を提供するための政策が採られた。例えば，比較的人口密度が低く土地が豊富なルワンダ東部では，難民になる以前の出身地に固執せず，放棄された無主地などに入植するよう地方行政官が指導した[12]。筆者がインタビューした中にも，元は南部・西部の出身だったが，帰還後に東部に定着した元難民がいた。

　なお，旧難民の中でも帰還しなかった，もしくはできなかった者もいる。その最たる例が，キゲリ・ンダヒンドゥルワ王である。第4章から第6章で述べ

11　旧難民のオーラル・ヒストリーは，例えば，Erin Jessee, *Negotiating Genocide in Rwanda: The Politics of History*, London : Palgrave Macmillan, 2017, pp. 189-214 を参照。

12　武内「難民帰還」；Shinichi Takeuchi and Jean Marara, 'Features of Land Conflicts in Post Civil War Rwanda', *African Study Monograph*, Suppl. 42 (2011), pp. 119-138.

第9章 新しいルワンダの建設とエスニックな対立の克服をめざして　245

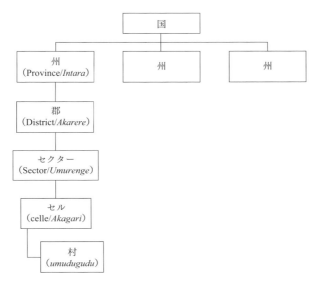

図8　新行政機構

たように，キゲリ王は1960年夏の地方選挙前にルワンダを離れた。翌年1961年，国政選挙と同時に行われたレファレンダムによって王政が廃止されたため，その後数十年，ウガンダ，ケニア，アメリカで生活を続けてきた。ジェノサイド後に「旧難民」が帰還し始めると，キゲリ王もアメリカからルワンダへの帰還を検討するようになった。しかし，ルワンダ政府側とキゲリ王側で意見の対立が見られたため，帰還は実現せずに終わる。キゲリ王の側近の記憶によれば，キゲリ王は，ルワンダ人が望むのであれば王の務めを「イギリス女王のような形で」果たそうと思っていたという。その後，1996年にカガメ副大統領（当時）とキゲリ王が会った際，「私人（a private citizen）」としての帰還ならば認めると言われたため，政府の対応を待っていたが，その後音沙汰がなかったという。これに対してルワンダ政府側は，政府は王の「威厳ある帰還」に向けて動いており，ルワンダ王国の都であったニャンザを一望できる場所に家を与え，手当も与える予定だったにもかかわらず，王自身が突然帰還を取りやめたと主張している。結局，キゲリ王はルワンダに帰還できないまま，2016年にアメ

リカで死去している[13]。またそれ以外にも，帰還しなかった難民，もしくは一度帰還し，再びルワンダ国外に移った人々などがいた[14]。

　対して，「新難民」とは，RPF のルワンダ侵攻・内戦勝利によってコンゴ東部に逃れたフトゥを指す。RPF の進軍に伴って，旧ルワンダ国軍や旧政府の関係者，民兵から一般のフトゥ市民まで，合わせて 200 万人以上がルワンダからコンゴ東部へと逃れていった[15]。国連難民高等弁務官事務所（UNHCR）の難民キャンプが設置されたものの，様々な問題を有していた。例えば，難民キャンプの中では，文民・一般人と元軍人・民兵などの武装難民とが分離されていなかった。また，キャンプはルワンダとの国境に近いゴマに設置されていたため，武装した難民が時折ルワンダ西部（チャングク，キブィェ，ギセニィ）を襲撃し，ルワンダは安全保障上の脅威に直面していた。1996 年 9 月，ルワンダ政府はコンゴ東部に住むルワンダ系住民（バニャムレンゲ）の反乱を支援し[16]，

13　Ariel Sabar, 'A King with No Country', *Washingtonian*, 27 March 2013, https: // www. washingtonian.com/2013/03/27/a-king-with-no-country/ ; Ange de la Victoire Dusabemungu, 'Kigeli V Ndahindurwa sets conditions to repatriate to Rwanda', *Igihe*, 18 December 2014, http: //en.igihe.com/news/kigeli-v-ndahindurwa-sets-conditions-to.html. また，Albert Rudatsimburwa, 'From Kigali to Kigeli, will you come home?', *The New Times*, 13 December 2014, http:// www.newtimes.co.rw/section/read/183993/ では，キゲリ王が帰還を取りやめた理由を「隣国の事情」と書いているものの詳細は不明である。なお，複数の研究者が，キゲリ王がRPF 政権にとって脅威になりかねない存在であったと指摘している。後述のように，国民の統合や伝統の復活という観点からすれば，王はその象徴になりうる存在であったからである。事実，旧難民の帰還者の中には王や王政への思慕が依然として残っていた。また，キゲリ王は 1996 年 7 月に政治対話を訴えており，エスニックな分断を克服する役割を果たす可能性があった。それが政府の地位を揺るがす危険性があったため，帰還が実現しなかったのであろう。Reyntjens, *Political Governance*, pp. 22-23 ; Jessee, *Negotiating*, p. 196.

14　International Refugee Rights Initiative (IRRI), 'A Dangerous Impasse : Rwanda Refugees in Uganda', Citizenship and Displacement in the Great lakes Region-Working Paper 4, June 2010, http://www.refworld.org/docid/53b3dd188.html

15　ただし，フトゥとトゥチの家族の場合，トゥチの父親をもつ子供（本人もトゥチとみなされる）がフトゥの母親や親族と一緒に逃れることもあった。

16　コンゴ東部キヴ州には植民地時代の移民なども含め，1990 年までに約 50 万人のルワンダ系住民が住んでいた。ザイール国内で民主化要求が高まるなかで，キヴ州でも暴力が発生するようになり，バニャムレンゲのコミュニティは「コンゴ人」扱いされず，不満

コンゴに介入した。ザイール国内の反モブツ・セセ・セコ勢力は，ローラン＝デジレ・カビラをリーダーとする「コンゴ＝ザイール解放民主勢力連合（Alliances des forces démocratiques pour la liberation du Congo-Zaïre：AFDL）」を設立し，1997 年 5 月にモブツ政権を打倒した。この間，RPF は難民キャンプを襲撃し，20 万人以上の難民を殺害したと言われている[17]。その後，「新難民」は，1996年に 127 万人，94〜99 年で合わせて 177 万人が帰還した。これにより，ルワンダの人口は，522 万人から 1999 年には 810 万人へと増加した[18]。

　内戦およびジェノサイドの終結，「旧難民」と「新難民」の帰還は，ルワンダに様々な問題をもたらした。まず，1994 年以降のルワンダは，様々な経験をもつ人々が住む空間となった。100 万人以上の「旧難民」（帰還者とも呼ばれる），ルワンダに残り続けてジェノサイドを生き残った「生存者」約 20 万人，内戦開始後に RPF の暴力の犠牲になった人々，ジェノサイドに参加し罪に問われた「ジェノサイド加害者」，200 万人以上の「新難民」，数百万人の国内避難民，RPF・旧国軍に所属し紛争を戦った元兵士などの経験は，年齢や居住地域，エスニシティ，ジェンダー，経験した暴力の性質などによって大きく異なっている。したがって，近藤やジェスィが指摘するように，「戦争」や「ジェノサイド」が意味するものも人によって異なっていたのである[19]。このように多様な経験をもつ人々をどう「国民」として統合し，生活を復興させ，平和を築いていくべきか。ここに，ルワンダの紛争後の難しさの一端がある。

　また，「新難民」の帰還に伴い，武装解除の問題も生じた。アルーシャ協定による停戦合意に従い，旧国軍，RPF，コンゴに逃れた元民兵という 3 グループの武装解除と社会復帰が進められた[20]。その一方，国内の治安はなかなか安

　を募らせるようになる。Jason Stearns and Federico Borello, 'Bad Karma：Accountabiliy for Rwandan Crimes in the Congo', in *Remaking Rwanda*.

17　Filip Reyntjens, 'Waging (Civil) War Abroad：Rwanda and the DRC', in *Remaking Rwanda*, pp. 135-136.

18　武内「難民帰還」。

19　近藤有希子「沈黙のなかの親密性──ルワンダ南西部における「家族」の再編過程をめぐって」『アフリカ研究』88 号（2015 年），13-28 頁；Jessee, *Negotiating*.

20　小向絵里「ルワンダにおける元戦闘員の社会復帰の試み──DDR と和解促進の関係」

248　第IV部　ジェノサイド後のルワンダ

定しなかった。1995年4月，国内避難民が収容されているルワンダ南部のキベホ・キャンプで，数千人が殺害されるという事件が起こった。また，北部ギセニィとルヘンゲリでは，1997年から98年にかけてフトゥの「反乱」が起きた。この鎮圧・報復のために RPF が数万人のフトゥ住民を殺害したという[21]。したがって，武装解除が行われる一方で，国内では治安の回復は順調には進まなかった。

　さらに，多数の人の移動に伴い，土地と住居の不足が深刻な問題となった。そのため，当初は，1994年以降に帰還した旧難民と1996年以降に帰還した新難民の間で，家屋・住居は元の住民（新難民）に返し，土地は元の所有者と旧難民で折半するランド・シェアリングという政策が採られた。その後，1996年にイミドゥグドゥ（*imidugudu*／単数形は *umudugudu*）と呼ばれる集村化政策が導入された。それまでのルワンダの農村では，住居が点在し，住居の周辺で農業を行う散居形式が一般的であったが，帰還者の住居確保のために，道路沿いにまとまった住宅の建設が進められた[22]。長所としては，集村化によって，道路や水道などの公共サービスの近くに住むことができ，学校や病院へのアクセスもよくなる，土地の有効活用ができる，といった点が謳われた。また，この発想の背景には，点在して住むのは「原始的」だというエリートの発想や，新難民に土地を返すのではなく全員が新しい村に移住することで，土地・住居問題をうやむやに解決しようという政治的な意図も存在していた。実際に，1996年から99年にかけて，キブンゴとウムタラ（現東部州）の住民は道沿いに建設された村に移動するように言われ，1999年には住民の8割がイミドゥグドゥに住むようになった。また，同政策はルヘンゲリでも導入されたが，結局，

　峯陽一・武内進一・笹岡雄一『アフリカから学ぶ』（有斐閣，2010年），181-202頁；武内進一「内戦後ルワンダの国家建設」大塚啓二郎・白石隆編著『国家と経済発展——望ましい国家の姿を求めて』（東洋経済新報社，2010年），50-52頁。

[21]　Thomson, *Whispering*, pp. 101-105；Reyntjens, *Political Governance*, pp. 105-106, 115-119.

[22]　武内進一「コンゴ民主共和国，ルワンダ，ブルンジの土地政策史」武内進一編『アフリカ土地政策史』（アジア経済研究所，2015年），184-185頁；Chris Huggins, 'Land Grabbing and Land Tenure Security in Post-Genocide Rwanda', in An Ansoms and Thea Hilhort (eds.), *Losing Your Land : Disposession in the Great Lakes*, James Currey, 2014, pp. 141-162.

第9章　新しいルワンダの建設とエスニックな対立の克服をめざして　249

1999 年末までにキブンゴ，ウムタラ，ルヘンゲリで 22 万 5000 人がイミドゥグドゥに住むようになったものの，その約 9 割は元々の人口密度が低かったキブンゴとウムタラに集中し，ルヘンゲリでは数％だけであった[23]。

この政策の結果，それまで散居形態だった住居は道沿いに移され，居住空間は農業・牧畜空間と分けた形の集住村になり，ルワンダ社会の景観が変化した。また，NGO によって建てられた家もあったが，大半の人々は材料のみを提供され，自分たちで家を建てなければならなかった。原則としては自発的な移動のはずだったが，実際には脅されたり，罰金を求められたり，今いる家を破壊させられたりするなどの圧力や強制もあったという。その結果，家から農作地までの距離が遠くなり，水や木材を取りにいくのに不便が生じるなど，それまでよりも，住居の質，土地の所有，経済活動などの面で不都合が生じるようになってしまった[24]。

また，土地問題も将来の紛争の火種として懸念されている。前述のランド・シェアリングによって，新旧難民の間で土地係争が起きつつあるからである。これに対して，旧難民がそこまで流入しなかった地域では，むしろ，家族間の相続に伴う土地係争が指摘されている。1999 年の相続法と 2005 年の土地法によって，女性の相続が可能になったからである。しかし，女性の相続が可能になったことは，必ずしも，土地に関して女性が意思決定に参画できることを意味しない。そのため，実質的な一夫多妻制がとられている地域（例えば北部）や人口密度が高い地域では，女性を含む土地問題が増えている。武内とマララは，政権交代とその後の土地分割に関わる土地紛争の方がより危険だという認識を示し，土地分割に対する不満が政治的に利用される可能性があるため，貧困削減と難民への対処が重要であると結論付けている[25]。

このように，ジェノサイド後のルワンダでは，国民の経験，空間，土地利用，景観など，様々な点でそれまでのルワンダとの断絶が見られた。その一方で，

---

[23]　Catharine Newbury, 'High Modernism at the Ground Level : The *Imidugudu* Policy in Rwanda', in *Remaking Rwanda*.

[24]　Ibid.

[25]　武内「土地政策史」; Takeuchi and Marara, 'Features'.

250　第 IV 部　ジェノサイド後のルワンダ

土地不足およびそこから生じる土地問題については，1994 年以前との継続性
が見られる。また，1950 年代から続いていた旧難民の帰還が実現したことは
肯定的に捉えられるべきであるが，それによって新たな問題も生じたのである。

2　経済成長とその問題

　紛争後の重要課題の一つとして，経済復興と人々の生活再建がある。本節で
は，経済成長とそれに関する問題を概観しながら，1994 年以降のルワンダの
二面性，すなわち，肯定的側面と否定的側面，そして歴史的断絶性と継続性に
ついて検討する。

　1994 年以降のルワンダは目覚ましい経済成長を達成してきた[26]。GDP 成長
率は，1997 年から 2006 年で年平均 7.4 ％（1995 年から 2008 年の平均だと 4.5 ％）
で，2000 年代後半に特に成長目覚ましく，2008 年には 11.2 ％を記録した。ま
た，貧困人口の割合は 2001 年の 60.3 ％から 2006 年の 56.9 ％に減った[27]。ま
た，一日 1.9 ドル以下で生活する人々の割合は 2000 年の 77 ％から 2016 年に
は 60.4 ％に減少している。国の定める貧困ライン以下の人口も，2010 年の
44.9 ％から 2016 年には 39.1 ％へと減少している[28]。

　このような経済成長の要因として，まずルワンダ政府の政策が挙げられる。
政府は，2000 年に「ビジョン 2020（Vision 2020）」を策定し，ルワンダ経済の
状態を国連開発計画の人間開発指数が定めるところの「低人間開発（1 人あた
り年間 GDP290 ドル）」段階から「中人間開発（1 人あたり年間 GDP900 ドル）」段

26　ただし，これはルワンダだけではなく，2000 年代，多くのアフリカ諸国は経済成長を
　経験している。

27　An Ansoms, 'Rwanda's Post-Genocide Economic Reconstruction : The Mismatch between Elite
　Ambitions and Rural Realities', in *Remaking Rwanda*, p. 241 ; Reyntjens, *Political Governance*,
　pp. 163–164.

28　World Bank, 'Rwanda', Country Profile, http://databank. worldbank. org/data/Views/Reports/
　ReportWidgetCustom. aspx? Report_Name=CountryProfile&Id=b450fd57&tbar=y&dd=y&inf=
　n&zm=n&country=RWA からデータを抜粋。

階に移行させるという目標を設定した。その柱は，農業，民間競争，人材育成，ICT などのインフラ整備，地域経済協力強化など，「近代化」と自由主義経済強化である[29]。

　なかでも特に中心とされているのが農業である。ルワンダでは人口の 8 割以上が農業に従事しているからである。2004 年，ルワンダ政府は，国家農業政策を制定し，農業の近代化（modernization），強化（intensification），専門化（professionalizing），単一作付（mono-cropping）と地方特化（regional crop specialization）などを進めてきた[30]。さらに，2020 年までに農業従事者の割合を 85 % から 50 % に下げることを目標にしている[31]。このようにルワンダでは，トップ・ダウンで農業改革が進められてきた。

　さらに，自由主義経済強化をはじめとする「西洋受け」のよい政策も進めている。例えば，汚職に対して厳しい姿勢を示している。キガリ空港の外の道路には，「投資 Yes，汚職 No」という看板が掲げられているという[32]。各国の汚職レベルを調査しているトランスペアレンシー・インターナショナルの 2016 年のデータによると，ルワンダは 176 か国中 50 位，サブ・サハラ・アフリカでは，ボツワナ（35 位），カーボベルデ（38 位）に次いで，モーリシャス（50 位）と同列で 3 位だった[33]。また，自由市場経済を標榜し，外国からの投資を積極的に呼び込もうとしている。さらに，「アフリカのシンガポール」を目指して IT 化も推進しており，ルワンダ政府は通信ネットワーク構築のためにこれまで 9500 万ドルを費やしてきた。携帯電話の保有率も，2006 年の 6 % から 2011 年には 45.2 % に上昇している。また，キガリは，他のアフリカの都市と

29　Reyntjens, *Political Governance*, pp. 163–186.

30　Julie Van Damme, An Ansoms, and Philippe V. Baret, 'Agricultural Innovation from Above and from Below : Confrontation and Integration on Rwanda's Hill', *African Affairs*, 113–450 (2013), pp. 108–127 ; An Ansoms, 'Re-Engineering Rural Society : The Visions and Ambitions of the Rwandan Elite', *African Affairs*, 108–431 (2009), pp. 289–309.

31　Ansoms, 'Rwanda's Post-Genocide Economic Reconstruction', p. 245.

32　Crisafulli and Redmond, *Rwanda Inc.*, p. 94.

33　Transparency International, 'Corruption Perception Index 2016', 25 January 2017, https://www.transparency.org/news/feature/corruption_perceptions_index_2016#table

比較すると，近代的で清潔，安全だと言われている[34]。これらを評価され，ビジネスのしやすさを示す世界銀行による指数でもランキングが上がっている[35]。

他方で政府は貧困対策も行ってきた。障害のある老人など労働力のない極貧世帯が現金を受け取る「直接支援（direct support）」，労働力を有する極貧世帯にコミュニティでの労働機会を与える「公共労働（public work）」，貧困世帯に対して融資を行う「財政サービス（financial services）」などである。貧困家庭に牛1頭を支給するプログラムも2006年に開始された。また，ジェノサイドの生存者を対象とした支援も行われている。「ジェノサイド生存者中の最貧窮者のための基金（The Fund for Neediest Survivors of Genocide in Rwanda：FARG）」は1998年1月に設立され，これまでに国内歳入の約6％が充てられてきた[36]。

このようなルワンダの経済成長およびそれを可能にしたカガメ大統領のリーダーシップは，アフリカのモデルとして称賛されることが多い。ただし，この経済成長およびRPFの「近代化」政策には問題も指摘されていることを書き添えなければならない。1つには，様々な改革がトップ・ダウンで行われてきたことである。「開発家父長的国家（developmental patrimonial state）」と表現されることもあるように[37]，ルワンダという国家はきわめて階層的で垂直的である。そして，州知事らは大統領と契約（イミヒゴ/imihigo）を結んで目標を設定するため，地域住民よりも国との関係を重視している。RPFはルワンダを目標指向型社会に変えようとしているため，「目標」や「契約」が重視されるのである[38]。しかし，このことは，政策を硬直化させ，現実に柔軟に対応できない強制的なものにしてしまうという問題をはらんでいる。

---

[34]　Crisafulli and Redmond, *Rwanda, Inc.*, pp. 9–12.

[35]　Reyntjens, *Political Governance*, p. 164.

[36]　Peterson Tumwebaze, 'Leaving no one behind : Was this a campaign slogan or an integral part of RPF's policies?', *The New Times*, 9 August 2017, http://www.newtimes.co.rw/section/read/217671

[37]　David Booth and Frederick Golooba-Mutebi, 'Developmental Patrimonialism? The Case of Rwanda', *African Affairs*, 111–444 (2012), pp. 379–403.

[38]　Ansoms, 'Rwanda's Post-Genocide Economic Reconstruction', p. 247 ; Van Damme, Ansoms, and V. Baret, 'Agricultural Innovation from above and from below'.

第9章　新しいルワンダの建設とエスニックな対立の克服をめざして　253

　さらに，エリートと一般市民の間の乖離やそこから生じる政策的な問題もある。ルワンダ国民の大多数は農民であるが，過去には，キガリにいるフトゥのエリートも地方とのつながりをもっていた。特に，ハビャリマナ政権はルワンダを農業社会だとみなし，農民＝フトゥがルワンダ人だと標榜した。しかし，現在のルワンダ政権内部にはトゥチの旧難民が多く，故郷とのつながりを失っている。そしてエリートは主に英語話者でキガリに住み，めったに地方に行かないのに対して，ルワンダの一般的な農民は主に農村に住むフトゥであるため，両者の間には様々なギャップがあり，これらのギャップによって農村開発に課題が残ることが指摘されている[39]。

　加えて，経済成長が必ずしも貧困削減につながっていないことも指摘されている。ルワンダの人口は年々増え，2010年には1000万人を突破しており，人口密度も2016年には1平方キロあたり約483人とアフリカではきわめて高い[40]。このため，貧困人口の割合自体は減ったものの，実数としては，482万人から538万人に増えてしまっている[41]。不平等の度合を示すジニ係数も，2001年の0.47から2006年には0.51へと上昇している。土地分配のジニ係数は，1990年の0.43から2002年には0.594になった。また，少なくとも人口の11.5％は土地を有しておらず，約3割は0.2ヘクタール以下の土地しかもたず，家族を十分に食べさせるのも困難だという[42]。

　また，高度な「近代化」を目指しているため，ルワンダ政府は様々な規制を課している。例えば，ルワンダではビニール袋の使用が禁じられている。また，「貧しく」見えるような服装や景観は禁止されている。農村では，伝統的な手

39　Ibid.
40　World Bank, 'Rwanda', Country Profile.
41　なお，2010年までカガメの経済アドバイザーを務めていたデイヴィッド・ヒンバラは，政府が統計を操作して，ルワンダが実際よりも豊かに見えるようにしていたと批判している。Kimiko de Freytas-Tamura, 'Paul Kagame Appears Set for Victory in Rwanda Vote', *The New York Times*, 4 August 2017, https://www.nytimes.com/2017/08/04/world/africa/rwanda-president-election-paul-kagame.html
42　Chris Huggins, 'The Presidential Land Commission : Undermining Land Law Reform', in *Remaking Rwanda*, p. 255.

法のレンガ造りによる住居が禁止されたため，家を建てることが難しくなっている。また，首都キガリでも，泥レンガによる住居建設が禁止された。靴を履くことが義務になり，履いていない場合，罰金や，市場や病院へのアクセスが禁止されるなどの罰が課されるという[43]。もちろん，このような政策によって，キガリのみならずルワンダ全体も清潔で「外国人」受けのよい空間となっていることは否定できないものの，貧困に苦しむ農民からすれば生活がより苦しくなったという感覚をもつのではないだろうか。

　本節では，経済復興について，ルワンダ政府の政策を紹介しながら，その功罪を説明してきた。たしかに，ルワンダの数字上の経済成長は著しく，キガリも日々発展しており，エリートや外国資本などにとってはビジネスを行いやすい環境であることは間違いない。しかし，国民の大多数である農民にとって，農村での経済成長はなかなか実感できるものではなく，むしろ格差が拡大し，規制が増えるなどの困難を感じてしまっている。次節では，これらの政策の土台となっている政治について検討していきたい。

3　民主主義と独裁のはざまで

　ジェノサイド後のルワンダに対する批判的な評価の大半は，政治に関するものである。ルワンダでは，選挙が定期的に行われ，法や制度が整備され，「ガバナンス」が機能していると捉えうる一方で，実質的な独裁体制や言論の自由の制限が批判されている。このようなルワンダの政治体制について，一言で述べるならば，民主的な言説や外見と権力政治的な内実の間の緊張関係・乖離が指摘できる。また，多数派支配と少数派の尊重という民主主義の原則に関わる

---

[43]　An Ansoms, Giuseppe Cioffo, Chris Huggins, and Jude Murison, 'The Reorganization of Rural Space in Rwanda : Habitat Concentration, Land Consolidation and Collective Marshland Cultivation', in *Losing Your Land* ; Vincent Manirakiza and An Ansoms, 'Modernizing Kigali : The Struggle for Space in the Rwandan Urban Context', in *Losing Your Land* ; Reyntjens, *Political Governance*, pp. 169–171.

第 9 章　新しいルワンダの建設とエスニックな対立の克服をめざして　　255

問題もある。この節では，歴史的な継続性も意識しながら，ジェノサイド後の
ルワンダ政治について，行政，政党と政治活動，選挙などを説明していく。

　ジェノサイド後のルワンダでは，逆説的ながら，地方分権化によって逆に中
央権力が地方で強化されるという現象が起きている。セクターやセルなど地方
行政機構の中には地方選挙で選ばれた者も含まれるが，実質的な権力は中央か
ら任命された行政官がもち，農村で RPF の政策を遂行するための任務を遂行
しているのである。一般住民にとって，セクター・レベルが国家権力をローカ
ルに体現しているものとして重要であるため，分権化とともに，農村に対する
RPF の権力強化・管理が進んできたといえよう。前述のように，これらの中
央から任命される行政官は，上部行政に対して，イミヒゴと呼ばれる目標を設
定し，政策を遂行している[44]。

　中央政府については，前述の通り，1994 年 7 月，アルーシャ協定に書かれ
ていたパワー・シェアリングに基づいて，国民統一内閣（Government of National
Unity）が発足した。この内閣には RPF 以外の政党所属の政治家も参加し，「共
和民主運動（MDR）」所属のフトゥ政治家フォスタン・トゥワギラムングが首
相に任命された。また，大統領には RPF のフトゥ政治家パストゥール・ビジ
ムングが就任し，カガメは副大統領兼国防大臣に就任した。このように，ジェ
ノサイド後に設立された内閣は，RPF 内のフトゥだけではなく，RPF 以外の
政党も含んでいたため，外見的には「挙国一致」，「複数政党」，「トゥチだけで
はない」という印象を与えていた。しかし，実際にはフトゥが大臣の場合，
トゥチの RPF メンバーが次席につき，権限をもっていた。大統領も同様で，
ビジムングではなくカガメが実権を握っていたため，パワー・シェアリングは
表面的なものだったと指摘されている。これを批判し，1995 年 8 月，首相と 4
名の大臣（フトゥ）が辞職するに至った[45]。また，2000 年には自由党（PL）所
属のトゥチの政治家で当時の下院議長だったジョセフ・セバレンジが議長を辞

44　Ingelaere, '"The Ruler's Drum".

45　Timothy Longman, 'Limitations to Political Reform : The Undemocratic Nature of Transition in
　　Rwanda', in *Remaking Rwanda*.

256 第IV部 ジェノサイド後のルワンダ

職させられ，亡命している[46]。

RPF は，権力強化のために，巧みに法制度などを利用し批判を取り締まっていった。2002 年の分断法（divisionism law），2003 年の共和国憲法，2008 年のジェノサイド・イデオロギー法などがそれである。2003 年の憲法には，RPF 統治を継続するための仕組みが組み込まれている。すなわち下院の約 3 分の 1，上院の全議席が任命や互選であるため，上下両院においても任命などによって RPF の影響力が担保されるのである[47]。また，憲法では，「エスニックな，地域的な，人種的な差別やあらゆる種類の分断を流布することは，法律による処罰の対象となる」と定められている[48]。これにより，ルワンダでは公の場でエスニシティに言及すること，ジェノサイドを否定するような発言をすることなどが禁止されるようになった[49]。違反した場合，「分断主義（divisionism）」，「ジェノサイド・イデオロギー（genocide ideology）」，「歴史修正主義（revisionism）」，「ジェノサイド否定（genocide denial）」などの罪によって，懲役 10～15 年が課され，組織であれば存続が困難になる[50]。例えば，2007 年，トゥワ支援を行う NGO の「ルワンダ先住民コミュニティ（Communauté des Autochtones Rwandais：CAURWA）」は，先住民（トゥワ）に言及していることが問題となり，「ルワンダ人陶工コミュニティ（Communauté des potiers du Rwandais：COPORWA）」に改名させられた[51]。また，第 8 章で言及した「人権保護促進ルワンダ連盟（Ligue

---

46 Longman, 'Limitations'. なお，セバレンジは，自伝の中でこの時の様子を詳述している。ジョセフ・セバレンジ・ラウラ・アン・ムラネ（米川正子訳）『ルワンダ・ジェノサイド生存者の証言──憎しみから赦しと和解へ』（立教大学出版会，2015 年）。とはいえ，RPF 内も一枚岩ではなく，内部に権力対立はある。例えば，RPF メンバーだったフトゥの内務大臣セス・センダショウガは亡命したが，1996 年にナイロビで襲撃を受け，98 年に暗殺された。また，カガメ大統領と近しい関係だったパトリック・カレゲヤは後に関係が悪化し，2014 年亡命後，南アフリカで暗殺された。

47 武内進一「アフリカの『三選問題』──ブルンジ，ルワンダ，コンゴ共和国の事例から」『アフリカレポート』54 号（2016 年），73-84 頁。

48 武内「内戦後ルワンダ」，45 頁。

49 Longman, 'Limitations'.

50 Lars Waldorf, 'Instrumentalizing Genocide : The RPF's Campaign against "Genocide Ideology"', in *Remaking Rwanda*, p. 56.

51 Danielle Beswick, 'Democracy, Identity and the Politics of Exclusion in Post-genocide Rwanda :

rwandaise pour la promotion et la défense des droits de l'homme : LIPRODHOR)」は，RPF の人権侵害にも言及してきたため，2004 年に議会が LIPRODHOR の「ジェノサイド・イデオロギー」に関する調査委員会を立ち上げ，その活動を禁止した[52]。

　これらの法律は，政治家の排除にも利用されてきた。例えば，ビジムング大統領は 2001 年に自身の新党「再生民主党 (Parti démocratique pour le renouveau : PDR-Ubuyanja)」を作ろうとしたため，逮捕され，大統領職を失った。これにより，カガメ副大統領が大統領に就任し，現在に至っている[53]。また，2003 年の大統領選挙前には，MDR 所属だったトゥワギラムング元首相が，新党「民主主義，公正，進歩のための同盟 (the Alliance for Democracy, Equity and Progress)」を設立し，政党登録しようとするも，拒否され，前身である MDR はその後「ジェノサイド・イデオロギー」の罪で活動禁止となっている[54]。なお，2007 年から 2008 年にかけて，「ジェノサイド・イデオロギー」の罪による逮捕は 1,300 件を超えている[55]。

　さらに，複雑な選挙制度も RPF に資する形になっている。ジェノサイド後のルワンダでは，5 年ごとに地方と下院の，7 年ごとに大統領の，8 年ごとに上院の選挙がそれぞれ行われている。これまで 1999 年および 2001 年に地方選挙，2003 年に憲法レファレンダムと大統領選挙，上下院選挙，2006 年に地方選挙，2008 年に下院選挙，2010 年に大統領選挙，2011 年に地方および上院選挙，2013 年に下院選挙，2015 年に憲法レファレンダム，2017 年に大統領選挙が実施されてきた。このような複雑かつ頻繁な選挙は，小さな政党に不利に，RPF に有利になるとともに，選挙監視がしにくく，操作しやすいと指摘され

The Case of the Batwa', *Democratizatio*, 18-2 (2011), pp. 490-511.

52　Longman, 'Limitations', pp. 29-30.

53　なお，ビジムングは 2004 年に投獄され，2007 年に大統領恩赦で出獄している。Amnesty International, 'Elections in Rwanda : Two Decades of Clamping down on Critics', https://www. amnesty. org/ en/ latest/ campaigns/ 2017/ 08/ rwandas- repressive- tactics- silence- dissent-before-elections/

54　Amnesty International, 'Elections in Rwanda'.

55　Reyntjens, *Political Governance*, p. 78.

ている[56]。

　また，選挙のやり方そのものも RPF に有利なものになっている。地方および上下院選挙の場合，例えば，事前にローカルな RPF の代表が会合を開催し，教員などのオピニオン・リーダーたちが住民を「敏感にさせる（to sensitize）」，つまり，どの候補者に投票すべきかを指導する。そして，投票当日，投票者は候補者の後ろに列を作って並ぶ。このやり方だと，事前に指示を受けた候補者を支持せざるをえないため，自由で公平な選挙に見えるように複数候補者が出ていても，RFP の支持する候補者が当選することになる[57]。当選予定の候補者以外が当選してしまった場合には，選挙がやり直されることもあったという[58]。

　大統領選挙の場合，複数候補者存立という選挙の外観を演出した上で反対派を除外するという手法がとられる。例えば，2003 年の大統領選挙では，前述のように，トゥワギラムング元首相が立候補した。MDR が「ジェノサイド・イデオロギー」の罪によって事実上活動を禁止されていたため，無所属でキャンペーンを行ったが，活動を妨害され，結果的にカガメが 95 ％以上の得票率で勝利している。この間，欧米の選挙監視団が選挙期間中の嫌がらせや選挙不正などを指摘している[59]。2010 年の大統領選挙でも，有力な対抗馬は選挙に出馬できなかった。民主緑の党（Democratic Green Party）は「書類の不備」，会合開催の不許可，内部分裂などが原因で政党登録できなかった[60]。また，野党

56　Will Jones, 'Victoire in Kigali, or : why Rwandan elections are not won transnationally', *Journal of Eastern African Studies*, 10-2 (2016), pp. 343-365.

57　Ingelaere, 'The Ruler's Drum'.

58　この時，住民は，「ダメ！　ダメ！　ダメ！　正しく［投票を］行っていない。もう一度行って，あなたたちが我々が求めたことをできるのかを確認してみよう（No, no, no! You haven't done it right. Let's try again to see if you can do what we've asked)」と言われたという。Burnet, 'Gender Balance'.

59　Reyntjens, *Political Governance*, pp. 37-38.

60　民主緑の党は近隣諸国に拠点を置く元 RPF メンバー中心の政党で，2009 年にウガンダのカンパラでフランク・ハビネザを党首として設立された。しかし，脅迫を受けたり，2010 年の大統領選挙の前に副代表がフイエで首をはねられて殺害されるなどしたため，ハビネザは 2010 年にスウェーデンに亡命した。その後 2012 年に帰国し，2013 年に正式に政党として登録されてから，20 万人のメンバーを得るに至る。Jones, 'Victoire in Kigali'; Amnesty International, 'Elections in Rwanda'.

の「統一民主部隊（United Democratic Forces : *FDU-Inkingi*)」の党首であるヴィクトワール・インガビレは，16 年の亡命生活を終えて，2010 年 1 月に帰国し，大統領選出馬を表明した。カガメ大統領の有力な対抗馬として目されるも，帰国した際のスピーチが問題となり，「ジェノサイド・イデオロギー」，「修正主義」，「分断主義」の罪で 4 月 21 日に逮捕され，出馬はかなわなかった。その結果，カガメを含む 4 名の立候補者が出るも，インガビレ以外はいずれも実質的な対抗馬ではなかったため，カガメが 93.08 ％ の 463 万票を獲得し，大統領に再選している[61]。

2017 年 8 月の大統領選挙でも，これまで同様，制度を利用した RPF・カガメ支配の強化と反対派の排除が見られた。そもそも，当初，カガメ大統領には選挙出馬の資格はなかった。カガメは，2000 年のビジムング大統領（当時）の辞任に伴って大統領に昇格し，2003 年および 2010 年の大統領選挙に勝利し 1 期 7 年の大統領職を 2 期務めてきた。ルワンダの共和国憲法は 101 条で大統領の三選を禁じていたため（正確には，7 年の任期を 1 回のみ再選可能なので，2 期 14 年後に再々選・三選が禁止されていたため），2017 年の選挙には出馬できないはずだった。しかし，2015 年前半，憲法 101 条の改正を求める請願が 378 通集まったため，同年 10 月に憲法改正が上下院で可決される。そして，12 月 18 日に住民投票が実施され，98.3 ％ の投票者が改正を承認した。これによってカガメ大統領は，法的には今後，移行期 7 年 1 期に 5 年 2 期を加え，合計 17 年の大統領継続が可能となった。人権活動家たちは，憲法改正を求める署名は政府がお膳立てしたものだと批判したものの，政府は国民の声を聞いたと正当化した[62]。

2017 年の大統領選では当初 5 名の野党・無所属立候補者がいたが，6 月 27 日の段階では，カガメと民主緑の党のフランク・ハビネザのみが立候補者のリストに載せられ，7 月 7 日に最終候補者が発表された際には，無所属のヨー

---

61 Ibid. なお，インガビレは 2012 年に有罪判決を受けている。

62 Conor Gaffey, 'Kagame must step aside for sake of Rwanda, says Opposition leader', *Newsweek*, 15 December 2015, https://www.newsweek.com/frank-habineza-kagame-rwanda-elections-404758 ; 武内「アフリカの『三選』問題」。

260　第Ⅳ部　ジェノサイド後のルワンダ

ロッパに亡命していた元ジャーナリストのフィリップ・ムパイマナが追加され
て 3 名となった[63]。2010 年同様，有力な対抗馬は立候補することができな
かったのである。RPF に対して資金を援助していた親をもつ 35 歳のダイア
ン・ルウィガラは，大統領選出馬表明後にヌードの写真がオンラインに載せら
れてしまった。彼女はそれは画像加工用のソフトウェアで加工されたものだと
主張したが，選挙委員会は，彼女が立候補に必要な署名を集めていないとして
失格にした。そして，選挙終了後，警察がキガリにある自宅を襲撃し，彼女と
母親を文書ねつ造および脱税の容疑で逮捕したのである[64]。

　ルワンダには，11 の野党，12 のテレビ局，35 のラジオ局がある。しかし，
9 つの野党は 2017 年の大統領選でカガメを支持したと言われている[65]。そし
て，大半のメディアもカガメの選挙戦しか流さなかった。民主緑の党は，選挙
中，小さな集会を数回開くことができ，集会には数百人が来たものの，カガメ
に投票すると言った者が多かったという。対して，ムパイマナは，集会の場所
として墓地を割り当てられるなどの選挙妨害があったと苦情を述べている[66]。
結果的に，2017 年の大統領選挙も，またしてもカガメ大統領の大勝（98.7 %）
で終わった[67]。これにより，カガメは現在の法制度に則るならば 2034 年まで

63　Amnesty International, 'Rwanda : Decades of attacks repression and killings set the scene for next month's election', 7 July 2017, https://www.amnesty.org/en/latest/news/2017/07/rwanda-decades-of-attacks-repression-and-killings-set-the-scene-for-next-months-election/

64　Farai Sevenzo, 'Rwanda election : Two terms down, three to go for Kagame?', CNN, 3 August 2017, https://edition.cnn.com/2017/08/03/africa/rwanda-presidential-election-paul-kagame/index.html ; BBC, 'Arrested Rwandan Politican Diane Rwigawa released', 5 September 2017, https://www.bbc.com/news/world-africa-41164676

65　Sevenzo, 'Rwanda election' ; BBC, 'Rwanda election : President Paul Kagame wins by landslide', 5 August 2017, https://www.bbc.com/news/world-africa-40822530

66　BBC, 'Rwanda election' ; Sevenzo, 'Rwanda election' ; Jason Burke, 'Divisive Kagame set for third landslide as Rwandans prepare to go to polls', The Guardian, 3 August 2017, https://www.theguardian.com/world/2017/aug/03/paul-kagame-set-for-landslide-rwandans-polls-rwanda-election ; Tendai Marima, 'Rwanda prepares for general and presidential polls', Al Jazeera, 4 August 2017, https://www.aljazeera.com/news/2017/08/rwanda-prepares-general-presidential-polls-170802203631353.html

67　Eugène Kwibuka, 'What's next after Kagame's re-election?', The New Times, 9 August 2017, http://www.newtimes.co.rw/section/read/217689/

は大統領でいられることとなった。この選挙に対して，国際人権団体のアムネスティ・インターナショナルは，「20年の政治弾圧の結果，恐怖の風潮（a climate of fear）」がルワンダに生まれていると批判し，次の大統領選挙が予定されている2024年を迎える前に政治空間を開放するための改革を進めるよう，ルワンダ政府に促した[68]。また，アメリカはカガメの再選を歓迎しつつも，「投票中に見られた不正に困惑」し，透明性を上げるよう述べている[69]。これに対して，ヨーロッパにいるディアスポラおよびアフリカ市民社会選挙監視団は，選挙のプロセスが「スムーズで平和的だった」と述べ，アムネスティのいう「恐怖の風潮」は根拠がないとしている[70]。

　このように，ジェノサイド後のルワンダの政治は，歴史的な視点を踏まえると，断絶よりも継続性の方が指摘できる。もちろん，1994年以前と比較すると，権力の中枢がフトゥからトゥチに変化したということは大きな断絶である。しかし，1994年以前から，ルワンダ政治は中央集権的であり，エリートと一般人の間には階層的な関係が存在していた（だからこそ，第8章で述べたように，ジェノサイドが前例のないほどの規模で実行されたのである）。また，一方では，分権化や，フトゥや野党とのパワー・シェアリング，法律の整備，選挙の実施など，民主主義的な様相を見せてきたものの，他方では，RPFによる支配強化と反対派の排除，言論・政治空間の弾圧なども実態として存在している。したがって，RPFおよびカガメ大統領が民主主義的な制度を巧みに利用して権力を強化してきたと理解することができる。

　このような特徴は，ルワンダにとって民主主義とは何を意味するかを考えさせる。本書の第II部で議論したように，多数決による意思決定という民主主義の側面を考慮すると，ルワンダでの「民主主義」は確かに多数派による少数派の支配を意味してきた。また，第8章でも述べたように，1950年代後半か

68　Amnesty International, 'Rwanda'.

69　US Department of State, Press Statement, 'Presidential Election in Rwanda', 5 August 2017, https://www.state.gov/r/pa/prs/ps/2017/08/273206.htm

70　Elisee Mpirwa, 'Electoral observers present report to Chief Justice', *The New Times*, 9 August 2017, http://www.newtimes.co.rw/section/read/217669/

262　第 IV 部　ジェノサイド後のルワンダ

ら 60 年代前半においても，1990 年代前半においても，複数政党制を導入すると政治が不安定化するという傾向が見られた。ルワンダで民主主義を導入し「民主化」を進めた帰結が，1994 年のジェノサイドだったとするならば，民主主義という制度設計を利用しつつ，少数派による多数派の支配を強制するという RPF の政策は，歴史的な「教訓」を踏まえたものだと言わざるをえない。単純な複数政党制でも独裁でもない，そのはざまにルワンダの将来を見出し，可能な限り穏健なやり方でその方向に進むにはどのようにすればいいのか。明確な答えは未だに出ていない。

4　ルワンダと国際社会

　このようなジェノサイド後のルワンダ政治は，国際関係にどのような影響を受けてきたのだろうか，またどのような外交を展開してきたのだろうか。結論からいえば，ルワンダ政府はジェノサイド後，「独立の回復」もしくは「真の独立」の達成を目指すような外交政策の大きな転換を行った。そもそも，RPF の前身である「国民統一ルワンダ同盟」は，1987 年に「進歩的な外交政策」を目標として掲げている[71]。「進歩」とはすなわち，それまでの外交政策からの大転換である。また，カガメ大統領は，「真の独立は漸進的なプロセスである」と述べるなど，「真の独立」の達成を標榜している[72]。それらの言葉の意味するところの通り，ジェノサイド後に顕著となったのは，それまで関係の深かったフランス語圏の国々との関係悪化と，英語圏との関係強化である。しかし，その一方，先進国や国際機関からの援助が依然として重要な位置を占めているという点はジェノサイド以前から継続している[73]。本節では，国際関係に

---

[71]　Colin M. Waugh, *Paul Kagame and Rwanda : Power, Genocide and the Rwandan Patriotic Front*, Jefferson : McFarland & Company, 2004, p. 38.

[72]　Soudan, *Kagame*, p. 108.

[73]　レインツェンスによれば，平均すると，GDP の約 25 %，国家予算の 50 % 以上を援助に頼っているという。Reyntjens, *Political Governance*, p. 134.

おけるジェノサイド前後の継続性と変化を，フランス語圏との関係悪化と英語圏への接近の順に説明していきたい[74]。

　まず，フランス語圏の国々，特にベルギーとフランス，コンゴとの関係悪化である。本書でこれまで明らかにしてきたように，ルワンダを支配していたベルギーは独立の際にフトゥの革命を支援し，独立後もフトゥ政権を支持してきた。さらに，第8章でふれたように，1990年に内戦が開始されると，フランスやザイール（当時）とともに軍事介入している。その後停戦協定が合意され，国連のPKOである「国連ルワンダ支援団（UNAMIR）」がルワンダに派遣されると，ベルギー人兵士もPKOに参加した。しかし，ジェノサイド開始直後にベルギー人兵士10名が殺害されたことを受けてルワンダから撤退している。1997年，ベルギー上院は，ジェノサイドに関して調査報告書を公表したが，この中で，ジェノサイドが起きた理由を1つの政治主体や個人の責任とはみなさず，「ベルギーの政治・軍事当局や国連，国際社会全体が，直接的・間接的に，1994年4月6日以降にルワンダで起きたことに対して責任を有する」と述べ，国連の対応ミスなどを指摘している。また，2000年にルワンダで行われたジェノサイド祈念式典に当時のベルギー首相が出席し，スピーチをした際にも，「国際社会全体がジェノサイドに対して大きな責任を負っている」と述べるにとどまり，ベルギーが責任の一端を負っていることを認めはしたものの，植民地支配に対する責任について謝罪したわけではなかった。このため，現RPF政権からは，ベルギーは，ルワンダ人を「分断」しただけではなく，独立後も旧政権の支持を続け，ジェノサイド中も犠牲者を見捨てたにもかかわらず，反省していないと見られている。さらに，ベルギーは，RPF政権の「民主主義の欠如」などをたびたび批判している[75]。

74　なお，その他の特徴として，ルワンダはアフリカ域内の地域協力にも積極的である。2004年に東南部アフリカ市場共同体（the Common Market for Eastern and Southern Africa：COMESA）に，2007年に東アフリカ共同体（the East African Community：EAC）に加盟している。さらに，アフリカ大陸内のPKOである国際連合アフリカ連合ダルフール派遣団（African Union/United Nations Hybrid Operation in Darfur：UNAMID）や国際連合南スーダン派遣団（United Nations Mission in South Sudan：UNMISS）にも積極的に派兵している。

264   第 IV 部　ジェノサイド後のルワンダ

　フランスとも，1994 年前後を境に関係が悪化している。フランスは，ベルギー以上に，第 2 共和制期のルワンダと密接な関係をもっていたからである。ハビャリマナ大統領は，1975 年にフランスと軍事支援協定を締結し，ミッテラン元大統領の子息ジャン＝クリストフ・ミッテランとも近しい間柄だった。また，1990 年の内戦開始後には，ベルギーおよびザイールとともに軍事介入している。ちなみに，フランス政府のジェノサイド関係アーカイブスが未だに機密解除されていないことから，それだけ様々な外交上の機密があったということが推測できる[76]。さらに，2004 年 10 月，『ル・モンド』紙が，ジェノサイドの契機となったハビャリマナ大統領機撃墜は，RPF およびカガメ大統領の指示によるものだという記事を発表した。2006 年 11 月には，フランス人判事のジャン＝ルイ・ブリュギュールも同様の立場をとり，関与した RPF 高官 9 名の国際逮捕状を発行した[77]。これに対して，ルワンダ政府は，フランス大使を追放し，国交を断絶したのである[78]。

　また，同じくベルギーの支配を受けたコンゴ／ザイールとの関係も変化した。

---

[75]　Reyntjens, *Political Governance*, pp. 107–108, 142–143.

[76]　通常，フランスの機密文書は当該大統領の死後 25 年間を経ると公開される。1994 年に大統領だったフランソワ・ミッテラン（1981〜95 年に大統領を務め，96 年死亡）に関しても，2015 年 4 月，大統領府は 1990〜95 年のルワンダに関する資料を機密解除すると宣言した。このため，あるフランス人研究者がアクセス申請をした。しかし，憲法裁判所は，ミッテランの史料を非公開にすることは正当だと述べ，この申請を棄却している。BBC, 'Rwanda genocide : French keeps its 1990s archives secret', 15 September 2017, http://www.bbc.com/news/world-europe-41283362

[77]　なお，大統領機撃墜に関して，ルワンダ政府は調査委員会を立ち上げ，2008 年 8 月と 2010 年 1 月にそれぞれ報告書を公表している。その中では，ハビャリマナ大統領の周辺のフトゥ過激派が撃墜の責任者だと結論づけられていた。Rachel Hayman, 'Abandoned Orphan, Wayward Child : the United Kingdom and Belgium in Rwanda since 1994', *Journal of Eastern African Studies*, 4–2 (2010), pp. 341–360 ; Reyntjens, *Political Governance*, pp. 147–151.

[78]　その後，フランスとの外交関係は，後述のコモンウェルス加盟の 2 週間後（2009 年）に再開されている。そして，2010 年にサルコジ大統領がルワンダを訪問した際には，ジェノサイド中にフランスによって「大きな判断ミス」があったと述べるなど，関係は改善されつつある。Chris McGreal, 'Why Rwanda said adieu to French', *The Guardian*, 16 January 2009, https://www.theguardian.com/education/2009/jan/16/rwanda-english-genocide

前述のように，ザイールは 1990 年の内戦開始早々，ルワンダ国軍に対して軍事支援を行った。これに対し，本章の第 1 節で述べたように，「新難民」の存在を脅威に感じた RPF 政府は，難民キャンプの掃討を行い，「新難民」をルワンダに帰還させたのみならず，コンゴ国内の反モブツ勢力を支持した。1996年 9 月にコンゴ・ザイール解放民主勢力連合が反乱を開始すると，ルワンダ政府もこれを支持し，モブツ政権は 1997 年に倒れ，カビラ大統領が就任した。しかし，コンゴ・ザイール解放民主勢力連合内のルワンダ人およびルワンダ系コンゴ人の影響力が強いことを厭ったカビラ大統領は，1998 年 7 月末までに帰還するようルワンダ軍に求めた。これによって両者の関係が悪化したため，ルワンダは反カビラ勢力である「コンゴ民主連合（Rassemblement Congolais pour le démocratie：RCD）」を支持し，1998 年 8 月から第 2 次コンゴ紛争が 2002 年まで継続する。この間，2001 年にカビラ大統領が暗殺され，息子ジョセフ・カビラが大統領に就任し，2002 年 12 月に和平が合意に至った。アンゴラやウガンダ，ジンバブウェも巻き込み「アフリカの世界大戦」へと発展してしまったこの戦争中，数百万人のコンゴ住民が殺害されたり生活を追われ，性暴力も広く行われるなどの人権侵害が起きた。その後も，コンゴ東部ではトゥチ派のローラン・ンクンダ将軍率いる「人民防衛国民会議（Congrès national pour la défense du people：CNDP）」やフトゥ派の「ルワンダ解放民主勢力（Force démo-cratique de libération du Rwanda：FDLR）」が戦闘を継続し，紛争が続いている[79]。なおこの間，コンゴの鉱物資源が違法にルワンダへ持ち出され，ルワンダからの輸出額が急伸したことが，2000 年代の経済成長の一因でもあると指摘されている[80]。つまり，ルワンダの経済成長には，隣国コンゴでの資源搾取や人権侵害も関係していたのである。

　これに対してジェノサイド後に顕著なのは，英語圏との関係強化である。特に，イギリスとの関係強化は注目に値する。ジェノサイド以前，イギリスはル

---

[79]　武内進一「コンゴ東部紛争の新局面——2006 年選挙後の変化」『国際政治』159 号
　　（2010 年），41–56 頁；Stearns and Borello, 'Bad Karma'.
[80]　武内「内戦後ルワンダ」，35 頁；Reyntjens, 'Waging (Civil) War Abroad', pp. 138–141.

266 第Ⅳ部 ジェノサイド後のルワンダ

ワンダを「フランス語圏」だと認識しており，フランスが積極的に関与している地域への関わりを避けていたため，ルワンダに関与することはほぼなかった。また，キガリにはイギリス大使館が置かれることはなく，ウガンダ在留の高等弁務官がブルンディとルワンダへのイギリス大使を兼ねていた[81]。ジェノサイド中のジョン・メージャー政権も，アメリカ同様，「ジェノサイド」という言葉の使用を避け，介入しようとしなかった[82]。

しかし，ブレア政権はアフリカへの積極的な関与を決める。そこには世界におけるイギリスの影響力や帝国の権益を維持しようという思惑や，貧困削減や人権重視の姿勢があった[83]。国際開発省（Department for International Development：DFID）が1997年に設立され，98年4月には新しい「人道主義」を策定している。ルワンダについても，1995年にまず大使館を開設し，97年には設立されたばかりのDFIDがルワンダで活動を開始した。1999年にはクレア・ショートDFID大臣がルワンダを訪れ，ジェノサイドを防げなかった国際社会の失敗を謝罪するとともに，ルワンダを支援することを約束している。11月には，大使館とは別にDFIDのオフィスがキガリに開設され，イギリスはルワンダ政府の開発計画「ビジョン2020」を支援することで合意，1998年から2001年までの間に3000万ポンドを援助するなど，ルワンダにとって最大のドナーとなった[84]。

さらに，ルワンダは2009年にコモンウェルスに加盟した。イギリスの植民地ではなかった国としてはきわめて例外的で，1995年のモザンビークに次い

---

[81]　Linda Melvern, 'The UK Government and the 1994 Genocide in Rwanda', *Genocide Studies and Prevention*, 2-3 (2007), pp. 249-257 ; Waugh, *Paul Kagame*, p. 93.

[82]　Melvern, 'The UK Government' ; Georgina Holmes, 'Did Newsnight Miss the Story? A Survey of How the BBC's "Flagship Political Current Affairs Program" Reported Genocide and War in Rwanda between April and July 1994', *Genocide Studies and Prevention*, 6-2 (2011), pp. 174-192.

[83]　Zoe Marriage, 'Defining Morality : DFID and the Great Lakes', *Third World Quarterly*, 27-3 (2006), pp. 477-490.

[84]　Ibid. ; Danielle Beswick, 'Aiding State Building and Sacrificing Peace Building? The Rwanda-UK relationship 1994-2011', *Third World Quarterly*, 32-10 (2011), pp. 1911-1930 ; Waugh, *Paul Kagame*, p. 100.

で 2 番目であった[85]。ルワンダがコモンウェルス加盟の意思を示したのはジェノサイド後比較的早く，1996 年 2 月には加盟申請を行っている。その後，諸事情から加盟交渉は停滞したものの，2008 年 2 月から，ルワンダ政府とコモンウェルス事務局間の協議が始まり，複数の調査団がルワンダを訪問した。ルワンダ国内の報道の自由や司法の独立性，人権侵害に関して批判的な意見もあったものの，ルワンダが（名目的には）複数政党制であること，女性の国会議員の比率が高いこと，汚職が少ないことなどが評価され，2009 年 11 月 28 日に加盟がついに決定された。加盟プロセスでは，イギリス，オーストラリア，カナダ，インド，ウガンダ，ケニア，タンザニア，南アフリカなどが支持したという[86]。

このようなルワンダの外交関係の変化および明確な英語圏へのシフトには，複数の要因が関連し合っている。まず，カガメ大統領をはじめとして，「旧難民」の多くは，ウガンダやタンザニアなどの英語圏で生活をしてきたため，ルワンダの公用語であったフランス語になじみがない。大統領自身，「不運にも，私はフランス語を話すことはできない。嫌いだというわけではなく，歴史的な環境のためにフランス語よりも英語の方が上手に話せるというだけである」と述べている[87]。ジェノサイド後のルワンダ，特にキガリでは，英語圏からの「旧難民」の帰還に伴い，徐々に英語名称の建物・施設・組織が増えていった[88]。また，2007 年の東アフリカ共同体加盟を受け，2008 年には英語が公用語に追加されている[89]。教育に使用される言語も，1996〜2008 年の間は，初

85　モザンビーク加盟については落合雄彦「アフリカの民主化とコモンウェルス」『環境情報研究』6 号（1998 年），109-121 頁を参照のこと。

86　Amitav Banerji, 'Rwanda and the Commonwealth', *The Round Table*, 99/410 (2010), pp. 485-490.

87　Waugh, *Paul Kagame*, p. 222.

88　Jacques Lwaboshi Kayigema, *The Rise of English in Post-Genocide Rwanda : Global English*, Riga : Lambert Academic Publishing, 2012, pp. 101-103.

89　なお，2017 年 2 月，ルワンダ下院はスワヒリ語を，ルワンダ語，英語，フランス語に次ぐ第 4 の公用語とすることを決定した。これは，域内問題に対処する際に，スワヒリ語を主要言語として使用することを謳う東アフリカ共同体の条約 119 条に基づく措置である。*The East African*, 9 February 2017.

268 第 IV 部　ジェノサイド後のルワンダ

等学校 1〜3 年生はルワンダ語，4 年生以降はフランス語か英語を選択するという制度だったが，2009 年以降に，教育教授言語がフランス語から英語に変更され，現在は，初等学校 1〜3 年生はルワンダ語，4 年生以降は英語になっている[90]。

　経済的な要因も重要である。ジェノサイド後のルワンダは，ベルギーやフランスなどフランス語圏との関係が悪化したため，新しいドナーを必要としていた。そのため，「ガバナンス」や「分権化」，「ジェンダー」などの用語を用いるなど，ドナーに対して魅力的に映るような政策をとった[91]。さらに，コモンウェルスについては，2008 年（加盟の前年）のコモンウェルス加盟国（特に，東アフリカ諸国）からの輸入が全輸入の 49.6 ％，輸出は 49.8 ％ と，貿易に占める割合が高い[92]。したがって，英語圏に接近することによって，経済などの面で有利になると予測したのであろう。

　さらに，歴史・政治的な要因も大きい。まず，RPF は内戦に勝利し，ジェノサイドを終息させたという点で，他国に対する「負い目」や「借り」をもっていない。逆に，国際社会はルワンダを「見捨てた」という罪悪感を抱いているため，このような「ジェノサイド・カード」が外交に利用できる。また，ベルギーやフランスなどには，ハビャリマナ政権の高官やジェノサイド計画者らが亡命し，政治活動を展開していることもあり，それ以外の国との関係を密接に築きたかったものと見られる。

　ドナーの側にも複数の動機や要因が存在している。まず，ベルギーやスイスなどは独立後のルワンダに援助を続けてきたため，ルワンダに関する一定の知識を有している。対して，1994 年以前にルワンダに関与してこなかったアメ

90　北川香織「ルワンダにおける教授言語変更後の学校教育——公立初等学校で働く教員の視点から」『アフリカ教育研究』6 号（2015 年），150-164 頁。しかし，付随する問題として，初等教育課程の修了率と中等教育課程への進学率が減少し，逆に退学率や留年率が増加傾向にある。また，英語を使用する国民と使用しない国民の間には所得の差が 25〜30 ％ あるといわれている。

91　Zorbas, 'Aid Dependence'.

92　Joanna Bennette et al., 'Trading places : the "Commonwealth effect" revisited', *The Royal Commonwealth Societ*, a working paper.

リカやイギリスは，ルワンダについて有する情報に限りがあり，また「ルワンダ＝ジェノサイド」という視点からルワンダを見ているため，ジェノサイドに対する「罪悪感」を抱いている。そして，この罪悪感はルワンダに対する「例外主義」に転じるとともに，ルワンダ政府の主張をそのまま信じる傾向へとつながる[93]。事実，ブレア元首相は，カガメ大統領に対する批判について，「それらの批判を無視しているわけではない。（中略）しかし，ルワンダはジェノサイドゆえに非常に特別な事例（an immensely special case because of the genocide）だということを認識しなければならない」と述べている[94]。また，戦略的に重要な国ではないため，援助に特化してアフリカの「サクセス・ストーリー」を生み出すことにもつながるというメリットも存在していた。さらに，ベルギーやフランスと比較すると，イギリスやアメリカ国内には RPF に批判的なルワンダ人ディアスポラが少ない。加えて，現ルワンダ政府は，ジェノサイドに加担したとしてカトリック教会に対して批判的になっているため，イギリスとアメリカがカトリック国ではないこともルワンダとの関係強化につながる要因だと言われている[95]。

とはいえ，ルワンダと英語圏新援助国との関係に全く問題がないわけではない。例えば，アメリカ国務省の人権報告書は，ルワンダをたびたび非難している[96]。また，トゥチ派の人民防衛国民会議から分派した M-23 というコンゴ東部の武装組織をルワンダ政府が支持していることが 2012 年に明らかとなった際には，アメリカ，イギリス，オランダ，ドイツ，スイスなどが援助を中断している[97]。イギリスに関しても，ルワンダへの援助に対する批判が国内に存在している[98]。

さらに，イギリスの公共放送である BBC とルワンダ政府の間にも因縁があ

---

[93] Marriage, 'Defining Morality'; Melvern, 'The UK Government'; Zorbas, 'Aid Dependence'; Reyntjens, *Political Governance*, pp. 161-162.

[94] Crisafulli and Redmond, *Rwanda, Inc.*, p. 195.

[95] Zorbas, 'Aid Dependence'.

[96] Reyntjens, *Political Governance*, p. 133.

[97] Ibid., p. 157.

[98] Marriage, 'Defining Morality'; Steans and Borello, 'Bad Carma'.

270　第 IV 部　ジェノサイド後のルワンダ

る。もともと BBC は，1994 年にジェノサイドが始まった際に，これを「ジェノサイド」としてではなく，アフリカの「原始的な」部族紛争として報道していた。その後，「ジェノサイド」として認めたものの，近代ヨーロッパ的なジェノサイド（ホロコーストやボスニアでの「民族浄化」など）とは異なるものだという認識を示していた。しかし，その後，2009 年にルワンダがコモンウェルスに加盟してからは，カガメ政権に批判的になっていき，2010 年の大統領選挙における反対派の殺害や言論の自由の問題などを批判している[99]。さらに，2014 年 10 月 1 日に BBC 製作の「ルワンダの語られない物語（Rwanda's Untold Story）」というドキュメンタリーが放送されると，その内容が，ルワンダおよびコンゴでの RPF の市民殺害や人権侵害を問うものであったと同時に，ジェノサイドのきっかけとなったハビャリマナ大統領機撃墜の責任を RPF に帰するものであったため，当然 RPF はこれを批判し，ルワンダ語による BBC の放送を禁止した[100]。以後，ルワンダ政府と BBC との関係は険悪なものとなった。

　このように，ジェノサイド後のルワンダを取り巻く国際関係を振り返ると，RPF 政権はこれまで，内戦の自力終結およびジェノサイドというカードによって，様々な外交的な取り組みを行ってきた。その一方，援助に依存する経済状況は依然として継続しており，ここに，ジェノサイド以前との継続性もしくは共通性を見出すことができる。すなわち，援助が非民主的な政権を支えているという点である。ピーター・ユーヴィンがジェノサイド以前のルワンダの状況を援助が構造的な「暴力を支援する」状態だと指摘したように[101]，現在のルワンダも，イギリスなどからの援助が政府を支えている。さらに，歴史的な文脈からすると，英語圏への接近や「真の独立」の達成という言説には，植

---

[99]　Georgiana Holmes, 'Rwanda and the Commonwealth : The Evolution of the BBC's Institutional Narrative on the 1994 Rwandan Genocide', *The Round Table*, 100-416 (2011), pp. 519-530.

[100]　Filip Reyntjens, 'Briefing : The Struggle over Truth-Rwanda and the BBC', *African Affairs*, 114/457 (2015), pp. 637-648 ; Jessee, *Negotiating*, pp. 254-261.

[101]　Peter Uvin, *Aiding Violence : The Development Enterprise in Rwanda*, West Hartford : Kumarian Press, 1998.

民地時代の影響を彼らなりにを克服するかのような意図さえ感じられるだけではなく，独立前後のトゥチのリーダーとの共通点も見出すことができる。いずれにせよ，ルワンダでは，「民主主義」や「民主化」が意味するものは複雑であり，また過去と同様「民主化」時に政局が不安定になる可能性があることから，ドナーがルワンダに対する批判を強め，援助をてこに「民主化」を進めさせればよいともいえない。今後，ルワンダがどのような外交政策を展開していくのかには注視が必要である。

5　正義の追求と和解の可能性

　最後に，本節では，紛争後の最重要課題の一つである犯罪の裁き（正義の追求）と人々の間の和解の可能性について明らかにする。まず，ジェノサイド後のルワンダでジェノサイドがいかに裁かれたのかを概観してから，その問題点を指摘する。ジェノサイドの犯罪者（ジェノシデール/génocidaires）を裁く制度は，ルワンダ国際刑事裁判所（International Criminal Tribunal for Rwanda：ICTR）とルワンダ国内の裁判所，コミュニティでの草の根裁判であるガチャチャの3つである[102]。これらの制度を通して和解がどのように行われてきたのか（もしくは行われてこなかったのか）を検討したい。

　ルワンダ政府は，ジェノサイドおよび内戦終結直後から，ジェノシデールの裁判を求めていた。1994年9月28日，ルワンダ政府は国際法廷を設置するよう，正式に国連に要求した。その後11月8日に，旧ユーゴスラビア国際刑事裁判所（International Criminal Tribunal for the Former Yugoslavia：ICTY）をモデルとして，安保理決議955に基づき，ICTRがタンザニアのアルーシャに設置された。しかし，ルワンダ政府は，国際法廷を設置するように自ら依頼したにもか

---

[102]　なお，スイス，フランス，ベルギー，オランダなどに亡命したジェノシデールの中には，これらの第三国で逮捕され，裁判にかけられた者もいる。第三国での裁判については Reyntjens, *Political Governance*, pp. 248–250 を参照のこと。

272 第 IV 部 ジェノサイド後のルワンダ

かわらず，法廷がルワンダ外に置かれることや死刑がないことなどを理由に決議に反対票を投じた（反対票はルワンダ1国であった）[103]。ICTR 判事らはこのルワンダ政府の反対投票から，ルワンダ政府が新設された ICTR に協力的かどうか懸念していた。ルワンダ政府の協力なしには，判事がルワンダを訪問したり，証言者がルワンダ国外に渡航することが困難になり，審理に影響が出ることが予想されたからである。このため，ICTR の運営には，ルワンダ政府との円滑な関係が求められた。

ICTR は 1995 年中盤から活動を開始した。1996 年 8 月には，ジェノサイドの犯罪区分が法律で定められた。まず，ジェノサイドの組織・計画を行った中央の軍や政府高官たちは最も重罪であり，ICTR で裁かれることになった。ルワンダ国内では，ジェノサイドの計画，組織，扇動および監督と強姦・性的拷問などの実行が第 1 カテゴリー，殺人，傷害致死，暴行などの人間に対する暴力が第 2 カテゴリー，略奪や器物損壊などの物的損害が第 3 カテゴリーと分類された。佐々木和之によれば，2006 年 6 月までに，第 1 カテゴリーには 77,269 人，第 2 カテゴリーには 432,557 人，第 3 カテゴリーには 308,738 人の合計 818,564 人が被疑者としてリストアップされた[104]。

ICTR では，2011 年末までにジェノサイドの首謀者ら最重要人物 69 名が裁かれた。ICTR のメリットとデメリットをレインツェンスは以下のようにまとめている。まず，メリットとして，ルワンダ国内の司法制度への影響がある。ICTR 設立当時，ルワンダ国内では極刑として死刑が存続していた。しかし，ICTR では死刑が設けられなかったため，ICTR からルワンダ国内に案件を移

---

[103] William A. Schabas, 'Post-Genocide Justice in Rwanda : A Spectrum of Options', in Phil Clark and Zachary D. Kaufman (eds.), *After Genocide : Transitional Justice, Post-Conflict Reconstruction and Reconciliation in Rwanda and Beyond*, London : Hurst & Co., 2008, pp. 207–227. なお ICTR 設置には，アメリカの関与が大きいという。詳細は，Zachary D. Kaufman, 'The United States Role in the Establishment of the United Nations International Criminal Tribunal for Rwanda', in *After Genocide*.

[104] 佐々木和之「〈和解をもたらす正義〉ガチャチャの実験──ルワンダのジェノサイドと移行期正義」遠藤貢編著『アフリカ潜在力 2　武力紛争を超える』（京都大学学術出版会，2015 年），274 頁。

して裁く事例が出てきたことから，2007年にルワンダ国内でも死刑が廃止された。また，国際司法として強姦をジェノサイドの罪の一部だと認めたことにも意義があるという[105]。

その一方，ICTRの限界も複数指摘されている。まず，審議が遅いため，場合によっては裁判前の拘束期間が長期化してしまう。また，証言や証拠の信憑性が疑わしい場合もあったという。さらに，これまでの議論とのつながりでいえば，RPFが内戦中から内戦後にかけて行った犯罪や人権侵害を裁くことができないという限界もあった。これに対して，カガメ大統領は，政府が主導したジェノサイドとそれを止めようとして戦っていたRPFによる殺人は違うと反論している。さらに，カガメ大統領は，ニュルンベルク裁判で戦勝国は裁かれていないという発言もしている[106]。しかし，ICTR歴代判事の中には，RPFの起訴を準備していた判事もいた。第3代判事のカルラ・デル＝ポンテ（任期1999～2003年）は，2002年末までにRPFの起訴を行う予定で準備をしていた。しかし，ルワンダ政府と円満な関係を築いているアメリカやイギリスの協力を得ることができなかった上，ルワンダ政府がジェノサイド生存者団体である「イブカ（Ibuka）」に対してICTRでの証言をボイコットするように求めたり，生存者のアルーシャ行きを止めたりするなどの対策を講じたため，デル＝ポンテは起訴状を出すことができなかった。なお，RPFは，RPF兵士による犯罪はルワンダ国内の軍法会議で裁いたと発表している[107]。

一方，ルワンダ国内では，それまでの司法制度によってジェノサイドの罪を裁くことが困難になっていた。そのため，1994年9月，当時の法務大臣は国内司法制度の再建を支援するように国際社会に求めた。1994年以前，裁判官・判事は約700名いたが，法的な訓練を受けているものは50名以下しかおらず，

---

[105]　Reyntjens, *Political Governance*, pp. 237-247.

[106]　Kagame, 'Preface' in *After Genocide*, p.xxiv ; Soudan, *Kagame*, p. 81.

[107]　デル＝ポンテのICTRでの任期はルワンダ政府の熱心なロビー活動と英米の支持によって更新されなかった。Victor Peskin, 'Victor's Justice Revisited : Rwandan Patriotic Front Crimes and the Prosecutorial Endgame at the ICTR', in *Remaking Rwanda*, pp. 178-179 ; Reytjens, *Political Governance*, pp. 135-139.

274　第 IV 部　ジェノサイド後のルワンダ

しかもその多数がジェノサイド中に殺害され，この時点で法的な訓練を受けている判事らは約 20 名しか残っていなかったからである。さらに，実際にジェノサイド中に犯した罪によってではなく，個人的な恨みなどで逮捕された人も含め，多くの人々が逮捕されていた。したがって，1996 年 12 月から国内法廷の審理が始まったものの，そのペースは遅く，全逮捕者を審議するには何十年もかかってしまうことが予想された[108]。さらに，逮捕者が無数に出たことで，刑務所の運営および収容者の待遇も問題となった[109]。

　そこで政府は，1997 年からその他の手段を検討し始め，1999 年 6 月にガチャチャ法廷を設置するという結論を発表した。ガチャチャは，ルワンダ語で「芝生」を意味する，「草の根法廷」と呼ばれるコミュニティの裁判制度で，伝統的には，家庭やコミュニティ内の不和や財産などをめぐるトラブルを解決するために，ローカル・レベルで長老によって行われていたという。これに対して，現代版のガチャチャは，国が主導し，ジェノサイドという暴力を裁くための制度として設立された。2001 年にガチャチャに関する法律が制定され，2002 年から 2004 年のパイロット段階を経て，2005 年に全国に約 1 万ものガチャチャが設置された。主に 2006 年 7 月から 2008 年 9 月に週 1 回実施され，2010 年に閉廷した[110]。全体で 1,222,093 人が裁判にかけられ，うち 12 ％（145,255 人）が無罪となったものの，100 万人以上が有罪を宣告された[111]。

　ガチャチャの目的は，真実を究明する，裁判の迅速化によって刑務所の人数を減らす，コミュニティの和解を促進する，などであった。また，住民参加が大原則であった。したがって，コミュニティの 18 歳以上の住民は，イニャンガムガヨ（*inyangamugayo*）と呼ばれる判事，証言者，傍聴者などの役割で全員参加が義務付けられた。ガチャチャでの最も重い刑は，25～30 年の禁固刑で

---

[108]　1997 年には 346 名，1998 年には 928 名，1999 年には 1,318 名，2000 年には 2,458 名，2001 年には 1,416 名，2002 年には 727 名が裁判にかけられた。Schabas, 'Post-Genocide Justice in Rwanda', p. 218.

[109]　Carina Tertsakian, '"All Rwandans are Afraid of Being Arrested One Day": Prisoners Past, Present, and Future', in *Remaking Rwanda*.

[110]　佐々木「〈和解をもたらす正義〉」。

[111]　Reyntjens, *Political Governance*, pp. 226-227.

ある[112]。ただし，自白し謝罪をすれば，それが7〜12年に減刑され，公益労働（Travaux d'intérêt general：TIG）による代替も可能となった[113]。

　ガチャチャの評価は，参加者・研究者の間でも様々である。例えば，ある調査によれば，「ガチャチャはうまくいっている」，「ガチャチャはルワンダに平和をもたらす」に同意する人の割合は，70〜80％台と高かった[114]。また，フィル・クラークが実施したインタビューでは，ガチャチャは真実を知る，つまり，人々がどこでどのように殺され，どこに遺体が捨てられたのかの情報を得るのに重要な手段だと認識されていることがわかった。さらにクラークらは，ガチャチャの目的は関係者の関与や協力，対話によって修復的正義を実施することだと指摘している[115]。

　その一方で，ガチャチャに関する否定的な評価も少なくない。例えば，レッティングによる2006年から2007年の調査によると，ガチャチャで人々が嘘を言っていると思う人の割合も7割から9割と高かったという[116]。また，自白による減刑に不満を抱いている声もある。つまり，本当に心から謝罪しているのではなく，刑務所から出たいから謝って見せているだけと感じる生存者もいるのである。さらに，ガチャチャによって，逆にコミュニティの人間関係や緊張が悪化してしまったという意見も見られる。つまり，生存者からすると，ガチャチャでの証言を拒否すると「政治的破壊分子」または政府の政策（国民統合）に反対しているとみなされるため，証言をせざるをえない。しかし，証言をすることでトラウマがよみがえってしまうなどの心理的な負担が生じる。さらに，生存者以外でも，ガチャチャの被告やその家族から沈黙するように圧力

112　Thomson, *Whispering*, p. 162.

113　Schabas, 'Post-Genocide Justice'.

114　2006年から2007年にルワンダ南部ブタレ州で行った調査に基づく数字である。Max Retting, 'The Sovu Trials：The Impact of Genocide Justice on One Community', in *Remaking Rwanda*, pp. 200-201.

115　Phil Clark, 'The Rules (and Politics) of Engagement：The Gacaca Courts and Post-genocide Justice, Healing and Reconciliation in Rwanda', in *After Genocide*；Samuel Totten and Rafiki Abaldo, *We Cannot Forget：Interviews with Survivors of the 1994 Genocide in Rwanda*, New Brunswick：Rutgers University Press, 2011.

116　Retting, 'The Sovu Trials'.

276　第 IV 部　ジェノサイド後のルワンダ

や脅迫を受け，物理的な暴力を受けたり，毒殺されたり，家族に被害が及んだりすることもある。また，証言をせず傍聴するだけの役目だとしても，毎週一定の時間をガチャチャに割かなければいけないため，農作業などの時間が減り，生活に負担が出るため，可能な限り出席を避けたがるなどの反応もあった。このような理由から，当初ガチャチャに対する住民の態度は消極的だった。罰金や警告などを通じて政府による動員が強化されると，出席者は増えたものの，積極的な参加ではなかったため，コミュニティ内の人間関係の改善には寄与しなかったようである[117]。

　さらに，自白に伴う公益労働（TIG）についても問題が指摘されている。TIG は当初，自白して減刑された元受刑者が出身地に戻り，コミュニティのために働くという「近接型労働」から出発した。しかし，全国に元受刑者が分散していくとその監督が難しいという点と，政府の無償労働として活用できる制度に変更したいという点から，2011 年には，出身地にかかわらず TIG 従事者をキャンプに収容し，その周辺の道路建設などに従事させる「キャンプ型」が主流となった。佐々木は，このような変化によって，加害者が直接コミュニティのために働くことで信頼を回復する機会が減り，単に政府の無償労働力として道路建設などに駆り出されるようになってしまったと指摘している[118]。

　このように，ジェノサイド後のルワンダでは，「正義」は制度的には達成され，一定の実績を積んで終了した。そこには肯定的に評価できる要素もあるものの，批判的な意見も依然として聞こえる。本節では，最後に，正義の追求および部分的な達成が和解にどのように影響を与えているのかを確認したい。

　第 3 節で述べたように，現ルワンダ政府は，「トゥチ」，「フトゥ」，「トゥワ」という区分を廃止し，「ルワンダ人」という国民を形成しようとしてきた[119]。1999 年に設立された「国民統合和解委員会（the National Unity and Reconciliation Commission : NURC）」は「私はルワンダ人である（*Ndi Umunyarwanda*）」という

---

[117]　Totten and Abaldo, *We Cannot Forget*；Retting, 'The Sovu Trials'；佐々木「〈和解をもたらす正義〉」。

[118]　佐々木「〈和解をもたらす正義〉」，282-283 頁。

[119]　このような政策の根本にある歴史認識については次章で検討する。

スローガンのもと，様々な取り組みを行ってきた。1995 年 4 月からジェノサイド記念式典が開催されるようになり，2004 年には国費によるジェノサイド祈念館が開設され，2007 年には「ジェノサイドと闘うための国家委員会（the National Commission for the Fight Against Genocide : CNLG）」が設立された[120]。

　和解について検討する際に問題となるのは，「生存者」というカテゴリーおよび犠牲者の認定である。1995 年 4 月から毎年行われているジェノサイド記念式典では，当初，トゥチだけではなく，フトゥやトゥワの犠牲も認定されていた。しかし，ジェノサイドの公式名称は年々いっそう排他的なものになりつつある。例えば，ルワンダ政府およびカガメ大統領は，以前はジェノサイドを語る際にエスニシティに言及していなかった。しかし，2003 年憲法が 2008 年 5 月に修正されてからは，ジェノサイドは「トゥチに対する 1994 年のジェノサイド（the genocide against the Tutsi）」と呼称されなければならなくなった。公の場でも 2007 年以降は，トゥチの集団犠牲とフトゥの集団罪を強調する傾向にある[121]。

　しかし，第 8 章で明らかにしたように，ジェノサイドの犠牲者や生存者はトゥチだけではない。人々のアイデンティティと経験は多様であり，このような単純化されたカテゴリーから捨象されてしまう人々も当然存在している。例えば，フトゥの父とトゥチの母をもつ男性は，父のエスニシティが重視されるルワンダではフトゥとなるが，ジェノサイド中に母（トゥチ）に加えて，母を守ろうとした父（フトゥ）までも殺害されてしまったものの，「生存者」としては扱われていない。このように 1994 年以降のルワンダでは，しばしばフトゥの父とトゥチの母をもつ生存者は，「生存者」として認定されていない[122]。また，トゥチであっても「生存者」として支援を受けることができない者

---

[120]　Jessee, *Negotiating*, p. 13.
[121]　Waldorf, 'Instrumentalizing'. なお，この名称は，国連安保理でも正式に認められたという。Edmund Kagire, 'Genocide against the Tutsi : It's now official', *The East African*, 1 February 2014, http://www.theeastafrican.co.ke/news/UN-decides-it-is-officially-genocide-again st-Tutsi/2558-2169334-x8cirxz/index.html
[122]　Hintjens, 'Reconstructing Political Identities', in *After Genocide*, pp. 90–93.

もいる。例えば，生存者の団体イブカや未亡人・孤児のための団体（*AVEGA-Agahozo*）は，フトゥと結婚していたトゥチの女性を「生存者」と認定せず，トゥチと結婚していたトゥチ女性のみを「生存者」だと認定しているため，フトゥと結婚したトゥチ女性に対する支援を行っていない。このように，誰が「生存者」なのかという点において，不満をもつルワンダ人も少なくない[123]。

さらにいえば，現在のルワンダでは，フトゥは集団としてジェノサイドに責任があるかのような言説が採られている。しかし，第8章で明らかにしたように，ジェノサイドに参加したフトゥは成人の一部である。フトゥだったにもかかわらず，殺害された者もいれば，危険を冒してトゥチをかくまった者もいる。また，トゥチであるにもかかわらず，殺害グループに参加していた者もいる。このように，フトゥのみを全体として加害者としてみなすことも，妥当ではない。

このような状況で，和解は達成されてきたのだろうか。そして今後も達成される可能性があるのだろうか。国民統合和解委員会が2010年に発表したバロメーターでは，9割以上の人々が和解が正しい方向に進んでいると考えているという結果が出たという[124]。しかし，ローカルなレベルでのフィールドワークを行った研究者は，異なる結論を提示している。例えば，バックリー＝ジステルは，ローカルなレベルでは，ルワンダ人は，地域で生活・共存していかなければならないがゆえに，意図的な沈黙を保って平和を装っているという[125]。また，トムソンによる調査への協力者たちは，「和解は『重要な』人々［政治家など］のためのもの」，「和解は食べる余裕がある人のためのもの」という現実的なコメントをしている[126]。さらに，生存者も，ジェノサイドを止めてくれたRPFに感謝しつつも，RPFが侵攻してこなければジェノサイドは始まら

---

[123] Jessee, *Negotiating*, Chapter 4 ; Reyntjens, *Political Governance*, p. 202.

[124] Ibid., p. 208.

[125] Susanne Buckley-Zistel, 'We are Pretending Peace : Local Memory and the Absence of Social Transformation and Reconciliation in Rwanda', in *After Genocide* ; Buckley-Zistel, 'Remembering to Forget : Chosen Amnesia as a Strategy for Local Coexistence in Post-Genocide Rwanda', *Africa* 76-2 (2006), pp. 131–150.

[126] Thomson, *Whispering*, pp. 52–53, 200.

なかったのではないかという疑念を心のどこかに抱いていることもある[127]。また，加害者も自分たちが「犠牲者」だと思っていることもある。つまり，過去にトゥチに支配されていたこと，フトゥ支配期の認識を未だにもっていること，フトゥ急進派またはRPFに命を狙われたこと，現在RPFの支配下でトゥチの方が優遇されていることなどから，今のルワンダは生きにくいと感じているのである[128]。これらの研究をふまえると，ルワンダの農村では，エスニックな違いは法律によって廃止したにもかかわらず「生存者」の認定やガチャチャの経過を経て依然として残っており，逆に和解が困難なものになっているといえるのではないだろうか。ルワンダでの和解に関わり続けている佐々木和之は，加害者による心からの謝罪とそれに対する被害者の赦しは，なかなか難しいとしつつも，加害者が真に反省し，被害者の加害者に対する感情が肯定的になり，謝罪を受け入れ，両者が同じコミュニティに住む隣人として生きていけるようなローカルな取り組みを実践している[129]。このような取り組みが継続し，様々な経験をもつルワンダ人が時間をかけながら自らの経験を語り，和解し合えることを願いたい。

おわりに

本章では，1994年以降のルワンダについて，その光と影，歴史的な継続性と断絶などの様々な二面性を意識しながら，検討してきた。1994年以降のルワンダは，「紛争後」かつ「ジェノサイド後」という困難な状況に置かれることになった。そのため，「新しいルワンダとルワンダ人」を創造することでエスニシティや過去の対立を克服し，「独立の回復」を目指すことで植民地支配

---

[127] Jessee, *Negotiating*, pp. 139-142.

[128] Ibid., pp. 149-188.

[129] 佐々木和之「ルワンダ大虐殺後の罪責と和解」季刊『中帰連』49号（2011年），53-63頁；石原明子「ルワンダジェノサイド後のコミュニティでの和解実践——NGOリーチ・ルワンダの活動から」『熊本大学社会文化研究』13号（2015年），135-156頁。

280 第IV部　ジェノサイド後のルワンダ

を克服しようと試みてきた。そしてその中で，民主主義的な制度を利用しながら，実質的には RPF の支配が強化されてきた。また，経済成長が目覚しい一方で，一般の人々の生活は依然として苦しいままである。このように，ジェノサイド後のルワンダには，意図と結果，制度と実態の乖離がある。

　これまでの歴史からいえることがあるとすれば，まず，今後の政治体制の変化に注意する必要がある。政治体制が不安定になるとエスニックな暴力が発生するというのが，これまでの傾向だったからである。経済の悪化や土地問題も紛争の火種になる。さらに，国際社会の関与の在り方にも注意したい。1994年以前のルワンダと国際社会の関係は，協力する国は変われど，その構造や性質に大きな変化は見られない。このように，1994年前後の継続性を意識することで，今のルワンダを理解できるのではないだろうか。また，1994年以降のルワンダが「紛争後」「ジェノサイド後」というだけでなく，「植民地後」の「国民建設（エスニシティ後）」をも目指しているのであれば，1960年代のルワンダや他のアフリカ諸国の失敗から学べる点もあるのではないだろうか。

第 10 章

過去をめぐる対立
——歴史認識の変遷と記憶の多様性——[1]

はじめに

　これまでの章では，一次史料や先行研究をもとに，革命と独立前後に焦点を当ててルワンダの歴史を振り返ってきた。本章では，そのような歴史的な事実について歴代の権力者がどのような認識を示してきたのか，また一般市民はどのように過去を記憶してきたのか，さらにそれらがどのような問題をはらむのかを検討する。

　歴史や記憶の共有は，国民や民族を構成する重要な要素の一つとされている[2]。近現代において，指導者が「国民国家（nation-state）の造成における政治的な求心力」として利用したり[3]，自らの政治権力を確立するために，過去に起きた特定の出来事を選択的に強調し，「正史（official history）」として，いうなれば「我々の歴史」として，様々な手段・媒体によって共有させようとしてきた[4]。アフリカでも，植民地支配から独立を達成した指導者たちは，国家建設のために，植民地化以前の抵抗や自立の歴史，つまりアフリカ人の「主体

1　本章は，鶴田綾「ルワンダにおける歴史認識と民族対立」『国際政治』180 号（2015 年），43-54 頁に加筆・修正を施したものである。

2　民族，ネイション，エスニシティに関する研究動向や参考文献については，序章第 2 節を参照のこと。

3　等松春夫「序章　歴史認識と国際政治」『国際政治』187 号（2017 年），3 頁。

4　Edward Said, 'Invention, Memory, and Place', in M. J. T. Mitchell (ed.), *Landscape and Power*, London : University of Chicago Press, 2002, pp. 241-260.

性」を重視する歴史を主張した[5]。そして，例えばテレンス・レンジャーがジンバブウェの例で明らかにしたように，このような「正史」は，テレビや新聞，若者キャンプ（youth camps），歴史教科書，スピーチなどを通じて広められる[6]。

このような性質から，歴史認識は，しばしば国家や民族の間で紛争や対立の種となってきた。歴史認識は，国民・民族集団の起源の神話化，輝かしい過去の強調，外国人支配や分断などによる苦難の強調，抑圧の打破もしくは取り戻したい過去の復活に向けた闘争の正当化などの意図から，過去の恣意的な選択と単純化につながることが多いからである。そのため，国内では，ある認識に対して他の認識が沈黙させられ（もしくは封じ込められ），また国家間では異なる認識が対立してきた[7]。

その一方で，歴史認識や記憶の共有，異なる歴史認識の併記や共有するための対話の試みなどには，平和を築いていく上での可能性もある。国家間での有名な例としては，近代にたびたび戦火を交えたドイツとフランスによる歴史共通教科書の作成がある[8]。また，内戦や国内暴力については，近年の移行期正義や和解に関する文献が示すように，新たな歴史認識の共有が紛争後の国民統合や民族和解に有効となることもある[9]。このように，歴史認識は対立と統合

5　ゼレザはこれを「ナショナリストの歴史研究」と呼んでいる。ポール・ティヤンベ・ゼレザ（北川勝彦訳）「アフリカ史におけるコロニアリズム研究の再中心化——記述と枠組みの新機軸にむけて」井野瀬久美惠・北川勝彦編著『アフリカと帝国——コロニアリズム研究の新思考にむけて』（晃洋書房，2011年），27-50頁。

6　Terence Ranger, 'Nationalist Historiography, Patriotic History and the History of the Nation : The Struggle over the past in Zimbabwe', *Journal of Southern African Studies*, 20-2 (2004), pp. 215-234.

7　John Coakley, 'Mobilizing the Past : Nationalist Images of History', *Nationalism and Ethnic Politics*, 10-4 (2004), pp. 531-560.

8　ペーター・ガイス，ギヨーム・ル・カントレック監修（福井憲彦・近藤孝弘監訳）『ドイツ・フランス共通歴史教科書（現代史）』世界の教科書シリーズ（明石書店，2008年）。

9　Elazar Barkan, 'Engaging History : Managing Conflict and Reconciliation', *History Workshop Journal*, 59-1 (2005), pp. 229-236 ; Berber Bevernage, 'Writing the Past Out of the Present : History and the Politics of Time in Transitional Justice', *History Workshop Journal*, 69-1 (2010), pp. 111-131.

（和解）という相反する作用をもつのである。

　結論から言うと，ルワンダにおいても，歴史認識は同様の両面性を有している。本章では，これまでの章で検討されてきた歴史的な事実を念頭におきながら，歴史認識の変遷や人々のもつ多様な記憶をたどっていく。特に，ジェノサイド後に注目し，どのような「正史」がいかなる方法によって語られてきたのか，その「正史」と人々の記憶の間にどのような重複や齟齬があるのか，そして暴力の再発防止と平和の構築という点からどう評価ができるのかを検討したい。

1　トゥチ中心の歴史認識

　第1章で述べたように，19世紀のヨーロッパには，アフリカの文明は，土着のアフリカ人が生み出したのではなく，エチオピアから南下したより高度なハム系人種によってもたらされたとする「ハム仮説」が普及していた。この「ハム仮説」を根拠に，19世紀末以降ルワンダを支配したヨーロッパ人たちは，トゥチを白人に近いハム系，フトゥをバントゥー系黒人だと認識し，ニギニャ王国をアフリカの角地域より南下したトゥチがフトゥを征服してできた国家だと理解した。そして，トゥチはフトゥよりも優れており，ルワンダはトゥチが築いた中央集権的な王国であるため，トゥチ支配は正統性を有していると認識したのである。このような認識はドイツそしてベルギーの間接統治政策に影響を与え，ニギニャ王国がルワンダ全土に権力を拡大するのを支援した。その結果，トゥチのチーフらが王国中央から地方へ派遣され各地の住民を抑圧することとなった。この抑圧下の連帯のもと，大衆の間にはフトゥの集団としての意識が芽生え，またトゥチ指導者も自らがフトゥよりも優れていると認識するようになったのである。

　そして，トゥチ優位の王国ヒエラルキーを正統化するために，以下のような神話が生まれた。

284 第IV部 ジェノサイド後のルワンダ

「起源の物語」という題名の王家の詩によると，ルワンダの歴史は，キグワ（Kigwa）から始まる。彼は，天から降臨し，ガトゥワ（Gatwa），ガトゥチ（Gatutsi），ガフトゥ（Gahutu）という3人の息子をもった。後継者を選ぶため，キグワは，それぞれの息子に牛乳の壺を渡し，夜通し見守るよう命じた。暁が訪れたとき，以下のことがわかった。ガトゥワは牛乳を飲んでしまい，ガフトゥは眠りに落ちて牛乳をこぼしてしまい，用心深いガトゥチだけが夜通し牛乳を守っていた。キグワにとって，これは，ガトゥチが後継者となり永久に単純作業から解放されるべきであることの決定的な証明だった。ガフトゥは従者になることとなり，ガトゥワについてはまったく信頼できないことが露呈したので，社会における地位は最下層となった[10]。

　第2章以降で明らかにしたように，トゥチの王やチーフらは，ハム仮説の主張するトゥチの優位性を所与のものとし，植民地支配者の責任を問うような歴史認識を抱くようになった。すなわち，トゥチ・フトゥ・トゥワ全員がルワンダ人であり，植民地化以前のルワンダにはエスニックな対立は存在せず，王の支配によって平和であった。しかし，植民地支配によってルワンダ人はトゥチ・フトゥ・トゥワという民族に分断されてしまった。そのため，トゥチ・フトゥ・トゥワ全員が，王の下にルワンダ人として団結し，ベルギーからの独立を果たすべきである，というものであった。つまり，トゥチの権力者たちは，ハム仮説を根拠に，トゥチの優位性および支配の正統性とヨーロッパ人の民族分断の責任を信じていたため，トゥチとフトゥの関係を問題視しておらず，トゥチの支配のもとでのベルギー人からルワンダ人への権力移譲を望んでいたのである。

10　René Lemarchand, *Rwanda and Burundi*, London : Pall Mall Press, 1970, p. 33. なお，この神話は以下の文献でも言及されている。Erin Jessee, *Negotiating Genocide in Rwanda : The Politics of History*, London : Palgrave Macmillan, 2017, p. 6 ; J. J. Carney, *Rwanda Before the Genocide : Catholic Politics and Ethnic Discourse in the Late Colonial Era*, Oxford : Oxford University Press, 2014, p. 11.

2　フトゥ中心の歴史認識

　第2章以降で検討したように，このようなトゥチの支配者中心の歴史認識に
対して，カトリック宣教師やフトゥのエリート，トゥチの革新的な知識人たち
は異なる歴史認識を示すようになった。すなわち，ハム仮説が主張するトゥチ
のルワンダ侵略を重視し，フトゥは数百年にわたってトゥチに抑圧されてきた
と主張したのである。神学校で教育を受けた9名のフトゥのエリートが1957
年3月に発表した「バフトゥ宣言」は，ルワンダはハム系トゥチによって植民
地化されたとして，少数派外国人である（とみなされていた）トゥチによる，
多数派原住民である（とみなされていた）フトゥに対する支配が不当だと批判
した。そして，1960年以降，フトゥのエリートの認識は次第に過激化し，次
のように主張するに至る。トゥチは外国人であるためルワンダ人ではなく，フ
トゥこそがルワンダ人である。フトゥはトゥチ支配によって長きにわたり抑圧
されてきたため，革命により王政を打破する必要がある。これこそが，多数派
の支配という意味での民主主義である，というものであった。

　このようなフトゥの視点に基づく認識は，革命後さらに強化されることにな
る。イニェンジと呼ばれるトゥチ武装難民による大規模な攻撃は，トゥチの権
力奪還に失敗しただけではなく，フトゥ中心の歴史認識およびフトゥ支配の正
当化にも寄与してしまったからである。攻撃に対し，当時大統領のグレゴワー
ル・カイバンダやフトゥの閣僚らは，外国人であるトゥチがルワンダの権力を
奪還し，抑圧的な政治を再興しようとしていると主張したため，封建主義者
トゥチ（外国人）に対する民主主義的なフトゥ（ルワンダ人）という政治的な
イデオロギーが強化されていった[11]。

　1973年にカイバンダをクーデターで追放し，第2代大統領に就任したジュ

11　'Mémorandum concernant les Evénements de Décembre-Janvier au Rwanda, Ministère des
　　Affaires Etrangères', 18 fébrier 1964, S0238-0002-05, UNA ; Airgram from Kigali on New
　　Year's Message of President Kayibanda, 30 January 1965, POL 15-1, CFPF 1964-66, RG 59,
　　NACP.

ヴェナル・ハビャリマナも基本的にはこのようなフトゥ中心史観を踏襲し，革命の重要性を強調した。彼によれば，カイバンダ政権は腐敗してしまったため，「革命を取り戻す」ためにクーデターを起こしたという[12]。ハビャリマナは当初はエスニックなイデオロギーを強調しなかったと言われているが，徐々に態度を変え，最終的には，フトゥ農民こそが真のルワンダ人であるとし，トゥチを「ブルジョワ外国人」だと批判した[13]。

　このようなフトゥ中心の歴史認識は，教育にも反映された。例えば，独立後に長年教員だったトゥチによれば，「フトゥはこちら，トゥチはあちら」というように児童を分ける習慣があったという。そしてそれまで自分のエスニシティについて知らなかった児童も，このような習慣によって，自分のエスニシティを認識していった。また，歴史のカリキュラムはトゥチとフトゥの分断と対立を強調する内容で，ルワンダ人の間の関係を悪化させた3つの歴史的な要因として，狩猟民であるトゥワ，農民であるフトゥ，遊牧民であるトゥチの順にルワンダに到来したというハム仮説に基づくルワンダへの到来の順番，フトゥがトゥチに従属させられていたウブハケ制度，そしてそれを打破した1959年の「革命」を教えるものだったという。このような形で，教育はエスニシティの自覚およびフトゥ・イデオロギーの普及に様々な形で寄与した[14]。

　第8章で見たように，1990年10月に内戦が開始されると，新聞やラジオなどのメディアは，このようなイデオロギーを基に，1959年革命の遵守や1963年のイニェンジによる攻撃の想起，共和国の防衛などを叫ぶようになった[15]。

---

[12] Marie-Eve Desrosiers and Susan Thomson, 'Rhetorical Legacies of Leadership : Projections of "Benevolent Leadership" in Pre- and Post-genocide Rwanda', *Journal of Modern African Studies*, 49-3 (2011), p. 439.

[13] Philip Verwimp, 'Development Ideology, the Peasantry and Genocide : Rwanda Represented in Habyarimana's Speeches', *Journal of Genocide Research*, 2-3 (2000), pp. 325-361.

[14] Susanne Buckley-Zistel, 'Nation, Narration, Unification? The Politics of History Teaching after the Rwandan Genocide', *Journal of Genocide Research*, 11-1 (2009), pp. 31-53 ; Elisabeth King, *From Classrooms to Conflict in Rwanda*, Cambridge : Cambridge University Press, 2014, pp. 70-110.

[15] Marcel Kabanda, 'Rwanda, les massacres de 1963 : Le témoignage de G. D. Vuillemin', in Christine Deslaurier et Dominique Juhé-Beaulaton (eds.), *Afrique, terre d'histoire*, Paris :

例えば，雑誌『カングラ』の 1990 年 11 月の記事は，ルワンダの歴史を次のように説明している。

> ルワンダの歴史において，最初にルワンダに来たのはトゥワ（ピグモイド）であり，彼らは狩猟・採集生活を営んでいた。そしてフトゥ（バントゥー）がやってきて，耕作するために森を切り開き，社会組織を確立した。そして最後にトゥチがやってきた……。なぜわれわれは歴史を変えたいと思うのか。この国の歴史を変える権利をもっているのは誰だろうか。[16]

ここからは，「この国の歴史を変える権利をもっている」のは，「ルワンダ人」であるフトゥだという含意を読み取ることができる。また，同じく『カングラ』に掲載された 1991 年 1 月の記事は，革命中にフトゥ大衆によって行われた暴力は「傲慢なトゥチ」に対する「正当防衛」だったと評価している[17]。さらに，フトゥ・パワーの主要なイデオローグだったドナ・ムレゴは 1994 年 4 月に，1959 年革命は「二重の植民地主義と封建主義」に対する闘争だったと述べている[18]。その他の記事も，1960 年代のイニェンジの攻撃を想起させ，イニェンジと RPF をリンクさせることにより，フトゥ大衆の中で危機感と民族憎悪を煽ろうとしていた[19]。

　1994 年 4 月に始まったジェノサイドについては，第 8 章で明らかにしたように，様々な歴史・政治・経済・社会的な要因が指摘されているが，このようなエスニックなイデオロギーも一定の役割を果たしたといえよう。なお，このようなフトゥ中心の歴史認識はジェノサイド後もなくなってはいない。例えば，ヨーロッパに亡命したフトゥの政治家は「西洋人がフトゥ，トゥチ，トゥワを作り出したのではない。これらの言葉は我々の言語で独自の意味をもってお」

Karthala, 2007, pp. 415-434 ; Jean-Pierre Chrétien, *Rwanda, médias du génocide*, Karthala : Paris, 2000.

16　Ibid., p. 109.
17　Ibid., p. 115.
18　Ibid., pp. 125-126.
19　Ibid., p. 123.

288 第IV部 ジェノサイド後のルワンダ

り，革命は「植民地主義者とトゥチ・エリートによる二重の抑圧の終了」をもたらしたのだと評価している[20]。

3 ジェノサイド後のルワンダにおける歴史問題

さて，ジェノサイド終了後，ルワンダにおける歴史認識は「先祖返り」をすることになる。RPF政権が，以前の歴史解釈はジェノサイドのプロパガンダに利用されたという理由から，歴史の書き直しに着手したためである[21]。

上述のように，独立後のフトゥ政権は植民地化以前から植民地時代にかけてのトゥチによるフトゥの抑圧の継続性を強調し，抑圧からの解放（革命）を正当化した。それに対し，RPF政権は，植民地時代のトゥチの王やチーフらの主張を踏襲する形で，植民地化以前のルワンダに存在したとされる「国民統合（national unity）」と，植民地支配による民族の「創出（invention）」および分断を強調している。すなわち，トゥチ・フトゥ・トゥワ全員がルワンダ人であり，植民地支配以前は王の支配によって平和に暮らしていたが，植民地化によって三民族へと分断されてしまった。そして，フトゥの革命がベルギー人によって支持されたまま独立したため，トゥチは抑圧され続け，ジェノサイドまで至ってしまった。したがって，エスニックな区分を廃止し，植民地化以前の「国民統合」を再興する必要があると主張しているのである[22]。例えば，1999年に

---

20 Nigel Eltringham, *Accounting for Horror : Post-Genocide Debates in Rwanda*, London : Pluto Press, 2004, pp. 164 and 173.

21 なお，筆者は，歴史の「書き直し」そのものを批判するものではない。カーや渓内が指摘しているように，歴史とは「現在と過去との間の尽きることを知らぬ対話」であるため，過去は「つねに新しい文脈のなかで問い直され」，「歴史は新世代の流儀で必ず書き直される」からである。E. H. カー『歴史とは何か』（岩波新書，1962年），40頁；渓内譲『現代史を学ぶ』（岩波新書，1995年），37-39頁。ここでの問題は，どのような内容がどのような方法でどのような目的のために書き直されているのか，である。

22 政府の歴史認識とジェノサイド後の和解，エスニックなアイデンティティに関する研究として，例えば，Johan Pottier, *Re-Imagining Rwanda : Conflict, Survival and Disinformation in the Late Twentieth Century*, Cambridge : Cambridge University Press, 2002, Chapter 3 ;

出された「ルワンダ人の統合」という政府文書は，次のように書いている。

> 歴史の真実は，植民地時代以前，すなわちカトリック宣教師たちがこの国
> に住み始める1900年以前，ルワンダ人の間には強力な団結があったとい
> うことである。つまり，これ以前には民族戦争（ethnical war）は起きてい
> なかったということである。（中略）この団結は，すべてのルワンダ人，
> つまりフトゥ，トゥチ，トゥワのためのものであった。彼ら全員をもって，
> 我々の祖先が言うところの「王の人々（The King's People）」が構成されて
> いたのである。彼らは全員，自分たちがルワンダ人であり，ルワンダが彼
> らの国であることを知っていた。（中略）端的に言ってしまえば，白人が
> やってくる前，すべてのルワンダ人は，一人の国王と愛国主義（patrio-
> tism）に基づく団結を共有し，同じ言語を話し，同じ文化をもち，同じ信
> 仰を有し，平和に共存するために努力していた[23]。

また，議会文書やルワンダ人歴史家の著作でも，植民地化以前の「国民統合」
は「政治的多様性（political pluralism）」や「社会関係資本（social capital）」とい
う言葉で評価されている[24]。

このような政府の歴史認識は，カガメ大統領自身の発言にも見てとることが
できる。カガメ大統領は，幼い頃，革命が理由でルワンダからウガンダに逃れ
たが，物心がつくようになった1960年代後半になると，両親に対して，なぜ

    Timothy Longman and Theoneste Rutagengwa, 'Memory and Violence in Postgenocide Rwanda', in Edna Bay and Donald Donham (eds.), *States of Violence : Politics, Youth, and Memory in Contemporary Africa*, London : University of Virginia Press, 2006, pp. 236-260 ; Eltringham, *Accounting for Horror*, Chapter 6.

[23] Republic of Rwanda, Office of the President of the Republic, 'The Unity of Rwandans', August 1999, pp. 6 and 8, http://repositories.lib.utexas.edu/bitstream/handle/2152/4918/2379.pdf? sequence=1. ただし，「白人」と言っても，ベルギーの前に植民地支配をしていたドイツ についてはあまり批判されておらず，好意的な評価がされることが多い。

[24] Republic of Rwanda, the Senate, 'Political Pluralism and Power Sharing in Rwanda', 2010, http://www.parliament.gov.rw/uploads/tx_publications/Political_Plurarisme_and_Power_sharing_in_Rwanda_-_Senate_Research_Book.pdf ; Déogratis Byanafashe, *Rwanda : Ruptures du capital social multiséculaire et genocide*, Yaoundé : Edition Clé, 2004.

難民生活を送らなければならないのか尋ねるようになったという。それに対して彼らは，ベルギー人とカトリック教会によってルワンダが分断され，「社会的紐帯全体（the whole social fabric）」が引き裂かれたからと説明した。ジェノサイド後のインタビューでも，以下のように述べている。トゥチ，フトゥ，トゥワは「生業（living occupations）によって規定される社会集団」であり，フトゥが主張した「トゥチは外国人」というイデオロギーについては，「トゥワがルワンダの原住民である」ならば，トゥチのみが「外国人」とみなされるのは論理的におかしい。また，「起きたことはベルギーの植民地化とその政策の結果」であるため，「私はルワンダ人である（Ndi Umunyarwanda）」という共通のアイデンティティを形成する必要性がある，と[25]。このような歴史認識は，ある意味「冷凍された」歴史観（民族観）だといえる。RPF 指導者の多くは，1950 年代から 70 年代に難民となった者またはその子孫である。リーザ・マルキがタンザニアにいるブルンディ国外難民がより「純粋」な歴史観を維持していると述べたのと同様に，トゥチの元難民たちも，親世代から受け継いだ「神話的な歴史（mythico-history）」観を抱いていると考えられる[26]。

　このような政府の見解は，ルワンダ社会の様々な場面で目にすることができる。例えば，主要な英字新聞である『ザ・ニュー・タイムズ』は「歴史を知る（Know Your History）」という特集を連載し，植民地支配以前のルワンダの機構や王について紹介している[27]。また，2012 年 7 月 1 日の記事では，独立記念日ということもあり，UNAR のリーダーだったがゆえに 1960 年に亡命し 96 年にルワンダに帰還した「旧難民」のインタビューを掲載している[28]。

---

[25]　Patricia Crisafulli and Andrea Redmond, *Rwanda, Inc. : How a Devastated Nation Became an Economic Model for the Developing World*, New York : Palgrave Macmillan, 2012, pp. 34 and 38 ; François Soudan, *Kagame : Conversations with the President of Rwanda*, New York : Enigma Books, 2015, pp. 13-14, 64, 71.

[26]　Liisa Malkki, *Purity and Exile : Violence, Memory and National Cosmology among Hutu Refugees in Tanzania*, London : University of Chicago Press, 1995.

[27]　例えば，David Nkusi, 'Know Your History : Tracing the birth of Rwanda's royal drums', *The New Times*, 26 November 2014, http://www.newtimes.co.rw/section/read/183415/ ; Angel Phionah Ampurire, 'Know Your History : The kings of Rwanda', *The New Times*, 9 September 2015, http://www.newtimes.co.rw/section/read/192335/

このように，現政権の認識では，植民地化以前はルワンダ人は王の民として
団結していたため，平和的で民族紛争とは無縁だったが，植民地時代に王政を
弱体化させる目的でヨーロッパ人によって分断が「創り出された」と解釈され
ている。すなわち，トゥチ支配の正統性とヨーロッパ人の分断における責任を
主張した植民地時代の伝統的なトゥチ指導者の見解が，ジェノサイドの発生に
よってさらに強化されているのである。

　本節の後半では，ルワンダ政府がどのような手段を用いて，このような歴史
認識を広めようとしているのかを紹介していきたい。通常，国の公式見解であ
る「正史」を人々に広める場合，教育が重要な役割を果たす。しかし，ルワン
ダ史に関する学校教育は長らく行われなかった。1994 年秋，RPF の指導者た
ちは，「第 1 課題」として歴史教科書の書き換えを検討し始めた[29]。まず，政
府は，それまでの歴史カリキュラムを廃止し，学校での歴史の授業を禁止した。
「近代史は，数十年もの民族憎悪，不信，偏見から現れた社会で教えるには，
分断的すぎる（too divisive）」からである。したがって，歴史は 10 年以上，学
校教育の場では教えられてこなかった[30]。2001 年以降になってようやく，ア
メリカ人研究者とルワンダ人歴史家たちの協力のもと，新たな歴史カリキュラ
ムの策定が始まった[31]。2006 年に最終的に公表されたカリキュラムは，クラ

28　彼は，1962 年の独立は「独立を主張していなかった間違った人々に，間違ったやり方
　　で与えられた（given in a wrong manner to the wrong people who never advocated for it）」と
　　批判している。そして，ベルギーからの独立が問題を多くはらんだものであり，それが
　　ジェノサイドにつながったため，RPF がルワンダをこのような状況から「解放（libera-
　　tion）」し，「完全な独立（full independence）」を勝ち取ったとたたえている。Peterson
　　Tumwebaze, 'Independence was given to "the wrong people" -Mzee Mpyisi', *The New Times*, 1
　　July 2012, http://www.newtimes.co.rw/section/read/89844/

29　Villia Jefremovas, 'Contested Identities : Power and the Fictions of Ethnicity, Ethnography and
　　History in Rwanda', *Anthropologica*, 39-1/2 (1997), pp. 91-104.

30　なお，学校によってはアフリカ史と世界史に加えて時々ルワンダ史も教えられていたこ
　　とがあるが，そのような場合でも歴史や民族などの繊細な話題は排除されていたという。
　　Buckley-Zistel, 'Nation, Narration, Unification?'

31　Sarah Freedman et al., 'Confronting the Past in Rwandan Schools', in E. Stover and H. M.
　　Weinstein (eds.), *My Neighbor, My Enemy : Justice and Community in the Aftermath of Mass
　　Atrocity*, Cambridge : Cambridge University Press, 2004, pp. 248-266 ; Sarah Freedman et al.,

ン社会や植民地化以前の「統合」を強調するルワンダ歴史家のアレクシス・カ
ガメやベルギー人研究者のジャック・マケなどの数十年前に発表された著作に
依拠し，1994年のジェノサイドの責任をベルギー人と独立後のフトゥ政治家
に課す内容となった。その後，カリキュラムセンターは2008年と2010年に歴
史教育に関するガイドラインを発表している[32]。

　学校以外で，広く歴史を教育する場としては，インガンド（*Ingando*）と呼ば
れる市民教育（「再教育」）のためのキャンプがある。ここでは，政治家や大学
生，帰還した元難民，釈放された受刑者に対して，政府の見解に基づくルワン
ダ史が教えられてきた。とある閣僚は，2007年にインガンドについて次のよ
うな発言をしている。

　　……キャンプは，人々の間の壁を自由な表現によって取り除き，壊すこと
　　を目的としている。まず最初に，ルワンダに帰還する元難民や元戦闘員を
　　再統合するために使われた。そして，その後，政府役人や，高等教育を受
　　ける学生に対象を拡大し，団結と和解を内在化させることを目的とした[33]。

実際にインガンドに参加したルワンダ人によると，ルワンダ人は「植民地化以
前は仲が良かった（on good terms before colonization）」という内容の歴史を教えら
れたという[34]。また，国民統合和解委員会（NURC）は，インガンドに加え，

'Teaching History in Post-Genocide Rwanda', in Scott Straus and Lars Wardolf (eds.), *Remaking Rwanda : State Building and Human Rights after Mass Violence*, Madison : University of Wisconsin Press, 2011, pp. 297-315. なお，このプロジェクトには，カリフォルニア大学，ルワンダ国立カリキュラム開発センター，ルワンダ国立大学教員，Facing History and Ourselves（ホロコーストや差別に関する教材を提供しているアメリカのNGO）が関わっていたという。King, *From Classrooms*, pp. 133-134.

[32] The Republic of Rwanda, The National Curriculum Development Centre, *The Teaching of History of Rwanda : A Participatory Approach for Secondary Schools in Rwanda, a Reference Book for the Teacher*, The Regents of the University of California, 2006, http://www.law.berkeley.edu/files/HRC/Rwanda_resource_book_for_teachers_version_10._rwandan_history_book.pdf

[33] Protais Musoni, 'Rebuilding Trust in Post-Conflict Situation through Civic Engagement : The Experience of Rwanda', paper presented at the 7th Global Forum on Reinventing Government, Vienna, Austria, 26-29 June 2007, http://unpan1.un.org/intradoc/groups/public/documents/un/unpan026588.pdf

スポーツ大会や歌唱コンテストなどの市民教育プログラムを開催し，そこでも
「正史」を広めている[35]。

　さらに，ジェノサイド祈念館も「正史」を広めるための重要な場所である。
キガリにある祈念館は，キガリ市とイギリスのNGOの協力によって設立され
た[36]。屋内の展示および販売されているパンフレットでは，ルワンダ政府の
「正史」に即した内容が，次のように説明されている。

> 我々は一つの民族である（We are one people）。我々は一つの言語を話す。
> 我々の歴史は一つである（We have one history）。しかし，近年，ジェノサイ
> ドが我々の生活に暗い影を落とし，我々を分け隔てた。これは，我々の生
> 活の苦い部分であるが，失った者や未来のために記憶しなければいけない
> 部分でもある。（中略）全ルワンダ人の主要なアイデンティティは，もと
> もと18の異なるクランと結びついていた。フトゥ，トゥチ，トゥワはク
> ラン内の社会経済的な区分であり，個人の環境によっては変えうるもので
> もあった。植民地支配下で，この区分が人種的になり，1932年にアイデ
> ンティティ・カードが導入された。これらの区分を作ることで，植民地権
> 力は，1932年の時点で10頭以上牛を持つものをトゥチ，10頭以下のもの
> をフトゥとし，これが子孫にもあてはまるとした。何百年も平和に暮らし
> ていたのに，今や分断が始まったのである[37]。

さらに，革命と独立についても以下のように記述している。

34　Freedman et al., 'Confronting the Past', p. 255. インガンドを実際に体験したカナダ人研究
　　者スーザン・トムソンは，そこでの歴史は「フトゥがトゥチに対して抱いていた憎しみがル
　　ワンダの病原である」という主張に単純化されていたと批判している。Susan Thomson,
　　'Reeducation for Reconciliation : Participant Observations on *Ingando*', in *Remaking Rwanda*,
　　p. 335.

35　Buckley-Zistel, 'Nation, Narration, Unification?', p. 46.

36　その目的は，(1)犠牲者に適切な埋葬地を提供し，生存者が死者・行方不明者を追悼す
　　ることができるようにする，(2)英語・フランス語・ルワンダ語で展示を行い，訪問者
　　にジェノサイドについて教える，(3)生存者（特に孤児や女性）の支援をする，(4)ジェ
　　ノサイドに関する資料を保存する，である。

37　Aegis Trust, *Jenoside*, Kigali : Kigali Memorial Centre, 2004, pp. 8-9.

294 第 IV 部 ジェノサイド後のルワンダ

1959 年，ルダヒグワ王が死去した。その後，トゥチの殺戮が組織された。
何千人ものトゥチが殺され，多くが周辺国へ難民として逃れた。1961 年，
選挙が行われた。最初の政府の首相は，フトゥ解放のための政党 PAR-
MEHUTU 創始者のグレゴワール・カイバンダだった。1 年後，ルワンダ
は独立を獲得した。ルワンダは，高度に中央集権化した抑圧的な一党体制
国家になった。この政権はトゥチの弾圧と民族浄化を特徴としていた。
（中略）70 万人を超えるトゥチが，ベルギー植民地主義者によって奨励さ
れた民族浄化の結果，1959 年から 73 年の間に周辺国へ亡命していった。
多くの平和への努力にもかかわらず，難民の帰還は妨げられた[38]。

　キガリ以外にもルワンダ全土に大小さまざまな祈念館があるが，そこでも政
府の歴史認識やジェノサイド観を知ることができる[39]。これらの地方祈念館で
は，大きな歴史の流れや背景については情報が限られているものの，遺骨や遺
服を展示したり[40]，生存者がツアーガイドとして体験を語ったりすることで，
具体的なジェノサイドの内容やジェノサイドに至る歴史について理解を広めて
いる[41]。地方祈念館の中では，特にンタラマとニャマタはキガリからも近く，
重要な観光地となっている。ンタラマでは，教会に逃れた約 5,000 名が殺害さ
れた。筆者が初めてンタラマの祈念館を訪問したのは 2006 年であるが，頭が

---

38 Ibid., pp. 11-12.

39 「記憶の場」としての祈念館については Jens Meierhenrich, 'Topographies of Remembering
and Forgetting : The Transformation of *Lieux de Mémoire* in Rwanda', in *Remaking Rwanda* に
詳しい。

40 ローラ・メジャーによると，ジェノサイド後にいったん埋葬された遺体が掘り起こされ，
衣服と遺骨とに分けられ，誰のものかわからないようにして祈念館に再埋葬または展示
されるという。Laura Major, 'Unearthing, untangling and re-articulating genocide corpses in
Rwanda', *Critical African Studies*, 7-2 (2015), pp. 164-181.

41 ジェスィによれば，祈念館は現在，スポーツ・文化省（Ministry of Sports and Culture :
MINISPOC）の管轄となっている。そして，祈念館の展示は訪問者にジェノサイドを
「正しく」教育できるように注意深く企画され，また説明をするスタッフもそのための
トレーニングを受けている。つまり，どのようにジェノサイドを記憶・追悼するかとい
う政府の方針に基づいて，訓練を受けた生存者たちが「職業」として政府のジェノサイ
ド観を伝える場になっているのである。Jessee, *Negotiating*, pp. 45-80.

い骨が並べられ，教会の祭壇付近に未だに人骨が散乱しているのが衝撃的であった。また，ニャマタでは，約1万1000人が殺害された教会が祈念館となっており，内部には遺骨や衣服が置かれ，屋根には銃や手榴弾でできたとされる小さな穴が無数に残っている。約5万人が殺害された元技術学校を転用したルワンダ南部のムランビの祈念館には屋内展示もあり，キガリの祈念館と地方の主要祈念館の中間にあたる位置づけだと考えられる。筆者がムランビを訪れたのは2011年だが，防腐処置を施されて白くなった遺体が屋外の元教室で何部屋にもわたって並べられているのを見た。手足がなくなっていたり，髪が少し残っていたり，歯が見えていたり，頭部がひしゃげていたりする遺体もあり，ンタラマやニャマタ以上に，「人」が大量に殺害されたという面が視覚的に理解できるようになっていると感じた。と同時に，死後もこのような形で「展示」され続けることに違和感を覚えたのも事実である。また，ムランビの屋内展示は，キガリの祈念館よりも新しく作成されたため，キガリと内容が重複するものの，より「トゥチの犠牲」を強調している[42]。

このように，祈念館は，ルワンダ政府の「正史」およびジェノサイド観（「トゥチに対する1994年のジェノサイド」）を広める役割を果たしている。また，地方の祈念館では，遺骨などの展示によって，物理的にジェノサイドの残酷さを強調しているだけではなく，生存者がツアーガイドをすることで，RPFの「正史」にいっそう説得力をもたらしている。ジェスィが2007年から2008年に調査をした際には，ツアーガイドは単に「ジェノサイド」という用語を使っていたが，2011年から2012年に再度訪問した際には，「トゥチに対するジェノサイド」という用語を使うようになっていたという。これは，ツアーガイドが政府見解にそった内容を話すよう公式に教育されたからだと考えられよう[43]。

その他の「記憶の場」としては，博物館も挙げられる。例えば，ルワンダ南部のフイエ（旧ブタレ）にある国立博物館では，ルワンダの地形や自然に始まり，工芸品や土器，衣服，太鼓，住居など，様々な「伝統」が紹介されてい

42　フィールド・ノート（2011年10月12日）。

43　Jessee, *Negotiating*, pp. 68-70.

296 第 IV 部 ジェノサイド後のルワンダ

る[44]。また，王宮があったニャンザにある博物館も，ルワンダの「伝統」や歴史について展示している。屋外には，伝統的な王の住居が復元され，観光客は王がどのように人の訪問を受けていたかをガイドから説明される。また，牛の群れがおり，牛の重要性や牛にまつわる伝統を説明される。敷地内には，他にも，1932 年に建てられたコロニアル様式のムタラ・ルダヒグワ王の宮殿があり，その中でルワンダ史に関する展示を見ることができる。展示は，植民地支配以前のルワンダの状況を地図などを使って説明しているほか，革命や独立については，ムタラ・ルダヒグワ王は「ヨーロッパ人に対してとても融和的（very conciliatory）」だったのが，1950 年代になってベルギーへの態度を変えた，これに反発したベルギーがフトゥの政党を設立して，革命を起こした，と説明されている[45]。このように，ルワンダには，政府の歴史認識を広めるための様々な「場」が存在しているのである。

　前述のように，このような歴史認識は，現在のリーダーたちの経歴を考えれば，ある意味当然のものなのかもしれない。しかし，本節の最後に，本書のこれまでの議論から見えてくる問題を少しだけ指摘しておきたい。独立前のトゥチ視点の歴史認識，独立後のフトゥ視点の歴史認識，そして現在のトゥチ視点の歴史認識，すべてに共通することだが，これまでの「正史」は史実に忠実ではない。これまでの「正史」は，数十年前の研究，特に序章でもふれたトゥチの歴史家カガメとベルギー人人類学者マケを土台としている。両者とも，1950 年代，60 年代に多くの著作を発表したが，いずれも，トゥチとフトゥは人種的に異なっており，異なる時代にルワンダに到来したというハム仮説に基づいた研究である。しかし，序章でも確認したように，研究の進展によって，ハム仮説はもはや学術的な妥当性を失っている。1960 年代以降，多くの研究者が

---

[44] ただし，歴史については，展示が充実しているとは言いがたかった。先史時代についての展示が多く，近現代は，王（ムワミ）の名前とおおよその支配年代，ベルギー人や宣教師が撮った写真や残した地図が中心で，文章による説明はほぼなかった。革命から独立後についても，年表と大統領の写真および簡単な説明が掲げられている程度であった。フィールド・ノート（2011 年 10 月 7 日）。

[45] フィールド・ノート（2011 年 10 月 11 日）。ただし，これらの展示はそれ以降変更されている可能性があるため，調査が必要である。

カガメとマケの著作に疑義を呈し，トゥチとフトゥの差異は，植民地化以前の
ニギニャ王国の時代に，領土を周辺地域に拡大するにつれ明確になってきたと
いう見解をもつようになった。したがって，トゥチ中心にせよ，フトゥ中心に
せよ，これまでのルワンダ政府の歴史認識は学術的な根拠をもつものではない。

　また，トゥチとフトゥの柔軟性・流動性に関しても見解が分かれる。ルワン
ダ政府は，フトゥが10匹の牛を所有すればトゥチになれたり，また逆にトゥ
チが牛を失いフトゥになりえたと主張している。エスニシティは富を基準と
して人々を区分する社会的なカテゴリーだと定義しているからである。ある
RPF の指揮官も「10頭以上の牛を持てば，トゥチになる。（中略）フトゥは単
に『家来』を意味している。牛を多く持っているものは家来を持つ権利がある。
トゥチは単に金持ちという意味である」と述べている[46]。研究者の中にも，ベ
ルギー人は「フトゥとトゥチを区別できないか困っていた」ため，10頭以上
の牛を持つものは今後ずっとトゥチで，10頭以下はフトゥまたはトゥワであ
ると決めたと書いている者がいる[47]。しかし，「10頭」の学術的根拠は依然と
して明確ではない。ベルギー人は「牛の所有数と身体的特徴など」を基にアイ
デンティティ・カードにエスニシティを記載したと述べている研究書もあるも
のの[48]，「10頭」という数字の歴史的な根拠を示したものは少ない。

　また，革命および独立の過程に関しても様々なズレが指摘できる。例えば，
現政府は，本書の第 II 部でとりあげたトゥチの「ルワンダ国民連合（UNAR）」
と「フトゥ解放運動党（PARMEHUTU）」の対立を白黒はっきり分かれたもの
として描くとともに，国民を分断し，フトゥのリーダーたちを操作したとして，
民族紛争の責任をベルギー人に課している。前述のルワンダ人の「統合」でも，
次のように説明されている。

46　Pottier, *Re-Imagining Rwanda*, pp. 118–119.

47　Helen Hintjens, 'Explaining the 1994 Genocide in Rwanda', *Journal of Modern African Studies*,
　　37-2 (1999), p. 253. また武内も「牛10頭」という基準を紹介している。武内進一『現
　　代アフリカの紛争と国家』（明石書店，2008年），128頁。

48　例えば Carney, *Rwanda before the Genocide*, p. 35.

298 第 IV 部 ジェノサイド後のルワンダ

「視点」と「バフトゥ宣言」は改革について一定の見解を共有していたものの，1959 年以降，PARMEHUTU はトゥチを排除することでフトゥの地位向上を図り，権力掌握の口実としてエスニシティを利用した。ロジスト大佐とカトリック教会が彼らを支持した[49]。

しかし，本書で検討してきたように，革命および脱植民地化の当初，トゥチとフトゥの政党は対立しておらず，むしろ政党関係は複雑で流動的なものだった。また，ベルギーは当初，できるだけ長くルアンダ・ウルンディとコンゴに対する影響力を維持したがった。しかし，コンゴの独立が 1960 年初頭に不可避になると，ベルギー人はルワンダも脱植民地化させることを決定し，そのために良い関係を維持できるような「協力者」を求めるようになる。したがって，彼らはルワンダの脱植民地化を速やかかつ適切に，友好的に進めるためにフトゥを支持したといえよう。

また，1931 年から王の座にあり 1959 年に突然死したムタラ・ルダヒグワ王の評価も複雑である。現在のルワンダ政府は，王はヨーロッパ人の支援のもと即位した際には「ヨーロッパ人に対してとても融和的」だったが，態度を変化させ，1950 年代に民主化と革命を主導したと評価している。

　　ルダヒグワは，トゥチとフトゥを異なる 2 つの人種としてみなすヨーロッパ人の見解をルワンダの人々が受け入れたことを危惧していた。これらのエスニックな分断は学校で教えられ，アイデンティティ・カードなどの政府文書に記載された。彼は，「トゥチ」「フトゥ」「トゥワ」という用語がこれらの文書から削除されるように求めた。彼は，全市民は自らを「ルワンダ人」とみなすべきだと言った[50]。

しかし，歴史史料から浮かび上がる王のイメージは，トゥチとフトゥの間の不平等は考慮せず，エスニックな差異を否定する姿である。

49　Republic of Rwanda, 'The Unity of Rwandans'.

50　Emmanuel Bamusananire et al., *Macmillan Rwanda Primary Social Studies Pupils' Book 6*, Kigali : Macmillan Rwanda, 2006, p. 55.

このように，ルワンダ政府の歴史認識は，トゥチ視点にせよ，フトゥ視点にせよ，その成り立ちや主張に理解できる部分もあるものの，実証的な根拠をもたない「神話」という性格が濃く，権力者が変わると歴史認識が180度変わってきたのが問題だった。

4 ジェノサイド後の「正史」と様々な記憶

ここまで本章では，政府の歴史認識（「正史」）の変遷をたどり，その問題点を指摘してきた。しかし，「正史」だけではルワンダ史を理解するのに不十分である。つまり，ルワンダ人が過去をどのように記憶しているのかも合わせて知ることで，ルワンダの歴史についてもより理解が深まるのではないだろうか。そこで本節では，筆者が行ったインタビューに加えて，近年増加傾向にある記憶に関する先行研究に依拠し[51]，植民地支配以前，植民地支配，革命，フトゥの共和制，内戦とジェノサイドなどに関する人々の記憶を明らかにしながら，記憶の多様性と「正史」との重複や齟齬を確認していきたい。

現在のルワンダでは，エスニックな区分が廃止されたかわりに，「生存者（survivor）」，「ジェノサイド加担者・加害者（génocidaire）」，「帰還者（returnee）」などの名称が使われている。この場合，「生存者」は，ジェノサイドを経験した者，または親しい家族が1994年にルワンダに住んでいた者を指すため，トゥチと同義になっている。また，「帰還者」はルワンダ外で長い間生活し，1994年以降に帰国した者を指すため，こちらもトゥチと同義になる。対して，「ジェノサイド加担者・加害者」はフトゥと同義である[52]。ルワンダ人の中でも，エスニシティやこれまでの経験，家族・親族から聞いたこと等によって，過去の記憶の仕方は様々であり，RPFの認識とほぼ一致するものもあれば，

---

51 本節は，Jessee, *Negotiating* に多く依拠している。

52 ただし，本書の第9章でも指摘しているように，実際にはフトゥの「生存者」やトゥチの「ジェノサイド加担者」も存在している。

300 　第 IV 部　ジェノサイド後のルワンダ

それと矛盾をきたすもの，その中間のものなど，多様である[53]。

　まず，植民地化以前の時代や植民地時代のトゥチ支配およびエスニシティの起源について，一方では現政府と同様の見解をもつ人々がいる。例えば，ある「帰還者」の男性は，「すべては白人，とりわけベルギー人の到来と共に始まった。彼らは，ムシンガ王と人々の間に分断を作り，支配するために人々を分け隔てた」と答えた。また，別の老人も，「すべては植民地時代に，ベルギー人がアイデンティティの冊子（booklets/*amabuku*）を導入した際に始まった。それまでは誰も公的にはエスニシティで区別しなかった」と述べている[54]。「生存者」たちも，概ね政府の「正史」と同様に，植民地化以前のルワンダは平和でトゥチの王のもとに団結していたこと，トゥチ，フトゥ，トゥワは生業を表す言葉でエスニシティとは関係がなかったこと，そして植民地時代がジェノサイドの起源だったことなどを語っている[55]。また，このような見解をもつ人々は，トゥチの支配の代名詞ともいえるウブハケについて否定的な意見をもっていなかった[56]。筆者がインタビューした中でも，インタビュー中に自らがトゥチだと明かした人たちはウブハケについて全く言及しないか，したとしても肯定的に語っていた[57]。

　これに対して，トゥチの支配下でのフトゥの苦しみを語る人々もいる。例えば，ジェスィのインタビューでは，当時のフトゥは「奴隷よりも少しましなだけ」で，牛 1 頭を与えられるかわりに，汚く辛い労働をさせられた，といった話が出てきた[58]。第 1 章第 3 節で紹介したように，筆者のインタビューでも，ウブハケに対する否定的な記憶が語られることが多かった。さらに，「ヤギは羊と結婚できない」と言って，フトゥの男性がトゥチの女性と結婚することは禁止されていた，と説明した老人もいた[59]。筆者を含め，様々な研究者がジェ

53　ここでは，自明のことながら，語ることのできた人の記憶が対象となっており，語ることのできない人が別の記憶をもっている可能性も大いにある。

54　Longman and Rutagengwa, 'Memory and Violence'.

55　Jessee, *Negotiating*, pp. 89-92, 121-125.

56　Ibid., pp. 90 and 122.

57　第 1 章第 3 節を参照のこと。

58　Jessee, *Negotiating*, pp. 155-158.

ノサイド後に行ったインタビューからは，フトゥが「トゥチがフトゥを抑圧していた」という言説をいっそう信じるようになったことがわかる。革命および独立のフトゥ・イデオロギーによって，フトゥの土着性と犠牲者性が強化され，かつ RPF が支配する現在のルワンダではフトゥが優遇されていないため，現状に対する苦しみが「トゥチに虐げられているフトゥ」という認識をいっそう強化しているのではないだろうか。

　また，王政に対する記憶も複雑である。一方では，「帰還者」は，RPF の認識を踏襲しつつも，王政へのノスタルジアやムタラ・ルダヒグワ王への好意的な記憶をより強くもっている。例えば，ジェスィは，次のような逸話が「帰還者」に共有されていると指摘する。それは，ムタラ・ルダヒグワ王が，白人に人気のあったブタレ（現在のフイエ）のホテル・ファルコンを通りかかった際に「犬と黒人はお断り」という看板を見て怒り，看板を下ろさせたというもので，植民地支配と人種差別に反対する勇敢な王というイメージが記憶されている[60]。第 2 章で指摘したように，筆者が行ったインタビューでも，参加者ほぼ全員がムタラ・ルダヒグワ王個人について肯定的な記憶を語っていた。このような肯定的イメージがある一方，王政に対する否定的な印象も当然のことながら残っている。ジェスィのインタビューに参加した「ジェノサイド加担者」の多くは，ヨーロッパ人が来る前から王族の間での権力争いがあったため，王族は権力に貪欲で邪悪（evil）だったと語っている[61]。したがって，ムタラ王に関する評価には差があるのみならず，王政についても相反する記憶が存在しており，現政府が言うように，すべてのルワンダ人が「王の民」として王を崇めていたというわけではなさそうである。

　革命についても，記憶の仕方は分かれている。「生存者」からすると，革命は「民主主義の死」だった。つまり，選挙は民主主義の形をとっていたが，実態はそうではなく，ベルギー人によって不正な結果になっていたという[62]。ま

59　アイザックへのインタビュー（2011 年 11 月 22 日）。
60　Jessee, *Negotiating*, p. 194.
61　Ibid., pp. 155–158.
62　Ibid., pp. 125–126.

た，「帰還者」からも，自分たちがルワンダを離れるきっかけになったため，当然肯定的な評価は出てこない。対して，「加害者」は革命を肯定的に捉えている。また，暴力もすべてのトゥチが対象だったわけではなく，王の支持者やトゥチ支配を継続したい少数者のみであって，しかも殺したわけではなく単に追い出しただけだと，当時を肯定的に記憶している[63]。

　独立後のフトゥ共和制から時代が現在に近づくにつれ，記憶が多様化し，政府の認識と個人の記憶との間にさらなる緊張関係が見られるようになる。「加害者」（すなわちフトゥ）からは，ネガティブな記憶は出てこない。カイバンダ時代については，トゥチ難民の武装集団イニェンジの攻撃は嫌だったが，それがなければ「完璧」で「未来がよくなるだろうという期待がもてた」時代だったと回想する者もいた。また，ハビャリマナ時代も，内戦が始まるまでは，貧しくても隣人と協力できた調和のとれた円満な時代で，ハビャリマナは反トゥチ感情に訴えることなく，大衆の生活を向上させようとしたと肯定的に評価されている[64]。トゥチ・フトゥ間の結婚が増えたという記憶もある。また，独立後の暴力については，イニェンジと関係があるとみなされた人の家屋が焼かれたりしたが，「死者が出なかったコミュニティ」も多かったり，ハビャリマナ政権前期にはエスニックな暴力が起きた記憶はないという者もいる[65]。このような記憶をもっている人々からすると，現政権のフトゥ共和制批判は，ハビャリマナについては妥当ではないことになる。

　これに対して，トゥチの記憶は少し異なる。ジェスィがインタビューした「生存者」の中には，独立後に物理的な暴力を直接経験した者はほぼいなかったが，より構造的な暴力を記憶している者が多かった。また，イニェンジの攻撃に対する報復として，国内にいたトゥチが殺害されたことに恨みのようなものを感じているトゥチもいた。つまり，イニェンジは国内にいるトゥチが苦しむことがわかっていたにもかかわらずそれを犠牲にし，またカイバンダ政権に

63　Ibid., pp. 160-161.

64　プルニエが指摘するように，ハビャリマナ時代には，乳児死亡率も下がり，就学率も上がっていた。Prunier, *Rwanda Crisis*, pp. 78-79.

65　Jessee, *Negotiating*, pp. 96-97, 160-163.

フトゥの団結を促す口実を与えてしまったということである。しかし，暴力が起きなかった地域もあったほか，暴力が起きた地域でもトゥチの女性や子供が教会に逃げた場合は攻撃されなかったという。逆に，カイバンダ政権期の前半では，教育を受けたフトゥが依然として少なかったため，行政に携わるトゥチが多かったということもあり，よい生活が送れた人もいたという。しかし，ハビャリマナ時代になると，クオータ制に忠実だったため，教育へのアクセスや行政職などが制限されていったと記憶している。これに対して，「帰還者」は，RPF の歴史認識と同様に，革命がジェノサイド的な暴力の始まりだと語る[66]。

　最後に，内戦およびジェノサイドについても，様々な記憶が存在している。現政権に近い記憶は，当然のことながら「帰還者」のものである。彼らからすると，1990 年 10 月の RPF のルワンダ侵攻は，「内戦」ではなく「解放戦争（war of liberation）」である。そして，それがネガティブな影響を（特に北部の人間に対して）与えたことを認識しつつも，必要なことだったと説明する。ジェノサイド後のルワンダについては，貧困や「生存者」の安全，将来への不安などの課題はあるものの，肯定的な面を評価し，RPF を支持しているため，RPF に批判的なルワンダ人，亡命者，海外研究者に対してフラストレーションを抱えていることもある。しかし，ルワンダ国内にいたトゥチ（「生存者」たち）の記憶はもう少し複雑である。彼らの多くは，1990 年の内戦開始によって，一気に生活が危険にさらされた。そして，RPF 協力者だとみなされたトゥチの恣意的逮捕・投獄・拷問や家屋への放火などが発生し，1992 年までには暴力が様々な地域で見られ，1994 年のジェノサイドに至ってしまったという点で，RPF の行動がフトゥを過激化させ，国内のトゥチを危険にさらしたと思っているため，「解放戦争」という言葉を使わない。また，祈念館のあり方に疑問を抱いている「生存者」も出てきており，遺骨や遺品が展示されることに対して複雑な心境を抱いている者もいる。その理由は，暴力で流された血は悪霊になって人々に心理的・物理的な影響を与える危険があるので，故郷の土地に一人ずつ丁寧に埋葬し，弔うことがルワンダの文化である，というものであった。

66　Ibid., pp. 92–97, 196–199.

304 第 IV 部 ジェノサイド後のルワンダ

これに対して,「ジェノサイド加担者（加害者）」は，RPF が内戦を開始させた
ことを非難する。また，ジェノサイド後の現在については，トゥチがフトゥの
苦しみを認めていないことに対して怒りを感じている者もいるという[67]。

このように，過去の記憶の仕方は，エスニシティやこれまでの経験，家族・
親族から聞いたこと等によって様々であり，RPF の認識とほぼ一致するもの
もあれば，それと矛盾をきたすもの，その中間のものなど多様である。しかし，
現在のルワンダでは，政府の歴史認識と合致しない記憶は沈黙させられており，
それが政府に対する不満の一因となってしまっている。

おわりに

本章では，ルワンダで権力者の語る歴史がどのような変遷をたどってきたの
か，人々はどのように過去を記憶してきたのか，それらと歴史研究の間にはど
のような重複や齟齬があり，なぜそれらが問題なのかを明らかにしてきた。

まとめると，植民地時代からジェノサイドまでに語られていた歴史は，ヨー
ロッパ人の持ち込んだハム仮説というコインの両面であり，その中では，誰が
「ルワンダ人」で，植民地化以前のルワンダをどのように捉えるかが問題で
あった。王をはじめとするトゥチの伝統的指導者たちは，ハム仮説からトゥチ
の優位性および支配の正統性という解釈を引き出し，民族分断を植民地支配者
の責任と捉えたため，ベルギー人からトゥチの王を頂点とするルワンダ人への
権力移譲を訴えた。他方，革命を起こしたフトゥのエリートらは，ハム仮説か
ら逆の解釈を引き出していた。すなわち，フトゥこそが「真のルワンダ人」で
あるとし，「外国人」の侵略者トゥチによって支配されている状況の打破を訴
えたのである。ここでは，多数派ルワンダ人であるフトゥによる少数派非ルワ
ンダ人トゥチの抑圧への抵抗（革命）が正当化されている。そして，そのよう
な認識がジェノサイド前から最中にかけて，トゥチの脅威を煽る形で流布され

---

67 Ibid., pp. 98–110, 130–142, 164–180, 200–210.

た。ジェノサイド後の現在は，トゥチの「正史」がジェノサイドによって強化され，再び語られている。いずれの立場にも共通するのは，植民地時代に持ち込まれたハム仮説をもとに，自らの権力維持もしくは権力奪取を正当化しようとするという点である。しかし，再三述べているように，ハム仮説はもはや学術的な妥当性を失っているため，ハム仮説によらない歴史認識が必要であろう。

　また，本章では，現在のルワンダ人がもっている記憶の多様性を紹介してきた。ルワンダ人の記憶は，個々人のエスニシティやこれまでの経験，現状などに影響を受けており，RPF の歴史認識と同様の記憶と，全く異なる記憶という両極端の間で，多様な記憶が存在している。このような多様な記憶をどのように国の中で共有していくことができるか，そもそもそれ以前に，「多様な記憶が存在している」ということを公に主張できるようになるかどうか，が今後の課題だといえる。

　ルワンダ人は，歴史認識と権力，エスニシティの関係を十分に理解している。例えば，ある若者は調査を受けるなかで，「過去に良かったことが，今日悪いことだとみなされている」ことを認識した上で，「正しく，バイアスのかかっていない歴史（a true history and unbiased）」が必要だと述べた[68]。また，同じ調査では，約半分の参加者が「権力の座にいる者は誰であれ，自らの利益になるようルワンダの歴史を書き換える（Whoever is in power rewrites Rwandan history to serve their own interests）」という主張に賛成している[69]。このように，「正史」には過去の恣意的な選択と単純化がつきものではあるものの，これまでの状況を見ると，一つの「正史」を押しつけることがルワンダ人の分断に寄与してきたと言わざるをえない。したがって，歴史や記憶を和解や国民統合の求心力に結びつけていくためには，多様な記憶を共有すること，多様な記憶を語ることが可能になること，そして，歴史をより複雑なものとして描いていくことが必要なのではないだろうか。

68　Longman and Rutagengwa, 'Memory and Violence', p. 245.
69　Ibid. また，スイスに亡命した元閣僚も「権力は歴史，歴史は権力（Power is history, history is power）」という言葉を残しているという。Eltringham, *Accounting*, p. 148.

終　章

歴史から学ぶ

はじめに

2011 年末，ルワンダでの調査の終盤になって，私はキガリで，とあるフトゥの女性の自宅に招かれていた。彼女は手料理をふるまいながら，とても率直に様々な話をしてくれたが，中でも次の発言は未だに記憶に残っている。

> 政府は，エスニックな違いがない，と言うけれど，いまだにトゥチがフトゥよりも優れていると思っているというように感じてしまう。人々を権力で抑圧しても何も問題は解決しない。力ではエスニシティと社会の問題を解決できないからこそ，ルワンダでは，1959 年，1973 年，1994 年と，約 20 年ごとに何かしら起こってきた。近い将来，また何か起きてしまうかもしれない[1]。

このような危惧を共有する研究者は増えつつある。例えば，フィリップ・レインツェンスはルワンダで構造的な暴力が増えていると指摘する[2]。また，ルワンダを「時限爆弾」に喩えていた国際プロジェクト参加者もいたという[3]。

---

[1]　フトゥの女性との会話（2011 年 12 月 22 日）。

[2]　Reyntjens, Filip, 'Constructing the Truth, Dealing with Dissent, Domesticating the World : Governance in Post-genocide Rwanda', *African Affairs*, 110–438 (2011), p. 33.

[3]　Susanne Buckley-Zistel, 'Nation, Narration, Unification? The Politics of History Teaching After the Rwandan Genocide', *Journal of Genocide Research*, 11–1 (2009), p. 48 ; Elisabeth King,

ルワンダは，今後どのような国になっていくのだろうか。ジェノサイドのような大規模な暴力を防ぐにはどうすればいいのだろうか。そもそも，ルワンダでエスニックな暴力が周期的に発生してきたとすれば，それはなぜなのだろうか。本書は，ジェノサイドの発生やルワンダの現状を，研究の問題意識から絶えず問い直しつつ，ルワンダにおけるエスニシティと政治の歴史を検討してきた。本章では，これまでの議論をまとめ，今後の課題を指摘したい。

1 ルワンダの政治とエスニシティを振り返る

かつてルワンダにおけるトゥチとフトゥの対立は，極端な語られ方をされることが多かった。一方では，対立について，ヨーロッパの植民地支配がエスニシティを「創造」し，それまで平和的に暮らしていたルワンダ人を「分断」したという説明がされる。他方では，対立の原因はトゥチとフトゥが数百年にわたって抱いていた本質的な「部族憎悪」だったという解釈もある。

このような論争を乗り越え，先行研究では，植民地化以前のルワンダと植民地支配の影響について，折衷的な構築主義的見解をとるに至った。すなわち，ルワンダにおけるエスニシティは植民地支配以前から存在していたものの，植民地化によって硬直的かつ差別的なものへと変質してしまった。この点で，植民地化以前と植民地支配の特定の文脈の中で，ヨーロッパ人とルワンダ人の相互関係によって構築されたという解釈に落ち着いたのである。

第1章で明らかにした通り，エスニシティ形成の背景には，歴史的文脈が存在した。そもそも，植民地支配以前のルワンダは，抑圧や暴力から無縁というわけではなかった。ニギニャ王国は領土拡大の過程で周辺の王国とたびたび戦闘を繰り広げたからである。また，ニギニャ王国は植民地時代に入ってなお，周辺地域をコントロールできていなかったため，王国の中心と周辺の緊張関係

'Memory Controversies in Post-Genocide Rwanda : Implications for Peacebuilding', *Genocide Studies and Prevention*, 5-3 (2010), p. 303.

がトゥチ・チーフらの間での権力闘争と結びついていた。さらに，ヨーロッパ人とルワンダ人の相互関係は，複雑なものだった。一方では，王やトゥチ・チーフらは権力拡大のためにヨーロッパ人を利用しようとした。と同時に，ヨーロッパ植民地行政や宣教師もその状況を利用した。つまり，彼らの間には，一種の協働関係や利害の一致があったのである。そして，この中で，エスニシティが固定化され，差別的なものに変質していった。とはいえ，当時，対立は権力をめぐるトゥチ内の争いが主であった。

　ルワンダでは，1980年代後半から90年代前半のジェノサイド前夜もさることながら，1950年代後半から60年代前半もまた，革命（民主化）が進み，エスニシティが政治化・暴力化した時期であった。しかし，1950年代・60年代のルワンダに関する研究は，学術的な発展から置き去りにされてきたように思える。依然として極端な語られ方をされることが多いからである。例えば，フトゥとトゥチの本質的な対立を信じる者によれば，革命はフトゥの積年の恨みが噴出して起こったという説明になる。対して，ヨーロッパ人の「創出」を信じている者にとっては，革命は，ヨーロッパ人がフトゥのエリートを操作して発生させたということになる。このように，革命に関する見解は数十年前から変わらず，極端な説明にとどまってしまっている。すなわち，革命はすでに存在した対立（それが，数百年の「部族対立」にせよ，植民地支配によって「創出」されたものにせよ）の不可避な帰結だったという認識である。

　本書は，このような問題に対して，複数の公文書館史料を分析することで，より複雑な解釈を提示した。つまり，本質的な対立が革命へと不可避的に結びついたわけでもなければ，対立がヨーロッパ人によって「創出」されたわけでもない。むしろ，植民地支配末期になって，様々な要因が交錯して政治変動が起こるなかで，トゥチとフトゥの関係が再構築されたのである。すなわち，エスニックな対立が革命をもたらしたわけではなく，むしろその逆で，革命などの政治的変化の中で対立が形成されてしまったという議論である。

　エスニックな対立によって不可避的に革命が生じたわけではなかったことを，本書は第II部において詳らかにしてきた。必ずしもトゥチとフトゥの違いによる対立のみがあったわけではなく，また協調やより暴力的ではない様々な可

能性が存在していた。この時、序章第2節でも示したように、トゥチ・フトゥ間の関係だけではなく、トゥチ内そしてフトゥ内の関係も重要であった。そもそも第2章でふれたように、革命前の対立はトゥチ間での権力争いが主であったり、穏健派対急進派という対立軸が存在していた。そして、第4・5章で明らかにしたように、フトゥとトゥチの政党間の協力が存在していた時期もあった。しかし、第4章以降で詳述したように、立憲君主制や国の将来像をめぐる意見の対立、選挙制の導入、将来への不安、さらにはベルギーとの関係性などによって、革命が進行し、結果的にエスニックな違いを軸に政党関係が対立的なものになっていったのである。今後これらの政党関係をより詳細に明らかにするために、政党内の組織図や各政治家の来歴、地方ごとの活動内容などに関するさらなる研究が必要である。しかし、本書の分析を通して、少なくとも、ルワンダの政党政治の複雑さや、国内政治でエスニックな差異が徐々に重要になっていく過程が詳述できたのではないだろうか。

　また、先行研究では見落とされがちだが、国際的な環境、すなわちベルギー本国政府と現地行政の間の意見対立、冷戦、国連での議論なども、ルワンダにおける政治とエスニシティを考える上で重要であった。革命の過程が主にルワンダ人によって進められたのは事実であるが、国際環境も革命や独立のタイミングや方法に影響を与え、トゥチとフトゥの関係をより複雑かつ暴力的なものへ変質させることとなったからである。もちろん、東西陣営内の同盟関係や、第三世界諸国がルワンダについてどのような認識を抱いていたのかについてはさらに検討が必要ではあるが、本書によって、国際環境も重要な要因であることは明らかになったといえよう。また、しばしば、トゥチのリーダーたち（特に伝統的なチーフたち）や反植民地主義を掲げる国連加盟諸国は、トゥチによるフトゥの搾取を矮小化し、フトゥのリーダーたちをベルギー人の「傀儡」としてのみ捉えていた。しかし、本書が明らかにしてきたように、このような理解は妥当ではない。フトゥのリーダーたちも主体的に行動しており、当初は国連に批判的だったわけではなかった。むしろ国連のこのような認識こそが、彼らを反国連的にさせてしまったのである。

　上記のような傾向は独立後も継続する。第7章および第8章で説明したよう

に，ルワンダの国内政治は様々な形で国際環境から影響を受けていた。また，やはりエスニシティそのもののみが対立軸だったわけではなく，フトゥ内にも様々な対立があり，それが第1共和制から第2共和制への移行の原因となった。同様に第9章で概観したように，ジェノサイド後のルワンダ政府も，問題は多くあるものの（彼らなりに）歴史の教訓を活かした形で，国内政治と国際政治に対応している。

さらに，本書は，ローカルなレベルでの人々の生活や日常的なトゥチとフトゥの関係についてもできる限り注意をはらった。具体的には，暴力の発生や人の移動，そして革命・独立の過程そのものが，相互に影響を与え合った結果として，エスニックな差異を理由とした暴力がルワンダ全土に広がったことや，それらが独立後のルワンダでも重要だったことを明らかにした。また，1959年から94年に至るまで，ルワンダでは暴力発生の理由やタイミングに一貫して地方差があり，それによってルワンダ人は様々な経験をしてきた。もちろん，地方ごとの違いや国内避難民および周辺国に逃れた難民の動き，一般のルワンダ人の「記憶」に関して，さらなる研究が必要とされているものの，本書では，国内・国際政治と地方のつながりについて一定の説明をすることができたのではないかと思う。

このように，ルワンダのエスニシティは，極端な見方で解釈することはできない。むしろ，達成されなかった様々な可能性，エスニック集団間や集団内の関係，歴史的・政治的文脈に影響を受けつつ，それ自体が変化していった。そして，ルワンダ人だけでなく非ルワンダ人の間でも共有されていた原初的な民族認識が，彼らの行動に影響を与えた。また，急速な政治変動の時期において，トゥチおよびフトゥの政治家たちは，将来に対する期待と不安を抱いていた。こうした原初的な認識，過去の理解，そして将来への展望などとともに，前述の様々な要因がエスニックな対立を社会の前面に押し出したのだといえよう。単線的に対立が悪化したというよりも，複雑な紆余曲折を経て，差異が政治化され，暴力へとつながってしまったのである。

第7・8章でふれたように，トゥチ・フトゥの差異の単純化と政治化は，独立後に強化され意図的に活用されるようになった。革命と独立が「前例」と

なって，その後のエスニシティ，イデオロギーと暴力をパターン化してしまったからである。また，第10章では，歴史認識が現在に至るまでルワンダのエスニシティに影響を与えてきたことを明らかにした。ルワンダでは，過去が現在および未来と密接な形で結びついてきた。独立後の政府も，そしてジェノサイド後の政府も，過去の特定の出来事を選択し自らの「正史」を奨励してきたのである。ジョージ・オーウェルがかつて書いたように，「過去をコントロールするものは未来をコントロールする。現在をコントロールするものは過去をコントロールする（who controls the past controls the future : who controls the present controls the past）」という点は，ルワンダの歴史認識を理解する上でも重要である[4]。

2　ルワンダ史の教訓と今後の課題

では，このようなルワンダ史の知見から，私たちは何を学ぶことができるのだろうか。本節では，本書の意義とともに今後の課題を若干指摘したい。まず，本書には，以下のような意義がある。第1に，1994年以前の文献を精査し，こんにちの文脈に位置づけてきた。現在の研究環境は，当然のことながら，ルワンダ研究の大家であるルネ・ルマルシャンやキャサリンそしてデイヴィッド・ニューベリー，フィリップ・レインツェンスらが研究を発表した1960年代や70年代，80年代とは異なっている。1970年代以降，エスニシティに関する研究は発展し，原初主義やシンプルな構築主義からより複雑な構築主義へとアプローチも変化してきた。さらに，1990年代以降，史料保存30年ルールを採っている国で多くの史料が公開された。1994年にジェノサイドが起き，そしてジェノサイド後の政治にも問題が存在するなか，このような状況すべてが，今こそ広範な公文書館史料を渉猟し，ルワンダ史を再検討することの重要性を示している。本書は，結果として参照できなかった史料も残されているものの，

4　George Orwell, *Nineteen Eighty-Four*, London : Penguin Books, 1954, p. 97.

終　章　歴史から学ぶ　313

多くの史料を分析することによって，革命・独立の時期をより詳細に説明することができたが，この時期においても，極端な解釈をとるのではなく，複雑な過程を丁寧にときほぐすことが重要である。この点で，本書は，これまでルワンダ史研究を牽引してきたアリソン・デ＝フォージュやニューベリーらなどの歴史研究の後に続くものである。

　第2に，これまでの研究でも指摘されてきたことだが，植民地時代から現在に至るまで，「継続性」という視点が，ルワンダのエスニシティを理解する上で重要だということをあらためて明らかにした。まず，エスニック集団内の対立は，植民地以前，植民地時代，植民地後すべてに見受けられた。デ＝フォージュが巧みに描写したように，植民地支配以前から植民地支配期にかけて，トゥチの権力者内で闘争が存在していた。本書も，1950年代後半にトゥチの伝統的指導者と革新的エリートの間で対立があったことを明らかにした。さらに，独立後のルワンダでは，フトゥ政治家内の対立が存在していた。また，今日のRPF政権内での対立も顕在化しつつある。したがって，単にトゥチとフトゥの関係だけではなく，エスニック集団内の対立・権力闘争にまで目を向ける視点が，ルワンダ政治を理解する上で一貫して重要だといえよう。また，ルワンダ史が複数のレベルの政治によって形成されてきたという点も「継続性」の一つとして重要である。本書は，国際，国内，ローカルそれぞれの政治を可能な限り跡づけることで，これらの複数レベルの政治が相互作用しつつエスニシティに影響を与え続けてきたことを明らかにした。この傾向も，植民地支配以前から革命，そして独立後からジェノサイドを経て，現在まで継続している。

　第3に，歴史的事実と歴史認識の緊張関係も指摘できる。まず，「ハム仮説」のような極端な解釈が，植民地支配が終了した後も生き残り続けた。「ハム仮説」は，植民地支配の終了とともに棄却されたわけではなく，むしろ，革命の実現や1960年代の武装難民（イニェンジ）による攻撃によって強化され，1994年のジェノサイドの理念的土台となってしまった。また紛争後の問題としては，それまでの歴史認識を解体し，新たな認識を定着させることの難しさ，そして，新たな歴史認識がむしろ対立を復活・悪化させる可能性も指摘されている。過去をどのように捉えるかは，紛争を経験した国家すべてにとって重要な問題だ

が，特に現在および今後のルワンダにとって重要な問題であるがゆえに，今後の歴史研究がますます重要になろう。

　また，ルワンダから少し離れ，本書をエスニシティ・民族・ナショナリズム・脱植民地化のより広い文脈に位置づけてみると，エスニシティのダイナミックな（再）構築や脱植民地化の過程，さらには独立後の国家形成を明らかにする重要性を指摘することができる。ルワンダの事例は，そもそもエスニシティが単純な二分法・二項対立では理解できないものであることを教えてくれる。史実はより複雑であり，エスニック集団間だけではなくエスニック集団内の対立や，様々な要因，国際・国内・地方レベルの交錯などに目を向けることが重要なのである。

　最後に，今後の課題として，将来の研究課題を数点指摘しておきたい。第1に，周辺国に逃れた難民に関する研究がさらに必要である。彼らは1960年代前半にルワンダでの権力奪還を求めて攻撃を実行しただけではなく，それに失敗した後1990年代まで近隣諸国に居住していた。そして，1990年に内戦を起こし，1994年のジェノサイドを経て，現在ルワンダで権力を握っている。ジェノサイドの歴史的背景だけではなくジェノサイド後のルワンダを理解するためにも，難民（特にウガンダに逃れた難民）に注目し，彼らの認識や行動を理解する必要がある。第2に，独立後のルワンダに関する研究がさらに必要である。本書では，第7章で，独立後からジェノサイド前までのルワンダを概観したが，明らかになっていないことも依然として多い。関係各国での史料の公開に合わせ，いっそうの研究がなされるべきである。第3に，本書では「アイデンティティ」という言葉を極力使わないように意識しながら議論を展開してきた。それは，「アイデンティティ」という言葉の個人性・多義性・重層性・流動性について様々な研究で指摘がなされているからであり，また本書の方法論では，ルワンダ人一人ひとりの「アイデンティティ」を明らかにすることはできないからである。しかし，エスニシティや記憶について明らかにするために，ルワンダ人一人ひとりの「アイデンティティ」の変遷についてもライフ・ヒストリーの形で明らかにしていく必要があろう。第4に，本書は，主な分析対象を「男性」の「政治的エリート」としている点で限界がある。ネイションやナ

ショナリズムの分析には「上から」と「下から」の目線が不可欠であるが，本書の方法論では大衆個々人の意識やアイデンティティの変化は明らかにできないからである。さらには，外交文書に登場するのがほぼ男性のみという事情はあるにせよ，女性の視点に欠けていることも反省せざるをえない。ジェンダーおよび日常生活におけるエスニシティという視点からの歴史研究も重要となろう。現在の記憶を研究する必要もある。例えば，リンゼイ・ヒルカーは，首都キガリにいる若者の間で過去の記憶の仕方にエスニックな違いは特にないことを示した。むしろ，記憶の違いは，世代（ジェノサイド前に教育を受けたかどうか）や過去の経験，現在の状況の差に応じて見られたという[5]。また，年齢，ジェンダー，居住地（都市か田舎か），出身地方，階級・職業，亡命の経験の有無のすべてが記憶に影響を与えているという研究もある[6]。このような「記憶の政治」に関する研究は，人々が暴力や民族紛争があった過去をいかに記憶し，現状に対応し，未来を想起するかという重要な論点を考えるために必要であるといえよう。記憶に関する研究は増えつつあるため，今後の研究動向に注視したい。

おわりに

近年，帝国主義や植民地主義によって引き起こされた過去の暴力が，真相究明や謝罪の対象として関心を集めている。例えば，2001 年に南アフリカのダーバンで開催された人種主義に反対する世界会議では，近代世界を形作ってきた奴隷取引やアパルトヘイト，植民地主義，ジェノサイドなどの人種主義や

---

[5] Lyndsay McLean Hilker, 'Young Rwandans' Narratives of the Past (and Present)', in Scott Straus and Lars Waldorf (eds.), *Remaking Rwanda : State Building and Human Rights after Mass Violence*, Madison : University of Wisconsin Press, 2011, pp. 316–330.

[6] Nigel Eltringham, 'The Past in Elsewhere : The Paradoxes of Proscribing Ethnicity in Post-genocide Rwanda', in Scott Straus and Lars Waldorf (eds.), *Remaking Rwanda : State Building and Human Rights after Mass Violence*, Madison : University of Wisconsin Press, 2011, pp. 269–282.

排外主義に対する反省が表明された[7]。また，ケニアでは，1950年代後半に起こったマウ・マウと呼ばれる反植民地抵抗運動に関する史料の機密解除とともに，その生存者によって，イギリス政府の苛酷な弾圧に対する謝罪・補償を求める裁判が行われた[8]。南アフリカでは，ケープタウン大学にあるセシル・ローズの銅像撤去を求めた「ローズを倒そう（Rhodes Must Fall）」運動が展開され，教育の「脱植民地化」が議論となっている[9]。これらの事例は，世界中で，植民地主義に基づく暴力行為やその「遺産」を自覚し受け止めようとする努力が，少しずつではあるが，なされつつあることを意味している。

　その一方，植民地支配の「遺産」ともいうべき不平等や諸問題，さらに，植民地支配を肯定するような親・植民地主義（pro-colonialism）も依然として残存している。特に，2017年は『サード・ワールド・クォータリー』誌に，植民地支配を肯定し「植民地型ガバナンスの再確立」や「再植民地化」などを提案する一本の論文が掲載され，物議をかもした[10]。また，アフリカ大陸では，1990年代に内戦が多発し，現在は発生数こそ減ってはいるものの，依然とし

7　この会議の歴史的意義や根底にある問題意識については，永原陽子編『「植民地責任」論──脱植民地化の比較史』（青木書店，2009年）。

8　'Mau Mau uprising : Kenyans win UK torture ruling', BBC, 5 October 2012, http://www.bbc.com/news/uk-19843719. また関係史料の開示を求めた研究者による論考として，David M. Anderson, 'Mau Mau in the High Court and the "Lost" British Empire Archives : Colonial Conspiracy or Bureaucratic Bungle?', *Journal of Imperial and Commonwealth History*, 39-5 (2011), pp. 699-716.

9　Brian Kamanzi, '"Rhodes Must Fall" —Decolonisation Symbolism—what is happening at UCT, South Africa?', *The Postcolonialist*, 29 March 2015, http://postcolonialist.com/civil-discourse/rhodes-must-fall-decolonisation-symbolism-happening-uct-south-africa/

10　Bruce Gilley, 'The Case for Colonialism', *Third World Quarterly* (2017). なお，同誌の編集委員の多くがこの論文掲載に抗議して辞任し，また世界中から取り下げの訴えが同誌に寄せられた結果，同誌は同論文を取り下げた。しかし，これに対して，オックスフォード大学教授がギリー氏擁護の論考を発表し，その後同大学で議論となるなど，植民地主義の過去をめぐる論争は継続している。Nigel Biggar, 'Don't feel guilty about our colonial history', *The Times*, 30 November 2017, www.thetimes.co.uk/article/don-t-feel-guilty-about-our-colonial-history-ghvstdhmj. ただし，このような事象は目新しいものではなく，アフリカなどでいわゆる「破綻国家」が存在していることに対して，主権概念の問い直しやヨーロッパ諸国による「新・信託統治」の提案を「発展」させたものだといえる。

終　章　歴史から学ぶ　317

て経済成長や統治において課題が残されている。

　本書で取り上げたルワンダのジェノサイドおよびその歴史的背景は，このような現代世界の問題の一つの表れと捉えることができる。ルワンダの内戦とジェノサイドは，他のアフリカの紛争事例と比較した場合，特殊性が強いかもしれない。一般的に，アフリカの紛争は，現地情勢を考慮せず植民地時代に引かれた国境線の存在がその要因として挙げられることが多い。この点，ルワンダでは，植民地支配開始前後で国境線が大幅に変更されたことはなく，むしろ同一言語，同一宗教をもつ比較的文化的差異の少ない集団が存在していた。つまり，ルワンダの民族紛争は，サハラ砂漠以南のアフリカ諸国に見られるような，多民族の分布状況を考慮しない旧来的な国境線が要因となったわけではないのである。また，1990年代のアフリカの紛争では，「破綻国家」という要素も注目されてきたが，この点についても，中央集権的な国家として機能してきたルワンダは，あまり該当しない。こうした点を踏まえると，1990年代のルワンダの状況およびその歴史的背景の検討から普遍的な示唆を引き出すことには，慎重であるべきかもしれない。しかし，本書で明らかにしたように，ルワンダ史は，民族・エスニシティの形成過程や植民地支配の影響，紛争の発生要因，過去と現在の関係，歴史認識などの現代世界の問題を理解する上で，普遍的な示唆に富んでいるのではないだろうか。

　そうであるとするならば，歴史研究およびアフリカ地域研究の役割は依然として重要である。テッサ・モーリス＝スズキは「わたしたちが過去によってかたちづくられていることを認識し，そのために，過去は自分自身や他者を知る上で，ひいては，人間であるというのはどういうことなのかを知るうえで，不可欠である」と指摘した上で，「過去の意味を理解する努力」，「過去の出来事と人びととのあいだに開かれた，発展的な関係」を築くための「歴史への真摯さ」が求められていると述べている[11]。また，地域研究では，吉田昌夫が，「地域研究は『他者研究』ではない。むしろ自分のものではない『他者』の視

11　テッサ・モーリス＝スズキ『過去は死なない——メディア・記憶・歴史』（岩波現代文庫，2014年），36，312，316頁。

点を知り，その眼から『自己』をみて，自己，あるいは自己の住む『地域』を客観的に理解することが必要なのである」と指摘している[12]。本書が明らかにしてきたように，ルワンダの例から，「自己」と「他者」について，過去と現在，未来について，暴力と平和について，学べることは多い。本書が，歴史と地域への理解を通して，これらの事柄に対する洞察を深めるのに少しでも貢献できたとすれば幸いである。

12　吉田昌夫「地域研究とは何か」吉田昌夫編『地域研究入門——世界の地域を理解するために』（古今書院，2002年），3-4頁。

参考文献

1 一次史料

①Archives Africaines, Archives du Ministère des Affaires Étrangères, Bruxelles, Belgique (AMAE)：ベルギー王立アフリカ公文書館

Affaires indigènes, Ruanda-Urundi, 1920-1961（AI/RU）：4368, 4369, 4370, 4372, 4373, 4377, 4379

Archives de cabinets ministériels, 1955-60（CAB）：3763

Archives du Ruanda, 1917-62（RWA）：76, 80

Archives relatives à l'émancipation du Ruanda-Urundi, 1959-62（I/RU）：1520, 1598

Papiers de Ganshof van des Mersch, ministre charge des Affaires générales en Afrique（mai-juin 1960）（MINAG）：2819, 2820

Politique：Groupe de travail pour le Ruanda-Urundi, enquête en Afrique et rapport, 1959（POL）：4832

②Archives, Musée royal de l'Afrique centrale, Tervuren, Belgique（MRAC）：ベルギー王立中央アフリカ博物館公文書館

http://www.africamuseum.be/museum/collections/archives/index_html

Papiers Harroy, Jean-Paul. 1937-1994, Boîte 7.

③Archives of District Office, Ngoma, Rwanda：ンゴマ郡文書館

NUMERIQUE 1962-1963.

④The National Archives of the United Kingdom, Kew, Britain（TNA）：英国国立公文書館

http://www.nationalarchives.gov.uk/

Foreign Office

　　FO371/145281：Statement by Belgium on future of Ruanda Urundi. Code UN file 15121（1959）

　　FO371/146655：Internal political situation：Internal political situation in Ruanda Urundi（1960）

　　FO371/146656：Internal political situation：Internal political situation in Ruanda Urundi（1960）

　　FO371/146657：Internal political situation：Internal political situation in Ruanda Urundi（1960）

　　FO371/146800：Resolutions in UN General Assembly：Ruanda Urundi（1960）

　　FO371/155116：Policy of Belgium towards Ruanda Urundi（1961）

　　FO371/155132：Debates on Ruadna Urundi in UN（1961）

　　FO371/161793：Internal political situation：Ruanda（1962）

　　FO371/161794：Internal political situation：Ruanda（1962）

⑤**National Archives at College Park, College Park, MD, US（NACP）：米国国立公文書館**
http://www.archives.gov/
Record Group 59 : General Records of the Department of State
　Central Decimal Files（CDF）, 1960-63 : Box 573, 2026, 2027
　Central Foreign Policy Files（CFPF）, 1963 : Box 4028 and 4029
　Central Foreign Policy Files（CFPF）, 1964-66 : Box 2624
RG84 : Records of the Foreign Service Posts of the Department of State
　Burundi, 1961-63 : Box 1

⑥**The United Nations Archives, New York, US（UNA）：国際連合公文書館**
http://archives.un.org/ARMS/
S0201-0029-03 : 5-8-Political and related problems-Rwanda（1962）
S0238-0002-03 : Rwanda/Burundi-Dorsinville report-2nd visit（1964）
S0238-0002-05 : Rwanda/Burundi-exchanges with government（1963-1965）
S0238-0002-09 : Rwanda/Burundi-press（1964）
S0238-0002-11 : Rwanda/Burundi-Rwanda Republic（1964）
S0238-0003-03 : Rwanda-Burundi-High Commissioner for Refugees（1964）
S0238-0006-04 : Rwanda-Burundi-cables（Brig. Rikhye）（1962）
S0238-0006-10 : Rwanda-Burundi-border（1964-65）
S0279-0019-08 : Rwanda-Tutsi refugees 1964（Mr Jules Wolf-Protege and Robert Delson）（1964）

⑦**Archives of the Society of Missionaries of Africa, Rome, Italy（A.G.M.Afr.）：カトリック宣教師
公文書館**
http://www.mafrome.org/acrhivesdoc.htm
Diaries Afrique D.OR.107 Astrida（Butare）
　　　　　　　D.OR.113 Kigali（Kigali）
　　　　　　　D.OR.115 Zaza（Kibungo）
GEN 727 Dossier 727 Régionaux du Rwanda, 1957-60
MEL 291 Casier 291 Rwanda, Archives de l'évêché de Kabgayi
Témoignages de confrères sur l'histoire du Rwanda 1950-1960

⑧**外務省外交史料館，東京**
マイクロ・フィルム A'-0275：『ベルギー内政並びに国情関係雑集』

2　公刊マイクロ・フィルム

Lester, Robert（ed.）, *Confidential US State Department Central Files, Congo, 1960-Jan. 1963, A UPA
　Collection from Lexis Nexis.*

Uganda Argus, アジア経済研究所.

3   公刊史料・資料集

Belgian Congo and Ruanda-Urundi Information and Public Relations Office, *Ruanda-Urundi : Geography and History*, Brussels : Belgian Congo and Ruanda-Urundi Information, 1960.

Les Services d'Information du Ministère des Affaires Etrangères du Rwanda, *Toute la vérité sur le terrorisme 'Inyenzi' au Rwanda*, Kigali : Les Services d'Information du Ministère des Affaires Etrangères du Rwanda, 1964.

The Ministry of Colonies, *A Ten Year Plan for the Economic and Social Development of the Belgian Trust Territory of Ruanda-Urundi*, New York : Belgian Government Information Centre, 1952.

Nkundabagenzi, Fidèle (ed.), *Rwanda politique*, Bruxelles : Centre de recherche et d'information socio-politiques, 1961.

Official Documents of the United Nations, UN General Assembly.

Official Documents of the United Nations, *United Nations and Rwanda, 1993–1996*, Department of Public Information, 1996.

Synergies Africaines en Belgique, *Rétrospective : Le problème Ruandais (1957– 1962)*, Bruxelles : Synergies Afrique en Belgique, 2006.

Vanderlinden, Jacques (ed.), *Belgische diplomatieke stukken 1941–1960 : Tome VIII Territoires d'Outremer*, Bruxelles : Académie royale de Belgique, 2004.

4   オンライン史料・ニュース（すべて 2018 年 9 月 2 日最終アクセス）

Amnesty International, 'Rwanda : Decades of attacks repression and killings set the scene for next month's election', 7 July 2017, https://www.amnesty.org/en/latest/news/2017/07/rwanda-decades-of-attacks-repression-and-killings-set-the-scene-for-next-months-election/

Amnesty International, 'Elections in Rwanda : Two Decades of Clamping down on Critics', https://www.amnesty.org/en/latest/campaigns/2017/08/rwandas-repressive-tactics-silence-dissent-before-elections/

Ampurire Angel Phionah, 'Know Your History : The kings of Rwanda', *The New Times*, 9 September 2015, http://www.newtimes.co.rw/section/read/192335/

BBC, 'Mau Mau uprising : Kenyans win UK torture ruling', 5 October 2012, http://www.bbc.com/news/uk-19843719

BBC, 'Rwanda election : President Paul Kagame wins by landslide', 5 August 2017, https://www.bbc.com/news/world-africa-40822530

BBC, 'Arrested Rwandan Politican Diane Rwigara released', 5 September 2017, bbc.com/news/world-africa-41164676

BBC, 'Rwanda genocide : French keeps its 1990s archives secret', 15 September 2017, http://www.bbc.

com/news/world-europe-41283362

Biggar, Nigel, 'Don't feel guilty about our colonial history', *The Times*, 30 November 2017, www. thetimes.co.uk/article/don-t-feel-guilty-about-our-colonial-history-ghvstdhmj

Boisselet, Pierre, 'Rwanda : Sa Majesté Kigeli V, roi sans royaume', *jeune afrique*, 9 septembre 2014, http://www.jeuneafrique.com/45348/politique/rwanda-sa-majest-kigeli-v-roi-sans-royaume/

Burke, Jason, 'Divisive Kagame set for third landslide as Rwandans prepare to go to polls', *The Guardian*, 3 August 2017, https://www.theguardian.com/world/2017/aug/03/paul-kagame-set-for-landslide-rwandans-polls-rwanda-election

de Freytas-Tamura, Kimiko, 'Paul Kagame Appears Set for Victory in Rwanda Vote', *The New York Times*, 4 August 2017, https://www.nytimes.com/2017/08/04/world/africa/rwanda-president-election-paul-kagame.html

Dusabemungu, Ange de la Victoire, 'Kigeli V Ndahindurwa sets conditions to repatriate to Rwanda', *Igihe*, 18 December 2014, http://en.igihe.com/news/kigeli-v-ndahindurwa-sets-conditions-to.html

Gaffey, Conor, 'Kagame must step aside for sake of Rwanda, says Opposition leader', *Newsweek*, 15 December 2015, https://www.newsweek.com/frank-habineza-kagame-rwanda-elections-404758

International Refugee Rights Initiative (IRRI) 'A Dangerous Impasse : Rwanda Refugees in Uganda', Citizenship and Displacement in the Great lakes Region-Working Paper 4, June 2010, www.refworld. org/docid/53b3dd188.html

Kagire, Edmund, 'Genocide against the Tutsi : It's now official," *The East African*, 1 February 2014, http://www.theeastafrican.co.ke/news/UN-decides-it-is-officially-genocide-against-Tutsi/2558-216 9334-x8cirxz/index.html

Kamanzi, Brian, '"Rhodes Must Fall"—Decolonisation Symbolism—what is happening at UCT, South Africa?' , *The Postcolonialist*, 29 March 2015, http://postcolonialist. com/civil-discourse/rh odes-must-fall-decolonisation-symbolism-happening-uct-south-africa/

Kimonyo, Jean-Paul, 'RPF : The Roots of Change', *The New Times*, 16 July 2014, http://www.newtimes. co.rw/section/read/39201

Kwibuka, Eugène, 'What's next after Kagame's re-election?', *The New Times*, 9 August 2017, http://www. newtimes.co.rw/section/read/217689/

Lagarde, François, *Rwanda, 1990–2011 Une bibliographie*, The University of Texas at Austin, 30 avril 2012, http://repositories.lib. utexas. edu/bitstream/handle/2152/15587/RWANDA_1990–2011Bib liographie_FL.pdf?sequence=4

Lonsdale, John, 'Ethnic Patriotism and Markets in African History', JICA-RI Working Paper no. 20 (September 2010), https://www.jica.go.jp/jica-ri/ja/publication/workingpaper/jrft3q0000000v2u-att/JICA-RI_WP_No.20_2010.pdf

Marima, Tendai, 'Rwanda prepares for general and presidential polls', *Al Jazeera*, 4 August 2017, https://www.aljazeera.com/news/2017/08/rwanda-prepares-general-presidential-polls-170802203631353.html

McGreal, Chris, 'Why Rwanda said adieu to French' , *The Guardian*, 16 January 2009, https://www. theguardian.com/education/2009/jan/16/rwanda-english-genocide

Mpirwa, Elisée, 'Electoral observers present report to Chief Justice', *The New Times*, 9 August 2017, http:

//www.newtimes.co.rw/section/read/217669/

Musoni, Protais, 'Rebuilding Trust in Post-Conflict Situation through Civic Engagement : The Experience of Rwanda', paper presented at the 7th Global Forum on Reinventing Government, Vienna, Austria, 26–29 June 2007, http://unpan1.un.org/intradoc/groups/public/documents/un/unpan026588.pdf

Nkusi, David, 'Know Your History : Tracing the birth of Rwanda's royal drums', *The New Times*, 26 November 2014, http://www.newtimes.co.rw/section/read/183415/

Republic of Rwanda, National Curriculum Development Centre, *The Teaching of History of Rwanda : A Participatory Approach for Secondary Schools in Rwanda, a Reference Book for the Teacher*, The Regents of the University of California, 2006, https://www.law.berkeley.edu/files/HRC/Rwanda_resource_book_for_teacher_version_10._rwandan_history_book.pdf

Republic of Rwanda, Office of the President of the Republic, 'The Unity of Rwandans', August 1999, http://repositories.lib.utexas.edu/handle/2152/4918

Republic of Rwanda, the Senate, 'Political Pluralism and Power Sharing in Rwanda', 2010, http://www.parliament.gov.rw/uploads/tx_publications/Political_Plurarisme_and_Power_sharing_in_Rwanda_-_Senate_Research_Book.pdf

Rudatsimburwa, Albert, 'From Kigali to Kigeli, will you come home?', *The New Times*, 13 December 2014, http://www.newtimes.co.rw/section/read/183993/

Sabar, Ariel, 'A King with No Country', *Washingtonian*, 27 March 2013, https://www.washingtonian.com/2013/03/27/a-king-with-no-country/

Sevenzo, Farai, 'Rwanda election : Two terms down, three to go for Kagame?', CNN, 3 August 2017, https://edition.cnn.com/2017/08/03/africa/rwanda-presidential-election-paul-kagame/index.html

Taylor, Magnus, 'Debating Rwanda under the RPF : Gap between "believers" and "unbelievers" remains wide', *African Arguments*, 8 October 2013, http://africanarguments.org/2013/10/08/debating-rwanda-under-the-rpf-gap-between-believers-and-unbelievers-remains-wide-by-magnus-taylor/

Transparency International, 'Corruption Perception Index 2016', 25 January 2017, https://www.transparency.org/news/feature/corruption_perceptions_index_2016#table

Tumwebaze, Peterson, 'Independence was given to "the wrong people" -Mzee Mpyisi', *The New Times*, 1 July 2012, http://www.newtimes.co.rw/section/read/89844/

Tumwebaze, Peterson, 'Leaving no one behind : Was this a campaign slogan or an integral part of RPF's policies?' *The New Times*, 9 August 2017, http://www.newtimes.co.rw/section/read/217671

United Nations, 'Growth in United Nations Membership, 1945–present', http://www.un.org/en/members/growth.shtml

United Nations Official Documents, http://www.un.org/en/documents/

US Department of State, Press Statement, 'Presidential Election in Rwanda', 5 August 2017, https://www.state.gov/r/pa/prs/ps/2017/08/273206.htm

Versi, Anver, 'Obituary : Juvenal Habyarimana', *The Independent*, 8 April 1994, http://www.independent.co.uk/news/people/obituary-juvenal-habyarimana-1368520.html

World Bank, 'Rwanda', Country Profile, http://databank.worldbank.org/data/Views/Reports/ReportWi

dgetCustom.aspx?Report_Name=CountryProfile&Id=b450fd57&tbar=y&dd=y&inf=n&zm=n&count
ry=RWA

5 二次文献

①外国語

Abimana, Placide, 'Nyirakabuga Therese, sous-chef de Vumwe de 1932 a 1960', thesis, Institute of Technology, Agriculture and Education of Kibungo (INATEK), 2011.

Aegis Trust, *Jenoside*, Kigali : Kigali Memorial Centre, 2004.

African Rights, *Rwanda : Death, Despair and Defiance*, London : African Rights, 1995.

Anderson, Benedict, *Imagined Communities : Reflections on the Origin and Spread of Nationalism*, London : Verso, 1983.

Anderson, David M., 'Mau Mau in the High Court and the "Lost" British Empire Archives : Colonial Conspiracy or Bureaucratic Bungle?', *Journal of Imperial and Commonwealth History*, 39-5 (2011), pp. 699-716.

Ansoms, An, 'Re-Engineering Rural Society : The Visions and Ambitions of the Rwandan Elite', *African Affairs*, 108-431 (2009), pp. 289-309.

Ansoms, An, 'Rwanda's Post-Genocide Economic Reconstruction : The Mismatch between Elite Ambitions and Rural Realities, in Scott Straus and Lars Waldorf (eds.), *Remaking Rwanda : State Building and Human Rights after Mass Violence*, Madison : University of Wisconsin Press, 2011, pp. 240-251.

Ansoms, An, Giuseppe Cioffo, Chris Huggins, and Jude Murison, 'The Reorganization of Rural Space in Rwanda : Habitat Concentration, Land Consolidation and Collective Marshland Cultivation', in An Ansoms and Thea Hilhorst (eds.), *Losing Your Land : Dispossession in the Great Lakes*, Suffolk : James Currey, 2014, pp. 163-185.

Bamusananire, Emmanuel, Joseph Byiringiro, Augustine Munyakazi, and Johnson Ntagaramba, *Macmillan Rwanda Primary Social Studies Pupils' Book 6*, Kigali : Macmillan Rwanda, 2006.

Banerji, Amitav, 'Rwanda and the Commonwealth', *The Round Table*, 99-410 (2010), pp. 485-490.

Bararunyeretse, L., 'La question du Ruanda-Urundi a l'ONU (1946-1962)', thesis, Université Libre du Bruxelles (ULB), 1976.

Barkan, Elazar, 'Engaging History : Managing Conflict and Reconciliation', *History Workshop Journal*, 59-1 (2005), pp. 229-236.

Begley, Larissa, 'The RPF Control Everything! Fear and Rumour under Rwanda's Genocide Ideology Legislation', in Susan Thomson, An Ansoms, and Jude Murison (eds.), *Emotional and Ethical Challenges for Field Research in Africa : The Story Behind the Findings*, London : Palgrave Macmillan, 2013, pp. 70-83.

Bennette, Joanna, et al., 'Trading places : the "Commonwealth effect" revisited', The Royal Commonwealth Societ, a working paper.

Berman, Bruce, '"A Palimpsest of Contradictions": Ethnicity, Class, and Politics in Africa', *International Journal of African Historical Studies*, 37-1 (2004), pp. 13-31.

Berman, Bruce, and John Lonsdale, *Unhappy Valley : Conflict in Kenya and Africa*, London : James Currey, 1992.

Beswick, Danielle, 'Democracy, Identity and the Politics of Exclusion in Post-genocide Rwanda : The Case of the Batwa', *Democratization*, 18-2 (2011), pp. 490-511.

Beswick, Danielle, 'Aiding State Building and Sacrificing Peace Building? The Rwanda-UK Relationship 1994-2011', *Third World Quarterly*, 32-10 (2011), pp. 1911-1930.

Bevernage, Berber, 'Writing the Past Out of the Present : History and the Politics of Time in Transitional Justice', *History Workshop Journal*, 69-1 (2010), pp. 111-131.

Bjerk, Paul, 'Postcolonial Realism : Tanganyika's Foreign Policy Under Nyerere, 1960-63', *The International Journal of African Historical Studies*, 44-2 (2011), pp. 215-247.

Bjerk, Paul, *Building a Peaceful Nation : Julius Nyerere and the Establishment of Sovereignty in Tanzania, 1960-1964*, Rochester : University of Rochester Press, 2015.

Booth, David and Frederick Golooba-Mutebi, 'Developmental Patrimonialism? The Case of Rwanda', *African Affairs*, 111-444 (2012), pp. 379-403.

Botte, Roger, 'Rwanda and Burundi, 1889-1930 : Chronology of a Slow Assassination, Part 1', *The International Journal of African Historical Studies*, 18-1 (1985), pp. 53-91.

Bradley, Mark Philip, 'Decolonization, the Global South, and the Cold War, 1919-1962', in Melvyn P. Leffler and Odd Arne Westad (eds.), *The Cambridge History of the Cold War*, vol. 1, Cambridge : Cambridge University Press, 2012, pp. 107-122.

Brubaker, Rogers, 'Ethnicity without Groups', in Montserrat Guibernau and John Rex (eds.), *The Ethnicity Reader : Nationalism, Multiculturalism and Migration*, 2nd edn., Cambridge : Polity Press, 2010, pp. 35-68.

Buckley-Zistel, Susanne, 'Remembering to Forget : Chosen Amnesia as a Strategy for Local Coexistence in Post-genocide Rwanda', *Africa*, 76-2 (2006), pp. 131-50.

Buckley-Zistel, Susanne, 'We Are Pretending Peace : Local Memory and the Absence of Social Transformation and Reconciliation in Rwanda', in Phil Clark and Zachary D. Kaufman (eds.), *After Genocide : Transitional Justice, Post-Conflict Reconstruction and Reconciliation in Rwanda and Beyond*, London : Hurst & Co., 2008, pp. 125-143.

Buckley-Zistel, Susanne, 'Nation, Narration, Unification? The Politics of History Teaching After the Rwandan Genocide', *Journal of Genocide Research*, 11-1 (2009), pp. 31-53.

Burnet, Jennie E., 'Gender Balance and the Meanings of Women in Governance in Post-Genocide Rwanda', *African Affairs*, 107-428 (2008), pp. 361-386.

Byanafashe, Déogratis, *Rwanda : Ruptures du capital social multiséculaire et génocide*, Yaoundé : Edition Cle, 2004.

Byrne, Jeffrey James, 'Africa's Cold War', in Robert McMahon (ed.), *Cold War in the Third World*, New York : Oxford University Press, 2013, pp. 101-123.

Callahan, Michael D., *A Sacred Trust : The League of Nations and Africa, 1929-1946*, Brighton : Sussex

Academic Press, 2004.

Carney, J. J., *Rwanda before the Genocide : Catholic Politics and Ethnic Discourse in the Late Colonial Era*, Oxford : Oxford University Press, 2014.

Chrétien, Jean-Pierre, 'Hutu et Tutsi au Rwanda et au Burundi', in Jean-Loup Amselle et Elikia M'Bokolo (dir.), *Au cœur de l'ethnie : Ethnies, tribalisme et état en Afrique*, Paris : Editions La Découverte, 1985, pp. 129-165.

Chrétien, Jean-Pierre, *Rwanda : Les médias du génocide*, Paris : Karthala, 1995.

Chrétien, Jean-Pierre, translated by Scott Straus, *The Great Lakes of Africa : Two Thousand Years of History*, New York : Zone Books, 2006.

Chrétien, Jean-Pierre, et Joseph Gahama. 'Les options d'une indépendance sous tutelle au Rwanda et au Burundi : nationalismes ou révolutions internes', in Charles-Robert Ageron et Marc Michel (dir.), *L'ère des décolonisations-Actes du Colloque d'Aix-en-Province*, Paris : Edition Karthala, 1995, pp. 222-238.

Clark, Phil, 'The Rules (and Politics) of Engagement : The *Gacaca* Courts and Post-genocide Justice, Healing and Reconciliation in Rwanda', in Phil Clark and Zachary D. Kaufman (eds.), *After Genocide : Transitional Justice, Post-Conflict Reconstruction and Reconciliation in Rwanda and Beyond*, London : Hurst & Co., 2008, pp. 297-319.

Clark, Phil, and Zachary D. Kaufman (eds.), *After Genocide : Transitional Justice, Post-Conflict Reconstruction and Reconciliation in Rwanda and Beyond*, London : Hurst & Co., 2008.

Clough, Marshall S., *Mau Mau Memoirs : History, Memory, and Politics*, London : Lynne Rienner Publishers, 1998.

Coakley, John, 'Mobilizing the Past : Nationalist Images of History', *Nationalism and Ethnic Politics*, 10-4 (2004), pp. 531-560.

Codere, Helen, 'Power in Ruanda', *Anthropologica*, 4-1 (1962), pp. 45-85.

Codere, Helen, *The Biography of an African Society, Rwanda 1900-1960, based on forty-eight Rwandan autobiographies*, Tervuren : Musée royal de l'Afrique centrale, 1973.

Cooper, Frederick, 'Africa's Past and Africa's Historians', *Canadian Journal of African Studies*, 34-2 (2000), pp. 298-336.

Cooper, Frederick, 'Conflict and Connection : Rethinking Colonial African History', in James D. Le Sueur (ed.), *The Decolonization Reader*, London : Routledge, 2003, pp. 23-44.

Cooper, Frederick, *Colonialism in Question : Theory, Knowledge, History*, London : University of California Press, 2005.

Cooper, Frederick, 'Possibility and Constraint : African Independence in Historical Perspective', *Journal of African History*, 49-2 (2008), pp. 167-196.

Cooper, Frederick, *Africa in the World : Capitalism, Empire, Nation-State*, Cambridge : Harvard University Press, 2014.

Crisafulli, Patricia, and Andrea Redmond, *Rwanda, Inc. : How a Devastated Nation Became an Economic Model for the Developing World*, New York : Palgrave Macmillan, 2012.

d'Arianoff, A., *Histoire des Bagesera, souverains du Gisaka*, Bruxelles : Institut royale colonial belge,

参考文献　　327

1952.

de Lame, Danielle, translated by Helen Arnold, *A Hill among a Thousand : Transformations and Ruptures in Rural Rwanda*, Madison : University of Wisconsin Press, 2005.

Des Forges, Alison, *Leave None to Tell the Story : Genocide in Rwanda*, New York : Human Rights Watch, 1999.

Des Forges, Alison Liebhafsky (edited by David Newbury), *Defeat Is the Only Bad News : Rwanda under Musinga, 1896-1931*, Madison : University of Wisconsin Press, 2011.

Deslaurier, Christine, 'La documentation africaine à Bruxelles : Les fonds du ministère belge des affaires étrangères (Burundi, Congo, Rwanda)', *Afrique & histoire*, 1 (2003), pp. 223-234.

Desrosiers, Marie-Eve, and Susan Thomson, 'Rhetorical Legacies of Leadership : Projections of "Benevolent Leadership" in Pre- and Post-genocide Rwanda', *Journal of Modern African Studies*, 49-3 (2011), pp. 429-453.

d'Hertefelt, Marcel, *Les clans du Rwanda ancien, Éléments d'ethnosociologie et d'ethnohistoire*, Tervuren : Musée royal de l'Afrique centrale, 1971.

d'Hertefelt, Marcel, et Danielle de Lame, *Société, culture et histoire du Rwanda : Encyclopédie bibliographique 1863-1980/87*, Tervuren : Musée royal de l'Afrique centrale, 1987.

Dickerman, Carol W., 'On Using the White Fathers'Archives', *History in Africa*, 8 (1981), pp. 319-322.

Dorman, Sara, Daniel Hammett, and Paul Nugent (eds.), *Making Nations, Creating Strangers : States and Citizenship in Africa*, Leiden : Brill, 2007.

Ellis, Stephen, 'Writing Histories of Contemporary Africa', *Journal of African History*, 43-1 (2002), pp. 1-26.

Eltringham, Nigel, *Accounting for Horror : Post-Genocide Debates in Rwanda*, London : Pluto Press, 2004.

Eltringham, Nigel, '"Invaders who have stolen the country" : The Hamitic Hypothesis, Race and the Rwandan Genocide', *Social Identities*, 12-4 (2006), pp. 425-446.

Eltringham, Nigel, 'The Past in Elsewhere : The Paradoxes of Proscribing Ethnicity in Post-Genocide Rwanda', in Scott Straus and Lars Waldorf (eds.), *Remaking Rwanda : State Building and Human Rights after Mass Violence*, Madison : University of Wisconsin Press, 2011, pp. 269-282.

Falola, Toyin, 'Mission and Colonial Documents', in John Edward Philips (ed.), *Writing African History*, Rochester : University of Rochester Press, 2005, pp. 266-283.

Fearon, James, and David Laitin, 'Review : Violence and Social Construction of Ethnic Identity', *International Organization*, 54-4 (2000), pp. 845-877.

Freedman, Sarah Warshauer, Déo Kambanda, Beth Lewis Samuelson, Innocent Mugisha, Immaculée Mukashema, Evode Mukama, Jean Mutabaruka, Harvey M. Weinstein, and Timothy Longman, 'Confronting the Past in Rwandan Schools', in E. Stover and Harvey Weinstein (eds.), *My Neighbor, My Enemy : Justice and Community in the Aftermath of Mass Atrocity*, Cambridge : Cambridge University Press, 2004, pp. 248-266.

Freedman, Sarah Warshauer, Harvey M. Weinstein, K.L. Murphy, and Timothy Longman, 'Teaching History in Post-Genocide Rwanda', in Scott Straus and Lars Wardolf (eds.), *Remaking Rwanda :*

State Building and Human Rights after Mass Violence, Madison : University of Wisconsin Press, 2011, pp. 297–315.

Fujii, Lee Ann, *Killing Neighbors : Webs of Violence in Rwanda*, New York : Cornell University Press, 2009.

Gasana, James, 'Natural Resource Scarcity and Violence in Rwanda', in Richard Matthew, Mark Halle, and Jason Switzer (eds.), *Conserving the Peace : Resources, Livelihoods and Security*, IISD, 2002.

Gilley, Bruce, 'The Case for Colonialism', *Third World Quarterly* (2017).

Gourevitch, Philip, *We Wish to Inform You That Tomorrow We Will Be Killed with Our Families : Stories from Rwanda*, London : Picador, 1999.

Gourou, Pierre, *La densité de la population au Ruanda-Urundi : Esquisse d'une étude géographique*, Bruxelles : Institut Royal Colonial Belge, 1952.

Guichaoua, André, *Rwanda 1994 : Les politiques du génocide à Butare*, Paris : Karthala, 2005.

Guichaoua, André, translated by Don. E. Webster, *From War to Genocide : Criminal Politics in Rwanda 1990–1994*, Madison : University of Wisconsin Press, 2015.

Hargreaves, John D., *Decolonization in Africa*, London : Longman, 1988.

Harroy, Jean-Paul, *Rwanda : De la féodalité a la démocratie 1955–1962*, Bruxelles : Hayez, 1984.

Hayman, Rachel, 'Abandoned Orphan, Wayward Child : the United Kingdom and Belgium in Rwanda since 1994,' *Journal of Eastern African Studies*, 4–2 (2010), pp. 341–360.

Hecht, Gabrielle, *Being Nuclear : Africans and the Global Uranium Trade*, Cambridge : MIT Press, 2012.

Herbst, Jeffrey, *States and Power in Africa : Comparative Lessons in Authority and Control*, Princeton, Princeton University Press, 2000.

Higginson, John, *A Working Class in the Making : Belgian Colonial Labor Policy, Private Enterprise, and the African Mineworker, 1907–1951*, Madison : Univeristy of Wisconsin Press, 1989.

Hilker, Lyndsay McLean, 'Young Rwandans' Narratives of the Past (and Present)', in Scott Straus and Lars Waldorf (eds.), *Remaking Rwanda : State Building and Human Rights after Mass Violence*, Madison : University of Wisconsin Press, 2011, pp. 316–330.

Hintjens, Helen, 'Explaining the 1994 Genocide in Rwanda', *Journal of Modern African Studies*, 37–2 (1999), pp. 241–286.

Hintjens, Helen, 'Reconstructing Political Identities in Rwanda', in Phil Clark and Zachary D. Kaufman (eds.), *After Genocide : Transitional Justice, Post-Conflict Reconstruction and Reconciliation in Rwanda and Beyond*, London : Hurst & Co, 2008, pp. 77–100.

Hitayezu, Jean-Baptiste, 'Le génocide perpètre contre les Tutsi dans le secteur de Rukumberi du district de Ngoma de 1959 à 1994', thesis, Institute of Technology, Agriculture and Education of Kibungo (INATEK), 2011.

Holmes, Georgina, 'Did Newsnight Miss the Story? A Survey of How the BBC's "Flagship Political Current Affairs Program" Reported Genocide and War in Rwanda between April and July 1994', *Genocide Studies and Prevention*, 6–2 (2011), pp. 174–192.

Holmes, Georgina, 'Rwanda and the Commonwealth : The Evolution of the BBC's Institutional Narrative on the 1994 Rwandan Genocide', *The Round Table*, 100-416 (2011), pp. 519-530.

Hoskyns, Catharine, *The Congo Since Independence : January 1960-December 1961*, London : Oxford University Press, 1965.

Huggins, Chris, 'The Presidential Land Commission : Undermining Land Law Reform', in Scott Straus and Lars Waldorf (eds.), *Remaking Rwanda : State Building and Human Rights after Mass Violence*, Madison : University of Wisconsin Press, 2011, pp. 252-265.

Huggins, Chris, 'Land Grabbing & Land Tenure Security in Post-Genocide Rwanda', An Ansoms and Thea Hilhorst (eds.), *Losing Your Land : Dispossession in the Great Lakes*, Suffolk : James Currey, 2014, pp. 141-162.

Ingelaere, Bert, 'The Ruler's Drum and the People's Shout : Accountability and Representation on Rwanda's Hills', in Scott Straus and Lars Waldorf (eds.), *Remaking Rwanda : State Building and Human Rights after Mass Violence*, Madison : University of Wisconsin Press, 2011, pp. 67-78.

Jefremovas, Villia, 'Contested Identities : Power and the Fictions of Ethnicity, Ethnography and History in Rwanda', *Anthropologica*, 39-1/2 (1997), pp. 91-104.

Jessee, Erin, *Negotiating Genocide in Rwanda : The Politics of History*, London : Palgrave Macmillan, 2017.

Jones, Will, 'Victoire in Kigali, or : why Rwandan elections are not won transnationally', *Journal of Eastern African Studies*, 10-2 (2016), pp. 343-365.

Kabanda, Marcel, 'Rwanda, les massacres de 1963 : Le témoignage de G.D. Vuillemin', in Christine Deslaurier et Dominique Juhé-Beaulaton (dir.), *Afrique, terre d'histoire*, Paris : Karthala, 2007, pp. 415-434.

Kabwete Mulinda, Charles, 'Public Holidays in Post-Independence Rwanda : A Historical Reading of Some Speeches', *Journal of African Conflicts and Peace Studies*, 2-1 (2013), pp. 96-119.

Kagame, Alexis, *Un abrégé de l'ethno-histoire du Rwanda*, Butare : Éditions Universitaires du Rwanda, 1972.

Kamola, Isaac A., 'Coffee and Genocide', *Transition*, 99 (2008), pp. 54-72.

Katsakioris, Constantin, 'Creating a Socialist Intelligentsia : Soviet Educational Aid and Its Impact on Africa (1960-1991)', *Cahiers d'Études Africaines*, LVII (2), 226 (2017), pp. 259-287.

Kaufman, Zachary D., 'The United States Role in the Establishment of the United Nations International Criminal Tribunal for Rwanda', in Phil Clark and Zachary D. Kaufman (eds.), *After Genocide : Transitional Justice, Post-Conflict Reconstruction and Reconciliation in Rwanda and Beyond*, London : Hurst & Co., 2008.

Kayigema, Jacques Lwaboshi, *The Rise of English in Post-Genocide Rwanda : Global English*, Riga : Lambert Academic Publishing, 2012.

Kennes, Erik, and Miles Larmer, *The Katangese Gendarmes and War in Central Africa : Fighting Their Way Home*, Bloomington : Indiana University Press, 2016.

Kent, John, *America, the UN and Decolonisation : Cold War Conflict in the Congo*, London : Routledge, 2010.

Kimonyo, Jean-Paul, *Rwanda's Popular Genocide : A Perfect Storm*, London : Lynne Rienner

Publishers, 2016.

King, Elisabeth. 'Memory Controversies in Post-Genocide Rwanda : Implications for Peacebuilding', *Genocide Studies and Prevention*, 5-3 (2010), pp. 293-308.

King, Elisabeth, *From Classrooms to Conflict in Rwanda*, New York : Cambridge University Press, 2014.

Kizari, Elias, 'Situation actuelle et état de conservation des archives au Rwanda après le génocide de 1994', in Pierre-Alain Tallier and Sabine Bompuku Eyenga-Cornelis (eds.), *Africa Europe Archives Requirements? Collaborations? Plans? DR Congo, Rwanda, Burundi and Belgium*, Bruxelles : Musée royal de l'Afrique centrale, 2013, pp. 105-110.

Legros, Hugues, and Curtis A. Keim, 'Guide to African Archives in Belgium', *History in Africa*, 23 (1996), pp. 401-409.

Lemarchand, René, *Political Awakening in the Belgian Congo*, Berkeley and Los Angeles : University of California Press, 1964.

Lemarchand, René, *Rwanda and Burundi*, London : Pall Mall Press, 1970.

Lemarchand, René, *Burundi : Ethnic Conflict and Genocide*, New York : Cambridge University Press, 1996.

Lentz, Carola, '"Tribalism" and Ethnicity in Africa : A Review of Four Decades of Anglophone Research', *Cahiers des sciences humaines*, 31-2 (1995), pp. 303-328.

Lentz, Carola, 'Celebrating Independence Jubilees and the Millennium : National Days in Africa', *Nations and Nationalism*, 19-2 (2013), pp. 208-216.

Lentz, Carola, 'The 2010 Independence Jubilees : The Politics and Aesthetics of National Commemoration in Africa', *Nations and Nationalism*, 19-2 (2013), pp. 217-237.

Leoussi, Athena S., Jack E. Spence, Paul Nugent, and Elliot Green, 'Dreams and Nightmares of Nationhood : The Obi Lgwara Special Memorial Event to Mark 50 Years of Decolonization in Africa, 1960-2010', *Nations and Nationalism*, 19-3 (2013), pp. 434-455.

Leurquin, Philippe, *Le niveau de vie des populations rurales du Ruanda-Urundi*, Louvain : Institut de Recherches Économiques et Sociales, 1960.

Lewis, Jerome, and Judy Knight, *The Twa of Rwanda : An Assessment of the Situation of the Twa and Promotion of Twa Rights in Post-War Rwanda*, Chadlington : World Rainforest Movement, 1995.

Linden, Ian, *Church and Revolution in Rwanda*, Manchester : Manchester University Press, 1977.

Logiest, Guy, *Mission au Rwanda : Un blanc dans la bagarre Tutsi-Hutu*, Bruxelles : Didier Hatier, 1988.

Longman, Timothy, 'Placing Genocide in Context : Research Priorities for the Rwanda Genocide', *Journal of Genocide Research*, 6-1 (2004), pp. 29-45.

Longman, Timothy, *Christianity and Genocide in Rwanda*, Cambridge : Cambridge University Press, 2010.

Longman, Timothy, 'Limitations to Political Reform : The Undemocratic Nature of Transition in Rwanda', in Scott Straus and Lars Waldorf (eds.), *Remaking Rwanda : State Building and Human Rights after Mass Violence*, Madison : University of Wisconsin Press, 2011, pp. 25-47.

Longman, Timothy, and Theoneste Rutagengwa, 'Memory and Violence in Postgenocide Rwanda', in

Edna Bay and Donald Donham (eds.), *States of Violence : Politics, Youth, and Memory in Contemporary Africa*, London : University of Virginia Press, 2006, pp. 236-260.

Louis, W. M. Roger, *Ruanda-Urundi 1884-1919*, Oxford : Clarendon Press, 1963.

Major, Laura, 'Unearthing, untangling and re-articulating genocide corpses in Rwanda', *Critical African Studies*, 7-2 (2015), pp. 164-181.

Malkki, Liisa, *Purity and Exile : Violence, Memory and National Cosmology among Hutu Refugees in Tanzania*, London : University of Chicago Press, 1995.

Manirakiza, Vincent, and An Ansoms, '"Modernizing Kigali" : The Struggle for Space in the Rwandan Urban Context', in An Ansoms and Thea Hilhorst (eds.), *Losing Your Land : Dispossession in the Great Lakes*, Suffolk : James Currey, 2014, pp. 186-203.

Maquet, Jacques, *The Premise of Inequality in Ruanda : A Study of Political Relations in a Central African Kingdom*, London : Oxford University Press, 1961.

Maquet, Jacques, 'La participation de la classe paysanne au mouvement d'indépendance du Rwanda', *Cahiers d'études Africaines*, 4-16 (1964), pp. 552-568.

Marriage, Zoe, 'Defining Morality : DFID and the Great Lakes', *Third World Quarterly*, 27-3 (2006), pp. 477-490.

Mays, Terry M., *Historical Dictionary of International Organizations in Africa and the Middle East*, Lanham : Rowman & Littlefield, 2015.

Mazrui, Ali A., and Michael Tidy, *Nationalism and New States in Africa : From About 1935 to the Present*, London : Heinemann, 1984.

McMahon, Robert, *The Cold War in the Third World*, New York : Oxford University Press, 2013.

Meierhenrich, Jens, 'Topographies of Remembering and Forgetting : The Transformation of *Lieux de Memoire* in Rwanda', in Scott Straus and Lars Waldorf (eds.), *Remaking Rwanda : State Building and Human Rights after Mass Violence*, Madison : University of Wisconsin Press, 2011, pp. 283-296.

Melvern, Linda, *A People Betrayed : The Role of the West in Rwanda's Genocide*, London : Zed Books, 2004.

Melvern, Linda, 'The UK Government and the 1994 Genocide in Rwanda', *Genocide Studies and Prevention*, 2-3 (2007), pp. 249-257.

Murego, Donat, *La révolution rwandaise 1959-1962. Essai d'interprétation*, Louvain : l'Institut des Sciences Politiques et Sociales, 1975.

Ndahiro, A., J. Rwagatare, and A. Nkusi (eds.), *Rwanda : Rebuilding of a Nation*, Kampala : Fountain Publishers, 2015.

Newbury, Catharine, 'Ethnicity in Rwanda : The Case of Kinyaga', *Africa : Journal of the International African Institute*, 48-1 (1978), pp. 17-29.

Newbury, Catharine, 'Ubureetwa and Thangata : Catalysts to Peasant Political Consciousness in Rwanda and Malawi', *Canadian Journal of African Studies*, 14-1 (1980), pp. 97-111.

Newbury, Catharine, 'Colonialism, Ethnicity, and Rural Political Protest : Rwanda and Zanzibar in Comparative Perspective', *Comparative Politics*, 15-3 (1983), pp. 253-280.

Newbury, Catharine, *The Cohesion of Oppression : Clientship and Ethnicity in Rwanda, 1860-1960*, New York : Columbia University Press, 1988.

Newbury, Catharine, 'Background to Genocide : Rwanda', *Issue : A Journal of Opinion*, 23-2 (1995), pp. 12-17.

Newbury, Catharine, 'Ethnicity and the Politics of History in Rwanda', *Africa Today*, 45-1 (1998), pp. 7-24.

Newbury, Catharine, 'High Modernism at the Ground Level : The *Imidugudu* Policy in Rwanda', in Scott Straus and Lars Waldorf (eds.), *Remaking Rwanda : State Building and Human Rights after Mass Violence*, Madison : University of Wisconsin Press, 2011, pp. 223-239.

Newbury, Catharine, and David Newbury, 'A Catholic Mass in Kigali : Contested Views of the Genocide and Ethnicity in Rwanda', *Canadian Journal of African Studies*, 33-2/3 (1999), pp. 292-328.

Newbury, David, 'The Clans of Rwanda : An Historical Hypothesis', *Africa : Journal of the International African Institute*, 50-4 (1980), pp. 389-403.

Newbury, David, 'The "Rwakayihura" Famine of 1928-1929 : A Nexus of Colonial Rule in Rwanda', in Départment d'histoire de l'Université du Burundi (dir.), *Histoire social de l'Afrique de l'est (XIXème-XXème siècle)*, Paris : Karthala, 1991, pp. 269-285.

Newbury, David, 'Trick Cyclists? Recontextualizing Rwandan Dynastic Chronology', *History in Africa*, 21 (1994), pp. 191-217.

Newbury, David, 'Understanding Genocide', *African Studies Review*, 41-1 (1998), pp. 73-97.

Newbury, David, 'Precolonial Burundi and Rwanda : Local Loyalties, Regional Royalties', *The International Journal of African Historical Studies*, 34-2 (2001), pp. 255-314.

Newbury, David, 'Returning Refugees : Four Historical Patterns of "Coming Home" to Rwanda', *Comparative Studies in Society and History*, 47-2 (2005), pp. 252-285.

Newbury, David, 'The White Fathers and the Rwandan Royal Court : Zaza, 1900-1902', in Christine Deslaurier et Dominique Juhé-Beaulaton (dir.), *Afrique, terre d'histoire : Au coeur de la recherché avec Jean-Pierre Chrétien*, Paris : Karthala, 2007, pp. 235-248.

Newbury, David, 'Editor's Introduction : Situating the Rwandan Court at the Time of Musinga's Accession to Power', in Alison Liebhafsky Des Forges (edited by David Newbury) *Defeat Is the Only Bad News : Rwanda under Musinga, 1896-1931*, Madison : University of Wisconsin Press, 2011, pp. xxiii-xxxvi.

Newbury, David, 'The Historian as Human Rights Activist', in Scott Straus and Lars Waldorf (eds.), *Remaking Rwanda : State Building and Human Rights after Mass Violence*, Madison : University of Wisconsin Press, 2011, pp. xxvii-xxxix.

Newbury, David, and Catharine Newbury, 'Bringing the Peasants Back in : Agrarian Themes in the Construction and Corrosion of Statist Historiography in Rwanda', *American Historical Review*, 105-3 (2000), pp. 832-877.

Nkusi, Laurent, 'L'exacerbation ethnique dans les discours du President Grégoire Kayibanda (1962-1973)', in National Commission for the Fight against Genocide (ed.), *15 Years after the Genocide Perpetrated against Tutsi (1994-2000) : Challenges and Prospects*, Kigali : National Commission for the Fight against Genocide, 2010, pp. 53-82.

Othen, Christopher, *Katanga 1960-63 : Mercenaries, Spies and the African Nation That Waged War on the World*, Stroud : The History Press, 2015.

Orwell, George, *Nineteen Eighty-Four*, London : Penguin Books, 1954.

Otunnu, Ogenga, 'Rwandese Refugees and Immigrants in Uganda', in Howard Adelman and Astri Suhrke (eds.), *The Path of a Genocide : The Rwanda Crisis from Uganda to Zaire*, New Brunswick : Transaction Publishers, 1999, pp. 3-29.

Otunnu, Ogenga, 'A Historical Analysis of the Invasion by the Rwanda Patriotic Army (RPA)', in Howard Adelman and Astri Suhrke (eds.), *The Path of a Genocide : The Rwanda Crisis from Uganda to Zaire*, New Brunswick : Transaction Publishers, 1999, pp. 31-49.

Özkirimli, Umut, *Theories of Nationalism : A Critical Introduction* (2nd edn.), Basingstoke : Palgrave Macmillan, 2010.

Paternostre de la Mairieu, Baudouin, *Toute ma vie pour vous, mes frères! : Vie de Grégoire Kayibanda, premier Président élu du Rwanda*, Paris : Pierre Téqui, 1994.

Pells, Kirrily, 'Building a Rwanda 'Fit for Children', in Scott Straus and Lars Waldorf (eds.), *Remaking Rwanda : State Building and Human Rights after Mass Violence*, Madison : University of Wisconsin Press, 2011, pp. 79-86.

Peskin, Victor, 'Victor's Justice Revisited : Rwandan Patriotic Front Crimes and the Prosecutorial Endgame at the ICTR', in Scott Straus and Lars Waldorf (eds.), *Remaking Rwanda : State Building and Human Rights after Mass Violence*, Madison : University of Wisconsin Press, 2011, pp. 173-183.

Pottier, Johan, *Re-imagining Rwanda : Conflict, Survival and Disinformation in the Late Twentieth Century*, Cambridge : Cambridge University Press, 2002.

Prunier, Gérard, *The Rwanda Crisis : History of a Genocide* (2nd edn.), London : Hurst & Co., 1997.

Ranger, Terence, 'The Invention of Tradition in Colonial Africa', in Eric Hobsbawm and Terence Ranger (eds.), *The Invention of Tradition*, Cambridge : Cambridge University Press, 1983, pp. 211-262.

Ranger, Terence, 'The Invention of Tradition Revisited : The Case of Colonial Africa', in Terence Ranger and Olufemi Vaughan (eds.), *Legitimacy and the State in Twentieth-Century Africa*, London : Macmillan Press, 1993, pp. 62-111.

Ranger, Terence, 'Concluding Comments', in Paris Yeros (ed.), *Ethnicity and Nationalism in Africa : Constructivist Reflections and Contemporary Politics*, London : Macmillan Press, 1999, pp. 133-144.

Ranger, Terence, 'Nationalist Historiography, Patriotic History and the History of the Nation : The Struggle over the past in Zimbabwe', *Journal of Southern African Studies*, 20-2 (2004), pp. 215-234.

Rawson, David, 'The Role of the United Nations in the Political Development of Ruanda-Urundi, 1947-1962', PhD thesis, American University, 1966.

Reed, William Cyrus, 'The Rwanda Patriotic Front : Politics and Development in Rwanda', *Issue : A Journal of Opinion*, 23-2 (1995), pp. 48-53.

Retting, Max, 'The Sovu Trials : The Impact of Genocide Justice on One Community', in Scott Straus and Lars Waldorf (eds.), *Remaking Rwanda : State Building and Human Rights after Mass Violence*, Madison : University of Wisconsin Press, 2011, pp. 194–209.

Reyntjens, Filip, *Pouvoir et droit au Rwanda : Droit public et évolution politique, 1916–1973*, Tervuren : Musée royal de l'Afrique centrale, 1985.

Reyntjens, Filip, 'Chiefs and Burgomasters in Rwanda : The Unfinished Quest for a Bureaucracy,' *Journal of Legal Pluralism and Unofficial Law*, 19/25-26 (1987), pp. 71–97.

Reyntjens, Filip, 'Estimation du nombre de personnes tuées au Rwanda en 1994', in Stefaan Marysse et Filip Reyntjens (dir.), *L'Afrique des grands lacs, Annuaire 1996–1997*, Paris : L'Harmattan, 1997, pp. 179–186.

Reyntjens, Filip, 'Constructing the Truth, Dealing with Dissent, Domesticating the World : Governance in Post-genocide Rwanda', *African Affairs*, 110–438 (2011), pp. 1–34.

Reyntjens, Filip, 'Waging (Civil) War Abroad : Rwanda and the DRC', in Scott Straus and Lars Waldorf (eds.), *Remaking Rwanda : State Building and Human Rights after Mass Violence*, Madison : University of Wisconsin Press, 2011, pp. 132–151.

Reyntjens, Filip, *Political Governance in Post-Genocide Rwanda*, Cambridge : Cambridge University Press, 2013.

Reyntjens, Filip, 'Briefing : The Struggle over Truth-Rwanda and the BBC', *African Affairs* 114/457 (2015), pp. 637–648.

Rusagara, Frank K., *Resilience of a Nation : A History of the Military in Rwanda*, Kigali : Fountain Publishers Rwanda, 2009.

Ryckmans, Pierre, 'Belgian "Colonialism"', *Foreign Affairs*, 34-1 (1955/56), pp. 89–101.

Said, Edward, 'Invention, Memory, and Place', in M.J.T. Mitchell (ed.), *Landscape and Power*, London : University of Chicago Press, 2002, pp. 241–260.

Sanders, Edith, 'The Hamitic Hypothesis : Its Origin and Functions', *Journal of African History*, 10–4 (1969), pp. 521–532.

Schabas, William A., 'Post-Genocide Justice in Rwanda : A Spectrum of Options', in Phil Clark and Zachary D. Kaufman (eds.), *After Genocide : Transitional Justice, Post-Conflict Reconstruction and Reconciliation in Rwanda and Beyond*, London : Hurst & Co., 2008, pp. 207–227.

Schoenbrun, David Lee, 'Using the White Fathers Archive : An Update', *History in Africa*, 20 (1993), 421–422.

Segal, Aaron, *Massacre in Rwanda*, London : Fabian Society, 1964.

Smith, Anthony D., *Nationalism : Theory, Ideology, History* (2nd edn.), Cambridge : Polity Press, 2010.

Snyder, Jack, *From Voting to Violence : Democratization and National Conflict*, London : W.W. Norton, 2000.

Sommers, Mark, *Stuck : Rwandan Youth and the Struggle for Adulthood*, Athens and London : University of Georgia Press, 2012.

Soudan, François, *Kagame : Conversations with the President of Rwanda*, New York : Enigma Books, 2015.

Spaak, Paul-Henri, *Combats inachevés*, Paris : Fayard, 1969.

Spear, Thomas, 'Neo-Traditionalism and the Limits of Invention in British Colonial Africa', *Journal of African History*, 4-1 (2003), pp. 3-27.

St. John, Patricia, *Breath of Life : The Story of the Rwanda Mission*, London : Norfolk Press, 1971.

Stearns, Jason, and Federico Borello, 'Bad Karma : Accountabiliy for Rwandan Crimes in the Congo', in Scott Straus and Lars Waldorf (eds.), *Remaking Rwanda : State Building and Human Rights after Mass Violence*, Madison : University of Wisconsin Press, 2011, pp. 152-169.

Stengers, Jean, 'Precipitous Decolonization : The Case of the Belgian Congo', in Prosser Gifford and W. M. Roger Louis (eds.), *The Transfer of Power in Africa : Decolonization, 1940-1960*, New Haven and London : Yale University Press, 1982, pp. 305-335.

Straus, Scott, *The Order of Genocide : Race, Power, and War in Rwanda*, New York : Cornell University Press, 2006.

Straus, Scott, 'Wars Do End! Changing Patterns of Political Violence in Sub-Saharan Africa', *African Affairs*, 111-443 (2012), pp. 179-201.

Straus, Scott, and Lars Waldorf (eds.), *Remaking Rwanda : State Building and Human Rights after Mass Violence*, Madison : University of Wisconsin Press, 2011.

Takeuchi, Shinichi, and Jean Marara, 'Features of Land Conflicts in Post Civil War Rwanda', *African Study Monograph*, Suppl. 42 (2011), pp. 119-138.

Tertsakian, Carina, '"All Rwandans Are Afraid of Being Arrested One Day" : Prisoners Past, Present, and Future', in Scott Straus and Lars Waldorf (eds.), *Remaking Rwanda : State Building and Human Rights after Mass Violence*, Madison : University of Wisconsin Press, 2011, pp. 210-220.

Thomas, Martin, Bob Moore, and L.J. Butler, *Crises of Empire : Decolonization and Europe's Imperial States, 1918-1975*, London : Bloomsbury, 2008.

Thomson, Susan, '"That is not what we authorised you to do ..." : Access and Government Interference in Highly Politicised Research Environments', in Chandra Lekha Sriram, John C. King, Julie A. Mertus, Olga Martin-Ortega, and Johanna Herman (eds.), *Surviving Field Research : Working in Violent and Difficult Situations*, London : Routledge, 2009, pp. 108-123.

Thomson, Susan, 'Getting Close to Rwandans since the Genocide : Studying Everyday Life in Highly Politicised Research Settings', *African Studies Review*, 53-3 (2010), pp. 19-34.

Thomson, Susan, 'Reeducation for Reconciliation : Participant Observations on *Ingando*', in Scott Straus and Lars Waldorf (eds.), *Remaking Rwanda : State Building and Human Rights after Mass Violence*, Madison : University of Wisconsin Press, 2011, pp. 331-339.

Thomson, Susan, *Whispering Truth to Power : Everyday Resistance to Reconciliation in Postgenocide Rwanda*, Madison : University of Wisconsin Press, 2013.

Torrent, Mélanie, *Diplomacy and Nation-Building in Africa : Franco-British Relations and Cameroon at the End of Empire*, London : I.B.Tauris, 2012.

Totten, Samuel, and Rafiki Ubaldo (eds.), *We Cannot Forget : Interviews with Survivors of the 1994 Genocide in Rwanda*, New Brunswick : Rutgers University Press, 2011.

Trachtenberg, Marc, *The Craft of International History : A Guide to Method*, Princeton : Princeton

University Press, 2006.

Tsuruta, Aya, 'Expanding the Archival Horizon : American Archives for Researching Postcolonial Rwandan History', *History in Africa*, 44 (2017), pp. 265-283.

Uvin, Peter, *Aiding Violence : The Development Enterprise in Rwanda*, West Hartford : Kumarian Press, 1998.

Uvin, Peter, 'Reading the Rwandan Genocide', *International Studies Review*, 3-3 (2001), pp. 75-99.

Van Damme, Julie, An Ansoms, and Philippe V. Baret, 'Agricultural Innovation from Above and from Below : Confrontation and Integration on Rwanda's Hill', *African Affairs*, 113-450 (2013), pp. 108-127.

Van der Meeren, Rachel, 'Three Decades in Exile : Rwandan Refugees 1960-1990', *Journal of Refugee Studies*, 9-3 (1996), pp. 252-267.

Van Schuylenbergh, Patricia, *La mémoire des Belges en Afrique centrale : Inventaire des archives historiques privées du Musée royal de l'Afrique centrale de 1858 à nos jours*, Tervuren : Musée royal de l'Afrique centrale, 1997.

Vansina, Jan, 'Historical Tales (Ibiteekerezo) and the History of Rwanda', *History in Africa*, 27 (2000), pp. 375-414.

Vansina, Jan, *L'évolution du royaume Rwanda des origines à 1900*, Bruxelles : Academie royale des sciences d'outre-mer, 1962, 2000.

Vansina, Jan, *Antecedents to Modern Rwanda : The Nyiginya Kingdom*, Oxford : James Currey, 2004.

Vanthemsche, Guy, *Belgium and the Congo 1885-1980*, Cambridge : Cambridge University Press, 2012.

Verpoorten, Marijke, 'Detecting Hidden Violence : The Spatial Distribution of Excess Mortality in Rwanda', *Political Geography*, 31-1 (2012), pp. 44-56.

Verwimp, Philip, 'Development Ideology, the Peasantry and Genocide : Rwanda Represented in Habyarimana's Speeches', *Journal of Genocide Research*, 2-3 (2000), pp. 325-361.

Verwimp, Philip, 'Testing the Double-Genocide Thesis for Central and Southern Rwanda', *Journal of Conflict Resolution*, 47-4 (2003), pp. 423-442.

Vidal, Claudine, 'Le Rwanda des anthropologies ou le fétichisme de la vache', *Cahiers d'Études Africaines*, 9-35 (1969), pp. 385-401.

Vidal, Claudine, 'Situations ethniques au Rwanda', in Jean-Loup Amselle et Elikia M'Bokolo (dir.), *Au coeur de l'ethnie : Ethnies, tribalisme et état en Afrique*, Paris : Éditions La Découverte, 1985, pp. 167-184.

Waldorf, Lars, 'Instrumentalizing Genocide : The RPF's Campaign against "Genocide Ideology"', in Scott Straus and Lars Waldorf (eds.), *Remaking Rwanda : State Building and Human Rights after Mass Violence*, Madison : University of Wisconsin Press, 2011, pp. 48-66.

Waugh, Colin M., *Paul Kagame and Rwanda : Power, Genocide and the Rwandan Patriotic Front*, Jefferson : McFarland & Company, 2004.

Westad, Arne Odd, *The Global Cold War : Third World Interventions and the Making of Our Times*, Cambridge : Cambridge University Press, 2005.

White, Luise, *Speaking with Vampires : Rumor and History in Colonial Africa*, London : University of

California Press, 2000.

Willame, Jean-Claude, *Aux sources de l'hécatombe rwandaise*, Paris : L'Harmattan, 1995.

Yeld, Rachel, *Rwanda : Unprecedented Problems Call for Unprecedented Solutions*, Oxford : Refugee Studies Programme, 1996.

Young, Crawford, *Politics in the Congo : Decolonization and Independence*, Princeton : Princeton University Press, 1965.

Young, Crawford, 'Nationalism and Ethnic Conflict in Africa', in Montserrat Guibernau and John Hutchinson (eds.), *Understanding Nationalism*, London : Polity Press, 2001, pp. 164-181.

Young, Crawford, 'Nation, Ethnicity, and Citizenship : Dilemmas of Democracy and Civil Order in Africa', in Sara Dorman, Daniel Hammett, and Paul Nugent (eds.), *Making Nations, Creating Strangers : States and Citizenship in Africa*, Leiden : Brill, 2007, pp. 241-264.

Zorbas, Eugenia, 'Aid Dependence and Policy Independence : Explaining the Rwandan Paradox', in Scott Straus and Lars Waldorf (eds.), *Remaking Rwanda : State Building and Human Rights after Mass Violence*, Madison : University of Wisconsin Press, 2011, pp. 103-117.

②日本語

アンダーソン，ベネディクト（白石隆・白石さや訳）『増補　想像の共同体――ナショナリズムの起源と流行』（NTT 出版，1997 年）。

五十嵐元道『支配する人道主義――植民地統治から平和構築まで』（岩波書店，2016 年）。

池田亮「西欧への二つの挑戦――脱植民地化と冷戦の複合作用」益田実・池田亮・青野利彦・齋藤嘉臣編著『冷戦史を問いなおす――「冷戦」と「非冷戦」の境界』（ミネルヴァ書房，2015 年），第 II 部総説。

池田亮「チュニジア・モロッコの脱植民地化と西側同盟」益田実・池田亮・青野利彦・齋藤嘉臣編著『冷戦史を問いなおす――「冷戦」と「非冷戦」の境界』（ミネルヴァ書房，2015 年）。

石田勇治「ジェノサイド研究の課題と射程――比較の視座から」石田勇治・武内進一編『ジェノサイドと現代世界』（勉誠出版，2011 年）。

石原明子「ルワンダジェノサイド後のコミュニティでの和解実践――NGO リーチ・ルワンダの活動から」『熊本大学社会文化研究』13 号（2015 年），135-156 頁。

井野瀬久美惠「序章　コロニアリズム研究の新思考にむけて」井野瀬久美惠・北川勝彦編著『アフリカと帝国――コロニアリズム研究の新思考にむけて』（晃洋書房，2011 年），1-24 頁。

ウェスタッド，O. A.（佐々木雄太監訳）『グローバル冷戦史――第三世界への介入と現代世界の形成』（名古屋大学出版会，2010 年）。

浦野起央『冷戦，国際連合，市民社会――国連 60 年の成果と展望』（三和書籍，2005 年）。

遠藤貢「民主化と『市民社会』（civil society）」北川隆吉監修，山口博一・小倉充夫・田巻松雄編著『地域研究の課題と方法――アジア・アフリカ社会研究入門（理論編）』（文化書房博文社，2006 年）。

オサガエ，エゴーサ・E.（杉木明子訳）「アフリカにおけるエスニシティと国家の再構築」川端

正久・落合雄彦編『アフリカ国家を再考する』（晃洋書房，2011 年），216-237 頁。

落合雄彦「アフリカの民主化とコモンウェルス」『環境情報研究』6 号（1998 年），109-121 頁。

カー，E. H.（清水幾太郎訳）『歴史とは何か』（岩波新書，1962 年）。

ガイス，ペーター／ギョーム・ルカントレック監修（福井憲彦・近藤孝弘監訳）『ドイツ・フランス共通歴史教科書（現代史）』世界の教科書シリーズ（明石書店，2008 年）。

北川香織「ルワンダにおける教授言語変更後の学校教育──公立初等学校で働く教員の視点から」『アフリカ教育研究』6 号（2015 年），150-164 頁。

木畑洋一『イギリス帝国と帝国主義──比較と関係の視座』（有志舎，2008 年）。

グラック，キャロル『歴史で考える』（岩波書店，2007 年）。

小泉真理「二十世紀初頭タンガニーカのトリロジー──大英帝国，伝道会，そして植民地の人びと」井野瀬久美惠・北川勝彦編著『アフリカと帝国──コロニアリズム研究の新思考にむけて』（晃洋書房，2011 年），225-251 頁。

小向絵里「ルワンダにおける元戦闘員の社会復帰の試み──DDR と和解促進の関係」峯陽一・武内進一・笹岡雄一編『アフリカから学ぶ』（有斐閣，2010 年），181-202 頁。

ゴーレイヴィッチ，フィリップ（柳下毅一郎訳）『ジェノサイドの丘──ルワンダ虐殺の隠された真実〈新装版〉』（WAVE 出版，2011 年）。

近藤有希子「沈黙のなかの親密性──ルワンダ南西部における『家族』の再編過程をめぐって」『アフリカ研究』88 号（2015 年），13-28 頁。

佐々木和之「ルワンダ大虐殺後の罪責と和解」季刊『中帰連』49 号（2011 年），53-63 頁。

佐々木和之「〈和解をもたらす正義〉ガチャチャの実験──ルワンダのジェノサイドと移行期正義」遠藤貢編著『アフリカ潜在力 2　武力紛争を超える──せめぎ合う制度と戦略のなかで』（京都大学学術出版会，2016 年），265-294 頁。

塩川伸明『民族とネイション──ナショナリズムという難問』（岩波書店，2008 年）。

セバレンジ，ジョセフ／ラウラ・アン・ムラネ（米川正子訳）『ルワンダ・ジェノサイド生存者の証言──憎しみから赦しと和解へ』（2015 年，立教大学出版会）。

ゼレザ，ポール・ティヤンベ（北川勝彦訳）「アフリカ史におけるコロニアリズム研究の再中心化──記述と枠組みの新機軸にむけて」井野瀬久美惠・北川勝彦編著『アフリカと帝国──コロニアリズム研究の新思考にむけて』（晃洋書房，2011 年），27-50 頁。

武内進一「難民帰還と土地問題──内戦後ルワンダの農村変容」『アジア経済』XLIV-5.6（2003 年），252-275 頁。

武内進一『現代アフリカの紛争と国家──ポストコロニアル家産制国家とルワンダ・ジェノサイド』（明石書店，2009 年）。

武内進一「内戦後ルワンダの国家建設」大塚啓二郎・白石隆編『国家と経済発展──望ましい国家の姿を求めて』東洋経済新報社，2010 年，31-60 頁。

武内進一「コンゴ東部紛争の新局面──2006 年選挙後の変化」『国際政治』159 号（2010 年），41-56 頁。

武内進一「地域研究とディシプリン──アフリカ研究の立場から」『アジア経済』53 巻 4 号（2012 年），6-22 頁。

武内進一「アフリカの『三選問題』──ブルンディ，ルワンダ，コンゴ共和国の事例から」『ア

フリカレポート』54 号（2016 年），73-84 頁。

武内進一「冷戦後アフリカの紛争と紛争後──その概観」遠藤貢編『アフリカ潜在力2　武力紛争を超える──せめぎ合う制度と戦略のなかで』（京都大学学術出版会，2016 年），23-49 頁。

武内進一「コンゴ民主共和国，ルワンダ，ブルンジの土地政策史」武内進一編『アフリカ土地政策史』（アジア経済研究所，2015 年）。

渓内譲『現代史を学ぶ』（岩波新書，1995 年）。

玉村健志『国際関係史としてのコンゴ「独立」史──脱植民地化，冷戦，国連』，一橋大学大学院法学研究科，博士号学位論文，2011 年。

ダレール，ロメオ（金田耕一訳）『なぜ，世界はルワンダを救えなかったのか──PKO 司令官の手記』（風行社，2012 年）。

旦祐介「コモンウェルスと委任統治──二十世紀はじめのグローバル化」山本正・細川道久編著『コモンウェルスとは何か──ポスト帝国時代のソフトパワー』（ミネルヴァ書房，2014 年），169-190 頁。

鶴田綾「ルワンダにおける歴史認識と民族対立」『国際政治』180 号（2015 年），43-54 頁。

等松春夫「序章　歴史認識と国際政治」『国際政治』187 号（2017 年），1-15 頁。

永原陽子編『「植民地責任」論──脱植民地化の比較史』（青木書店，2009 年）。

永原陽子編『生まれる歴史，創られる歴史──アジア・アフリカ史研究の最前線から』（刀水書房，2011 年）。

ハッツフェルド，ジャン（ルワンダの学校を支援する会・服部欧右訳）『隣人が殺害者に変わる時──ルワンダ・ジェノサイド生存者たちの証言』（かもがわ出版，2013 年）。

ハッツフェルド，ジャン（西京高校インターアクトクラブ・服部欧右訳）『隣人が殺害者に変わる時──ルワンダ・ジェノサイドの証言加害者編』（かもがわ出版，2014 年）。

服部正也『ルワンダ中央銀行総裁日記』（中公新書，1972 年）。

半澤朝彦「国連とイギリス帝国の消滅──1960〜63 年」『国際政治』126 号（2001 年），81-101 頁。

半澤朝彦「国連とコモンウェルス──『リベラル』な脱植民地化」山本正・細川道久編著『コモンウェルスとは何か──ポスト帝国時代のソフトパワー』（ミネルヴァ書房，2014 年），221-240 頁。

船田クラーセンさやか「アフリカにおける『エスニック紛争』──モザンビーク北部におけるエスニック集団形成過程を通じての考察」北川隆吉監修，北原淳・竹内隆夫・佐々木衛・髙田洋子編著『地域研究の課題と方法──アジア・アフリカ社会研究入門（実証編）』（文化書房博文社，2006 年），289-309 頁。

マゾワー，マーク（池田年穂訳）『国連と帝国──世界秩序をめぐる攻防の 20 世紀』（慶應義塾大学出版会，2015 年）。

松尾秀哉『ベルギー分裂危機──その政治的起源』（明石書店，2010 年）。

三須拓也『コンゴ動乱と国際連合の危機──米国と国連の協働介入史，1960〜1963 年』（ミネルヴァ書房，2017 年）。

三宅康之「コンゴ（ブラザヴィル）共和国をめぐる中台国交樹立競争」益田実・池田亮・青野

利彦・齋藤嘉臣編著『冷戦史を問いなおす——「冷戦」と「非冷戦」の境界』（ミネルヴァ書房，2015年），243-264頁。

村上享二「その後のタンザン鉄道——中国の関与を中心として」『愛知大学国際問題研究所紀要』150号（2017年），27-50頁。

モーリス＝スズキ，テッサ『過去は死なない——メディア・記憶・歴史』（岩波現代文庫，2014年）。

吉田昌夫『アフリカ現代史 II 東アフリカ』（山川出版社，1978年）。

吉田昌夫「地域研究とは何か」吉田昌夫編『地域研究入門——世界の地域を理解するために』（古今書院，2002年），2-22頁。

レンジャー，テレンス（中村伸浩・亀井哲也訳）「植民地下のアフリカにおける創り出された伝統」エリック・ホブズボウム／テレンス・レンジャー編（前川啓治・梶原景昭他訳）『創られた伝統』（紀伊国屋書店，1992年），323-406頁。

あとがき

　「なぜルワンダを研究しているのか？」研究を進める上で，この問いを投げかけられたことは数え切れない。もともとは，学部時代に，民族紛争について扱ったとある授業で発表のテーマに選んだことがきっかけであった。それ以前からアフリカや民族紛争について関心をもっていたためにこのテーマを選んだ記憶はあるものの，その時点では「ルワンダでなければならない」というわけではもちろんなかった。ジェノサイドの起源について知ることで，紛争と平和の問題について考えたいと思い，大学院に進学した際に本格的に研究テーマとしたものの，当初は修士課程のみで終わるつもりであった。しかし，研究を始めてみると，知りたいことや明らかにしなければいけないことが次々に出てきたため，幸い研究を続けられる環境にあったこともあって，現在までルワンダについて考えてくることができた。

　なぜ民族／エスニシティが異なるという理由で紛争が起きるのか，どうすれば世界が少しでも平和になるのかという問題意識をもって研究に取り組んできたが，研究を進めるなかで，ルワンダの問題は，植民地支配およびそこからの脱植民地化という視点から捉えるべきだと思うようになった。そして，この点にこそ，アフリカについて研究する自分と日本および東アジアという環境とを，自分の中でどのように融合させるかという問題の糸口があるように思えたのである。したがって，ルワンダから学ぶことで，日本や世界の普遍的な諸問題について考えることができるのではないかという思いでも，研究に取り組んでいる。テーマの奥深さと自身の能力不足を痛感する日々ではあるが，本書から少しでもこのような試みを感じとっていただければ幸いである。

　本書は，2014 年にエディンバラ大学から Ph. D（アフリカ研究）を取得した博士論文を日本語化し，大幅に加筆・修正を行ったものである。本書の出版は，第 28 回名古屋大学出版会学術図書刊行助成（2017 年度）を得ることで可能と

342

なった。原稿の修正が遅い筆者を辛抱強く待ち，かつ本書の持ち味を引き出してくださった同出版会および編集の三木信吾さん，丁寧な校正をしてくださった山口真幸さんには，感謝してもしすぎることはない。

また，2005 年に一橋大学大学院法学研究科修士課程に入学してから，筆者は数え切れない方々の学恩を受けてきた。国際政治史研究の基礎を教えてくださったのは，田中孝彦先生（現・早稲田大学政治経済学術院）である。先生の厳しくも励ましに満ちたご指導のおかげで，これまで挫けずに研究を続けてくることができた。自分が学生を教える立場になり，あらためて先生のこれまでの熱いご指導に感謝の気持ちでいっぱいである。また，一橋大学大学院法学研究科の権容奭氏と青野利彦氏には，イギリス留学の準備や研究助成への申請など，研究を進める上で様々な相談に乗っていただいた。

イギリスでは，エディンバラ大学アフリカ研究センターのジュード・ムリソン氏およびポール・ニュージェント氏にご指導いただいた。ジュードは留学前に初めて連絡をした時から，一貫して筆者の研究を応援してくれた。また，ポールのアフリカ史に関する幅広い知識と洞察からは，いつも学ぶことが多かった。さらに，同研究センターには様々なテーマの研究者がおり，幅広くアフリカについて理解する必要性を日々痛感しながら，研究できた。また，アフリカ，アメリカ，ヨーロッパからの学生と共に，様々な問題について議論したり，時にパブで杯を交わしたりする環境に数年間身を置けたことは本当に貴重であった。

各公文書館での史料収集や調査の過程でも，様々な方に研究をサポートしていただいた。特に，ベルギーでダニエル・ド＝ラーム教授，フロリダでルネ・ルマルシャン教授にお会いできたことは，研究の大きな励みとなった。また，ルワンダでは，佐々木和之・恵ご夫妻に大変お世話になった。お二人の生き方や活動に触れると，常に背筋が伸びる思いである。さらに，ルワンダで調査に協力してくださった通訳やドライバー，インタビュー参加者の方々などにも遠くからお礼を述べたい。

なお，本書の基となった博士論文やそれに関連する投稿論文，アイディアなどは，オックスフォード大学 Researching Africa Day, Association for the Study of

Ethnicity and Nationalism 研究大会，AEGIS サマースクール，日本国際政治学会，日本平和学会，日本アフリカ学会などで発表した。どこまで対応できているかは自信がないものの，頂いたコメントや質問すべてに感謝申し上げる。

　また，全員のお名前を挙げることはできないが，大学院入学以来，様々な方々からアドバイスや刺激，研究のサポートを受けてきた。一橋大学では，田中ゼミのメンバーから多くを学んだ。特に，高瀬弘文氏のコメントにはいつも刺激を受けた。玉村健志氏からはベルギーや国連の史料の所在や読み方についてご助言を頂いた。増古剛久氏とは，アフリカを研究する意義について語り合った。長谷川隼人氏は，本書の初稿を一部読み，貴重なコメントをくれた。澤正輝氏と澤恭子氏は，留学中の筆者を励まし続けてくれた。また，ゼミ以外でも，様々な方から研究のアドバイスを頂いた。武内進一氏の著作からは，修士課程よりずっと学ばせていただいてきた。2012 年に国際政治学会で報告をした際に研究に対する励ましを下さったのが今でも記憶に残っている。また，武内氏の「地域研究とディシプリン」（『アジア経済』53 巻 4 号（2012 年），6-22 頁）を読んで，研究を進める際に常に感じてきた国際政治史とアフリカ研究の間での「居心地の悪さ」や，課題の多い自分の研究を，少しずつポジティブに捉えることができるようになってきたように思う。また，片山夏紀さんはルワンダ語の用語の確認をしてくれた。

　勤務校である中京大学では，研究支援課および学事課に本書の出版に関してサポートしていただいた。また，国際教養学部の学際的な雰囲気や，学生とのコミュニケーションからも刺激をもらっている。

　博士論文の執筆および本書の刊行にあたっては，日本学生支援機構（2009〜12 年），松下幸之助記念財団研究助成（2010 年），Royal Historical Society（2010 年），ASEN（2011 年），名古屋大学出版会（2017 年），文部科学省科学研究費補助金・若手研究（18K12529：2018 年度〜）の奨学金や助成を受けた。金銭的な心配をあまりせずに研究を続けてこられたことに，感謝申し上げる。

　最後に，家族に感謝したい。両親（鶴田照明・京子）は，幼い頃からのびのびと育ててくれた。筆者の問題意識の多くは，両親が与えてくれた教育や経験が土台となっている。今までどうもありがとう。また，夫は，研究の先輩とし

て，また過去の延長線上にある現在を生きる者として，歴史や構造への視点の重要性を，ものわかりの悪い筆者に根気強く教え続けてくれている。いつもどうもありがとう。

2018 年 10 月　　　　　　　　　　　　　　　　　　　　　　著　　者

図表一覧

図 1　植民地化以前の諸王国⋯⋯⋯⋯⋯⋯⋯⋯⋯⋯⋯⋯⋯⋯⋯⋯⋯⋯ 39
図 2　ベルギー植民地行政のヒエラルキー⋯⋯⋯⋯⋯⋯⋯⋯⋯⋯⋯ 59
図 3　1952 年に設置された評議会⋯⋯⋯⋯⋯⋯⋯⋯⋯⋯⋯⋯⋯⋯⋯ 69
図 4　1990 年当時の行政機構⋯⋯⋯⋯⋯⋯⋯⋯⋯⋯⋯⋯⋯⋯⋯⋯ 200
図 5　1994 年当時の行政区分⋯⋯⋯⋯⋯⋯⋯⋯⋯⋯⋯⋯⋯⋯⋯⋯ 201
図 6　ジェノサイド発生のタイミング⋯⋯⋯⋯⋯⋯⋯⋯⋯⋯⋯⋯ 230
図 7　2006 年以降の行政区分と新名称⋯⋯⋯⋯⋯⋯⋯⋯⋯⋯⋯ 244
図 8　新行政機構⋯⋯⋯⋯⋯⋯⋯⋯⋯⋯⋯⋯⋯⋯⋯⋯⋯⋯⋯⋯⋯ 245

表 1　各地の人口に占めるトゥチの比率（%，1950 年代末）⋯⋯ 43
表 2　各地の人口密度（1950 年代）⋯⋯⋯⋯⋯⋯⋯⋯⋯⋯⋯⋯⋯ 44
表 3　各地のサブ・チーフの人数および割合（1959 年以降）⋯ 99
表 4　1960 年の地方選挙結果⋯⋯⋯⋯⋯⋯⋯⋯⋯⋯⋯⋯⋯⋯⋯ 118
表 5　クーデター政府の構成（1961 年）⋯⋯⋯⋯⋯⋯⋯⋯⋯⋯ 135

索　引

ア　行

アイデンティティ・カード　62, 293, 297, 298
アカズ　189, 191, 204, 207, 219, 232
アストリダ（現フイエ）　43, 44, 58, 71, 75, 76, 86, 94, 95, 99, 100, 118, 119, 139-141
アナン, コフィ（Kofi Annan）　215
アバゲセラ　38
アバジガーバ　38
アバシンガ　38
アバシンディ　38
アバニギニャ　38, 42
アビイル　40, 41, 65, 66, 73, 77, 83, 84, 134
アフリカ, エティエンヌ（Etienne Afrika）　158, 175
「アフリカのバルカン化」　68, 154
アミン, イディ（Idi Amin）　202
アメリカ（米国）　11, 24, 27, 43, 68, 70, 125, 130-133, 148, 149, 151, 168, 169, 181-186, 205, 207, 233, 245, 261, 266, 268, 269, 273, 291
アルーシャ／アルーシャ和平／アルーシャ協定　210, 213, 214, 216, 217, 219, 227, 228, 237, 247, 255, 271, 273
イギキンギ　41, 44, 46, 191
イギリス（英国）　15, 16, 24, 27, 36, 47, 49, 53-57, 67, 80, 104, 105, 113, 125, 129, 132, 144, 149, 153, 233, 236, 241, 245, 265-267, 269, 270, 273, 293, 316
イニェンジ　158, 160, 175, 177, 178, 179, 184, 193, 194, 201, 285-287, 302, 313
イニャンガムガヨ　274
委任統治　53-55, 64, 67
イブカ　273, 278
イミドゥグドゥ　248, 249
イミヒゴ（契約）　252, 255
インガンド　292
インテラハムウェ　211, 217, 224, 225, 228, 229, 233, 234, 236
インガビレ, ヴィクトワール（Victoire Ingabire）　259

ウィニー, ピエール（Pierre Wigny）　97, 126, 132, 133, 145
ウィリンヂイマナ, アガト（Agathe Uwilingiyima-na）　214, 217, 228, 229
ウガンダ　4, 27, 49, 84, 85, 120, 141, 148, 157, 159, 160, 174, 176, 178, 181, 200-205, 210, 219, 227, 228, 244, 245, 265-267, 289, 314
ウシュンブラ（現ブジュンブラ）　58, 59, 82, 135, 138, 151, 153
ウブコンデ　41, 44, 46
ウブハケ　11, 41, 42, 44, 46, 61, 62, 81, 95, 118, 286, 300
ウブレトゥワ　46, 59
ウムガンダ　189, 191, 206
ウルンディ（現ブルンディ）　27, 49, 56, 58, 68, 84, 86, 105, 117, 120, 147-150, 152-155, 163, 167, 173-175, 177-182, 187, 190, 194, 203, 215, 216, 220, 226, 227, 244, 266, 290
エイスケンス, ガストン（Gaston Eyskens）　114, 145
エスニシティ　3, 5-10, 13-15, 19-23, 28-33, 36-38, 40, 42-46, 62-64, 90, 91, 95, 96, 142, 143, 161, 163, 166, 188, 191-194, 196, 198, 238, 247, 256, 277, 279, 280, 286, 297-300, 304, 305, 307-315, 317
王（ムワミ）　19, 21, 23, 37-41, 44, 46, 56-60, 64-66, 69-74, 76-84, 87, 92-94, 96, 106, 108-115, 119-123, 127, 130, 134-136, 139, 141, 142, 144, 147, 149, 151, 152, 159, 161, 173, 174, 177, 180, 186, 244, 245, 284, 288-291, 294, 296, 298, 300-302, 304, 309
王政　4, 17, 32, 57, 65, 82, 95, 102, 110, 113, 115, 116, 119, 120, 122, 124, 130, 147, 150-154, 157, 159, 162, 173, 186, 194, 245, 285, 291, 301
オステンド　130, 131, 136-138
オーツ, ピエール（Pierre Orts）　55
オボテ, ミルトン（Milton Obote）　202

カ　行

開発国民会議　189

索　引　347

開発国民革命運動　187-189, 191, 199, 201, 206, 207

開発・民主主義国民革命運動　206-208, 210-212, 214, 216, 217, 229, 231, 232, 236

カイバンダ，グレゴワール（Grégoire Kayibanda）　75, 76, 85, 93, 107, 109, 111, 121, 131, 134-136, 140, 150, 151, 153, 158, 160, 166-169, 171-180, 183, 184, 186, 187, 190-194, 204, 206, 285, 286, 294, 302, 303

「解放戦争」　303

カガメ，アレクシス（Alexis Kagame）　11, 13, 14, 38, 292

カガメ，ポール（Paul Kagame）　141, 142, 202, 205, 207, 219, 224, 237, 240, 241, 245, 252, 255, 257-262, 264, 267, 269, 270, 273, 277, 289, 296, 297

革命　4, 12, 15, 17-21, 23, 30-32, 35, 62, 65, 78, 87, 90, 101, 102, 107, 109, 115, 116, 121, 127, 131, 139, 140, 142, 143, 157, 160, 161, 163, 166, 172, 173, 191, 194, 196, 238, 242, 263, 281, 285-289, 293, 296-299, 301-304, 309, 310, 313

ガサナ，ジェームス（James Gasana）　210

ガシングワ，ジェルマン（Germain Gasingwa）　135, 169

カタンガ　124-126, 143, 145, 179

ガチャチャ　271, 274-276, 279

カトリック教会　18, 60, 74, 75, 190, 226, 269, 290, 298

カバレ（Kabare）　50

カビラ，ジョセフ（Joseph Kabila）　265

カビラ，ローラン＝デジレ（Laurent-Désiré Kabila）　247, 265

カリンガ　40, 76, 134

カレマ，エティエンヌ（Etienne Karema）　110

『カングラ』　287

カンジョゲラ（Kanjogera）　50

カント，リヒャルト（Richard Kandt）　49, 50

カンバンダ，ジャン（Jean Kambanda）　229, 235

キヴ／キヴ湖　39, 53, 174, 178, 179

キガリ　25, 43, 44, 49, 50, 58, 59, 85-87, 99, 114, 118, 119, 152, 156, 168, 175, 177, 185, 199, 201, 205, 207, 212, 215-217, 225, 227-237, 240, 243, 244, 251, 253, 254, 260, 266, 267, 293-295, 307, 315

キガリ・ルーラル　201, 212, 230, 233

キゲリ・ルワブギリ（Kigeri/Kigeli Rwabugiri）　40, 42, 44, 50, 51

キゲリ・ンダヒンドゥルワ（Kigeri/Kigeli Ndahindurwa, Jean-Baptiste）　83, 93, 111-113, 119-122, 134, 135, 139, 144, 147, 149, 151, 152, 161, 174, 180, 244, 245

ギコンゴロ　95, 141, 175, 177, 201, 230-232, 234

ギサカ　39, 45, 51, 52, 55-57, 95

ギセニィ　42-44, 58, 86, 94, 98-100, 114, 118, 119, 187, 189, 201, 204, 207, 216, 230-232, 237, 246, 248

北大西洋条約機構　132, 133, 138, 145

ギタラマ　58, 75, 86, 91-93, 98-100, 117-119, 133, 134, 136, 172, 173, 201, 206, 209, 230-233, 235, 237

ギテラ，ジョゼフ・ハビャリマナ（Joseph Habyarimana Gitera）　75-77, 86, 92, 111, 123, 134, 140, 151, 169, 180

キニャガ　39, 43, 57

『キニャマテカ』　75

キブイェ　43-45, 58, 86, 99, 118, 139, 201, 230-232, 237, 246

キブンゴ　25, 43, 44, 57, 58, 86, 95, 98, 99, 118, 119, 136, 141, 181, 201, 230-233, 248, 249

「旧難民」　243-245, 247-250, 253, 267, 290

旧ユーゴスラビア国際刑事裁判所　271

共同戦線　103, 113, 122, 123, 139, 142, 151, 213

共和国防衛同盟　211, 213, 214, 216, 231

共和民主運動　206, 208, 210, 211, 214, 216, 217, 229, 231, 235, 237, 255, 257, 258

キリスト教民主党　206, 207, 211

キレヘ郡　25

「近代化」　58, 60, 251-253

クオータ制　186, 188-191, 193, 303

クーデター　32, 50, 102, 116, 133-139, 142-147, 151, 161, 163, 168, 186-189, 202, 204, 285, 286

クボホザ　211, 212

クラース，ウィリー（Willy Claes）　218, 233

クラン　13, 38, 40, 45, 56, 141, 291, 293

ケニア　148, 174, 203, 227, 244, 245, 267, 316

公安軍　51, 96, 106, 124

公益労働　275, 276

コーエン，アンドリュー（Andrew Cohen）　144

国軍　160, 175, 187, 197, 200, 205, 209-211, 213, 214, 222, 231, 232, 234, 235, 237, 238, 246, 247, 265

国際連合（国連）　2, 16-18, 20, 21, 23-25, 27,

32, 65-68, 70, 78, 87, 97, 103-106, 110, 112, 114, 115, 120-133, 135-139, 142-146, 150, 152-155, 158-160, 162, 163, 183, 213-215, 218, 219, 233, 250, 263, 271, 310
国際連盟 53, 54
国政選挙 107, 119, 121, 127, 128, 130, 131, 134, 136, 138, 144, 147, 150-153, 156-158, 162, 171, 245
国民抵抗軍 202
国民統一ルワンダ同盟 203, 262
国民統合和解委員会 276-278, 292
国連決議／決議 78, 97, 129, 130, 132, 137, 138, 144-146, 150, 155, 160, 215
国連憲章 66, 67, 87
国連コンゴ活動 120
国連信託統治(領／理事会／訪問団) 18, 27, 65-68, 78, 97, 105, 110, 112, 162
国連総会（総会） 2, 67, 97, 123, 125, 126, 128-130, 132, 143, 144, 155, 160, 162
国連総会第 4 委員会（第 4 委員会） 67, 128-130, 143
国連難民高等弁務官事務所 179, 203, 246
国連ルアンダ・ウルンディ委員会 130, 132, 137, 138, 154
国連ルワンダ支援団 215-220, 229, 233, 234, 236, 238, 263
国家高等評議会 69, 70, 72-74, 79
コミューン 96, 117, 134, 156, 170, 200, 209, 231, 232, 235, 236
コモンウェルス 80, 149, 266-268, 270
コンゴ（現コンゴ民主共和国） 3, 27, 49, 51, 53, 55, 58, 59, 70-72, 78-80, 84, 85, 87, 97, 98, 103-106, 108, 115-117, 120, 124, 126-128, 139, 142, 143, 145, 146, 150, 153, 155, 160, 162, 163, 172, 174, 178, 179, 181, 187, 243, 246, 247, 263-265, 269, 270, 298
コンゴ国民運動 78, 124
コンゴ＝ザイール解放民主勢力連合 247, 265
コンゴ動乱 31, 32, 98, 116, 124, 126, 155
コンゴ民主連合 265
コンセイエ 200

サ 行

再生民主党 257
サイトティ，ジョージ（Geoge Saitoti） 227
ザイール（現コンゴ民主共和国） 3, 190, 203, 205, 237, 247, 263-265

サガフトゥ，J. B.（J.B. Sagahutu） 92
サブ・チーフ 41-43, 56, 58, 59, 69, 72, 74, 81, 86, 90, 91, 94, 96, 98-100, 102, 140, 157, 159
暫定議会 121, 122, 127
暫定政府 121, 122, 127, 129, 134, 136, 153
暫定特別評議会 110-112, 114, 115, 122, 139, 161
ジスカール＝デスタン，ヴァレリー（Valéry Giscard d'Estaing） 190
ジェノサイド 1-6, 13, 14, 25, 28-30, 32, 33, 36, 37, 82, 90, 141, 165, 166, 177, 178, 189, 195-199, 208-210, 215, 218, 220-227, 229-238, 240-245, 247, 249, 252, 254-257, 261-274, 276-280, 283, 287, 288, 290-295, 299-301, 303-305, 308, 309, 311-315, 317
ジェノサイド・イデオロギー 256-259
ジェノサイド祈念館 277, 293
ジェノサイド条約 2, 236
ジェノサイド生存者の中の最貧窮者のための基金 252
ジェノサイドと闘うための国家委員会 277
「支援された革命」 19, 20
「視点」 73, 75, 298
社会民主党 206, 210, 211, 216, 229, 231, 255
シャングク（現チャングク） 43, 44, 58, 86, 98, 99, 113, 118, 140, 177, 201, 230-232, 246
州行政官 58, 59, 69, 99
自由党 206, 210, 211, 216, 217, 229, 235, 255
シュミット，ロベール（Robert Schmidt） 68
植民地化／植民地支配 3, 4, 10, 12-14, 19, 22, 26, 30, 31, 36-39, 41, 46, 47, 53, 54, 58, 60, 63-65, 67, 77, 85, 126, 127, 133, 243, 263, 279, 281, 284, 285, 288-293, 296, 297, 299-301, 304, 308, 309, 313, 316, 317
ショート，クレア（Clare Short） 266
神学校 18, 65, 74, 75, 187, 285
シンディクブワボ，テオドール（Théodore Sindikubwabo） 229, 235
「新難民」 243, 246-248, 265
人民防衛国民会議 265, 269
スパーク，ポール・アンリ（Paul-Henri Spaak） 145, 146, 152, 153
スピーク，ジョン＝ハニング（John Hanning Speke） 47
セクター 187, 200, 243, 245, 255
セバレンジ，ジョセフ（Joseph Sebarenzi） 255
セブシュンバ，エドゥアール（Edouard Sebshum-

ba） 236

セル 200, 243, 245, 255

「ゼロ・ネットワーク」 212, 219

総督／総督代理／総督府 26, 49, 50, 57-60, 68-71, 83, 87, 96, 99, 106, 107, 110, 113, 119, 130, 131, 133, 135-137, 145, 146, 150, 153, 154, 158

ソヴィエト連邦（ソ連） 16, 125, 126, 130, 154, 183, 185

タ 行

第1共和制 4, 166, 168, 169, 173, 186, 194, 311

第一次世界大戦 53, 54, 60, 67

大衆社会上昇協会 76, 77, 86, 92, 95, 108, 109, 111, 113, 118, 119, 121-123, 134, 135, 140, 144, 152, 169-171, 181

大統領選挙 168, 169, 171, 172, 188, 257-261, 270

第2共和制 4, 166, 167, 187, 188, 193-195, 264, 311

第二次世界大戦 16, 65, 66, 74

ダスプルモン＝リンデン，ハロルド（Harold d'Aspremont-Lynden） 121, 127, 130, 132

脱植民地化 15-17, 20, 21, 23, 31, 67, 68, 85, 115, 124, 127, 130, 131, 146, 162, 163, 181, 298, 314, 316

ダル・エス・サラーム 110, 147, 151

ダレール，ロメオ（Roméo Dallaire） 213-215, 218, 219, 229, 233, 236

タンガニーカ（現タンザニア） 27, 55, 84, 85, 120, 147-149, 152, 157, 160, 163, 174, 175, 178-181

タンザニア 40, 159, 174, 178, 203, 210, 219, 227, 236, 243, 267, 271, 290

チーフ 19, 37, 41-47, 52, 56-60, 62, 69-77, 79, 81, 83, 87, 92-95, 98, 102, 107, 110, 114, 115, 139-141, 157, 192, 283, 284, 288, 309, 310

地方選挙 32, 96, 98, 105-107, 112, 116-119, 122, 123, 127-129, 134, 139, 140, 142, 162, 169-171, 191, 245, 255, 257

中華人民共和国（中国） 21, 121, 163, 183, 184

中華民国 130, 184

ディクソン，ピアソン（Pierson Dixon） 105

デル＝ポンテ，カルラ（Carla Del Ponte） 273

ドイツ 1, 13, 37, 47, 49-55, 57, 60, 64, 160, 190, 269, 282, 283

ドイツ領東アフリカ 49, 50, 55, 147

統一民主部隊 258

トゥチ 1-7, 10-14, 17-23, 29-32, 36-38, 41-52, 54, 56, 59-66, 71-75, 77-81, 83-85, 87, 90-102, 107, 109-112, 114-120, 122, 123, 126-128, 134, 138-144, 147, 150, 152, 154, 157-163, 166, 167, 169, 172-181, 186-189, 191-194, 196, 198, 199, 201, 205-209, 212-217, 220-226, 229, 231, 232, 234-236, 238, 241, 243, 253, 255, 261, 265, 269, 271, 276-279, 283-291, 293-305, 307-311, 313

トゥワ 2, 12, 37, 38, 48, 122, 193, 256, 276, 277, 284, 286-290, 293, 297, 298, 300

トゥワギラムング，フォスタン（Faustin Twagira-mungu） 217, 237, 255, 257, 258

ド＝ゴール，シャルル（Charles de Gaulle） 190

ドーサンヴィユ，マックス（Max Dorsinville） 130

ド＝スフレイフェル，アウグスト（Auguste de Schryjver） 96

土地共有（ランド・シェアリング） 248, 249

トルコ石作戦 237

ナ 行

内戦 1, 4-6, 25, 28, 29, 32, 124, 178, 195-197, 199, 200, 205-213, 220, 221, 224, 227, 228, 231-233, 236-238, 240, 242, 246, 247, 263-265, 268, 270, 271, 273, 282, 286, 299, 302-304, 314, 316, 317

難民／避難民 2, 5, 27, 91, 94, 96, 99-102, 110, 123, 135, 139-142, 147, 149, 152, 155-160, 163, 167, 173-175, 178-181, 187, 191, 194, 199-204, 208, 212, 214, 216, 237, 240, 242, 244, 246-250, 253, 265, 285, 290, 292, 294, 302, 311, 313, 314

ニエレレ，ジュリウス（Julius Nyerere） 148, 149

ニギニャ王国 37-40, 42-46, 49-57, 63, 64, 92, 95, 283, 297, 308

「二重の植民地化」 62

ニャマタ 99, 100, 234, 244, 294, 295

ニャンザ 43, 44, 52, 58, 81, 86, 92, 95, 99, 118, 119, 140, 245, 296

ニャンドウィ，ジュスタン（Justin Nyandowi） 235

ハ 行

バゴソラ，テオネスト（Théoneste Bagosora） 216, 228, 229, 232

パトロン・クライアント関係 5, 11, 46

ハバメンシ，カリクスト（Callixte Habamenshi）
135, 171, 172

ハビネザ，フランク（Frank Habineza）　259

ハビャリマナ，ジャン＝バティスト（Jean-
Baptiste Habyarimana）　235

ハビャリマナ，ジュヴェナル（Juvénal Habyari-
mana）　4, 166, 167, 185-191, 193, 194, 199,
201, 203-207, 209, 214, 216, 218, 219, 227, 228,
232, 235, 253, 264, 268, 270, 286, 302, 303

バフトゥ宣言　75, 76, 285, 298

ハム仮説　10-12, 47-49, 53, 59, 64, 283-286,
296, 304, 305, 313

ハロワ，ジャン・ポール（Jean-Paul Harroy）
26, 70, 71, 83, 87, 96, 110, 113, 119, 130, 131,
133, 137, 145, 146, 150, 153, 158

パワー・シェアリング　159, 188, 210, 211, 213,
214, 217, 218, 228, 237, 255, 261

万聖節の騒乱　31, 90, 91, 96-98, 100, 102, 106,
107, 110, 112-114, 116, 161, 181, 192

東アフリカ共同体　267

ビジョン2020　250, 266

ビジマナ，オーギュスタン（Augustin Bizimana）
216

ビジムング，パストゥール（Pasteur Bizimungu）
210, 237, 255, 257, 259

ビジルムワミ，アロイス（Aloys Bigirumwami）
74

ビチャムンパカ，バルサザール（Balthazar Bica-
mumpaka）　135

ビュンバ　43, 44, 58, 86, 94, 98, 99, 118, 119,
139, 141, 160, 181, 201, 212, 230, 231, 233, 235

評議会　69, 70, 73, 78, 110, 114

ファン＝ビルセン（A. A. J. van Bilsen）　70

フイエ　243, 244, 295, 301

フォン＝ゲッツェン，グスタフ・アドルフ（Gus-
tav Adolf von Götzen）　40, 49

ブゲセラ　39, 99, 100, 141, 175, 207, 212

ブジュンブラ　58

ブタレ（現フイエ）　141, 169, 172, 192, 201,
206, 207, 209, 230-232, 235, 243, 295, 301

フトゥ　1-7, 10-14, 17-23, 29-32, 36-38, 41-50,
52, 54, 59, 61-66, 72-81, 84, 85, 87, 90-103,
106-112, 114-120, 122, 126, 127, 131, 133-136,
139-144, 150, 151, 156-158, 160-163, 166, 167,
169, 173, 176, 178, 186, 187, 189, 192-194, 196-
199, 205-209, 211-213, 215, 216, 221-229, 231,
235, 237, 238, 241, 246, 248, 253, 255, 261, 263,

265, 276-279, 283-290, 292-294, 296-304, 307-
311, 313

フトゥ・パワー　216, 229, 237, 287

フトゥ解放運動党　77, 85, 86, 90, 92, 94, 100,
101, 108, 109, 111, 113, 117-119, 121-124, 128,
129, 134, 135, 139, 142, 144, 150-154, 156-159,
162, 163, 166-173, 180, 181, 187, 188, 191, 194,
206, 294, 297, 298

フトゥ社会運動　76, 77, 85, 86

ブトロス＝ガーリ，ブトロス（Boutros Boutros-
Ghali）　218

フランス　3, 11, 12, 73, 75, 125, 129, 132, 144,
145, 185, 190, 204, 205, 211, 213, 216, 227, 228,
233, 237, 262-264, 266-269, 282

ブリュッセル　26, 49, 58, 59, 103-105, 109, 114,
124, 131, 133, 135-137, 148, 153, 163, 210

ブリュギエール，ジャン＝ルイ（Jean-Louis Bru-
guière）　264

ブルグメストル　96, 117, 134, 157, 170, 176,
177, 188, 189, 200, 207, 209, 222, 232, 233, 235,
236

ブレア，トニー（Tony Blair）　241, 266, 269

フレイ，ハンス＝カール（Hans Karl Frey）
177

ブワナクウェリ，プロスパー（Prosper Bwanak-
weri）　72, 74, 77, 84, 114, 122, 128, 150, 175

「分断主義」　256, 257, 259

ベルギー（人／政府／行政／当局）　4, 11-13,
18-28, 31, 32, 37, 38, 43, 51, 53-60, 62, 64-66,
68, 70-76, 78-80, 82-85, 87, 90, 91, 96-110,
112-117, 120-139, 142-150, 152-155, 157, 159-
163, 166, 179, 181, 182, 186, 190, 192, 193, 205,
212, 215, 217, 218, 229, 233, 234, 243, 263-265,
268, 269, 283, 284, 288, 290, 292, 294, 296-298,
300, 301, 304, 310

ベルギー領コンゴ　49, 58-60, 70, 72, 73, 78, 96,
119, 162

ペロダン，アンドレ（André Perraudin）　178

ボードゥアン1世（Baudouin）　79

ボーボー，ジャック＝ロジェ（Jacques-Roger
Booh-Booh）　218

ホワイト・ファーザーズ　51, 52, 60

マ・ヤ行

マウス，アルベール（Albert Maus）　74

マクザ，アナスタズ（Anastase Makuza）　73,
79, 111, 128, 135, 156, 168, 171, 172, 177

マシェーテ　91, 93, 211, 229
ミッテラン，ジャン＝クリストフ（Jean-Christophe Mitterrand）　264
ミッテラン，フランソワ（François Mitterrand）204, 264
ミルコリンヌ自由ラジオ・テレビ　214, 217, 229
ミルナー，アルフレッド（Alfred Milner）　55
民主化／民主主義　4, 5, 17, 31, 32, 68-70, 74, 76, 79, 80, 85-87, 96, 97, 101, 103, 105, 108, 109, 111, 112, 114, 115, 121, 123, 126, 128, 134, 155, 161-163, 172, 173, 188, 196, 197, 199, 206, 238, 240, 242, 254, 261, 262, 263, 271, 280, 285, 298, 301, 309
民主主義，公正，進歩のための同盟　257
民主緑の党　258-260
「民族紛争」／民族対立　7, 14, 20-22, 31, 37, 77, 82, 139, 157, 284, 309, 311
民族和解　282
民兵　198, 211, 214, 216, 217, 220, 223, 226, 228, 229, 231, 232, 235, 246, 247
ムウィニ，アリ＝ハッサン（Ali Hassan Mwinyi）227
ムゲセラ，レオン（Léon Mugesera）　212
ムセヴェニ，ヨウェリ（Yoweri Museveni）202, 227
ムタラ・ルダヒグワ（Mutara Rudahigwa）　60, 66, 71-73, 77, 81-83, 87, 92, 142, 161, 294, 296, 298, 301
ムニャンガジュ，アロイス（Aloys Munyangaju）75, 111, 123, 135, 151, 169
ムパイマナ，フィリップ（Philippe Mpayimana）260
ムパカニィエ，ラザール（Lazare Mpakaniye）171
ムボニュムトゥワ，ドミニク（Dominique Mbonyumutwa）　91-93, 111, 134
ムランビ　207, 234, 235, 295
ムリンダハビ，カリオプ（Calliope Mulindahabi）168, 172
ムレゴ，ドナ（Donat Murego）　20, 287
メージャー，ジョン（John Major）　266
モブツ・セセ・セコ（Mobutu Sese Seko　247, 265
ユヒ・ムシンガ（Yuhi Musinga）　42, 50-52, 60, 64, 83, 300

ラ 行

リジンデ，テオネスト（Théoneste Lizinde）188, 189
リックマンス，ピエール（Pierre Ryckmans）57, 70
立憲君主（制）　31, 78-82, 84, 85, 96, 111-116, 119, 120, 151, 161, 310
ルアンダ・ウルンディ　26, 49, 50, 55, 57-59, 66, 68, 70-72, 78, 79, 82, 83, 96, 97, 103-105, 126-128, 130, 145, 147-150, 153-155, 162, 298
ルウィガラ，ダイアン（Diane Rwigara）　260
ルウィゲマ，フレッド（Fred Rwigyema）　202, 205
ルウィゲメラ，エティエンヌ（Etienne Rwigemera）　111
ルガンズ・ヴィンバ　38
ルギラ，アマンダン（Amandin Rugira）　151, 171
ルクラ（Rukura）　51
ルケバ，フランソワ（François Rukeba）　159
ルタリンドゥワ（Rutalindwa）　50
ルフェーヴル，テオドール（Theodoré Lefevrè）145
ルヘンゲリ　42-44, 51, 58, 86, 94, 98-100, 117-119, 141, 175, 187, 201, 204, 207, 209, 212, 230, 231, 233, 237, 248, 249
ルムンバ，パトリス（Patrice Lumumba）　120, 121, 124, 143, 146, 179
ルワガサナ，ミッシェル（Michel Rwagasana）110, 128, 141, 158, 175
ルワガソレ，ルイ（Louis Rwagasore）　147
ルワシボ，ジャン＝バティスト（Jean-Baptiste Rwasibo）　134-136, 172
ルワンダ愛国戦線　4, 62, 197, 200, 202-205, 207-214, 216, 217, 219-222, 224, 226-228, 230-234, 236-238, 240, 243, 246-248, 252, 255-265, 268-270, 273, 278-280, 287, 288, 290, 291, 295, 297, 299, 301, 303-305, 313
ルワンダ王党運動　114
ルワンダ解放民主勢力　265
ルワンダ語　27, 29, 44, 75, 212, 268, 270, 274
ルワンダ国際刑事裁判所　271-273
ルワンダ国民連合　84-87, 90-93, 95, 100, 102, 105-114, 117-120, 122, 123, 127-129, 134, 135, 139, 140, 142-144, 149-152, 154-159, 161, 162, 169-171, 174, 175, 179, 183, 290, 297

ルワンダ人権保護クリスチャン連盟　206, 257
ルワンダ人陶工コミュニティ　256
ルワンダ先住民コミュニティ　256
ルワンダ大衆連合　113
ルワンダ難民社会協会　180
ルワンダ難民福祉財団　203
ルワンダ民主会議　84, 85, 108, 111, 113, 114, 118, 119, 121-123, 128, 150, 151, 175
ルワンダ連合運動　113
冷戦　1, 4, 5, 16, 21, 23, 27, 68, 124, 125, 128, 130, 131, 133, 139, 142, 155, 162, 163, 174, 181, 184, 186, 310
レオポルドヴィル（現キンシャサ）　58, 59, 79, 120
ロジスト，ギィ（Guy Logiest）　96, 106-108, 135, 136, 145, 153, 298
ロリダン，ワルター（Walter Loridan）　144

ワ・ン

ワーキング・グループ　79, 80, 96, 107
ングリンジラ，ボニファス（Boniface Ngulinzira）　210
ンクンダ，ローラン（Laurent Nkunda）　265
ンコゴザバヒジ，フランソワ＝ザヴィエ（François-Xavier Ncogozabahizi）　110, 158
ンゴマ郡　25
ンサンジマナ，シルヴェストル（Sylvestre Nsanzimana）　207
ンサビマナ，シルヴァン（Sylvain Nsabimana）　235
ンゼイマナ，イシドール（Isidore Nzeyimana）　111
ンセンギヤレミエ，ディスマス（Dismas Nsengiyaremye）　208
ンダザロ，ラザール（Ndazaro Lazare）　74, 171
ンダシングワ，ランドワルド（Landoald Ndasingwa）　217
ンダダエ，メルシオル（Melchior Ndadaye）　215, 216, 220
ンタラマ　294, 295
ンタリャミラ，シプリアン（Cyprien Ntaryamira）　227
ンドゥガ　38, 39, 100

略　号

AFDL　コンゴ・ザイール解放民主勢力連合
APROSOMA　大衆社会上昇協会
CAURWA　ルワンダ先住民コミュニティ
CDR　共和国防衛同盟
CNDP　人民防衛国民会議
CNLG　ジェノサイドと闘うための国家委員会
COPORWA　ルワンダ人陶工コミュニティ
CSP　暫定特別評議会
EAC　東アフリカ共同体
FARG　ジェノサイド生存者の中の最貧窮者のための基金
FDLR　ルワンダ解放民主勢力
ICTR　ルワンダ国際刑事裁判所
ICTY　旧ユーゴスラビア国際刑事裁判所
LIPRODHOR　ルワンダ人権保護クリスチャン連盟
MDR　共和民主運動
MINISPOC　スポーツ・文化省
MNC　コンゴ国民運動
MOMOR　ルワンダ王党運動
MRND　開発国民革命運動
MRNDD　開発・民主主義国民革命運動
MSM　フトゥ社会運動
MUR　ルワンダ連合運動
NATO　北大西洋条約機構
NRA　国民抵抗軍
NURC　国民統合和解委員会
PARMEHUTU　フトゥ解放運動党
PDC　キリスト教民主党
PL　自由党
PSD　社会民主党
RADER　ルワンダ民主会議
RANU　国民統一ルワンダ人同盟
RCD　コンゴ民主連合
RPF　ルワンダ愛国戦線
RRWF　ルワンダ難民福祉財団
RTLM　ミルコリンヌ自由ラジオ・テレビ
UMAR　ルワンダ大衆連合
UNAMIR　国連ルワンダ支援団
UNAR　ルワンダ国民連合
UNHCR　国連難民高等弁務官事務所

《著者略歴》

鶴田　綾
つる　た　　あや

1981 年生まれ
2005 年　一橋大学法学部卒業
2012 年　一橋大学大学院法学研究科博士課程単位取得退学
2014 年　エディンバラ大学アフリカ研究センター博士課程修了
現　　在　中京大学国際教養学部講師，Ph.D（アフリカ研究）

ジェノサイド再考

2018 年 12 月 10 日　初版第 1 刷発行

定価はカバーに
表示しています

著　者　鶴　田　　綾

発行者　金　山　弥　平

発行所　一般財団法人　名古屋大学出版会
〒 464-0814　名古屋市千種区不老町 1 名古屋大学構内
電話(052)781-5027 / FAX(052)781-0697

ⓒ Aya Tsuruta, 2018　　　　　　　　　　Printed in Japan
印刷・製本 亜細亜印刷㈱　　　　　　ISBN978-4-8158-0931-7
乱丁・落丁はお取替えいたします。

JCOPY 〈出版者著作権管理機構 委託出版物〉
本書の全部または一部を無断で複製（コピーを含む）することは，著作権
法上での例外を除き，禁じられています。本書からの複製を希望される場
合は，そのつど事前に出版者著作権管理機構（Tel：03-5244-5088, FAX：
03-5244-5089, e-mail：info@jcopy.or.jp）の許諾を受けてください。

A. D. スミス著　巣山靖司／高城和義他訳
ネイションとエスニシティ
―歴史社会学的考察―

A5・384 頁
本体 4,200 円

O. A. ウェスタッド著　佐々木雄太監訳
グローバル冷戦史
―第三世界への介入と現代世界の形成―

A5・508 頁
本体 6,600 円

佐々木雄太著
国際政治史
―世界戦争の時代から 21 世紀へ―

A5・336 頁
本体 2,800 円

小野沢透著
幻の同盟　上・下
―冷戦初期アメリカの中東政策―

菊・650/614 頁
本体各 6,000 円

末近浩太著
イスラーム主義と中東政治
―レバノン・ヒズブッラーの抵抗と革命―

A5・480 頁
本体 6,600 円

稲賀繁美編
異文化理解の倫理に向けて

A5・354 頁
本体 2,900 円

イヴァン・ジャブロンカ著　田所光男訳
私にはいなかった祖父母の歴史
―ある調査―

四六・416 頁
本体 3,600 円

若尾祐司・小倉桂子編
戦後ヒロシマの記録と記憶　上・下
―小倉馨の R. ユンク宛書簡―

四六・338/348 頁
本体各 2,700 円

近藤孝弘著
政治教育の模索
―オーストリアの経験から―

A5・232 頁
本体 4,100 円